Dynamisierung und Umbau

Allgemeine Geschichtforschende
Gesellschaft der Schweiz (AGGS)

# Die Schweiz 1798–1998:
# Staat – Gesellschaft – Politik

Band 1:
Andreas Ernst, Albert Tanner, Matthias Weishaupt (Hg.):
Revolution und Innovation. Die konfliktreiche Entstehung
des schweizerischen Bundesstaates von 1848

Band 2:
Sébastien Guex, Brigitte Studer, Bernard Degen, Markus Kübler,
Edzard Schade, Béatrice Ziegler (Hg.): Krisen und Stabilisierung.
Die Schweiz in der Zwischenkriegszeit

Band 3:
Mario König, Georg Kreis, Franziska Meister, Gaetano Romano (Hg.):
Dynamisierung und Umbau. Die Schweiz in den 60er und
70er Jahren

Band 4:
Urs Altermatt, Catherine Bosshart-Pfluger, Albert Tanner (Hg.):
Die Konstruktion einer Nation. Nation und Nationalisierung
in der Schweiz, 18.–20. Jahrhundert

Mario König,
Georg Kreis,
Franziska Meister,
Gaetano Romano (Hg.)

# Dynamisierung und Umbau

## Die Schweiz in den 60er und 70er Jahren

**1848–1998**
150 Jahre
Bundesstaat

Unterstützt durch die Schweizerische Eidgenossenschaft
im Rahmen des Jubiläums «150 Jahre Bundesstaat»
Umschlag: Fritz Ritzmann
© 1998 Chronos Verlag, Zürich
ISBN 3-905312-68-9

# Inhaltsverzeichnis

# Vorwort

Für die Historikerinnen und Historiker, die sich dauerhaft und professionell mit Geschichte befassen, sind Jubiläen ärgerliche und zugleich freudige Anlässe. Ärgerlich sind sie darum, weil die Vergegenwärtigungsrituale, die in der Bestätigung alter Vorstellungen ihren eigentlichen Zweck haben, mit ihren Rekapitulationen in der Regel kaum den neueren Forschungsresultaten Rechnung tragen. Freudige Anlässe sind sie aber insofern, als sie ihnen wegen der vorübergehend erhöhten Aufmerksamkeit gegenüber einem bestimmten Teil der Geschichte doch auch Gelegenheit geben, historische Erkenntnisse zu vermitteln und – beiläufig – vielleicht auch Einsichten in das (derzeitige) Verständnis des eigenen Metiers zu ermöglichen.

In diesem Sinne haben sich vier Gruppen von insgesamt rund 100 Forscherinnen und Forschern in einem gemeinsamen Vermittlungsprojekt engagiert, das im Rahmen der «Allgemeinen Geschichtforschenden Gesellschaft der Schweiz» (AGGS) durchgeführt und mit Bundesmitteln aus dem Jubiläumsfonds unterstützt worden ist. Das Projekt ist im Wintersemester 1995/96 von einer Arbeitsgruppe entwickelt worden, der Sébastien Guex, Margrit Müller, Brigitte Schnegg, Hansjörg Siegenthaler, Brigitte Studer, Jakob Tanner und der Unterzeichnete angehört haben. In einer öffentlichen, von der Schweizerischen Gesellschaft für Wirtschafts- und Sozialgeschichte (SGWS) im Mai 1996 veranstalteten Präsentation ist die schweizerische Forschungsgemeinschaft über das Projekt informiert und zur Teilnahme eingeladen worden. Die daraus entstandenen vier Arbeitsgruppen haben in der Folge auf der Basis eines gemeinsamen Grundlagenpapiers die Umsetzung des Projektes selbständig an die Hand genommen.

Das Unternehmen setzt sich mit dem Formationsprozess, der zum Bundesstaat geführt hat, sowie mit zwei späteren Phasen intensivierter Auseinandersetzung mit zentralen Ordnungsfragen auseinander und geht von der Annahme aus, dass mit der Herausbildung des 1848er Staates bestimmte gesellschaftliche Muster der Konfliktbewältigung geschaffen worden sind, die in späteren Krisen- beziehungsweise Rekonstruktionsphasen – weiterentwickelt – wieder zum Tragen kommen. 1798 und 1848 markieren, obwohl im kollektiven Gedächtnis weiterhin die Chiffre von 1291 dominiert, zwei eng miteinander verzahnte institutionelle Zäsuren mit tiefgreifender Langzeitwirkung. 1848 konnte – dies ist der Kerngedanke des Grundlagenpapiers – eine Ordnung geschaffen werden, die es ermöglichte, die Notwendigkeit eines steten Wandels mit den Kontinuitätsanforderungen eines Staatswesens auf produktive Weise zu vermitteln. Die Geschichte der Schweiz sei auch nach 1848 eine Geschichte von Krisen gewesen, es sei aber immer wieder gelungen, die mit der langfristigen Transformation zur modernen Industrie- und Wachstumsgesellschaft verbundenen Erschütterungen so aufzufangen, dass der institutionelle Grundriss von 1848 intakt geblieben sei.

Ein erster Band thematisiert Aspekte der Formationsphase von 1798–1848 und leistet einen Beitrag zur Erschliessung der erstaunlicherweise noch kaum aufgearbeiteten Vorgeschichte der Staatsgründung. Zwei weitere Bände befassen sich mit den Reformanforderungen und der Regenerationsfähigkeit der Zwischenkriegszeit (1918–1939) sowie der 60er und 70er Jahre. Ein vierter Band untersucht im Längsschnitt die Nationalisierung der schweizerischen Gesellschaft in der Zeit vom 18. bis zum 20. Jahrhundert.

Diamantfeiern 1989, Fichenaffäre 1990, CH-91, EWR-Debakel 1992, «Schatten» des 2. Weltkriegs seit 1996, Grossfusionen und Globalisierung 1997: diese Stichworte verweisen auf Facetten einer Krisenlage, die nach vertiefter Auseinandersetzung mit den Wechselbeziehungen zwischen Staat und Gesellschaft ruft. Die Schweiz sieht sich seit einigen Jahren mit innenpolitischen Problemen und aussenpolitischen Herausforderungen konfrontiert, die grundsätzlicher Art sind und heute als krisenhafte Umbruchsituationen erfahren werden. In dieser Situation gilt es, Klärungs- und Lernprozesse zu fördern, die neue Handlungsmöglichkeiten und Reformspielräume aufzeigen und damit auch Entwicklungsperspektiven freilegen können. Die Besinnung auf 1848 soll zum Anlass genommen werden, um eine bisher kaum geführte Debatte zu dem über die Politik vermittelten innovationsoffenen Wechselverhältnis zwischen Gesellschaft und Staat zu führen und damit einen Beitrag zur Lösung gesamtgesellschaftlicher Aufgaben zu leisten. Dies macht Geschichtsschreibung auf neue Weise politisch relevant.

*Georg Kreis (Projektkoordination)*

# Einleitung

## Reformprojekte, soziale Bewegungen und neue Öffentlichkeit

Als der Basler Staatsrechtler Max Imboden 1964 eine kleine Schrift mit dem Titel «Helvetisches Malaise» veröffentlichte, setzte er eine Formel von nachhaltiger Wirkung in Umlauf.[1] Ein vielstimmiger Chor präsentierte damals ähnliche Zeitdiagnosen, die zwar nicht sehr präzis ausfielen und politisch ganz unterschiedliche Stossrichtungen aufwiesen, aber doch darin einiggingen, dass in der Schweiz ein dringlicher Handlungsbedarf bestehe, um die nähere Zukunft erfolgreich bewältigen zu können. Die zeit- und kulturkritischen Stimmen gehörten in einer ersten Runde mehrheitlich einer moderaten Rechten an, die vielfach ihre Hoffnungen auf eine Totalrevision der Bundesverfassung setzte, um auf diesem Weg eine Aktivierung von «Volk» und «Jugend» herbeizuführen. Ob mehr als ein Missvergnügen in Teilen der intellektuellen und politischen Eliten im Spiel war, bleibt durchaus offen. «Das Malaise findet nicht statt», hielt der Publizist Fritz René Allemann Imbodens Diagnose entgegen, indem er auf internationale Umfragen verwies, welche der schweizerischen Bevölkerung ein beispiellos hohes Mass an Zufriedenheit attestierten.[2]

Wie auch immer man die Beschaffenheit und das Ausmass des «helvetischen Malaise» zu Beginn der 60er Jahre beurteilt: Kein Zweifel kann bestehen, dass dessen Konstatierung vielfältige Aktivitäten auslöste. Das Spektrum der in diesem Band versammelten Beiträge kreist um diese «Bewegung», die sich zuerst in den Stimmen eines intellektuellen «Nonkonformismus» andeutete, dann an Vielfalt und Breite gewann, sich in massenmedial vermittelten öffentlichen Debatten und parlamentarisch-gesetzgeberischen Vorstössen konkretisierte sowie ab 1964/65 in eine Welle z. T. spektakulärer Auseinandersetzungen überging. Mit dem Konjunkturumbruch 1973/74 endeten die «bewegten» Jahre; was bis dahin an Neuerungen nicht durchgesetzt war, hatte wiederum mit verschärften Widerständen zu rechnen. Zwar hatte sich in manchen Feldern ein dauerhafter, wenn auch verlangsamter Wandel am Leben erhalten; die krisenhaften Phänomene der Gegenwart verweisen indes vielfach auf steckengebliebene Reformprojekte jener Periode, namentlich was das Selbstverständnis des neutralen Kleinstaats und seine Aussenbeziehungen betrifft. Der Rückblick auf Chancen und Grenzen einer vergangenen Ära von Reform und Aufbruch mag hilfreich sein, die Blockierungen und Handlungsspielräume der Gegenwart besser auszuloten.

## Ausgangsfragen

Im folgenden liegt das Augenmerk hauptsächlich auf dem bewegten Jahrzehnt zwischen 1964 und 1974, das in der historischen Analyse noch wenig Aufmerksamkeit fand. Dabei werden Weichenstellungen der 30er und 40er Jahre vorausgesetzt, welche der schweizerischen Nachkriegsmoderne ihren charakteristischen Weg wiesen.[3] Die politischen Eliten des Landes schienen sich in diesen Jahrzehnten um eine eigenwillige «Kompromissformel» zu scharen: Diese kombinierte eine liberale Fortschrittsideologie, welche wirtschaftliches Wachstum und technologische Modernisierung bejahte, mit gemeinschaftsideologischen, auf Kultur- und Strukturbewahrung gerichteten Elementen, die sich in der Rede von «geistiger Landesverteidigung» und vom «Sonderfall Schweiz» verdichteten. Die Kombination entsprang dem grundlegenden politisch-sozialen «Kompromiss», der 1935/36 aus den Erfahrungen der Weltwirtschaftskrise hervorgegangen war und in einem zweiten Entwicklungsschub lebhafter gesellschaftspolitischer Konflikte 1943–1948 seine sozialpolitische Konkretisierung und Konsolidierung erlebt hatte. Der Kalte Krieg und die Konstruktion eines bedrohlichen äusseren Feindbildes leisteten dabei, ähnlich wie in den 30er Jahren der Nationalsozialismus, wesentliche Geburtshelferdienste.

Im Zeichen der erwähnten «Kompromissformel» fand der rasante «Fortschritt» des liberalen Modernisierungsprozesses Zustimmung, soweit durch staatliche Steuerung und soziale Abfederung die gemeinschaftsgefährdenden Potentiale des gesellschaftlichen Wandels unter Kontrolle gehalten oder kompensiert schienen. Dies verlieh der schweizerischen Nachkriegsmodernität den Charakter einer – modernisierungstheoretisch gesprochen – halbierten Modernität: Sie kombinierte wirtschaftlichen Wachstumsoptimismus und Gemeinschaftskonservatismus. Die Landesausstellung von 1964 in Lausanne (Expo 64) präsentierte noch einmal diese Selbstschau schweizerischen «Wesens».

Mit der sich intensivierenden Hochkonjunktur der ausgehenden 50er und frühen 60er Jahren geriet dieses vorerst erfolgreiche Entwicklungsmodell allerdings entlang dreier Linien zunehmend unter Druck.

1. Die Weltsicht des Kalten Krieges hatte in den ersten Nachkriegsjahren die Integration in den schweizerischen Loyalitätsverband mächtig vorangetrieben, insbesondere durch die Einbindung von sozialdemokratischer Opposition und

Gewerkschaftsbewegung sowie durch den Ausschluss der linksradikalen Opposition (weitgehend identisch mit der *Partei der Arbeit*). Seit 1956 indes geriet der Kalte Krieg mit seinen Konsequenzen zur ernsthaften Herausforderung für die Selbstdarstellung der schweizerischen «Willensnation» als umfassender «Sonderfall». Die Schweiz als historisch-mythisch verankerte, neutralitätspolitisch aufgeladene «Hüterin der Alpenpässe» kam seit der Niederschlagung des ungarischen Aufstandes unter den Druck einer verschärft wahrgenommenen Polarisierung der Welt in Ost und West. Die Rede von der Integration in den «freien Westen» und in Europa präsentierte die Alternative der militärischen, wirtschaftlichen und politischen «Normalisierung» des Sonderfalls.

2. Seitdem sich Ende der 50er Jahre der wirtschaftliche Wachstumsprozess und der damit verbundene gesellschaftliche Wandel nochmals beschleunigten, setzte ein breiter «Konjunkturdiskurs» ein, der die Beherrschbarkeit des Modernisierungsprozesses selbst zum Thema hatte. Dieser Diskurs entfaltete sich in Richtung eines zunehmend technokratisch verstandenen Glaubens an die Kontrollierbarkeit sozialer Prozesse: Die Spuren dieser umfassenden sozialen Planungs- und Steuerungsvorstellungen finden sich in Konjunktur- und Agrarpolitik, in der Raumplanung, in verkehrs- und hochschulpolitischen Debatten sowie nicht zuletzt in den Vorstössen zu einer Totalrevision der Bundesverfassung.

3. Ab etwa Mitte der 60er Jahre zeichnete sich eine weitere innenpolitische Verschiebung ab, indem eine ganze Reihe neuer Themen in den öffentlichen Diskurs eindrangen. Dies galt für vergleichsweise «klassische» Themen wie die «Fremdenfrage», aber auch für den Jurakonflikt, und es galt für sogenannt neue Themen: den Umweltschutz, die Stellung der Frauen und die Geschlechterbeziehung, die Atomdebatten, den neuerwachenden linken Internationalismus, der die Aufmerksamkeit vom Ost-West- auf den Nord-Süd-Gegensatz lenkte. Die Elitenreaktion auf die feststellbare soziale Bewegung blieb bis weit in die 1970er Jahre hinein vom ungebrochenen Glauben an die Kontrollierbarkeit des Sozialen geprägt. Im übrigen wurde im Zuge dieser Auseinandersetzungen auch die Frage nach der Funktionsweise direktdemokratischer Institutionen, die Frage nach den Partizipationsmöglichkeiten sozialer Bewegungen an etablierten politischen Kommunikationsstrukturen relevant.

Zentral setzen wir mit unseren Fragen an diesen beiden angesprochenen Ebenen an: am Phänomen der sozialen Bewegung durch *soziale Bewegungen* sowie an den Steuerungsvorstellungen gesellschaftlicher Eliten, die beide vor dem Hintergrund der anhaltenden Wirksamkeit gemeinschaftsideologischer Vorstellungen zu betrachten sind. Die diesbezüglichen Erfahrungen der 60er Jahre boten nicht zuletzt den Anlass, um die Hypothese einer fundamentalen Veränderung sozialer Kommunikationsprozesse in Richtung einer «Bewegungsgesellschaft» zu formulieren – einer Gesellschaft also, in der soziale Bewegungen einen festen und nicht mehr nur periodisch virulenten Platz in der Mitgestaltung von Prozessen sozialen Wandels erhalten haben.[4]

## Soziale Bewegung, Krise, Innovation

Die Frage nach der Rolle sozialer Bewegungen in Prozessen sozialen Wandels stellt die Verbindung zu den übrigen Teilen dieses Projekts her.[5] Sie führt zur Problematik des Zusammenspiels von Meinungsbildung und sozialer Innovation, der Frage also, wie öffentliche Meinungsbildung und Kommunikationsprozesse das Funktionieren von politischen Institutionen und sozialen Organisationen ermöglichen und verändern.

Seit der gegen Mitte des 19. Jahrhunderts einsetzenden Periode modernen Wirtschaftswachstums folgt dieser Vorgang mehr oder weniger einem Muster, das eine charakteristische Abfolge von Phasen wirtschaftlicher Expansion und krisenhafter Unterbrüche hervorbringt.[6] Während der Nachkriegsperiode der 50er und frühen 60er Jahre waren sich nahezu alle Beteiligten der institutionellen Rahmenbedingungen und der erfolgverprechenden Regeln ihres Handelns gewiss. Die Welt erschien trotz oder gerade dank der periodisch wiederkehrenden Zuspitzungen des Kalten Kriegs als stabil und berechenbar; die Akteure investierten, bildeten Kapital in Form von Sachgütern und Wissen, die Wirtschaft wuchs.

Es gehört indes zu den unbeabsichtigten Folgen wirtschaftlichen Wachstums, dass dieses seine eigenen Voraussetzungen – das Zukunftsvertrauen der gesellschaftlichen Mitspieler – allmählich untergräbt, indem der gesellschaftliche Wandel Gewinner und Verlierer hervorbringt, bei den einen überaus hochgesteckte Zukunftserwartungen und bei den anderen ebenso markante Ängste angesichts der sich rasant verändernden Umwelt auslöst. Nicht die veränderten Umstände als solche, sondern deren öffentliche Wahrnehmung und Interpretation lösen in der Folge Auseinandersetzungen aus, die von Gewinnern wie von Verlierern in die Politik getragen werden. Um derartige Konflikte, die zentral um die Selbstbeschreibung der schweizerischen Gesellschaft kreisen, geht es in den Beiträgen dieses Bandes.

Zu einem bestimmten, grundsätzlich nicht vorhersagbaren Zeitpunkt kippt jeweils das wirtschaftliche Vertrauen, so dass Investitionen reduziert oder aufgeschoben werden. Im vorliegenden Entwicklungszusammenhang fällt dieser Drehpunkt mit der wirtschaftlichen Krise von 1973/74 zusammen, wobei deren Bezug zur vorausgegangenen Periode intensiver Auseinandersetzungen – also zur sozialen Krise – in unserem Zusammenhang offen bleiben muss. Die Krise verlangt nach einer Neuorientierung, nach «fundamentalem Lernen»; grundlegende Vorstellungen und institutionelle Arrangements müssen neu ausgehandelt werden, was intensivierte Kommunikation unter den Beteiligten erfordert. «Generell lässt sich sagen», so Hansjörg Siegenthaler, «dass die Krise zunächst nicht dadurch beigelegt wird, dass die Welt realiter in Ordnung gebracht würde, sondern eben so, dass man sie in einer Weise in die Ordnung des Denkens rückt, die dem einzelnen den Ort wieder klarmacht, den er in ihr hat, und ihm zeigt, wie er handeln muss, um zu werden, was er werden will: Grundlagen rationalen Handelns werden rekonstruiert.»[7]

Dieses Modell dient einer Mehrzahl der folgenden Beiträge als Wegweiser, ohne jedesmal explizit angesprochen zu werden. Sein wesentlicher Vorzug besteht darin, eine Vielzahl disparater Phänomene – Debatten um aussen- oder entwicklungspolitische Fragen, den Jurakonflikt, das aufkommende Umweltthema, alte und neue Frauenbewegung – in einen gemeinsamen Bezugsrahmen zu stellen. Im Rahmen des Modells macht es Sinn, dass die vielfältigen Debatten und Reformprojekte gesellschaftlicher Eliten zu Beginn der 60er Jahre in einer zweiten, um 1965 einsetzenden Phase durch basispolitische Bewegungen beschleunigt oder durchkreuzt wurden. Denn der aussergewöhnlich lange dauernden und wirkungsmächtigen Wachstumsphase der Nachkriegszeit folgte mit zwingender Logik eine Reihe ebenso nachhaltig bewegter Jahre, deren Aktivistinnen und Aktivisten nach Orientierung in der tiefgehend veränderten Umwelt suchten. Indem sie dies taten, bekräftigten sie den irreversibel gewordenen Wandel, noch bevor die wirtschaftliche Krise eine Zäsur setzte.

## Aufbruch zur Bewegungsgesellschaft?

Die Beschleunigung des wirtschaftlichen Wachstums, welches Ende der 50er Jahre in eine eigentliche Hochkonjunktur überging, schreckte den schweizerischen politischen Prozess aus einer eher gemächlichen Gangart. Unerwartete Begleit- und Folgewirkungen wirtschaftlicher Expansion waren zu verkraften; sie riefen nach angemessener Beurteilung wie nach konkreten Reaktionen. Der beschleunigte soziale Wandel hatte viele Gesichter: Massenimmigration, Urbanisierung und Agglomerationsbildung, Motorisierung und Wohlstandsmehrung mitsamt den begleitenden Immissionen. Hinzu traten international die verstärkte europäische Kooperation sowie die Dekolonisierung und Erweiterung der Ost-West-Rivalität in den Raum der entstehenden «Dritten Welt».

Reformdruck erfasste seither die Aussenbeziehungen, aber auch die Innenpolitik: Er traf auf den liberalen Korporatismus der Nachkriegsjahre, der dem Zentralstaat und den Kantonen wenig, den Verbänden aber umfassende Handlungskompetenz zuwies.[8] Die Schwäche einer stark von den Verbänden gesteuerten Wirtschaftspolitik war mit den Konjunkturbeschlüssen von 1964 deutlich hervorgetreten. Weitgehend nur über staatliches Handeln zu befriedigender Nachholbedarf stellte sich in infrastruktureller Hinsicht sowie im Bildungs- und Sozialbereich ein, was sich unmittelbar in wachsende finanzielle Ansprüche umsetzte. Das Tauziehen um Fragen der Besteuerungskompetenz des Bundes (direkte Bundessteuer) intensivierte sich, wobei in diesem Kernbereich gesellschaftlicher Machtbeziehungen und föderaler Heiligtümer der Spielraum besonders eng blieb. Über das reine Provisorium hinaus, das seine Dauerhaftigkeit stets aufs neue unter Beweis stellte, bewegte sich praktisch nichts (Eisinger).

Erheblicher, in ganz unterschiedlichen Zusammenhängen sichtbar werdender Anpassungsdruck ging vom europäischen Einigungsprozess aus, der die Schweiz in der Gegenwart erneut inneren Zerreissproben aussetzt. Auch in den aussenpolitischen Beziehungen offenbarte der Korporatismus seine Unzulänglichkeit: Die verbandsgesteuerte, partikularen Wirtschaftsinteressen gehorchende Aussenpolitik versagte schon in den 50er Jahren zunehmend angesichts der Notwendigkeit multilateraler Vereinbarungen (Hug). Europäische Anstösse tauchten auch an unerwarteter Stelle auf, so etwa in den offiziellen Bedenken gegenüber der geplanten Neutralitätsdarstellung an der Landesausstellung von 1964 (Sidler). Das fehlende Frauenstimmrecht geriet im Lauf der 60er Jahre vollends zur Peinlichkeit, als der Bundesrat die Ratifizierung der Europäischen Menschenrechtskonvention unter Vorbehalt in Betracht zog (Broda, Joris, Müller). Auch die Agrarpolitik, oftmals als Sinnbild der Abschottung zitiert, konnte sich den Einflüssen der gesamteuropäischen Wirtschaftsdynamik nicht entziehen. An die Stelle der Ernährungssicherung für Notzeiten rückte verstärkt die Rationalisierung der mittelgrossen Familienbetriebe. Die schweizerische Agrarpolitik ordnete ihre Prioritäten − parallel zur europäischen − den Notwendigkeiten industriellen Wachstums unter. Erst die beispiellosen Produktivitätsfortschritte sowie der zunehmende Verlust nationalstaatlicher Steuerungskapazität untergruben die Voraussetzungen dieser Politik (Moser).

Was sich in den selbstgeschaffenen Verstrickungen der Agrarpolitik ebenso wie in manchen anderen Kommunikationsfeldern der 60er Jahre abzeichnete, war eine erhöhte Rolle der Wissenschaft, die in politikberatender Rolle, als Expertise und Kritik auftrat und sich als Bündnispartnerin für unterschiedliche Interessen anbot. In der Argumentation für einen erweiterten finanz- und konjunkturpolitischen Handlungsspielraum oder für eine aktive Aussenpolitik verbanden sich Wissenschaft, einzelne Akteure der Bundesverwaltung und reformorientierte Teile der Parteien. Wo es um die Kernfrage der Staatsfinanzen ging, begegneten dem Auftritt der Wissenschaft freilich starke Vorbehalte der Parteien und Verbände, die sich in ihrem Hoheitsgebiet herausgefordert sahen (Eisinger). Auf Granit biss auch Alois Riklin, als er 1970 die problematischen Konsequenzen einer faktischen Integration in internationale Zusammenhänge ohne Partizipation in den entsprechenden Organisationen benannte (Hug). Und die Sozialwissenschaften, die sich mit ihrem Interesse am gesellschaftlichem Wandel direkt in die Domäne der Parteien und Verbände einmischten, stiessen erst recht auf Ablehnung, wie sich in kurioser Weise anlässlich der Planung der Landesausstellung von 1964 offenbarte (Sidler).[9]

Dennoch führte kein Weg an der Wissenschaftsförderung vorbei, die schon in den 50er Jahren eingesetzt hatte und in den 60er Jahren eine wesentliche Beschleunigung erfuhr. Die koordinatorische Leistung des 1965 geschaffenen, vom reformfreudigen sozialdemokratischen Bundesrat Tschudi geförderten Wissenschaftsrats blieb indes schwach. Gegen die Privilegien der Standesvertreter und die regionalen Hochschulinteressen war nicht aufzukommen, ganz abgesehen davon, dass eine zentralgesteuerte Forschungspolitik in der Schweiz politisch kaum realisierbar gewesen wäre und auf die tatsächlich vorhandenen Probleme auch keine angemessenen Antworten anzubieten gewusst hätte (Horvath). Am durchschlagendsten wurde der Einfluss der Wissenschaft zweifellos dort spürbar, wo sie sich direkt mit einer aufnahmebereiten Öffentlichkeit kurzzuschliessen vermochte und aus der untergeordneten Rolle der Politikberatung ausbrach. Dies war in der Umwelt-, Energie- und Entwicklungsthematik (Dritte Welt), welche weltweite Zusammenhänge betrafen, am eindeutigsten der Fall (Dejung; Haefeli; Kupper; Meister und Welter).

Schon vor der «Entdeckung» der «Umwelt» in den ausgehenden 60er Jahren hatte indes eine Belebung der politischen Auseinandersetzungen eingesetzt. Seit ungefähr 1964/65 gewannen diese eine neue Qualität, indem nun basispolitische Bewegungen mit eigenen Forderungen in den Elitendiskurs einbrachen. Zu jenem Zeitpunkt sammelte sich eine fremdenfeindliche Bewegung, die unter dem auf den Jahrhundertbeginn zurückgehenden Schlagwort der «Überfremdung» antrat (Romano, Überfremdungsbewegung). Wesentliche Impulse zur Auslösung dieser Kampagne waren von sozialdemokratisch-gewerkschaftlicher Seite ausgegangen (Romano, Links oder rechts). Seit dem Sommer 1964 gewann zudem der an sich schon ältere Jurakonflikt an Virulenz (Eisenegger; Ruch). In den folgenden Jahren beschleunigte sich das Konfliktkarussell mit dem Auftritt einer vielgestaltigen «neuen Linken», einer «neuen Frauenbewegung» sowie – in den frühen 70er Jahren – einer Vielzahl umwelt- und energiepolitischer Vorstösse. Während ein Teil der politischen Eliten mit Dialogbereitschaft und intensivierten Reformbemühungen auf die Herausforderung reagierten, ordneten andere den Protest, soweit er nicht aus der vertrauten fremdenfeindlichen Ecke kam, der «kommunistischen Subversion» zu und machten ihn zum Objekt des Staatsschutzes. Der letztere Aspekt wird in unserem Zusammenhang nicht weiter verfolgt.[10]

Der Aufstieg neuer sozialer Bewegungen ging mit einem Strukturwandel der Öffentlichkeit und einer neuen Rolle der Medien einher, die sich zunehmend von der parteipolitischen Einbindung emanzipierten. In verschiedenen Beiträgen dieses Bandes taucht die Veränderung von Medienwelt und öffentlicher Kommunikation als Antriebskraft, ja unentbehrliches Element bei den angefachten Kontroversen auf. Kommerzialisierung und Boulevardisierung der Berichterstattung in den Medien schufen erst das Umfeld für die skandalträchtigen, von vornherein auf Öffentlichkeit zielenden Aktionen der neuen Protestbewegungen. Aber auch die Überfremdungsbewegung der 60er Jahre ist trotz des «rückwärtsgewandten» Charakters ihrer Inhalte über die Verbindung zum Strukturwandel des massenmedialen Systems dem Kreis der «neuen» Bewegungen zuzurechnen (Romano, Überfremdungsbewegung). Über die medienwirksam inszenierten Aktionsformen stärker als in den Zielsetzungen fügt sich auch der jurassische Protest hier ein (Eisenegger; Ruch). Die «Bewegungsgesellschaft» erscheint als die andere Seite der «Mediengesellschaft». Die nachhaltige Wirkung der neuen Frauenbewegung wäre undenkbar ohne die farbigen Formen des Polithappenings, mit dem ungewohnte Fragen und Sichtweisen in die Öffentlichkeit getragen wurden (Broda, Joris, Müller). Bewusstseinsbildung und Formen der Informationsvermittlung über Medien und direkte Aktionen in der Öffentlichkeit waren zentrale Elemente im Kampf um die dominierenden Orientierungsmuster und die Neuinterpretation an sich nicht unbekannter Gegebenheiten.

Die neuen sozialen Bewegungen knüpften an ältere Bestrebungen an, die Teil der von oben eingeleiteten Reformprojekte waren. Sie radikalisierten diese aber auch und veränderten meistens die Zielrichtung, wie dies z. B. bei der neuen Frauenbewegung der Fall war, die eine Politisierung der privaten Geschlechterbeziehungen und der Sexualität betrieb und damit bewusst über die traditionellen Ziele der älteren Frauenbewegung (staatspolitische Mitwirkung, Stimmrecht) hinausgriff. Insoweit der Einbezug in die partielle Modernisierung der 50er und frühen 60er Jahre für die Frauen besonders zögerlich verlief – Broda, Joris und Müller sprechen von «Nullmodernität» –, erfolgte der Aufbruch hier in besonders tiefgreifender Weise und erzeugte einen Reformdruck, der über den Krisenunterbruch von 1973/74 hinaus anhielt.

Kulturell bedingte Unterschiede zwischen den Sprachräumen der Schweiz, die leider nur vereinzelt angesprochen werden, spielten besonders in der Wahrnehmung der Umweltthematik eine Rolle (Dejung). Dabei werden bemerkenswerte Parallelen zu den grossen Nachbarländern Deutschland und Frankreich sichtbar, ohne dass es ganz gelingt, diese Bezüge zu klären. Im übrigen erwiesen sich in den Aktionen neuer sozialer Bewegungen vergleichsweise lockere und informelle

Formen der Organisation, sofern die Vernetzung und Koalition unterschiedlicher Bündnispartner gelang, als höchst wirksam. Eine kleine studentische Organisation wie die zürcherische *Kommission für Entwicklungsfragen* (KfE) vermochte auf diesem Weg wirkungsvoll in die öffentlichen Debatten einzugreifen (Meister, Welter). Wer das Prestige der Wissenschaften ins Spiel zu bringen vermochte, verbesserte seine Chancen im Kampf um die Meinungen. Umwelt- und energiepolitische Bewegungen erfassten dies rasch (Kupper). Im gezielten Zusammenspiel von wissenschaftlicher Expertise, Medien, Öffentlichkeit und Verwaltung vermochten geschickte Akteure eigentliche Kampagnen auszulösen, die einer zögernden, im wirtschaftlichen Interessenkampf steckenbleibenden Politik Beine machten. Die jäh einsetzende Debatte um das «Waldsterben» und das Umweltschutzgesetz veranschaulicht dies (Haefeli).

Mitte der 70er Jahre brach die Machbarkeits- und Planungseuphorie der vorangehenden Jahre ab, und die wirtschaftliche Konjunktur schlug um. Dieser Wendepunkt und der allenfalls gegebene innere Zusammenhang des doppelten Abbruchs wird in den folgenden Artikeln nur noch z. T. thematisiert. In der Finanzpolitik setzte das Scheitern des Konjunkturartikels im März 1975 ein Zeichen (Eisinger). Die vertraute Koalition konservativ-föderalistischer und rechtsbürgerlicher Widerstände erwies ihre überlegene Bremskraft. Auch die hochfliegenden Pläne einer Totalrevision der Verfassung liefen auf Grund. Die Verfassungsexperten liessen sich noch in den späten 70er Jahren vom reformerischen Elan der vorangegangenen Phase leiten. Das Verfassungsprojekt hatte allerdings eine weit längere Vorgeschichte und entstammte ursprünglich Zusammenhängen, die weit mehr an «Bewahrung» als an «Bewegung» interessiert waren (Kreis). Doch auch das Interesse an «Bewahrung» kann sich, einmal vorgetragen, in «Bewegung» umsetzen – und vielleicht ist dies einer der wichtigeren Schlüssel zum Verständnis der bewegten 60er Jahre. Denn viele Themen der sozialen Bewegungen verweisen, vermittelt oder unvermittelt, auf Elitendiskurse, die in den 50er und zu Beginn der 60er Jahre mit z. T. ganz anderen Absichten aufgenommen worden waren. Die Geister, die man gerufen hat …

Das eindringlichste Beispiel eines elitenvermittelten, von sozialen Bewegungen selbsttätig weitergetragenen Diskurses stellt die Überfremdungsthematik dar. Zur Abwehr der integrationspolitischen «Zumutungen» seitens der damaligen *Europäischen Wirtschaftsgemeinschaft* zu Beginn der 60er Jahre wurde in den Medien der «Zauberformelparteien» zur vorbehaltlosen Verteidigung des «schweizerischen Sonderfalls» aufgerufen: Und dem nachhaltig von «links» bis «rechts» vorgetragenen Appell an die Gemeinschaft folgte die Vision ihrer Bedrohung auf dem Fuss – die Rede von der «Überfremdung». Dies erinnert daran, dass eine zentrale Grundlage der schweizerischen Nachkriegsmoderne in der Vision von der kulturellen Gemeinschaft zu suchen ist. Diese in den 30er

Jahren, im Zeichen von «geistiger Landesverteidigung» und «schweizerischem Sonderfall» neu aufgelegte Identitätsversicherung ragt weit über die 60er Jahre hinaus in die Gegenwart hinein – und zeigt, wie sehr die Vergangenheit immer auch Gegenwart ist.

*Mario König, Georg Kreis,*
*Franziska Meister und Gaetano Romano*

## Anmerkungen

1 Siehe Max Imboden: *Helvetisches Malaise,* Zürich 1964.

2 Fritz René Allemann, in: *Weltwoche,* 29. 5. 1964.

3 Siehe bes. Kurt Imhof et al.: *Konkordanz und Kalter Krieg. Analyse von Medienereignissen in der Schweiz der Zwischen- und Nachkriegszeit,* Zürich 1996; Dies. (Hg.): *Vom Kalten Krieg zur Kulturrevolution. Analyse von Medienereignissen in der Schweiz der 50er und 60er Jahre,* Zürich 1998.

4 Siehe Martin Dahinden (Hg.): *Neue soziale Bewegungen und ihre gesellschaftlichen Wirkungen,* Zürich 1987.

5 Siehe die übrigen drei Bände der Reihe *Staat – Gesellschaft – Politik 1798–1998.*

6 Siehe hierzu Hansjörg Siegenthaler: *Regelvertrauen, Prosperität und Krisen. Die Ungleichmässigkeit wirtschaftlicher und sozialer Entwicklung als Ergebnis individuellen Handelns und sozialen Lernens,* Tübingen 1993; ferner Andreas Ernst et al. (Hg.): *Kontinuität und Krise. Sozialer Wandel als Lernprozess. Beiträge zur Wirtschafts- und Sozialgeschichte der Schweiz (Festschrift für Hansjörg Siegenthaler),* Zürich 1994.

7 Siegenthaler (wie Anm. 6), S. 185.

8 Siehe Leonardo Parri: *Neo-corporatist Arrangements, ‹Konkordanz› and Direct Democracy: the Swiss Experience,* in: Ilja Scholten (Hg.): *Political Stability and Neo-Corporatism. Corporatist Integration and Societal Cleavages in Western Europe,* London 1987, S. 70–94.

9 Zur Angst politischer Eliten vor der politischen Meinungsbefragung siehe Niklaus Stettler: *Demoskopie und Demokratie in der Nachkriegsschweiz,* in: *Die Schweiz und der Zweite Weltkrieg,* Themenheft der *Schweizerischen Zeitschrift für Geschichte* 4, 1997, S. 730–758; zu den Vorbehalten gegenüber der Soziologie allgemein Markus Zürcher: *Unterbrochene Tradition. Die Anfänge der Soziologie in der Schweiz,* Zürich 1995.

10 Siehe aber Georg Kreis: *Staatsschutz in der Schweiz. Die Entwicklung von 1935–1990,* Bern 1993.

# Die Lancierung der Totalrevision der Bundesverfassung in den 1960er Jahren

Georg Kreis

Der in den 1960er Jahren einsetzende und seit 1965 formell fassbare Prozess zur Durchführung einer Totalrevision der Bundesverfassung muss uns hier unter zwei Gesichtspunkten interessieren: Einmal soll er uns über die Art (insbesondere über die Intensität und die Stossrichtung) des Reformbedarfs der 60er Jahre im Vergleich vor allem zu den vorangegangen und etwas auch zu den nachfolgenden Perioden Auskunft geben. Und zum anderen soll er uns darüber Auskunft geben, inwiefern die Triebkräfte dieser Reform von oben oder von unten ausgegangen und inwiefern sie von einer Gemeinschaftsideologie gespiesen worden sind.

## Theoretische Vorüberlegungen

Es wäre wohl verfehlt, von der idealtypischen Pauschalvorstellung auszugehen, dass sich Gesellschaft permanent wandelt und dass dieser Wandel, leicht verzögert, von einer ebenso permanenten Bereitschaft begleitet wird, die Grundstrukturen der Verfassung diesem Wandel anzupassen. Denn erstens vollzieht sich Wandel eher in Schüben mit wechselnder Tiefenwirkung und wechselnder Geschwindigkeit, und zweitens ist Trägheit und sogar Widerstand gegen Anpassungszwänge wohl eher die normale Ausgangslage. Für besonders hohen, aber zunächst noch verweigerten Anpassungsbedarf steht der Begriff der Krise zur Verfügung. Der Terminus der Anpassung ist insofern zu präzisieren, als er nicht nur ein schlichtes Nachdatieren eines eindeutigen und allerseits gleich gesehenen Wandels meint. Die Anpassung kann in verschiedenen Graden geschehen, aber auch verschiedene Richtungen einschlagen und impliziert selbst bei grösster Zurückhaltung immer auch eine gewisse Vorwegnahme künftiger Entwicklungen. Die allfälligen Anpassungszwänge sind zudem um mindestens zwei weitere Dimensionen komplizierter, weil sich ein Teil des Reformbedarfs bzw. Reformwillens auf kantonaler Ebene und ein Teil in Gesetzes- und Partialrevisionen abwickeln kann.

# Das Vorfeld des Reformprojektes der 60er Jahre

Man weiss, dass dem umfassenden Reformprojekt der 60er Jahre in den 30er Jahren eine grössere Reformdebatte vorausgegangen ist. Weniger bekannt, für unsere Fragestellung aber wichtig, sind die in der Zwischenzeit lancierten Reformideen. Da sind zwei Arten von Reformvorstössen zu unterscheiden: erstens diejenigen, die sich im Gleichklang mit dem allgemeinen Reformzyklus von 1943–1948 manifestierten; und zweitens diejenigen, die sich nach 1948 zunächst antizyklisch artikulierten und zu Beginn der 60er Jahre dann in einen weiteren Reformzyklus einmündeten. Zum Reformbogen der anbrechenden Nachkriegszeit gehörte das Postulat Oeri, das bereits am 12. Juni 1942 im Hinblick auf die Nachkriegszeit die Schaffung eines Verfassungsrates forderte, jedoch von Bundesrat und Eidgenössischen Räten 1943/44 vor allem aus Verfahrensüberlegungen abgelehnt wurde.[1]

In die zweite Hälfte dieses Reformzyklus gehört die 1945 von der Jungliberalen Bewegung der Schweiz (JBS) aufgestellte Forderung nach Totalrevision.[2] Sie wurde am 2. Mai 1946 von einem zwar mehrheitlich linken, aber in dieser Sache vom Freisinn angeführten Basler Grossen Rat zur Standesinitiative erhoben. Alfred Schaller, ehemaliger Präsident der JBS und künftiger Regierungsrat (und als solcher für manchen technokratischen Problemlösungsversuch mitverantwortlich), verkündete in der Debatte, es gelte eine neue Ebene der Gemeinschaft zu schaffen, die junge Generation fühle dazu genügend Kraft in sich. Die schriftliche Begründung der Initiative ging von der später noch wichtiger werdenden Vorstellung aus, dass zwischen Verfassung und Wirklichkeit eine Kluft bestehe, dass diese immer grösser werde, dass sie durch das Vollmachtenregime habe überbrückt werden können, mit dessen Abbau nun aber «die Verfassungskrise in ihrer ganzen Schärfe» sichtbar werde. «Eine gewisse Entfremdung des Volkes und insbesondere der Jugend von der Verfassung und die damit im Zusammenhang stehende Vertrauenskrise zwischen Volk und Bundesbehörden können in nützlicher Frist nur durch eine Totalrevision der Verfassung behoben werden.»[3]

Die Unzufriedenheit ergab sich aber nicht aus der allgemeinen Diskrepanz zwischen Verfassung und Wirklichkeit, sondern kam aus ganz bestimmten Mängelvorstellungen. Ein ausführlicher Forderungskatalog gibt eine Vorstellung darüber, welche Stossrichtung der Reformwille der unmittelbaren Nachkriegszeit nehmen wollte. Die Revisionsforderungen betrafen drei Bereiche: erstens die Volksrechte, zweitens die Wirtschafts- und Sozialpolitik, drittens die Finanzpolitik.

Vielleicht behagte die Stossrichtung nicht, wahrscheinlicher aber missfiel das Reformvorhaben aus grundsätzlichen Einschätzungen – jedenfalls muss gemäss dem bundesrätlichen Bericht von 1959 der Vorstoss eine «verhältnismässig schwache Resonanz» und «uneinheitliche» Pressereaktionen gefunden haben, die Aufnahme in der französischsprachigen Schweiz sei aber günstiger gewesen.[4] Der Sozialdemokrat Johannes Huber, dem die Stossrichtung eigentlich hätte sympathisch sein müssen, qualifizierte später – 1960 – die Initiative von 1946 als ein typisches Produkt «wirrer» Zeiten.[5]

Das Jubiläum von 1948 zum hundertjährigen Bestehen der Bundesverfassung fiel in die Zeit des Übergangs von der dynamischen Aufbruchphase in die Phase der politischen Stabilisierung. Das wenige, was wir zur Zeit über dieses Jubiläum wissen, erhärtet die Vermutung, dass solche Anlässe eher Bestätigungsmentalität, den Stolz auf das Bewährte, und weniger Reformwillen, Bereitschaft zur Revision, freisetzen.[6] So wurde z. B. der freundeidgenössische Widerstand gegen die damals von beiden Kantonshälften gewünschte Basler Wiedervereinigung damit begründet, dass es unschön sei, ausgerechnet im Jubiläumsjahr am Status quo der Zusammensetzung des Bundesstaates zu rütteln.[7] Grössere Reformleistungen waren im Vorjahr, 1947, insbesondere mit der Zustimmung zu den Wirtschaftsartikeln und zum AHV-Gesetz, erbracht worden. Im Jahr nach dem Jubiläum, 1949, gelang eine weitere politische Grosstat: die Beseitigung des Vollmachtenregimes und damit die Rückgewinnung der direkten Demokratie. Dies geschah allerdings auf Kosten der zentralen Steuerungskapazität und der Staatsquote überhaupt und war kein Werk, das die demokratische Mitsprache zur Steigerung der Ansprüche an die Gemeinschaft bzw. die Solidaritätspflicht stärken wollte, sondern, bereits zeittypisch, ein Produkt der Reföderalisierung und, wie wir heute sagen würden, der Deregulierung mit allen ihren Konsequenzen.[8] Und im zwischen 1947 und 1949 liegenden Jubiläumsjahr von 1948 – da erlebte die Schweiz nicht mehr als einen kleinen Staatsakt plus Festspielprogramm.

Die Standesinitiative von 1946 verschwand zunächst in die Schubladen des Bundeshauses. Der Bundesrat liess sich 13 Jahre Zeit, bis er 1959, im Jahr der Besiegelung der Konkordanzdemokratie durch die bundesrätliche «Zauberformel», mit einem ablehnenden Antrag zu diesem Vorstoss Stellung nahm. Dass er derart spät reagierte, wurde damit gerechtfertigt, dass damals mit der Vorlage der Wirtschaftsartikel ein vordringliches Revisionsbegehren ja bereits umgesetzt und Revisionen auch bezüglich der Dringlichkeitsklausel, der Finanzreform und des Frauenstimmrechts weiterverfolgt worden seien. Eine Totalrevision sei aussichtslos gewesen und hätte nur die Teilrevisionen behindert. Eine wichtige Teilrevision, diejenige zur Einführung des Frauenstimmrechts, war allerdings wegen des ablehnenden Entscheids vom 1. Februar 1959 nicht zustande gekommen. Hingegen konnte man in der Tat darauf hinweisen, dass wichtige Reformmassnahmen über Teilrevisionen realisiert werden konnten: nach der Einführung der Wirtschaftsartikel von 1947 insbesondere die Finanzordnung 1950, 1954 und 1958, die Preiskontrolle 1952 und 1956, der Gewässerschutz 1953, die Atomenergie 1957, die Nationalstrassen 1957 und der Zivilschutz 1959.

Der Bericht vom November 1959 gab sich sehr reformfreundlich, ja sogar experimentierfreudig, indem er von Teilrevisionen sagte, dass sie auch nur den Status von Versuchen innerhalb der alten Verfassung haben könnten, die später im Bewährungsfall durch eine neue Verfassung übernommen würden.[9] Die Ablehnung der Totalrevision wurde als revisionsfreundliche Haltung präsentiert, würden doch dringende Einzelreformen durch eine allgemeine Reformdebatte nur blockiert.[10] Der Bericht gab sich aber reformfreundlicher als er war. In der Stellungnahme von 1959 stösst man nämlich auf Sätze, die man 1965 zwar immer noch, aber etwas weniger überzeugt verkündete: auf Hervorhebungen des Bewährungsmomentes etwa mit der Bemerkung, dass die Verfassung (die man notabene z. T. ausser Kraft gesetzt hatte) doch die Feuerproben zweier Weltkriege und schwerer Wirtschaftskrisen erfolgreich bestanden habe. Der Bundesrat stellte zudem entschieden in Abrede, dass eine Kluft zwischen geschriebener Verfassung und dem Leben bestünde. Falls aber ein «Spannungsverhältnis» bestünde, dann könnte man es eben über Partialrevisionen entschärfen.[11] Fragt sich nur, warum sich der Bundesrat dennoch ausgesprochen reformfreundlich präsentierte. War Reformgeist ein zeitlos positiver oder ein Ende der 50er Jahre zunehmend geschätzter Wert?

Klar war jedenfalls, dass die Reformbereitschaft der Exekutive von 1959 eindeutig nicht so weit ging wie der Reformvorschlag von 1946, der einen zu grossen Schritt in Richtung des Staatssozialismus machen wollte. Die staatsfreie Sphäre müsse möglichst gross bleiben, dies habe auch der Souverän in den Jahren 1946–1950 mit der mehrfachen Ablehnung etatistischer Initiativen bestätigt. Es könne kein Zweifel darüber bestehen, dass die Umbildung in einen sozialistischen Staat «zum mindesten verfrüht» sei, zumal sich in anderen Staaten eine Tendenz zur Rückbildung bereits durchgeführter Verstaatlichungen zeige.[12]

Der Bundesrat hielt eine Totalrevision nur in formeller Hinsicht für nötig. Eine harmonisierende Überarbeitung wäre zwar wünschenswert, aber nicht vordringlich und den Preis nicht wert, der im Risiko bestünde, dass bei dieser Gelegenheit materiell unerwünschte Bestimmungen in die Verfassung kämen.

Vor diesem Hintergrund sind folgende zwei Aspekte von besonderem Interesse: die Vorstellung, wann eine Revision nötig, und die Vorstellung, wie eine allfällige Revision durchzuführen sei.

Bezüglich der Zeitumstände unterschied der Bericht drei Kategorien: revolutionäre, eher dynamische und eher statische Verhältnisse. Im ersten, 1848 als gegeben erachteten Fall bestünde ein gewisser Handlungszwang, dem man sich fügen müsse, auch wenn später – 1874 – nachgebessert werden müsse. Im zweiten Fall bestünde eine zu grosse Meinungsvielfalt und Unsicherheit darüber, wohin die Reise gehe; und im dritten Fall bestünde die nötige Klarheit und könne «eine zweckmässige Regelung auf lange Sicht» getroffen werden. Der Bundesrat wollte auf das Eintreten der dritten Variante warten und verstand die späten 50er Jahre wie die Jahre nach 1918 und um 1935 im Sinne der zweiten Variante als zu unruhig und unabgeklärt. Aus einem vielleicht zeittypischen Effizienzdenken erklärte der Bundesrat: «An ein grosses und wichtiges Werk wie die Totalrevision der Bundesverfassung wird man nicht ohne einen bestimmten Plan und ohne Aussicht auf Erfolg herantreten dürfen. Ein solches Vorgehen würde schon dem Prinzip der Ökonomie der Kräfte widersprechen und ausserdem Politik und Wirtschaft unnötigerweise beunruhigen, die Kräfte von nützlicher Arbeit abhalten und möglicherweise eine spätere Totalrevision diskreditieren.»[13]

Beide Räte übernahmen im folgenden Jahr die bundesrätliche Einschätzung und stoppten 1960 die 1945/46 lancierte, aber gar nie richtig angelaufene Totalrevisionsbewegung.[14] Die Ablehnung beruhte auf der Meinung, dass einerseits es keine zwingenden Gründe gebe, andererseits es eben ein Risiko bedeute, dass ferner vieles bereits verwirklicht oder überholt und für den Rest der Weg der Partialrevisionen der bessere sei.[15] Im Nationalrat verteidigte der ehemalige Jungliberale Alfred Schaller jetzt als stattlicher Magistrat und als Minderheitensprecher noch immer den Basler Vorstoss von 1946. Er führte vor allem die grosse Spannung zwischen Verfassung und Realität als Argument ins Spiel. Und Justizchef Ludwig von Moos rekapitulierte die Darlegungen der Botschaft, insbesondere den Gedanken, solche Spannungen seien normal, sie bewiesen die Lebensfähigkeit der Demokratie und müssten mit Partialrevisionen laufend behoben werden. Selbst Johannes Huber, 1937 noch Promotor der Totalrevision, wandte sich aus mehreren Gründen gegen das Vorhaben, u. a. auch wegen seiner Aussichtslosigkeit. Er bemerkte: «Im Gegensatz zu den 30er Jahren ist gegenwärtig nicht einmal die junge Generation für die Idee eines neuen Grundgesetzes zu begeistern.»[16] Die «Neue Zürcher Zeitung» fragte sich damals sogar, ob die Zeit grosser Verfassungsrevisionen nicht für immer vorbei sei.[17]

Nicht die sozialen und politischen Spannungen, sondern umfassende Behebungsversuche wurden als Gefährdung der alles in allem doch weitgehend als intakt eingestuften Gemeinschaft verstanden. Das sollte sich in den folgenden Jahren ändern. Denn inskünftig erblickte man nicht mehr in der allgemeinen Revision, sondern in deren Vernachlässigung eine Gefährdung. Die Sorge galt jetzt aber nicht mehr einer als gesund, sondern als angeschlagen diagnostizierten Gemeinschaft. In beiden Varianten war der Modus operandi technokratischer Natur. Nachdem man sich mit Einzelreformen hatte begnügen wollen, die zwar vom Souverän gutzuheissen, im Grunde aber doch volksfern waren, wollte man jetzt eine volksnahe Reform durch eine umfassende Beteiligung des Souveräns.

1959 herrschte die Meinung vor, die Verfassung sei ein «hochpolitisches Werk» und könne kein «wissenschaftlich aufgebautes Werk von Fachleuten» sein.[18] Eine Dimension des Reformwillens richtete sich gegen die technokratische Expertenherrschaft. Diese Tendenz erschien z. B. in einem Pressekommentar von 1965, der in einem Votum für die Totalrevision statt einer Reihe von Partialrevisionen vom «Zeitgeist der Spezialisierung» und der «ausschliesslichen Betrachtung von Teilgebieten» sprach und vom Hang, den Spezialarzt zu konsultieren, so dass nur einzelne Organe unter die Lupe genommen, jedoch die Wechselwirkungen und Gesamtbefindlichkeiten ausser Acht gelassen würden.[19]

Die Debatte um den als zu gross erachteten Einfluss der Experten setzte gegen Ende der 50er Jahre ein.[20] Dabei zeigte sich die Tendenz, in fragwürdiger Weise zwischen hochqualifizierten, aber nicht demokratisch legitimierten Fachleuten und nur mit Laienwissen ausgestatteten, aber im Namen des Volkes handelnden Parlamentariern zu unterscheiden.[21] Die Gegenüberstellung ist darum fragwürdig, weil sie nicht den relevanteren Punkt der Interessenvertretung reflektierte und nicht zwischen Vertretern von partikularen Interessen und Vertretern des gemeinen Interesses unterschied. Die gängige Vorstellung war zwar, dass Experten Partikularinteressen und Parlamentarier Volksinteressen vertreten, um 1960 wurden aber Stimmen laut, welche die partikularen Interessen von Parlamentariern beklagten und nach Experten riefen, die sich am übergeordneten Interesse des gemeinen Wohls orientierten. Die Frage müsste aber weniger lauten, was Experten an sich seien, als vielmehr, wem die Experten zur Verfügung stünden, der Exekutive oder der Legislative.

## Die Anfänge des Reformwillens der 60er Jahre

Sucht man vor dem Hintergrund des 1960 zu Grabe getragenen Reformprojektes von 1946 die Anfänge des neuen Reformwillens, muss man hinter die Zäsur von 1960 zurückgehen. Die bekannte Programmschrift, die 1955 zum Bau einer neuen Schweiz aufrief, dürfte eine Frühmanifestation des zunächst noch marginalen Reformwillens gewesen sein.[22] Ein weiteres Produkt ähnlicher Art, weniger kühn, im Anspruch aber doch radikal, war Max Imbodens Verfassungsentwurf von 1959, von dem noch eingehender die Rede sein soll. 1961 dürfte sodann im Abstimmungskampf um die massiv abgelehnte Einführung der Gesetzesinitiative eine Art Verfassungsdebatte stattgefunden haben. Wir wissen indessen wenig über die Verfassungsdebatte, die – wahrscheinlich weniger intensiv – sicher auch in den Jahren 1960–1965 stattgefunden hat. 1965 erlebte die Debatte um das Verhältnis von Bund und Kantonen einen Höhepunkt. Wohl in der gesamten Zeit waren andere Reformvorschläge im öffentlichen Gespräch: die Vergrösserung des Bundesrates, die Einführung eines Kabinettschefs für den Bundespräsidenten, die Subventionen für die Fraktionen, die Grösse des Nationalrates u. a. m. Nationalrat Dürrenmatt wird 1966 sagen, er habe «schon seit

Jahren» mit anderen über die Idee gesprochen, und präzisieren, dass er seit ungefähr 1962 sich damit befasst habe, wie eine Totalrevision einzuleiten wäre. Welche persönlichen Initiativen, welche fassbaren Vorkommnisse und welche allgemeineren Umstände haben dazu geführt, dass Exekutive wie Legislative 1965 als wünschenswert und nötig beurteilten, was fünf Jahre zuvor als wenig erwünscht und unnötig bezeichnet worden war?

Auf der Ebene der *persönlichen Initiativen* können wir drei grössere Vorstösse verzeichnen.[23] In allen drei Fällen muss man feststellen, dass die aktiv Treibenden, insofern als sie auf Zeitumstände reagierten, zugleich auch Getriebene waren.

Im ersten Fall kamen die Impulse von *Max Imboden*, Professor für Öffentliches Recht an der Universität Basel.[24] Immer wieder konnte man vom Hochschulprofessor hören, dass es die Hochschulen seien, die im Revisionsprozess eine wichtige Rolle spielen sollten. 1959 legt er, wie bereits kurz erwähnt, im Moment, da der Bundesrat die Sache *ad acta* legen wollte, von sich aus einen in einer Universitätsveranstaltung erarbeiteten Entwurf vor. Gewissermassen im gleichen Atemzug sprach er sich 1960 mit einem Vortrag in der Jahresversammlung des Basler Handels- und Industrievereins für eine schweizerische Verfassungsreform aus.[25] 1964 stellte Imboden in seiner sehr beachteten Schrift über das «Helvetische Malaise» fest, die Frage der Totalrevision liege in der Luft, obwohl sie vor wenigen Jahren verworfen worden sei.[26] Einen wichtigen Aufruf zur Verfassungsrevision lancierte er im Mai 1966 anlässlich des Dies academicus der Hochschule St. Gallen.[27]

Den für das offizielle Verfahren formell ausschlaggebenden Impuls gab Ständerat *Karl Obrecht*.[28] Nach beinahe 20jähriger Tätigkeit in Bern und kurz vor seinem Rücktritt lancierte er 1965 im Alleingang – «ohne Komplicen», wie er sagte – die Revision.[29] Er bezeichnete sich als «ergrauten Politiker» und als Angehörigen der «besonnenen Generation», die im sorgsamen Bewahren mehr Gnade sehe als im stürmischen Umwerten aller Werte. Wenn wir erfahren wollen, warum er aktiv geworden ist, sind wir ganz auf seine Motionsbegründung angewiesen. Obrecht muss zur Zeit der Totalrevisionsinitiative von 1934/35 in Zürich studiert haben und von seinem «unvergesslichen Lehrer» Dietrich Schindler gewisse Grundvorstellungen zur Problematik vermittelt bekommen haben.[30] Der freisinnige Solothurner, der wie sein Vater, Bundesrat Hermann Obrecht, als «Mann der Mitte und des Masses» galt, stellte das Revisionsprojekt nicht in den Dienst partikularer Reforminteressen, sondern visierte ein allgemeines und umfassendes Reformziel an. Er identifizierte sich allerdings mit der Partei der Freisinnigen und meinte, es sei gut, wenn aus dieser Reihe der Vorstoss zur Weiterführung des Werkes der Gründungsväter komme.[31]

*Peter Dürrenmatt*, obwohl ein paar Jahre älter als Obrecht, war eher ein Ratsneuling, als er am 30. November 1965 mit 49 Nationalratskollegen aus allen grossen Parteien einen analogen Vorstoss lancierte.[32] Auch er hatte die Debatten um die Totalrevision von 1934/35 nahe miterlebt, er stand 1935 sogar (zusammen mit Frontisten) auf einer Nationalratsliste der Erneuerungsbewegung. Dass ihm die Verfassung und Verfassungsreform ein Anliegen war, zeigt ein Büchlein, das er 1948 zum 100-Jahr-Jubiläum als Inlandredaktor der «Basler Nachrichten» für die Basler Jugend verfasste. Auch aus der Zeit vor der Motionseingabe belegen mehrere Artikel sein Engagement in dieser Frage.[33]

Welches waren die *fassbaren Vorkommnisse*, welche nach einer Totalrevision riefen oder eine solche mindestens als bedenkenswerte Angelegenheit erscheinen liessen? In einer provisorischen Antwort können ebenfalls drei «Ereignisse», allerdings ziemlich unterschiedlicher Art genannt werden:

Die von der *Landesausstellung* von 1964 ausgehenden Ermunterungen zu einer etwas grundsätzlicheren Auseinandersetzung mit Gesellschaft und Staat betrafen auch die Verfassungsproblematik. Der Schweizerische Juristenverein nahm jedenfalls die «Expo 64» zum Anlass, um in einer speziellen Festschrift über verschiedene Fragen der Rechtsordnung öffentlich nachzudenken. Der Zürcher Staatsrechtler Werner Kägi, der sich an dieser Schrift beteiligte, klagte damals über die aktuelle «Verfassungskrise und Verfassungsdämmerung» und das herrschende Desinteresse gegenüber konstitutionellen Fragen.[34]

Der *Mirage-Skandal* von 1964 dürfte einiges an Reformbereitschaft generiert haben. Bloss von einer Minderheit als einmaliger Betriebsunfall abgetan, führte die schmerzliche Erfahrung der totalen Überforderung von Parlament und Verwaltung bei Geschäften dieser Grössenordnung und Komplexität bei der Mehrheit der politischen Akteure zum Wunsch nicht gerade nach einer Totalrevision, aber nach gleichzeitig mehreren Reformen (Stärkung der Verwaltungskontrolle, Ausbau der Parlamentsdienste, Vergrösserung des Bundesrates, Aufwertung des Bundeskanzlers) und zu einer Aufwertung der allgemeineren staatspolitischen Fragen. Peter Dürrenmatt spricht von «Zusatzarbeit», die in ein «ausgetüfteltes und durchorganisiertes Spiel» plötzlich eingebrochen sei.[35]

Die Erfolge der *Europäischen Gemeinschaft* wirkten sich ebenfalls ganz offensichtlich auf den Reformwillen aus.[36] Schon die bundesrätliche Botschaft von 1959 stellte die Revisionswünsche in diesen Kontext, wenn sie bemerkte: «Diese Unsicherheit ist zu einem erheblichen Teil nur der Ausdruck der Unsicherheit der internationalen Lage.»[37] Selbst konservative Politiker gingen mit bemerkenswerter Gelassenheit davon aus, dass die Schweiz in eine engere Verbindung mit der EG treten,[38] aber als ebenso selbstverständlich erschien es, dass das Mitspracherecht der Bürger dabei gesichert sein müsse. Mit beinahe erstaunlicher Selbstverständlichkeit erklärte der katholisch-konservative Innerschweizer Ludwig von Moos in seiner im Namen des Bundesrates abgegebenen Stellungnahme von 1966, «äussere Entwicklungen wie Ziele und Formen des internationalen Zusammenlebens» könnten zu Strukturproblemen führen, die gelöst werden müssten.[39]

## Das Krisenbild

Es fällt auf, dass sozusagen im gleichen Atemzug mit dem Reden über gewisse Krisensymptome ausführlich auch vom Bewährten die Rede war. Ständerat Obrecht pries die Bundesverfassung von 1848 als «staatspolitisches Meisterwerk». Die bleibende Gültigkeit der geistigen Fundamente dieser Verfassung offenbare sich u. a. in der Tatsache, dass sich die Nachfahren der damaligen Gegner heute zu ihnen bekennten. Die nähere Umschreibung dessen, was Bestand habe, beschränkte sich in vielen Fällen auf die Evokation des Föderalismus. Einzig Dürrenmatt zählte bereits im Motionstext weitere «gefestigte und unbestrittene» Grundprinzipien auf: das Zweikammersystem, die Instrumente der direkten Demokratie, die Trennung der Gewalten, das Kollegialitätsprinzip und die Garantie der bürgerlichen Rechte.

Während Obrechts Revisionsaufforderung schärfer und eindringlicher formuliert war als die anschliessende Darlegung der Revisionsnotwendigkeit, verbreitete sich Dürrenmatt, wie gesagt, ausführlich auch über Bewährtes, griff in der Motionsbegründung aber zu dramatischen Vergleichen und Bildern. Er verglich die 60er Jahre mit der Endphase des Ancien régime, als den politisch Verantwortlichen die Kraft gefehlt habe, den alten Bund an Haupt und Gliedern zu erneuern.[40] Der vorgeschlagene Kraftakt sollte einen unhaltbaren und sich rasant verschlimmernden Zustand für lange Zeit sanieren. Die Problemlösungsmethode der Partialrevision verglich er mit einem Kampf gegen eine vielköpfige Hydra, der für jeden abgeschlagenen Kopf mehrere neue nachwüchsen. «Wir verlören uns in einer hoffnungslosen, sich zum Chaos ausweitenden Stümperei.»[41] Aus Dürrenmatts Sicht bestand das Hauptproblem in der Schwäche des Staates: auf der exekutiven Seite die Handlungsschwäche und auf der legislativen Seite die Aufsichtsschwäche.[42]

Für Bundesrat Ludwig von Moos war, wie dargelegt, die Partialrevision das gewöhnliche Mittel zur kontinuierlichen Anpassung. Implizit hat von Moos zwischen zwei Arten von Wandel unterschieden und keinen Zusammenhang zwischen der einen und der anderen gesehen. Der eine Wandel wurde umschrieben mit Fortschritt von Wissenschaft und Technik, Expansion der Wirtschaft und Anwachsen der Erwartungen gegenüber dem Staat. Dieser Wandel sollte gefördert und nötigenfalls mit Verfassungsänderungen begleitet werden. Der andere Wandel hingegen betraf nicht den Staat und sollte von der Gesellschaft bekämpft werden; er brachte «Auflösungserscheinungen im geistig-sittlichen

Bereich gegen Autorität und Gemeinschaft» und ein Übergreifen dieser Entwicklung auch auf das öffentliche Leben. Als besonders alarmierende Entwicklung erschien in seinen Augen offenbar der moralische Zerfall.[43] Die Konservativen waren mit ihren gesellschaftskritischen Klagen nicht alleine. Gesellschaftskritische Äusserungen über die «Grundübel der Zeit» finden wir auch im Mittellinks-Lager. So vermisste Emil Kirschbaum, Redaktor bei der «National-Zeitung», erstens eine klare Rangordnung der Werte mit einem Primat der immateriellen über die materiellen Werte («Wirtschaft und Technik») und zweitens eine Nachführungsbereitschaft und einen Aufbruch zu «new frontiers», wie ihn Kennedy fordere und Goldwater bekämpfe.[44]

## Die Intensität des Reformwillens

Vorweg sei betont, dass Partial- und Totalrevision von zwei verschiedenen Arten von Reformwillen leben und die Partialrevision nicht a priori weniger Reformwillen benötigt als die Totalrevision. Mit anderen Worten: Zwischen den beiden Reformarten besteht kein gradueller Unterschied auf ein und derselben Intensitätsachse. Obrecht als Hauptpromotor der Totalrevision warf der Schweiz nicht Reformträgheit vor, er attestierte ihr im Gegenteil explizit Reformfreudigkeit und rechnete damit, dass vor Abschluss der Totalrevision weitere wichtige Partialrevisionen realisiert, das Bodenrecht revidiert, das Frauenstimmrecht eingeführt, die Jesuitenartikel abgeschafft würden. Aber: «Niemand könnte bei diesem Gänsemarsch der Entscheide gewährleisten, dass sie aufeinander abgestimmt sind und hernach eine geschlossene Wirkung entfalten.»[45] Die Reformer von 1965/66 waren sich allesamt einig, dass man mit dringenden Reformen nicht zuwarten und besonders delikate Reformen vorweg vorlegen sollte.

Die Intensität drückt sich nicht nur in der Tiefe und Tragweite, sondern auch im Tempo der Reformambitionen aus. Während Dürrenmatt 1966 erwartete, dass der Revisionsprozess innert acht Jahren, d. h. bis zum 100jährigen Jubiläum der Totalrevision von 1874, als «würdige politische Tat» abgeschlossen werden könne, wollte Obrecht keinen Termindruck aufkommen lassen. Man müsse «nüchtern» damit rechnen, dass die Sache möglicherweise nicht im ersten Anlauf gelinge. Es wäre nichts Neues im Schweizerlande, wenn man mehr als einmal ansetzen müsste. «Auch die letzte Totalrevision hat einen zweiten Anlauf erfordert. Auch ein misslungener Versuch war politisch nie verloren.» Dürrenmatt gab später etwas nach, er hätte zwar gerne ein verbindliches Datum gehabt, meinte aber, eine neue Verfassung zwei oder drei Jahre nach 1974 sei ihm noch früh genug. Wichtig war ihm, «an der Schwelle zum 21. Jahrhundert» eine neue Verfassung zu haben.

# Methode des Reformvorhabens

Für Imboden war – zeittypisch, kann man sagen – der Weg mindestens so wichtig wie das Ziel. Die Verfassungsrevision war für ihn der Weg in die Zukunft, und die wissenschaftliche Methode der Weg zur Verfassungsrevision. Mit wissenschaftlich meinte er einerseits eine umfassende Bestandsaufnahme und andererseits ein Denken in alternativen Modellvarianten, wie es in den Sozialwissenschaften längst üblich sei. Nicht in sich, aber in ihren Vorausset-zungen werde die neue Bundesverfassung ein wissenschaftliches und ein primär vom technokratischen Sachverstand gestaltetes Unternehmen sein. Die kommende Gesetzgebung müsse allein, d. h. unabhängig von Verwaltung und Politik, von einem «Stab hochqualifizierter Fachleute» vorbereitet werden (er sprach von einem «zivilen Generalstab», wir würden heute «task force» sagen). Dabei dachte er in erster Linie an Ökonomen, Soziologen, Juristen, Historiker und Ingenieure.[46]

Niemand wollte einen Verfassungsrat. Zugleich war aber auch niemand der Meinung, dass eine neue Verfassung, wie das 1872/74 geschehen ist, von den Parlamentariern selbst erarbeitet werden könne. Man war sich einig, dass angesichts der starken Beanspruchung des Parlaments durch die Tagesfragen von einem extraparlamentarischen Organ substantielle Vorarbeiten geleistet werden müssten. Obrecht dachte an einen Delegierten oder an ein Kollegium, Dürrenmatt an eine «nicht zu umfangreiche Delegation von geeigneten Persönlichkeiten». Damit verband sich die Meinung, dass nicht das überlastete Parlament und auch keine parlamentarische Kommission die Vorarbeiten vornehmen sollte. Dürrenmatt erwartete, dass diese Delegation ein positives Vorurteil gegenüber dem Revisionsprojekt habe und sich darum aus Persönlichkeiten zusammensetze, die an die Dringlichkeit der Aufgabe glaubten. Wer dem Vorhaben ablehnend gegenüberstehe, werde nämlich die Inopportunität einer Revision leicht nachweisen können. Man war sich aber einig: Die technokratische Methode sollte sich auf die Anfangsarbeiten beschränken. Ebenso einig war man sich, dass der Revisionsvorgang eben in zwei Etappe anzulegen sei: Eine erste Etappe des allgemeinen Sichtens müsse vorausgehen, dann sei zu entscheiden, ob in einer zweiten Etappen ein neuer Verfassungsentwurf ausgearbeitet werden solle. Obrecht erklärte, die Schweiz müsse erst das Vorfeld der Revision betreten und die nötigen Vorarbeiten an die Hand nehmen, die Probleme seien noch zu wenig abgeklärt und ausgereift. Er sprach sich für eine grosse Bestandsaufnahme unter Einbezug des Volkes aus, wie er im gleichen Votum die Meinung vertrat, es würde sich lohnen, einmal Grundlagenforschung über das helvetische Malaise zu betreiben.

## Die Stossrichtung des Reformwillens

1959 beschränkte sich Imboden darauf, die Notwendigkeit einer redaktionellen Überarbeitung zu betonen. Mit keinem Wort sprach er von einem materiellen Reformbedarf und von Reformrückständen, er verwies im Gegenteil auf die zahlreichen seit 1945 vorgenommenen Reformen, um zu sagen, dass gerade deswegen eine Überarbeitung nötig sei. Imboden versicherte: «Die Neuerungen bleiben indessen der Bewahrung untergeordnet.» Wenn er vom Verfassungsvorschlag von 1959 sagte, er sei eine «juristische Utopie», dann war damit vor allem die Form und nicht der Inhalt gemeint. Bemerkenswert neu war immerhin, dass der Ordinarius vom Entwurf sagte, dass er «in gemeinsamer Arbeit von Student und Dozent» entstanden sei.[47] Auch im «Helvetischen Malaise» von 1964 sowie in der Stellungnahme von 1966 zeichnete Imboden die Kontinuitätsperspektiven mit kräftigeren Strichen als die Entwürfe eines Aufbruchhorizontes. Es war keine taktische Besänftigungsrhetorik, mit der eine kühne Veränderungsabsicht erträglich gemacht werden sollte, sondern so gemeint, wenn er die «grossen Errungenschaften der Vergangenheit» würdigte und das Hauptziel der Reform darin sah, mit einer Erneuerung der Verfassungsgestalt – mit einem neuen «Aufriss» – dafür zu sorgen, dass das Bewährte wieder «lebendiger Besitz unserer Generation» werde.[48] Die Ambitionen von 1966 waren vielleicht etwas kühner. Imboden meinte, es sei Mut nötig, auch das Ungewohnte zu denken, er fügte aber beschwichtigend bei, wenn man das Ungewohnte denke, bedeute dies nicht zwangsläufig, dass man es auch umsetzen müsse. Doch immerhin: «Wenigstens in der Vorbereitung des Verfassungswerkes muss sich die Kraft zeigen, die alten Geleise zu verlassen.»[49]

Karl Obrecht nannte ein doppeltes Ziel: Reform der Verfassung durch redaktionelle Überarbeitung der Verfassungsstruktur und Reform des Volks durch Beschäftigung mit der Verfassungsreform. Im Zusammenhang mit dem ersten Ziel fiel immer wieder das Wort «Flickwerk»; es wurde aber auch beruhigend gesagt, es gehe vorwiegend um eine organisatorische und weniger um eine geistige Reform. Das zweitgenannte Ziel muss nicht zweitrangig gewesen sein, obwohl es von Obrecht nur als «glückliche Nebenerscheinung» eingestuft wurde. Er wolle dem Schweizervolk kein «staatsbürgerliches Strafexerzieren» verpassen, sondern, wie man es schuldig sei, ihm eine «konstruktive Aufgabe» übertragen, die ihm «nottue». Partialreformen genügten nicht für diesen Zweck, es brauche eine «Diskussion um das Ganze». Wozu? Er verstand sie als Therapie gegen «bedauerliche politische Unzufriedenheit». Obrecht nahm auch das von Imboden lancierte Wort vom «Malaise» auf,[50] er diagnostizierte Staatsverdrossenheit in seltsamer Kombination mit hohen Erwartungen gegenüber dem Staat, das politische Interesse erschöpfe sich im Aufspüren von Defekten, er sprach von schleichender

Krankheit und Krisenstimmung, vom Tiefstand der Negation. Andererseits ging Obrecht davon aus, dass die geistigen Grundlagen 1965 im Gegensatz zu 1935 klar und unbestritten oder nur in Nuancen bestritten seien. Wegen der bestehenden Einmütigkeit, weil auf festem Grund gebaut werden könne, könne die Totalrevision unbedenklich in Angriff genommen werden. Obwohl es nach seinen Worten nur um «Einzelheiten» gehe, erklärte er, die Überprüfung müsse «grundlegend», die Anpassung «grosszügig sein», die Motion zur Totalrevision sei ein «ungewöhnliches Wagnis», dem ein «langes Nachdenken» und «gründliches Abwägen» vorausgegangen sei. Als unbestrittene Grundlagen verstand er die freiheitlichen und demokratischen Prinzipien. Die «Einzelheiten» waren allerdings doch ziemlich grundsätzlicher Art: Die Reform sollte den Bundesrat und den Bundeskanzler stärken, den übermässigen Einfluss der Expertokratie eindämmen, das Verhältnis zwischen Bund und Kanton überdenken, für ein allfälliges Vollmachtenregime die rechtlichen Grundlagen schaffen und am Rande auch eine Anpassung im Hinblick auf den «Anschluss an die EWG» vornehmen.[51]

Auch Dürrenmatt sprach sich für eine realitätsnahe Reform aus, wenn er erklärte, man benötige keine Leitidee; was man haben müsse, das sei der nötige Wille.[52] Indessen war dies für andere Kräfte im Lande zuwenig oder bereits zuviel. Von der CVP und der SP gingen offensichtlich keine fassbaren Impulse zu einer Gesamtreform aus. Auch die Wirtschaftsverbände waren ganz offensichtlich keine Triebkräfte. In seiner Motionsbegründung räumte Dürrenmatt ein, dass in Wirtschaftskreisen erhebliche Abneigungen gegen die Totalrevision bestünden, weil man an das Problem der Beziehungen zwischen Staat und Wirtschaft nicht rühren möchte – «quieta non movere».[53]

Bundesrat Ludwig von Moos wertete, wie bereits dargelegt, die Spannungen zwischen der auf Dauer angelegten Verfassung und dem gesellschaftlichen Wandel als etwas Natürliches, er zeigte aber – landesväterlich – dennoch Verständnis dafür, dass der Ruf nach gründlicher Überprüfung heute lauter sei als früher. Offensichtlich waren es aber nicht die nötigen Strukturanpassungen, sondern die «politisch-psychologischen Entwicklungen», die aus seiner Sicht für eine «Sichtung und Prüfung der Unterlagen» sprachen. Auch er erblickte in einer breiten Debatte um eine allfällige Verfassungsrevision ein Mittel gegen Krisenerscheinungen. Aus seiner katholisch-konservativen Sicht war es weniger die Staatsverdrossenheit als «der Relativismus der Werte, der sich von ethischen Grundlagen lösen will und daher auch das Bewusstsein sittlicher Gebundenheit gegenüber der Gemeinschaft und dem Staate, der Vergangenheit und der Zukunft» zu verlieren Gefahr laufe. Die Revisionsdebatte war für ihn eine von oben eingeleitete Massnahme, das «Schweizervolk und seine Organisationen» sollten zur aktiven Mitarbeit aufgerufen und die Debatte in «geordnete Bahnen» gelenkt werden. Als erstes Ziel sah er «die Stärkung des rechtlichen, sozialen und

politischen Zustandes im Innern» und als zweites Ziel immerhin auch – wohl ausgerichtet auf die Problematik der europäischen Integration – «die Stärkung der Stellung und Mitarbeitsbereitschaft unseres Landes nach aussen».[54]
Sämtliche Äusserungen weisen direkt oder indirekt darauf hin, dass die Verfassungsbewegung eine Bewegung von oben, ein Eliteprojekt und kein Basisprojekt und schon gar nicht von einer der neuen sozialen Bewegungen getragen war. Das Volk erschien als Objekt und nicht als Subjekt. Bei der Verfassungsrevision handelte es sich um ein Projekt des politischen Kaders, das auf Grund seiner (normalen) Gesellschaftsbeobachtung zum Schluss kam, dass das Volk eine Revisionsdebatte und die Verfassung selber eine Revision nötig habe. Der Zustand des «Schweizervolkes» wurde aber als weniger befriedigend und eher als sanierungsbedürftig erachtet als derjenige der Verfassung. Mit einer Verfassungsdebatte sollte Integration und mit einer formal zwar umfassenden, in der Substanz aber sehr beschränkten Reform sollte Stabilität sichergestellt werden.[55]
Das Volk war nur insofern ein indirekter Faktor, als die vorherrschende Unzufriedenheit als unbefriedigend, vielleicht sogar als gefährlich betrachtet wurde. Auch die Medien sprachen die Erwartung aus, dass die Elite die Initiative ergreife und damit den lethargischen Souverän aktiviere. «Wäre es nicht Pflicht einer zielstrebig handelnden Regierung, [den] Revisionswillen zu wecken?» Die «Neue Bündner Zeitung», die diese Frage im Sommer 1965 stellte, vermisste einerseits den bundesrätlichen Führungswillen und warf andererseits dem Bundesrat vor, sich vor der latenten Reformbereitschaft der Basis zu fürchten. «Man hat Angst vor dem Gewicht der unerlässlichen Neuerungen und vermeidet deshalb alles, was zur Auslösung dieser Grundwelle führen könnte.»[56]
Von der Jugend nimmt man im allgemeinen an, dass sie besonders reformfreundlich eingestellt sei. Die Vorstösse von 1943 und von 1946 wurden denn auch, wie dargelegt, zusätzlich mit den Reformerwartungen der Jugend begründet, wie umgekehrt die Ablehnung einer umfassenden Reform 1960 damit gerechtfertigt wurde, dass «nicht einmal die junge Generation» sie wünsche. In allen Zeugnissen der Zeit erscheint die Jugend in der Tat nicht als treibende Kraft, sondern als eine eher desinteressierte Altersgruppe, die mit Hilfe eines Reformprojektes aktiviert werden könne. Eine Pressestimme vom Sommer 1965 klagte beispielsweise darüber, dass die junge Generation an der kleinlichen Politik wenig Gefallen finde, und fügte bei: «Auch unter diesem Gesichtspunkt erweist sich eine Totalrevision der Verfassung als notwendig. Grosse Aufgaben wecken neue Kräfte!»[57] Ein anderer Kommentar aus der gleichen Zeit ging in die gleiche Richtung: «Die junge Generation müsste und würde mit zum Zuge kommen. Gerade dadurch, dass man sie zur aktiven Mitarbeit heranziehen würde, wäre sie auch gezwungen, sich über ihre Ziele klar zu werden und sie zu formulieren.»[58] Auch in Obrechts Wahrnehmung kamen von seiten der Jugend keine

Impulse. Er bezeichnete sie zwar in einer gängigen Gegenüberstellung und im Gegensatz zur Besonnenheit seines eigenen Alters als «Heisssporne» und «Husaren». Was den Staat betrifft, präsentierte er sie aber als zurückhaltend; die Gefahr sei gross, dass man sie entweder ins Desinteresse oder in den Radikalismus treibe, und es sei schwer zu sagen, was schlimmere Folgen hätte. Nicht Abwehr, sondern staatspolitischer Ansporn müsse die Haltung gegenüber der Jugend prägen. «Sie findet im gewaltigen Umbruch, der sich in aller Welt vollzieht, Stoff und Gelegenheit genug, ihren Geist und ihr Herz zu beschäftigen.» Auch in Dürrenmatts Diagnose erscheint die Jugend nicht als direkt agierender Faktor und nur als indirekte Grösse, um die man sich sozusagen paternalistisch kümmern müsse. Mit dem Revisionsprojekt wollte er «unserer jungen Generation» den Beweis liefern, «dass unser Land eine Aufgabe hat, für deren Erfüllung sich der Einsatz und das Engagement lohnen». Schliesslich sah auch Bundesrat Ludwig von Moos, wie seine Motionsbeantwortung zeigt, in Revisionsprozess ein Mittel, «unsere junge Generation» zu positiver Mitarbeit anzuregen.[59]

## Die Resonanz des Revisionsvorschlages

Wie das Parlament 1959/60 die Position der Regierung übernommen hatte, schloss sich die Regierung 1965/66 der Auffassung des Parlamentes an. Der Bundesrat nahm gegenüber den beiden Vorstössen eine freundliche, zurückhaltend zustimmende Haltung ein. Er wolle nicht dazu beitragen, dass den Problemen ausgewichen werde. Er konnte um so leichter zustimmen, als mit dem vorgesehenen Prozedere der Bestandsaufnahme noch gar nichts entschieden war. Er wollte weder einen einzelnen Delegierten noch ein umfangreiches Expertenkollegium, sondern eine «kleinere Gruppe» – und sich im übrigen auch nicht auf den Termin 1974 festlegen.[60]

Der Rest ist bekannt: 1967 wurde die «Arbeitsgruppe Wahlen» mit einer Bestandsaufnahme – eben der vielgeforderten umfassenden Auslegeordnung – beauftragt. Im gleichen Jahr widmete die NHG ein über 300 Seiten umfassendes Jahrbuch dem Thema der Staatsreform. Die Einleitung stellte fest, das Land werde sich mit jedem Tag stärker bewusst, dass die Kluft zwischen der Dynamik des gesellschaftlichen Wandels und dem Immobilismus der Institutionen immer grösser werde. «C'est un débat général qui doit s'ouvrir pour repenser le pays dans son ensemble.»[61]

Bis die bestellte Auslegeordnung vorgenommen worden war, hatte sich das Reformklima wieder verflüchtigt. Der Ölschock von 1973 und der auch ohne diesen Einschnitt eingetretene Konjunkturumschwung führten 1974 auch zu einem rapiden politischen Klimawechsel. Die im Mai 1974 von Bundesrat Furgler eingesetzte Expertenkommission arbeitete bereits unter neuen Rahmenbedingungen, sie tat es aber noch im Geiste der vorangegangenen Reformphase. Die 1977 vorgeschlagenen Regelungen der Sozialordnung, der Eigentumsfrage, der Wirtschaftspolitik, des Ständemehrs, der Bundeszuständigkeit waren weit davon entfernt, mehrheitsfähig zu sein. Eine Volksdiskussion fand indessen nicht statt, musste ja auch nicht, da das Geschäft auf keinen Abstimmungskalender gesetzt worden war. Hingegen kam es wiederum zu einer breiten Diskussion im redaktionellen Teil der Medien. Der Entscheid des Bundesrates von 1983, mit der Zustimmung der Eidgenössischen Räte die Totalrevision fortzusetzen, sowie die grosse Resonanz auf den wegweisenden NZZ-Artikel von Kurt Eichenberger vom 12. Mai 1986 und der entsprechende Bundesbeschluss vom Juni 1987 könnten kleinere Produkte eines weiteren, allerdings schwächeren Reformschubes gewesen sein.[62] Inzwischen ist ein weiteres Jahrzehnt verstrichen. Man muss sich fragen, ob das gegenwärtige Reformprojekt inzwischen nicht zu einem völlig eigenständigen Unternehmen geworden ist.

## Anmerkungen

1 Zum Postulatstext vgl. Bundesblatt I 1943, S. 597–618. Albert Oeri (LDP/BS) machte sich in der Nationalratsdebatte vom Dez. 1943 zum Fürsprecher einer Totalrevision und sah sich dabei als Redner für «weite Volkskreise, namentlich weite Kreise der Jugend»; er kritisierte indirekt das Notrechtregime und sprach von «Rechtsunsicherheit» und «Chaos», insbesondere im Finanzwesen. Das Volk könne selber eine Totalrevision auslösen, dann wäre die Gefahr eines politischen Chaos viel grösser, als wenn man die Totalrevision von seiten des Parlaments rechtzeitig vorbereite. «Wir dürfen damit nicht warten, bis der Friede ausbricht […].»

2 In diesem Kontext erschien die 1941 abgeschlossene Arbeit von Werner Kägi: *Die Verfassung als rechtliche Grundordnung des Staates. Untersuchungen über die Entwicklungstendenzen im modernen Verfassungsrecht*, Zürich 1945. Kägi war wie Dürrenmatt (vgl. unten) schon in den 30er Jahren ein Befürworter der Erneuerung.

3 Zit. nach Bericht des Bundesrates vom 27. 11. 1959, Bundesblatt 1959 II, S. 1301.

4 Ebd., S. 1300.

5 Zit. nach *Basler Nachrichten*, 9. 6. 1960.

6 Eine «Festschrift» im indirekten Auftrag von Bundesrat Philipp Etter und Pro Helvetia verfasste William E. Rappard: *Die Bundesverfassung der Schweizerischen Eidgenossenschaft 1848–1948*, Zürich 1948, 512 S.

7 Nationalratsverhandlungen vom 10. 3. 1948. Dazu der Kommentar von Walo von Greyerz im *Bund*, 11. 3. 1948: «Es ist nicht ausgeschlossen, dass bewusst oder unbewusst, in einer Welt, die von neuem umbrochen wird, mit dem Nein dokumentiert werden sollte, dass das schweizerische Staatswesen wie ein Fels dasteht, so unerschütterlich. Nur gibt es auch eine Starrheit, die gefährlich ist.»

8 Claude Anthonioz: *L'initiative pour le retour à la démocratie directe 1945–1949*, Liz.arbeit, Freiburg i. Üe. 1981.

9 Roland Ruffieux: *Les données de l'histoire constituelle*. In: *Handbuch Politisches System der Schweiz*, Bd. 1, Bern 1983, S. 1307.

10 Ebd., S. 1321.

11 Bericht des Bundesrates vom 27. 11. 1959, Bundesblatt 1959 II, S. 1294–1324.

12 Ebd., S. 1311 ff., 1321.

13 Ebd., S. 1320.

14 Die Ablehnung war im Ständerat einstimmig (29 zu 0) und im Nationalrat grossmehrheitlich (111 zu 20).

15 Ständeratsverhandlungen vom 9. 3. 1960 und Nationalratsverhandlungen vom 8. 6. 1960; Tagespresse vom folgenden Tag.

16 Zit. nach *Basler Nachrichten*, 9. 6. 1960.

17 *Neue Zürcher Zeitung*, 12. 6. 1960.

18 Vgl. Anm. 11.

19 Werner Schmid in der *Zürcher Woche*, 20. 8. 1965.

20 Dazu Hans Huber: *Staat und Verbände*, Tübingen 1958. Gutachten über die Rolle der Wirtschaftsverbände von alt Bundesrat R. Rubattel 1959. Im gleichen Jahr Rede von F. T. Wahlen vor dem Schweizerischen Juristentag.

21 Siehe etwa die Kontroverse zwischen Fritz Marbach und Manfred Kuhn in der *Tat*, 27. 7. und 4. 8. 1960.

22 Martin Ganz: *Nonkonformes von vorgestern: «achtung: die Schweiz»*, in: *Bilder und Leitbilder im sozialen Wandel*, hg. v. Schweizerischen Sozialarchiv, Zürich 1991, S. 373–414.

23 Es sind die Vorstösse der politischen Prominenz. Etwa gleichzeitig meldete sich auch der damalige Nachwuchs, z. B. Prof. Kurt Eichenberger im Sommer 1965 mit seiner Antrittsvorlesung zum Thema *«Staatsreform und Regierungsbildung in der Schweiz»* (vgl. etwa *Basler Nachrichten*, 18. 6. 1965). Dürrenmatt bezeichnete solche Äusserungen als «Warnungen», die der Bundesrat nicht einfach als Wind behandeln dürfe *(Basler Nachrichten*, 19./20. 6. 1965).

24 Max Imboden, 1915–1969. In seinen Jugendjahren engagierte auch er sich in der JBS. 1940 doktorierte er, und seit 1952 war er Ordinarius für Öffentliches Recht an der Universität Basel.

25 Max Imboden: *Gestalt und Zukunft des schweizerischen Rechtsstaates*, Basel 1960, 22 S.

26 Max Imboden: *Helvetisches Malaise*, Zürich 1964, 44 S.

27 Max Imboden: *Verfassungsrevision als Weg in die Zukunft*, Bern 1966, 32 S.

28 Karl Obrecht, 1910–1979, Dr. iur., Anwalt, 1947–1959 Nationalrat, 1959–1967 Ständerat, Präsident der Allgemeinen Schweizerischen Uhrenindustrie AG (ASUAG), Präsident der Schweizerischen Unfallversicherungsanstalt (SUVA), Bankrat der Schweizerischen Nationalbank. In den Nachrufen werden keine politischen Vorstösse in Erinnerung gerufen ausser eben demjenigen zur Totalrevision; diese Motion wird als Höhepunkt des politischen Wirkens bezeichnet *(Solothurner Zeitung*, 11. 10. 1979; *Neue Zürcher Zeitung*, 14. 10. 1979).

29 Obrecht erklärte, er habe damit auch seine Partei nicht verpflichten wollen. Andererseits muss er sich über das Thema der Verfassungsrevision, wie in der Motionsbegründung auch an einer Stelle durchschimmert, mit seinem Umfeld natürlich unterhalten haben.

30 Karl Obrecht et al.: *Motionen zur Totalrevision der Bundesverfassung, Antworten des Bundesrates*, Bern 1967, S. 25. Erschien als Bd. 2 in der Serie *Staat und Politik;* Imbodens Text von 1966 wurde als Bd. 1 publiziert. Weiter erschienen zum Thema Bd. 11, 1970 (Hans Huber und Egon Tuchfeldt), Bd. 20, 1978 (Reck) und Bd. 22, 1978 (Christoph Leuenberger).

31 Ebd., S. 11.

32 Peter Dürrenmatt, 1904–1989, bernische Oberlehrerausbildung, 1934 durch seinen Arbeitgeber, die Schweizerische Mittelpresse, Sekretär des «Bundes für Volk und Heimat», 1949–1969 Chefredaktor der «Basler Nachrichten», 1959–1979 Nationalrat der LDP, Mitglied der aussenpolitischen Kommission. 1968 Gründer des Dachverbandes «Forum Helveticum».

33 Ein Leitartikel in den *Basler Nachrichten*, 24./25. 7. 1965, enthält mehrere Gedanken, ja Formulierungen, die man in der Motion vom Nov. 1965 und in der Motionsbegründung vom Sommer 1966 wiederfindet («Wo kein Wille ist, ist kein Weg»). Andererseits gibt es einen

Leitartikel vom 19./20. 6. 1965, in dem sehr viel von Reform die Rede ist, aber immer nur an Partialreform gedacht und das Wort «Totalrevision» gar nicht ausgesprochen wird («Das Tempo der Reform»).

34 *Das Schweizerische Recht, Besinnung und Ausblick.* Basel 1964. Kägis Aufsatz: *Die Grundordnung unseres Kleinstaates und ihre Herausforderung in der zweiten Hälfte des 20. Jahrhunderts.* Besprechung von Emil Kirschbaum in der *National-Zeitung,* 10. 9. 1964.

35 *Basler Nachrichten,* 19./20. 6. 1965.

36 Es muss offen bleiben, inwiefern neben der Reform auf supranationaler Ebene auch Reformen auf kantonaler Ebene stimulierend gewirkt haben.

37 Bundesblatt 1959 II, S. 1323.

38 Obrecht sprach von «Anschluss», Dürrenmatt vom «Verhältnis der Eidgenossenschaft zu einer sich in grundlegendem Wandel befindlichen internationalen Umwelt»; Obrecht et al. (wie Anm. 30), S. 21, 46.

39 Ebd., S. 54.

40 Ebd., S. 42.

41 Ebd., S. 46.

42 Ebd., S. 44 ff.

43 Ebd., S. 53 ff.

44 *Verfassungsdämmerung in der Schweiz,* in: *National-Zeitung,* 10. 9. 1964.

45 Obrecht et al. (wie Anm. 30), S. 22.

46 Imboden (wie Anm. 26), S. 36.

47 *Die Bundesverfassung – wie sie sein könnte,* Basel 1959, 19 S.

48 Imboden (wie Anm. 26), S. 34 ff.

49 Ebd., S. 30.

50 Obrecht widersprach explizit einem bekannten Politiker, der behauptet habe, das Malaise sei eine Sache der Intellektuellen, der einfache Mann kenne diese Krankheit nicht.

51 Obrecht et al. (wie Anm. 30), S. 21.

52 Ebd., S. 40 ff.; Peter Dürrenmatt: *Wo kein Wille ist, ist kein Weg,* in: *Basler Nachrichten,* 24./25. 7. 1965.

53 Obrecht et al. (wie Anm. 30), S. 45.

54 Ebd., S. 29 ff., 52 ff.

55 Zur Integrationsfunktion nicht des Verfassungsgebungsprozesses, sondern der Verfassung selbst vgl. Kurt Eichenberger: *Sinn und Bedeutung der Verfassung,* Basel 1991, S. 207 ff. Eichenberger sagt im gleichen Text von den Vorgängen der 60er und 70er Jahre etwas missverständlich, die Verfassungskritik habe «plötzlich» eingesetzt (S. 244), sie habe insofern geschickt begonnen, als sie Veraltetes angeprangert habe; diese Anprangerung sei dann aber nicht rechtzeitig von positiv Neuem abgelöst worden (S. 250).

56 «ls.» in der *Neuen Bündner Zeitung,* 31. 8. 1965, anknüpfend an die Aussage von Bundespräsident H. P. Tschudi, dass eine Totalrevision nicht möglich, aber auch nicht nötig sei.

57 Ungezeichneter Artikel, *Totalrevision der Bundesverfassung?,* in: *Basellandschaftliche Zeitung,* 15. 5. 1965 und *Basler Woche,* 28. 5. 1965.

58 Werner Schmid in *Zürcher Woche,* 20. 8. 1965.

59 Obrecht et al. (wie Anm. 30), S. 57.

60 Ebd.

61 Préface de Théo Chopard.

62 Bernhard Ehrenzeller: *Konzeption der Verfassungsreform,* in: *Aktuelle Juristische Praxis (AJP)* 8, 1995, S. 971–979; Heinrich Koller: *Die Nachführung der Bundesverfassung,* in: *AJP* 8, 1995, S. 980–989.

# «Pour la Suisse de demain: croire et créer»

## Das Selbstbildnis der Schweiz an der Expo 64[1]

Roger Sidler

Lässt sich die Schweiz überhaupt ausstellen? – Die Direktion der Lausanner Expo 64 hegte nie Zweifel an der Machbarkeit eines solchen Unterfangens. Im Gegenteil. Sie hielt ihre Vision der Schweiz in einem Weg fest, der mitten durch das Ausstellungsgelände am Ufer des Genfersees führte. Was es mit dem offiziellen Motto der Landesausstellung «Pour la Suisse de demain: croire et créer» auf sich hatte, versuchte die Expo-Direktion den Besuchern und Besucherinnen auf dem «Weg der Schweiz» zu vermitteln.

Der folgende Aufsatz widmet sich der Entstehungsgeschichte dieses Wegs. Er fragt einerseits nach dem konkreten Resultat der Selbstthematisierung: Wie sieht sich die Schweiz Mitte der 60er Jahre? Andererseits interessiert er sich für die Motive und Interessen, die diesen Deutungen zugrunde liegen: Wer kann seinen Überzeugungen Geltung verschaffen? Und wer setzt sich gegen wen durch? Im weiteren werden die Reaktionen der Presse sowie der Besucher und Besucherinnen einbezogen. Können sie sich mit dem Selbstbildnis identifizieren? Besteht trotz unterschiedlicher Interessen ein gesellschaftlicher Konsens, der bestimmt, was die Schweiz zur Schweiz macht?

## Planungseuphorie und Schweizer Konstanten im Vorfeld der Expo

Im Frühjahr 1955, als von offizieller Seite noch niemand an die kommende Landesausstellung gedacht hatte, veröffentlichte ein junges Autorenkollektiv in der polemisch und griffig formulierten Broschüre «achtung: die Schweiz» eine faszinierende Idee. Die Gruppe um Lucius Burckhardt und Markus Kutter, die sich im Abstimmungskampf um die Basler Stadtplanung engagiert hatte und der sich Max Frisch anschloss, unterbreitete einen «Vorschlag zur Tat»: Anstelle der Landesausstellung soll eine Musterstadt gegründet werden. 25 Jahre nach der Landi in Zürich brauche die Schweiz wieder eine nationale Manifestation, die für einen neuen Lebensstil in einer sich wandelnden Welt eintrete. Diese Tat sei um so dringlicher, als die Konjunktur «unser Land dominiert und deformiert». Schweizerische Leitbilder seien gefragt, nicht planloses Reagieren und unkritisches Imitieren. Am Beispiel des Städtebaus konkretisierte die «Generation 1/4», wie sich die um 1925 Geborenen selbst bezeichneten, ihre Vorstellungen.[2]

Diese fortschrittsgläubige Idee nahm eine junge Lausanner Architektengruppe 1956 anlässlich eines Ideenwettbewerbs zum Namen, Motto und Standort der Expo 64 wieder auf. Unter dem Kürzel APAURBAL traten sie für eine Musterurbanisierung ein. Sie favorisierten eine dezentrale Ausstellung, die im Dreieck Lausanne–Morges–Bussigny angelegt gewesen wäre und eine raumplanerisch mustergültig genutzte Landschaft mit einer industriellen Infrastruktur und erschlossenem Strassennetz präsentiert hätte. Obwohl die Waadtländer Radikalen und Wirtschaftsvertreter der Comptoir Suisse, welche die Expo 64 in den diversen «comités» kontrollierten, vom Projekt der «Jungen» angetan waren und weitere Abklärungen in Auftrag gaben, entschieden sie sich Ende 1958 für die traditionelle Variante und somit gegen das Experiment: eine zentrale Ausstellung am See, die unter einem einzigen Motto steht.

Der Kritik an der Schweiz, wie sie vor allem in «achtung: die Schweiz» zum Ausdruck kam, dem Reformwillen und der Planungseuphorie der jungen Architekten stellten diese Kreise eine bedächtigere Vision entgegen. Sie bezweifelten die Notwendigkeit schneller und einschneidender Erneuerungen, obschon auch sie die Zeitdiagnose teilten, wonach die Schweizer Gesellschaft in einem Immobilismus zu erstarren drohte. Was in ihren Augen Not tat, war eine Rückbesinnung auf die schweizerischen Grundwerte.[3] Diese Rückbesinnung würde die Auswüchse eines überbordenden «Materialismus» beseitigen, der die Bevölkerung daran hindere, sich mit den wesentlichen Fragen der modernen Schweiz zu beschäftigen.

Nachdem das «comité d'organisation» die Expo-Direktion[4] bestellt hatte, zogen sich die drei Direktoren zurück und beriefen in der zweiten Hälfte 1959 ihrerseits eine Studiengruppe ein, der Dr. Fritz Gysin, Minister Carl Jakob Burckhardt, Prof. Karl Schmid, Dr. Herberth Lüthy, Prof. Jacques Freymond, Michael Stettler und Denis de Rougemont angehörten. Sie sollten, aufbauend auf den Vorgaben des «comité d'organisation», die Zielsetzung der Expo 64 und Möglichkeiten ihrer Umsetzung weiter ausformulieren. Die geisteswissenschaftlich ausgebildeten Akademiker mit den Jahrgängen 1891–1918 bauten ihr konservatives Weltbild auf den historisch gewachsenen «Schweizer Konstanten» auf: Wehrwillen, Hirtentum, Partikularismus, Ehrhaftigkeit, Unabhängigkeitswillen, Föderalismus, Neutralität, Demokratie, sachliche Tüchtigkeit.[5] Der Studiengruppe mangelte es nicht an einprägsamen Stichworten zur Schweizer Eigenart, die sie in einem zentralen Weg – in Anlehnung an den Höhenweg der Landi 1939 – zur Geltung bringen wollte.

Nach weiteren Sitzungen mit der Studiengruppe sah der Grobentwurf der Expo-Direktion vor, den «Weg der Schweiz» in drei Abschnitte zu gliedern.[6] Der erste Abschnitt nahm sich der Vergangenheit an und erläuterte die Herausbildung der «Schweizer Konstanten», jener Tugenden, auf denen ihres Erachtens der Wohlstand und das Gedeihen der Schweiz fussten. In einer spielerischen Konfrontation mit der Gegenwart setzte sich der zweite Teil selbstkritisch mit den aktuellen Problemen der Schweiz auseinander. Der letzte Abschnitt, «Vers l'avenir», sollte die Schweizer und Schweizerinnen ermutigen, sich den drängenden Herausforderungen der Zukunft zuzuwenden.

## Die Gestaltung des «Wegs der Schweiz»

Nachdem dieses Programm in der Broschüre «Pour la Suisse de demain: croire et créer» der Öffentlichkeit im März 1960 vorgestellt worden war, beauftragte die Expo-Direktion eine Arbeitsgruppe mit der graphischen und architektonischen Umsetzung der inhaltlichen Vorgaben. Ihr gehörten nebst der Direktion auch Guido Cocchi als Adjunkt des Chefarchitekten, René Richterich als Adjunkt der Direktion, Charles Apothéloz als Direktor des Stadttheaters Lausanne, Lucius Burckhardt als Soziologe, Michael Stettler als ehemaliger Direktor des Historischen Museums Bern, Gottfried Honegger-Lavater, P. Monnerat und K. Wirth als Graphiker sowie U. Pfeiffer als Architekt an. Ihre Hauptaufgabe bestand darin, den z. T. recht vagen Inhalten eine konkrete Form zu verpassen. Im Unterschied zu der von der Studiengruppe festgelegten weltanschaulichen und politischen Stossrichtung der Expo 64 hatte die deutlich jüngere Arbeitsgruppe in der ästhetischen Gestaltung freie Hand.

Am 23. November legte Richterich einen Bericht über den Stand der Arbeiten vor.[7] Bei der Umsetzung des ersten Abschnitts, der sich der Vergangenheit annehmen sollte, gerieten Wirth auf der einen, Burckhardt, Stettler und Apothéloz auf der anderen Seite in einen Streit. Wirths graphisches Konzept provozierte eine Grundsatzdiskussion. Es sei «trop wagnerienne». Die Arbeitsgruppe setzte sich mit ihrem Anliegen, weder «gängige Clichés» noch «Mythen» zu bestätigen, durch. Statt dessen sollten geopolitische Aspekte in den Vordergrund gestellt werden. Die Schweiz basiere, wie Burckhardt ausführte, auf rein ökonomischen Grundlagen. Mit dieser Feststellung erhielten die «Schweizer Konstanten» unter der Führung der Arbeitsgruppe unvermittelt eine progressive Einfärbung. Die Arbeitsgruppe einigte sich: «Topografie», «Ethik und Freiheiten», «Schweiz und Europa» bildeten drei Schwerpunkte, die ihrerseits wieder in vier thematische Blöcke unterteilt wurden. Der Schwerpunkt «Topografie» umfasste die Themen «Berge», «Täler», «Ebene» und «Erde», der Schwerpunkt «Ethik und Freiheiten» die Blöcke «Meinungs- und Glaubensfreiheit» sowie «zivile, politische, soziale und ökonomische Freiheit». Der Schwerpunkt «Schweiz und Europa» sah die Bereiche «Schweiz – Land der Begegnung», «die mit dem ökonomischen Europa solidarische Schweiz», «Schweiz – die strategische Drehscheibe Europas» und «Neutralität» vor.

Apothéloz, der sich für den zweiten Abschnitt des «Wegs der Schweiz» verantwortlich zeigte, plante ein Fragespiel, das sich für die alltäglichen Einstellungen der Schweizer und Schweizerinnen zu den grundlegenden Fragen des Lebens interessierte.[8] Ausgehend von der Darstellung eines jeweils typisch männlichen und weiblichen Lebenslaufs des «Homo helveticus» wurden kritische Fragen aufgeworfen. Die erstmals per Computer addierten Antworten hätten ein genaues Bild der aktuellen Verfassung der schweizerischen Gesellschaft ergeben. In einer wissenschaftlichen Studie sollten zu diesem Zweck ein Fragekatalog und die zu erwartenden Resultate erarbeitet werden. Die begeisterte Arbeitsgruppe bewilligte die durch das Pariser Forschungsteam um Isac Chiva, Ariane Deluz und Nathalie Stern geleitete ethnologische Untersuchung und hiess die Zusammenarbeit mit der IBM Schweiz gut. Das Projekt «Un jour en Suisse» beeindruckte durch seinen experimentellen Charakter, der den Besuchern und Besucherinnen die Möglichkeit gab, sich aktiv ins Selbstbildnis der Schweiz einzubringen.

Der letzte Abschnitt, «Vers l'avenir», bereitete der Arbeitsgruppe Mühe. Das Projekt stagnierte, und Honegger-Lavater, der Skizzen hätte vorlegen müssen, kam nicht über die den Immobilismus und Konsum beklagenden, zeitkritischen Diagnosen hinaus. Schliesslich waren es die Waadtländer Filmschaffenden, die das Projekt vorantrieben.[9] Nach verschiedenen Gesprächen mit der Expo-Direktion erklärte sich Henry Brandt bereit, Filmflashs von wenigen Minuten zu produzieren. Erst im April 1962 formulierte Richterich ein Konzept für diese nach seinem eigenen Bekunden wichtigste Abteilung innerhalb des «Wegs der Schweiz».[10] Unter dem Titel «La Suisse s'interroge» warf Brandt mit seinen Kurzfilmen einen kritischen Blick auf gesellschaftliche Missstände. Danach folgte «Une attitude tournée vers l'avenir», die unter den drei Leitgedanken «prévoir», «organiser» und «adapter» klar machen sollte, dass die im Zusammenhang mit dem Wirtschaftswachstum entstandenen Probleme neu überdacht und einer Lösung entgegengebracht werden mussten: «Die Vitalität des nationalen Lebens», «Die Beteiligung an Europa», «Die Beteiligung an der Welt», «eine dynamische Wirtschaft», «eine harmonische Schweiz», «Bildung und Lehre» und «Information und ziviler Geist» bezeichneten Schaltstellen der Anpassung an eine moderne Welt.

Im Frühjahr 1962 traf die Arbeitsgruppe auch wichtige Entscheide, was die architektonische Umsetzung betraf. Camenzinds Team konzipierte den «Weg der Schweiz» so, dass er in einem einzigen Durchgang abgeschritten werden musste.

Sie reduzierten die Ein- und Zugänge auf ein Minimum. Um sich einen allgemeinen Überblick zu verschaffen, bedurfte es nach ihrer Berechnung zwei Stunden. Da die Arbeitsgruppe von 16–18 Mio. Besuchern und Besucherinnen ausgingen, legten sie eine Aufnahmekapazität von 10'000 Leuten pro Stunde fest.[11]

## Der eidgenössische Standpunkt: der Delegierte des Bundesrates

«Sie legen Wert darauf, meine persönliche Auffassung kennen zu lernen, bevor Sie offiziell an Bundesstellen und weitere Kreise gelangen. Ich komme ihrem Wunsch gerne nach und will dabei versuchen, den voraussichtlich zu gewärtigenden eidgenössischen Standpunkt zu umreissen.»[12] Mit diesen Worten meldete sich Hans Georg Giger, Chef der Gewerbesektion des BIGA und in dieser Funktion Mitglied diverser Expo-Kommissionen, 1962 zu Wort, nachdem die Expo-Direktion ihn um eine Beurteilung der Entwürfe des «Wegs der Schweiz» gebeten hatte. Einen Monat später ernannte die Regierung den rechtsbürgerlichen Juristen zum Delegierten des Bundesrates. Er sollte als Vermittler zwischen den Behörden und der Expo-Leitung fungieren und den Finanzhaushalt in Lausanne überwachen. Da seine Aufgabe nicht genauer definiert wurde, hing der Einfluss des Bundesrates in Zukunft stark vom Engagement Gigers ab. Und dieser liess keine Zweifel darüber aufkommen, dass er gewillt war, den «eidgenössischen Standpunkt» zu wahren.

In seinem Exposé ging Giger minutiös auf jede einzelne Abteilung und Unterabteilung des «Wegs der Schweiz» ein. Seine eigene Position kam in der Kritik an der dritten und für die Expo-Direktion entscheidenden Abteilung «Vers l'avenir» besonders deutlich zum Tragen: «Man müsste eine Soziologie der Schweiz schreiben, um auf das Exposé ‹Avenir› gebührend zu antworten. Es hält den Wechsel für wichtiger als das Bestehende und das Überlieferte (‹Ce qui est à faire est plus important que ce qui est déjà fait›). Über solche Aphorismen liesse sich in einem intellektuellen Kreise subtil diskutieren. Aber hier geht es um eine Landesausstellung, die ihr Thema gemeinverständlich darstellen muss. Entscheidend ist deshalb der Tenor des Exposé, die betonte Abwendung vom Hergebrachten und die beschleunigte Ausrichtung auf ein nicht näher definiertes internationales Niveau. *Diese Haltung werden nach meiner festen Überzeugung Volk und Behörden ablehnen.*»[13]

Während die Arbeitsgruppe auf gesellschaftliche Veränderungen pochte, besann sich Giger auf das Hergebrachte. Während sie nach neuen Leitbildern suchte, warnte er vor «Übermarchungen und futuristischem Eifer». Während Giger «Lösungen auf der Grundlage traditioneller Werte» forderte, setzte sich die Arbeitsgruppe selbstkritisch mit der Gegenwart auseinander. Sein rechtskonservatives Selbstverständnis kollidierte mit dem Reformwillen der Arbeitsgruppe. Giger anerkannte durchaus, dass die Schweiz einem sozialen Wandel unterworfen war. Aber er wollte – genau wie die Studiengruppe in ihrem Grobkonzept – «das Dauernde im Wandel», die «Schweizer Konstanten», hervorheben. Sah die Arbeitsgruppe im «créer» den Schlüssel für die Zukunft, so glaubte ihn Giger im «croire» zu finden.

Die ideologischen Differenzen verschärften sich auf Jahresbeginn 1963.[14] In einem Brief an die Direktion wiederholte Giger seine kritischen Einwände. Er machte keinen Hehl daraus, dass er willens war, volkspädagogisch in seinem Sinn und Geist auf die Besucher und Besucherinnen einzuwirken. Wo Giger die Akzente setzen wollte, machte der weitere Verlauf des Schreibens deutlich. Er gab seine Ansichten über die Armee, den Föderalismus, den Willen zur Unabhängigkeit, die internationalen Handelsbeziehungen und die kulturelle Weltverbundenheit wieder und fügte dem Schreiben eine ausführliche Liste berühmter Schweizer Persönlichkeiten bei, die für all jene Werte einstehen würden: «Wer soviel bewährte Vergangenheit hinter sich hat, braucht sich der eigenen Einrichtungen und einer traditionellen Haltung nicht zu schämen.» Schliesslich sei die Schweiz ein «erprobter Bund». Die Expo dürfe weder die Schweizer «als Hinterwäldler» noch den Wohlstand als «Fassade» vorführen. Warum sollten Missstände als «fundamentale Mängel» präsentiert werden, wenn sie durch «normale Korrekturen» behoben werden könnten?

Welche einschneidenden Konsequenzen die unterschiedlichen Auffassungen nach sich zogen, wurde im Herbst 1963 deutlich. Am 11. September 1963 erreichte die Direktion ein Expressschreiben aus dem Eidgenössischen Volkswirtschaftsdepartement. Die Bundesräte Hans Schaffner, Roger Bonvin und Friedrich Traugott Wahlen luden den Expo-Präsidenten Gabriel Despland und die Direktion zu einer dringlichen Sitzung ein. Der Bundesrat – hiess es im Schreiben – hege schwere Bedenken gegen die «Publikumsbefragung». Was war geschehen?

Zu Beginn des Jahres 1963 hatte das Pariser Forschungsteam seine ethnologische Studie abgeschlossen und der Direktion ihre Resultate übergeben.[15] Daraufhin erarbeitete die Arbeitsgruppe unter der Regie von Apothéloz einen Fragebogen, der den Besuchern und Besucherinnen vorgelegt werden sollte. Ihre Antworten wollte Apothéloz sammeln und laufend publizieren. Einem Barometer gleich hätte sich so die mentale Verfassung der Schweizer Bevölkerung messen lassen. Davon wollte der Bundesrat aber nichts wissen. Er fürchtete, dass das Fragespiel als «indirektes Plebiszit missbraucht» worden wäre.[16] Die Expo-Leitung musste sich nach der bundesrätlichen Vorladung verpflichten, die Resultate weder zu kumulieren noch in irgendeiner Form zu veröffentlichen. Im weiteren erklärte sie sich bereit, den Fragebogen mit Hilfe zweier vom Bundesrat ernannten Experten – es handelte sich dabei um Urs Jäggi und Jürg Steiner – zu überarbeiten. Aufgrund einer Indiskretion des masslos verärgerten Apthéloz im Sommer 1964, der monierte, dass sein ganzes Projekt zerstört worden sei, lässt sich sehr genau rekonstruieren, welche politisch heiklen Themen der Bundesrat streichen liess. In einem Interview mit der «Tribune de Lausanne» machte Apthéloz den Delegierten Giger für die Intervention verantwortlich. Apthéloz berichtete, der Bundesrat habe der Direktion ein eigentliches Ultimatum gestellt.[17] Entweder sie akzeptiere die vorgeschlagenen Korrekturen, oder sie müsse auf das Fragespiel verzichten. Von der erwähnten Sitzung liegt allerdings kein Protokoll vor. Die Expo-Direktion willigte jedenfalls ein, um wenigstens das Projekt zu retten. Ein halbes Jahr vor der Eröffnung der Expo hatte sie keine andere Wahl, es sei denn, sie hätte sich auf eine Machtprobe eingelassen.

Vergleichen wir die Resultate der ethnologischen Studie, die dem umstrittenen Fragebogen zugrunde lagen, mit den Fragen, die in Apthéloz' Beitrag tatsächlich zur Anwendung kamen, und vergegenwärtigen wir uns Apthéloz' Aussagen im Zeitungsinterview, dann wird deutlich, worauf die bundesrätliche Zensur abzielte: Die Schweizer Armee tauchte als Gegenstand des Fragespiels nicht mehr auf. Die Dienstverweigerung aus Gewissensgründen – Apthéloz wurde als Dienstverweigerer verurteilt – fiel unter den Tisch. Fragen über das Monopol von Radio und Fernsehen wurden konsequent ausgeblendet. Der Begriff «Bodenspekulation» verwandelte sich in «freies Verfügungsrecht über den Boden». Die Diskussion über die Abtreibung wurde zur «Aufklärung über die Möglichkeiten der Schwangerschaftsverhütung» abgeschwächt. Die Formulierung, ob die Schweiz «der EWG gegenüber eindeutig Stellung beziehen» sollte, ersetzte die ursprüngliche Frage nach dem Beitritt der Schweiz zur Europäischen Wirtschaftsgemeinschaft (EWG). Aus der Frage, ob die Schweiz gut daran täte, ihre Neutralität aufzugeben, entstand die Wendung, ob «das Prinzip der Neutralität neu erwägt» werden sollte.

Die Retouchen folgten immer demselben Prinzip. Entweder wurde das brisante Thema gemieden oder durch eine unpolitischere Formulierung abgeschwächt. Was blieb, war ein harmloser Fragebogen, der durch das Kumulationsverbot seinen Sinn vollständig verloren hatte. Die Arbeitsgruppe wandelte das ursprüngliche Projekt in das Gulliverspiel[18] um und machte sich die Resultate der Studie auf eine andere Art zunutze. Nachdem die Besucher und Besucherinnen Gullivers Fragen beantwortet hatten, konnten sie die Bogen am Ende der Abteilung auswerten lassen. Der Computer verglich ihre Antworten mit den in der Studie errechneten Durchschnittswerten. Dadurch rückten die Übereinstimmungen bzw. Abweichungen zu der durchschnittlichen Haltung ins Blickfeld; anstatt zur selbstkritischen Reflexion anzuregen, wurde nun die Konformität gemessen. Nach der Intervention durch den Bundesrat wurden die weiteren Schritte der

Arbeitsgruppe durch Giger streng überwacht. Einen letzten Versuch, auf die inhaltlichen Aussagen im «Weg der Schweiz» Einfluss zu nehmen, unternahm das Eidgenössische Politische Departement (EPD). Unter der Leitung der Minister Paul Rudolf Jolles und Rudolf Bindschedler wünschte es einige Monate vor der Eröffnung der Landesausstellung von der Direktion einen Bericht über die Darstellung der Neutralität an der Expo. Den Ausgangspunkt ihrer Besorgnis bildeten die laufenden Verhandlungen im Zusammenhang mit der EWG und der Europäischen Freihandelsassoziation. Diese durften in der Öffentlichkeit keinesfalls den Eindruck erwecken, der Bundesrat unterlaufe mit der angestrebten wirtschaftlichen Integration der Schweiz in Europa die aussenpolitische Neutralitätsmaxime.[19] Die Direktion lehnte Änderungsvorschläge des EPD mit dem Verweis auf die kurz vor dem Abschluss stehenden Arbeiten erfolgreich ab. Die gescheiterte Intervention kulminierte im Streit um die Beschriftung einer Fotocollage all jener Schweizer Babys, die am 1. Januar 1964 auf die Welt gekommen waren. Selbst der Vorsteher des EPD, Bundesrat Wahlen, fühlte sich bemüssigt, sich persönlich für die EPD-Variante zu engagieren. Der gewünschte Eingriff in den Originaltext, «Weiter die Horizonte gespannt. Kinder am ersten Tag des Expo-Jahres geboren. Ihr Herz wird für die Schweiz schlagen, ihr Kopf europäisch denken und weltoffen ihr Blick sein», lautete: «Weiter die Horizonte gespannt. Kinder am ersten Tag des Expo-Jahres geboren. Ihr Herz wird für die Schweiz schlagen, ihr Blick auf Europa gerichtet und weltoffen sein.»[20]

## Das Unbehagen an der Expo

Bereits im Vorfeld der Expo schwankte die Deutschschweizer Berichterstattung zwischen schroffer Ablehnung und selbstgerechter Kritik. Von nicht enden wollenden «Schnitzern» und «Skandalen» der «rührigen Leute in Lausanne» war die Rede. Es wurden Stimmen laut, die sich besorgt fragten, ob die Welschen überhaupt in der Lage seien, eine Landesausstellung zu organisieren. Der Redaktor Alfred Peter schlug im Frühjahr 1962 in der «National-Zeitung» sogar vor, die Expo 64 in Anbetracht der Konjunkturüberhitzung und der mangelnden Unterstützung durch die Bevölkerung auf ein späteres Datum zu verschieben. Den meisten Redaktoren erschien das Expo-Konzept, das sie mit der in ihrer Erinnerung äusserst populären und erfolgreichen «Landi» 1939 in Zürich verglichen, zu oberflächlich. Im Unterschied zum Heimatstil der «Landi» empfanden sie die Lausanner Architektur als kalt, futuristisch und avantgardistisch. Der Vorwurf des Intellektualismus machte die Runde.

Frank Bridel von der «Tribune de Genève» entfachte am 7. März 1964 eine kurze, aber heftige Pressepolemik unter den Sprachregionen. Er warf den Deutschschweizer Redaktoren vor, sie würden elementare Regeln der nationalen Solidarität missachten. Anstatt die Leser zu informieren und zu einer verantwortungsbewussten Diskussion anzuregen, herrsche in der Deutschschweiz eine abnormale Stimmung. Obschon viel von Grundkonzeption geredet werde, fehle jegliche Begeisterung. Zwei Tage später konterte die «Neue Zürcher Zeitung» und prägte den Begriff der Waadtländer «Empfindlichkeit».

Auf dem politischen Parkett gipfelte das Deutschschweizer Unbehagen in der zweifachen Weigerung der Aargauer Stimmbürger, den solidarischen Finanzbeitrag an die Expo zu entrichten. Durch diese Protestaktion, die sich nach der einhelligen Einschätzung der Presse weniger gegen die Expo als gegen die Aargauer Regierung wendete, scheiterte auch der offizielle Kantonaltag. Erst eine von der Aargauer Presse und politischen Persönlichkeiten angeführte Initiative, die von Spenden der grösseren Städte und der Wirtschaft mit getragen wurde, ermöglichte es den Aargauern und Aargauerinnen, sich der übrigen Schweiz wenigstens an einem Jugendtag zu präsentieren.

Da die Kritik auch nach der Eröffnung der Expo nicht verstummte und etwa «Der Bund» den «Weg der Schweiz» als «leere Grümpelkammer» bezeichnete, lud Jacques Beglinger, der Informationschef der Expo, die Deutschschweizer Redaktoren zu einer gemeinsamen Sitzung nach Lausanne ein. Eine Aussprache drängte sich auch deshalb auf, weil die Zahl der Besucher und Besucherinnen in den ersten Wochen weit hinter den hohen Erwartungen zurückgeblieben war. Es drohte das Fiasko. Seinem Aufruf zur Mässigung und sachlicheren Information wurde Folge geleistet. Da die Kantonaltage mit ihrer folkloristischen Ausrichtung, die das Brauchtum der ländlichen Schweiz ins Zentrum stellten, grossen Anklang fanden und im Spätsommer der Zustrom der Besucher und Besucherinnen markant stieg, überwogen am Schluss die positiven Eindrücke. Das «Vaterland» schaute beispielsweise mit «leiser Wehmut» auf die vergangenen Monate zurück und bedauerte das Hochspielen einiger Missgeschicke in der Presse.[21]

## Der frische Geist der Moderne

Ihren offiziellen Abschluss feierte die Expo am 23. November 1967 anlässlich der letzten Sitzung des repräsentativen Organs der Expo, der Haute Commission. Vor halbleeren Rängen – 111 der 287 Mitglieder liessen sich entschuldigen – zog der Vorsitzende, Bundesrat Schaffner, ein bemerkenswertes Fazit. In einer Zeit grosser Wandlungen stelle ein Unternehmen wie die Expo ein Wagnis dar. Sie habe ein ideelles Ziel verfolgt und dadurch Neuland erschlossen. Der Besucher habe diese Intention gespürt und den «frischen Geist der Moderne» geatmet. Auf die Kantonaltage Bezug nehmend, meinte er: «Aber wie vertrug sich denn dieses patriotische Selbstverständnis samt der Liebe zur Tracht und Tradition mit dem vorwärts gewendeten Antlitz der Expo? Ich glaube, die beiden Elemente wurden mit gutem Grund nicht zu einer gekünstelten Harmonie gebracht. Sie stehen in einem sachlich bedingten Spannungsverhältnis. Aus der Distanz erkennen wir noch klarer, dass diese Spannung in der Landesausstellung des Jahres 1964 irgendwie angelegt sein musste. Sie ist der Motor, der die nationale Existenz vor dem Stillstand bewahrt.»[22] Schaffner anerkannte im Rückblick, indem er das Unbehagen der Deutschschweiz kritisch aufgriff, die provozierende Weitsicht der Expo. Um die Dynamik einer zur kulturellen Erstarrung neigenden Gesellschaft zu erhalten, bedurfte es einer nationalen Ausstellung, welche diese Spannungen offenlegte. Die Metapher des Motors verweist auf Schaffners Überzeugung, dass die Spannungen die Modernisierung nicht hemmten, sondern erst ermöglichten.

## Fazit

Die heftigen Auseinandersetzungen im Vorfeld der Expo, die anhaltende Skepsis der Presse und die irritierende Erfahrung des Fremdseins im eigenen Land, das viele Besucher und Besucherinnen beim Gang durch den «Weg der Schweiz» beschlich, zeugen von einem ins Wanken geratenen gesellschaftlichen Konsens. Es fiel den Schweizern und Schweizerinnen Mitte der 60er Jahre offensichtlich schwer, sich auf ein Deutungsmuster zu einigen, das für die gesellschaftlichen Anforderungen an einen modernen Lebensstil Orientierungshilfen angeboten hätte.

Dennoch wäre es verfehlt, von einer Krise zu sprechen. Trotz des Unbehagens gelang es der Expo-Direktion, eine mehrheitsfähige Synthese zu schaffen, auch wenn sie eher den Glauben an die gesellschaftlichen Entfaltungsmöglichkeiten in den «langen 50er Jahren»[23] spiegelte, als einen neuen Identitätsentwurf für die Zukunft entwarf.

Im Konflikt um die Gewichtung des Expo-Mottos «Croire et créer» wurde deutlich, dass die politisch Verantwortlichen der Expo den Status quo stützten. Sie unterbanden Schritte in Richtung einer selbstkritischen Infragestellung des Systems. Gleichzeitig tendierten sie dazu, die in der Vergangenheit begründete Eigenart der Schweiz zu stilisieren. In Anbetracht der Tatsache, dass die Kantonaltage mit ihrer Ausrichtung auf Folklore und Brauchtum die Deutschschweizer Zurückhaltung gegenüber der Expo milderten, vertraten die Behörden eine mehrheitsfähige Politik.

In der architektonischen und künstlerischen Gestaltung der Expo bewahrte sich die Arbeitsgruppe einen autonomen Bereich. Im «Weg der Schweiz» bot sie vielen zeitgenössischen Künstlern eine Plattform für ihre Werke und experimentierte mit neuen Formen und Materialien.[24] Bezeichnenderweise taten sich viele Besucher und Besucherinnen mit diesem nüchternen und funktionalistischen Ausstellungsstil schwer. Die Arbeitsgruppe löste das Motto «Croire et créer» ein: sie steckte traditionelle Inhalte in ein avantgardistisches Kleid.

## Anmerkungen

1 Der Aufsatz fusst auf meiner Lizentiatsarbeit *«Croire et Créer». Das Selbstbildnis der Schweiz an der Expo 64*, Bern 1996. Dort findet sich auch eine ausführliche Literaturliste zum Thema.

2 Zur Vorgeschichte und Rezeption der Broschüre siehe Martin Ganz: *Nonkonformes von vorgestern*, in: Schweizerisches Sozialarchiv (Hg.): *Bilder und Leitbilder im sozialen Wandel*, Zürich 1991, S. 373–414.

3 Vgl. Rapport de la commission d'étude du programme et de la structure générale vom 14. 2. 1958: BAR J II 10, 27/4, Dossier 16.

4 Alberto Camenzind wurde als Chefarchitekt, Paul Ruckstuhl als Finanz- und Ausstellungsdirektor und Edmond Henry als Verwaltungsdirektor gewählt.

5 Transkript der Sitzung der Studiengruppe vom 30. 10. 1960: BAR J II 10, 3/4, Dossier 42. Die Sitzung wurde von Radio Lausanne registriert und dann transkribiert.

6 Arbeitspapier vom 13. 3. 1961: BAR J II 10, 3/3, Dossier 34.

7 Bericht von Richterich über den Stand der Planung vom 23. 11. 1961: BAR J II 10, 3/3, Dossier 33.

8 Siehe Entwurf «Un jour en Suisse» von Apothéloz vom 23. 6. 1961: BAR J II 10, 3/5, Dossier 46 und zweiten Entwurf «Un jour en Suisse» von Apothéloz vom 24. 8. 1961: BAR J II 10, 3/5, Dossier 46.

9 Tanner, Goretta und Brandt propagieren die Idee einer Filmschule in der Westschweiz, die eine neue Art von Dokumentarfilmen lehren und fördern würde. Die Expo, so die Vorstellung der Initianten, würde die Filmschule finanziell unterstützen und ihr in der Landesausstellung ein erstes Forum zur Verfügung stellen.

10 Vorprogramm «Vers l'avenir» vom 17. 4. 1962: BAR J II 10, 3/5, Dossier 49.

11 Architektonisches Konzept vom 21. 2. 1962: BAR J II 10, 3/4, Dossier 37.

12 Kritik Gigers am «Weg der Schweiz» vom 28. 6. 1962: BAR J II 10, 3/1, Dossier 9.

13 Ebd.

14 Brief Gigers an die Direktion vom 3. 1. 1963: BAR J II 10, 3/1, Dossier 9.

15 Rapport final du groupe d'études pour la section 102 «Un jour en Suisse» vom Jan. 1963: BAR J II 10, 3/5, Dossier 43.

16 So argumentiert Giger in seinem Schlussbericht zuhanden des Bundesrates. Siehe Rapport final du Délégué à l'exposition nationale 64: BAR J II 10, 22/38a, Dossier 128c.

17 Tribune de Lausanne, 12. 7. 1964.

18 Swifts Romanfigur, die als übergrosse Statue den Abschnitt «Un jour en Suisse» ankündigte, diente als spielerischer Aufhänger für eine ethnologische Entdeckungsreise durch schweizerische Eigenheiten. Der im Namen von Gulliver verfasste Fragebogen forderte die Besucher und Besucherinnen auf, sein Wissen über die Schweiz zu vervollständigen.

19 Sitzung zwischen EPD und Direktion vom 25. 2. 1964: BAR J II 10, 3/4, Dossier 37.

20 Ebd.

21 *Vaterland*, 27. 10. 1964.

22 Protokoll der «3ème séance de l'Haute Commission», 23. 11. 1967: BAR J II 10, 22/7, Dossier 42.

23 Zum Begriff der «langen 50er Jahre» siehe Jean-Daniel Gross, Christine Luchsinger (Hg.): *achtung: die 50er Jahre! Annäherungen an eine widersprüchliche Zeit*, Zürich 1994.

24 Die Holzkonstruktionen des «Wegs der Schweiz» wurden mit einem lichtdurchlässigen, für diesen Anlass entwickelten Kunststoff bespannt.

# «Privilegierter Volksstand» oder «Untergang des Bauerntums»?

## Die staatliche Agrarpolitik der 50er/60er Jahre[1]

Peter Moser

Die innenpolitischen Auseinandersetzungen über die Frage, welche konkreten Massnahmen der Bund zur Erreichung der im Landwirtschaftsgesetz von 1951 formulierten Zielsetzungen zur «Schaffung einer leistungsfähigen Landwirtschaft» und der «Erhaltung eines gesunden Bauernstandes» treffen solle, führten dazu, dass die Agrarpolitik in den 50er/60er Jahren «sozusagen zum heissen Eisen vom Dienst» wurde, wie die Neue Zürcher Zeitung im Herbst 1968 feststellte. An der Agrarpolitik entflammten die Leidenschaften immer wieder mit besonderer Heftigkeit; die agrarpolitische Diskussion sei in einer Weise emotional aufgeladen, die nicht allein durch die objektiven Schwierigkeiten erklärt werden könne, stellte die «Neue Zürcher Zeitung» weiter fest – und fragte ihre Leserschaft: «Warum diese Massierung politischer Energien um die Probleme eines Wirtschaftszweiges, der heute nur noch rund 7% der Bevölkerung beschäftigt? Warum diese stete Bereitschaft zur Aufregung um Milch- und andere Preise, deren Entwicklung meist weit kleinere Sprünge aufweist als jene so vieler anderer Posten im modernen helvetischen Durchschnittshaushalt, die ohne politische Nebengeräusche achselzuckend als unausweichlich hingenommen werden?»[2]
Die Geschichtsschreibung hat sich mit dieser Frage bisher kaum beschäftigt; sie hat sich in der Regel vielmehr stillschweigend der primär von Politologen und (Agrar-)Ökonomen erarbeiteten These angeschlossen, wonach die Nachkriegsordnung im Agrarsektor weitgehend auf den Erfahrungen des 2. Weltkriegs beruhe und sich dank der «Dominanz der Agrarlobby»[3] bis in die zweite Hälfte der 80er Jahre durch eine bemerkenswerte Resistenz gegenüber allen Reformbestrebungen auszeichne.[4] Die wichtigste gesetzliche Grundlage der Massnahmen, die nach dieser Lesart zur Schaffung eines staatlich «privilegierten Volksstandes»[5] in der sonst dem harten Wettbewerb ausgesetzten Industriegesellschaft führten, war das Landwirtschaftsgesetz von 1951.
So zutreffend einzelne Elemente dieses Deutungsversuchs auch sein mögen, eine Antwort auf die aus einer historischen Betrachtungsweise sich besonders aufdrängende Frage nach dem Beitrag der staatlichen Agrarpolitik zur Dezimie-

rung[6] der bäuerlichen Bevölkerung in der Nachkriegszeit liefert er nicht, obwohl der «Untergang des Bauerntums», nach Hobsbawm der «dramatischste und weitreichendste soziale Wandel in der zweiten Hälfte dieses Jahrhunderts»,[7] in der Schweiz genauso wie in den anderen westeuropäischen Staaten ohne grosse gesellschaftliche Erschütterungen vollzogen werden konnte. In diesem Aufsatz wird deshalb nicht nur nach dem Beitrag der staatlichen Agrarpolitik zur Schaffung wirklicher und vermeintlicher Privilegien der Landwirtschaft gesucht, sondern auch danach gefragt, weshalb ausgerechnet viele derjenigen, in deren Namen diese Politik betrieben wurde, sich «in einer Art Kriegszustand mit der Industriegesellschaft» wähnten[8] und mit ihren Protesten (nicht nur) vor dem Bundeshaus die staatlichen Sicherheitsorgane lange vor den neuen sozialen Bewegungen herausforderten.[9]

Natürlich ist die staatliche Agrarpolitik der 50er/60er Jahre ein Stück weit auch durch den Einfluss der landwirtschaftlichen Interessenorganisationen gekennzeichnet, doch in erster Linie diente sie der Unterwerfung der bäuerlichen Wirtschaft unter die Logik der industriellen Produktionsweise. Nicht die noch weitgehend die natürlichen Kreisläufe respektierende bäuerliche Produktions- und Lebensweise wurde gestützt, sondern fast ausschliesslich diejenigen Betriebe gefördert, «die dank überlegener Ausstattung mit Boden und Kapital und dank besonders profitstrebiger Nutzung aller Möglichkeiten des agrartechnischen Fortschritts hohe Produktivitätsgewinne erzielten, Arbeitskräfte freisetzten und marginale Betriebe aus dem Markt warfen».[10] Nur so war es möglich, dass in der Nachkriegszeit die Produktivität in der Landwirtschaft im gleichen Ausmass wie im Industriesektor erhöht werden konnte.

Weil die Motive, die zu dieser Agrarpolitik der Nachkriegszeit führten, untrennbar mit der Zwischenkriegszeit verbunden sind, wird am Anfang des folgenden Textes auf die Bestrebungen zur nationalstaatlichen Organisation der Nahrungsmittelproduktion seit dem 1. Weltkrieg eingegangen.

## Entstehung und Umsetzung des Landwirtschaftsgesetzes von 1951

Die mit der Integration des Schweizerischen Bauernverbandes ins politische System um die Jahrhundertwende erstmals erfolgreichen Bestrebungen, die Landwirtschaft enger an die Entwicklung der Industriegesellschaft anzukoppeln, erfuhren im 1. Weltkrieg einen ersten Höhepunkt. Jetzt forderten auch diejenigen, die sich bisher gegen die Staatseingriffe im Agrarsektor gewehrt und für das freie Spiel von Angebot und Nachfrage plädiert hatten, eine behördliche Produktionslenkung zur Sicherung der Nahrungsmittelversorgung. Der Mangel an Arbeitskräften, Maschinen, Hilfsstoffen und vor allem die am Ende des 19. Jahrhunderts im Zuge der Anpassung an den Weltmarkt vorgenommene Spezialisierung auf die Viehwirtschaft verunmöglichten es aber, die ausbleibenden Importe ganz durch einen Ausbau der einheimischen Nahrungsmittelproduktion auszugleichen. Trotz den durch die steigenden Agrarpreise zunehmenden Anreizen zur Mehrproduktion und den staatlichen Zwangsmassnahmen zur Ausdehnung des Ackerbaus war die Landwirtschaft nicht in der Lage, die Nachfrage nach Nahrungsmitteln zu decken. Zum Groll der Arbeiterschaft über den Lohnausfall während des Aktivdienstes und der Empörung über die seit 1916 massiv steigenden Lebensmittelpreise kam im Sommer 1918 die Verzweiflung über die Unmöglichkeit, überhaupt Nahrungsmittel zu beschaffen.

Die Erfahrungen des Hungers am Ende des 1. Weltkriegs hatten einen teilweise traumatischen Effekt auf die führenden Kräfte in der Gesellschaft. Gehörten Mangelsituationen noch zum alltäglichen Erfahrungshintergrund der europäischen Gesellschaften bis weit ins 19. Jahrhundert hinein, so war vor und während des 1. Weltkriegs erstmals eine Generation an der Macht, deren Vorstellungswelt in dieser Hinsicht von der simplen Gleichung «Agrarkrise gleich Überflusskrise» geprägt war. Jetzt wurde in den massgeblichen Kreisen der Politik, Verwaltung und Industrie zur Kenntnis genommen, dass die Schweiz in der zweiten Hälfte des 19. Jahrhunderts aus einem Agrarland zu einem Indu-striestaat geworden war, der die Sicherung der Nahrungsmittelversorgung seiner Bevölkerung weitgehend auf das Funktionieren des internationalen Handels abgestellt hatte.

Aus der Einsicht, dass die bäuerliche Landwirtschaft unter den herrschenden Bedingungen an die Grenzen ihrer Produktionskapazität gelangt war, schlossen sich im Juli 1918 Industrielle in der Schweizerischen Vereinigung für Industrielle Landwirtschaft (SVIL) zusammen, um in einem ersten Schritt die immer knapper werdende Nahrungsmittelversorgung der Arbeiterschaft zu verbessern. Der Krieg habe gelehrt, dass es ein Fehler gewesen sei, den heimischen Nährfruchtbau den Einflüssen des Weltmarktes preiszugeben und damit die «Vereinseitigung unserer Bodenkultur zur Viehzucht» zuzulassen, schrieb Hans Bernhard, Geschäftsführer und treibende Kraft der SVIL 1918. Ein Land, das sich nicht Versorgungsnöten aussetzen wolle, tue gut daran, «die Zahl der Nahrungsschaffenden und der Nahrungszehrenden in einem gewissen Einklang zu behalten».[11]

Die Initianten verstanden ihren Einsatz als «Wohlfahrts- und volkswirtschaftliche Massnahme», also als Teil der am Ende des 1. Weltkriegs als unausweichlich erscheinenden und von ihnen befürworteten «praktischen sozialen Reformen». Weil der Mensch nicht nur essen, sondern auch wohnen wolle, engagierte sich die SVIL, die schon 1919 den Begriff Innenkolonisation in ihren Namen aufnahm, neben der unmittelbaren Förderung der Nahrungsmittelproduktion jetzt vor allem in der Siedlungspolitik. In der SVIL sind also gewissermassen jene

Bestrebungen verkörpert, die im 1. Weltkrieg dazu führten, dass die Landwirtschaft «eine Sache des ganzen Volkes wurde», wie man damals sagte. Ab diesem Zeitpunkt wurde besonders deutlich, dass die Agrarpolitik moderner Industriestaaten immer viel mehr als nur bäuerliche Interessenpolitik ist. Es ging in der Agrarpolitik zwar (fast) immer auch um den Milchpreis, aber doch primär um den Versuch, der «Bevölkerung, namentlich der Industriebevölkerung, einen gegenüber früher besser befriedigenden Nähr- und Wohnraum zu schaffen». Innerhalb des Agrarsektors war man skeptisch, ob das wirklich ein zukunftsfähiger Weg für die Landwirtschaft sei. Ernst Laur z. B. dachte noch nach dem 1. Weltkrieg laut darüber nach, ob die schweizerische Landwirtschaft nicht doch besser den am Ende des 19. Jahrhunderts eingeschlagenen Weg zur Exportlandwirtschaft konsequent zu Ende gehen sollte – um künftig auf Zollschutz und staatliche Hilfe weitgehend verzichten zu können. Aber dieser Weg wurde schon in den 20er Jahren unwahrscheinlich, in den 30er Jahren erwies er sich als völlig unmöglich, und zwar weil einerseits die Internationalisierung der Wirtschaft immer mehr ins Stocken geriet und die nationalen Ökonomien wieder massiv an Bedeutung gewannen und weil andererseits die Erfahrungen des 1. Weltkriegs bei den nichtbäuerlichen Kreisen mehrheitlich der Ansicht zum Durchbruch verhalfen, dass nicht nur «billiges», sondern auch «sicheres» Brot wichtig sei.

Es war bezeichnenderweise die in der Forschung und Verwaltung tätige, nicht im Dienste der landwirtschaftlichen Interessenverbände stehende Generation von jüngeren Agronomen um Friedrich Traugott Wahlen und Ernst Feisst, welche die Politik einer vermehrten Ausrichtung der Agrarproduktion auf die Bedürfnisse der Nationalwirtschaften in der Zwischenkriegszeit formulierten. Zur Reduktion der bisher benötigten Importe von Ackerbauprodukten sollten die Bauern mehr Boden unter den Pflug nehmen. So hoffte man gleichzeitig auch die Viehwirtschaft eindämmen zu können, welche die immer defizitärer werdenden Käseexporte belastete. Erreicht werden sollte dieses Ziel mit einer rigorosen staatlichen Produktionslenkung, die das Ausmass der Betriebsumstellungen bis auf den einzelnen Betrieb festlegte. Als Gegenleistung für diesen massiven Eingriff räume «das Schweizervolk der Landwirtschaft das Recht auf Arbeit ein», versprach Wahlen den mehr als skeptischen Bauern.[12]

Laur, der den Glauben an die Vorteile einer weitgehenden internationalen Arbeitsteilung auch in den 30er Jahren nie ganz aufgab, wurde agrarpolitisch zunehmend isoliert. An der grossen Agrarkonferenz im Juni 1938 drängten Agrarbeamte, Industrie- und Gewerbevertreter sowie SP-Regierungsräte den irritierten Bauernvertretern diese «neue» Agrarpolitik auf, deren Umsetzung ohne den Ausbruch des 2. Weltkriegs in der Bauernschaft kaum so reibungslos erfolgt wäre. Denn im Frieden, kommentierte Wahlen sein Werk illusionslos, liesse sich «unser Programm nicht auf freiwilligem Wege durchsetzen».

In dem Moment, wo die Bauern auf der ideologischen Ebene zum Rückgrat der Schweiz erklärt wurden, war man sich über alle Parteigrenzen hinweg einig, dass die neue Agrarpolitik bei der bäuerlichen Basis nur mit «Zwang» durchzusetzen sei. Allerdings mochten dann doch nicht alle so weit gehen wie der offen mit einer autoritären Modernisierung spekulierende Ernst Feisst von der Abteilung für Landwirtschaft, der Ende 1940 ohne Hemmungen davon sprach, dass die «landwirtschaftlichen Fachorganisationen» seiner Ansicht nach «nicht mehr in erster Linie Zweckverbände der Interessenwahrung» sein sollten, sondern vielmehr das «wertvolle Aufklärungs- und Erziehungsinstrument im Auftrag und zur Unterstützung der Behörden».[13]

Das vom Parlament 1951 fast oppositionslos verabschiedete und von den stimmberechtigten Männern in der Referendumsabstimmung vom 30. März 1952 knapp gutgeheissene «Bundesgesetz über die Förderung der Landwirtschaft und die Erhaltung des Bauernstandes» war im wesentlichen eine Konkretisierung der 1938 vom Parlament in Anspruch genommenen und seit 1947 auch in der Verfassung verankerten Bundeskompetenz zur Produktionslenkung und zur Einkommenssicherung über staatliche Preisgestaltung. Explizit angestrebt wurde eine an die betriebs- und landeseigene Bodenfläche angepasste Nahrungsmittelproduktion auf bäuerlichen Familienbetrieben. Die Massnahmen zur Preisgestaltung seien so anzuwenden, hiess es im Gesetz, «dass für die einheimischen landwirtschaftlichen Erzeugnisse guter Qualität Preise erzielt werden können, die die mittleren Produktionskosten rationell geführter und zu normalen Bedingungen übernommener landwirtschaftlicher Betriebe im Durchschnitt mehrerer Jahre decken». Dabei sei auf die anderen Wirtschaftszweige und auf die ökonomische Lage der übrigen Bevölkerung Rücksicht zu nehmen. Bei den in der Allgemeinen Landwirtschaftsverordnung präzisierten Richtlinien zur Preisgestaltung griff man auf den von Ernst Laur schon 50 Jahre vorher gemachten Vorschlag zurück, die Preise für Agrarprodukte so festzusetzen, dass Betriebsleiter auf mittleren, rationell geführten Höfen neben einem angemessenen Lohn auch eine Verzinsung des investierten Eigenkapitals erwirtschaften könnten. Der seinerzeit als Vergleichsgrösse herangezogene Lohn eines Landarbeiters wurde nun durch das Einkommen eines gelernten Industriearbeiters im ländlichen Raum ersetzt.

Das Landwirtschaftsgesetz war zwar ein «Element des Landwirtschafts- und Bauernschutzes», der aber wurde keineswegs «zu einer Existenzgarantie für die Bauernschaft» ausgebaut.[14] Im Gegenteil, die in der Nachkriegszeit vorgenommenen Präzisierungen zum 1938 den Bauern aufgedrängten «Recht auf Arbeit» erwiesen sich lange als flexibel genug, um den Strukturwandel nicht zu verhindern, sondern auszugestalten. Die im Gesetz verankerte Form der Preisgarantie schloss nämlich einen substantiellen Teil der bäuerlichen Produzenten von Anfang an von der Möglichkeit aus, kostendeckende Preise zu realisieren. Diese

Politik erwies sich für die überdurchschnittlich hohe Produktionskosten aufweisenden Betriebe als letztlich unerreichbares Ziel, privilegierte dafür aber eine Minderheit unter den Produzenten: Diejenigen nämlich, die – aus strukturellen Gründen, dank individuellen Fähigkeiten – unterdurchschnittliche Produktionskosten aufwiesen. Sie bezogen beim Verkauf ihrer Erzeugnisse sozusagen eine staatlich garantierte Sonderrente. Die (oft) kleineren und strukturell benachteiligten Bauern hingegen liefen – ähnlich wie der Windhund hinter dem künstlichen Hasen – chancenlos den garantierten Preisen hinterher. Die Agrargesetzgebung der Nachkriegszeit hat den Strukturwandel denn auch keineswegs aufgehalten, sondern lediglich in – aus einer Wachstumsperspektive betrachtet – geordnete Bahnen gelenkt.

Versagt hat dieses Regulierungsmodell hingegen bei den Bestrebungen, die Nahrungsmittelproduktion optimal auf die Nachfrage auszurichten. Die durch die Motorisierung, Chemisierung und die billigen Futtermittelimporte dramatisch steigenden Produktivitätsfortschritte in der Agrarproduktion haben die in den 40er Jahren herrschenden Engpässe der Nahrungsmittelversorgung in den 50er Jahren fast über Nacht in sektorielle Überschüsse verwandelt, so dass namentlich für die Milchverwertung ab 1953 wieder namhafte Verwertungsbeiträge nötig wurden. In einer ersten Reaktion versuchte der Bundesrat, seine im Landwirtschaftsgesetz verankerten Kompetenzen zur Preisgestaltung im Sinne einer Produktionslenkung einzusetzen und reduzierte den Produzentenpreis für Milch im April 1954 um einen auf 38 Rappen. Damit war der Milchpreis der Bauern wieder auf dem gleichen Niveau wie im November 1947, als sie in der Romandie mit einem Streik versucht hatten, eine Preiserhöhung zu erzwingen. Nicht wenige versuchten, diesen politischen Misserfolg über eine Intensivierung der Milchproduktion auf ihren Betrieben wettzumachen – und trugen so ihrerseits wieder zur Verschärfung der Lage bei.

1956 erfolgte aus sozialpolitisch motivierten Überlegungen zur Einkommenssicherung dann doch der erste wirkliche Milchpreisaufschlag im Namen des Landwirtschaftsgesetzes. Zwar gewährte die Landesregierung einen der beiden bewilligten Rappen pro Liter nur unter der Bedingung, dass die Ablieferungsmenge nicht höher als vor Jahresfrist ausfalle, aber in Wirtschafts- und Konsumentenkreisen hatte man auch für diese geringe Preiserhöhung kein Verständnis. Preissteigerungen für landwirtschaftliche Produkte wurden in der nichtbäuerlichen Bevölkerung wegen der gleichzeitig theoretisch fast grenzenlos zunehmenden, in der Praxis durch Grenzschutzmassnahmen aber erschwerten Möglichkeiten zu immer billigeren Importen zunehmend als Skandal und Eingriff in die Wahlfreiheit der Konsumentenschaft empfunden. Die bäuerlichen Forderungen nach einer Anpassung der Agrarpreise an die Teuerung wurden jetzt – anders als in den 30er Jahren – auch von den Gewerkschaften mit dem Argument zurückgewiesen, die Schweiz dürfe keine Preisinsel werden. Immer lauter wurde die Forderung vorgetragen, angesichts der sektoriellen Verwertungsschwierigkeiten sollten die Behörden die Einkommenssicherung der Landwirtschaft nicht über Preiserhöhungen vornehmen, sondern durch Verbesserung der Produktionsgrundlagen.

Die Kritiker, die sich auf die Empfehlungen der OECE berufen konnten, wurden im Bundeshaus zur Kenntnis genommen. Auch hier realisierte man, dass mit der im Landwirtschaftsgesetz festgelegten Preispolitik offensichtlich nicht gleichzeitig die gesetzlich verankerten Einkommensansprüche der Landwirtschaft und die Erwartungen der Konsumenten befriedigt werden konnten. Als die Nationalratskommission den 1. Landwirtschaftsbericht des Bundesrates vom Januar 1956 mit der Auflage an die Landesregierung zurückwies, in einem 2. ergänzenden Bericht u. a. Möglichkeiten und Wege zur landwirtschaftlichen Einkommenspolitik aufzuzeigen, die nicht mehr durch Preiserhöhungen, sondern durch Rationalisierungsmassnahmen erzielt werden könnten, setzte das EVD im Mai 1957 unter der Leitung von Generalsekretär Karl Huber eine Expertenkommission ein, die nach Wegen zur «Produktivitätssteigerung und Kostensenkung in der Landwirtschaft» suchen sollte. Einige der Empfehlungen dieser Kommission wurden direkt umgesetzt, andere in den Ende 1959 publizierten 2. Landwirtschaftsbericht aufgenommen.

# Neuorientierungen in den 60er Jahren: Technologieförderung und sozialpolitische Massnahmen an Stelle von Gesellschaftspolitik

Im Gegensatz zum 1. wurde der 2. Landwirtschaftsbericht von der «Presse und auch von den Fachleuten gerühmt». Besonders gelobt wurde in der Öffentlichkeit die vom Bundesrat propagierte doppelte «Neuorientierung»[15] der Agrarpolitik, wonach die Lösung der (Einkommens-)Probleme der Landwirtschaft im Talgebiet künftig hauptsächlich durch einzelbetriebliche Strukturverbesserungen, im Berggebiet hingegen vor allem mit sozial- und regionalpolitischen Massnahmen angestrebt werden sollte. Mit dieser Doppelstrategie hoffte der Bundesrat, nicht nur die Agrarpreisdiskussionen im Innern zu entschärfen, sondern auch die handelspolitischen Probleme zu lösen, die sich angesichts des zunehmenden Integrationsdrucks seit Ende der 50er Jahre nicht zuletzt aufgrund des hohen Preis- und Lohnniveaus in der Schweiz ergaben. Die «Neuorientierung der schweizerischen Landwirtschaftspolitik» werde dem neuen Trend zur Suche nach multinationalen Lösungen gerecht, sie folge «den Empfehlungen verschiedener internationaler Organisationen», schrieb die Exekutive. Gleichzeitig war man überzeugt, dass die schweizerische Landwirtschaft wegen ihres hohen Importanteils an Nahrungsmitteln im zunehmend wichtiger werdenden System der multilateralen Verhandlungen gute Chancen habe.[16]

Der von Bundesrat Thomas Holensteins Nachfolger im EVD, Friedrich Wahlen, vorgestellte 2. Landwirtschaftsbericht stellte in der Tat eine markante Zäsur zur massgeblich von Wahlen formulierten (Agrar-)Politik von 1938 dar. Die staatlichen Vorstellungen waren jetzt weit entfernt von der Idee, *den* Bauern ein «Recht auf Arbeit» einzuräumen. Der Strukturwandel wurde als «nicht zu verhindernde», aber grundsätzlich positive Entwicklung akzeptiert.[17] Die Aufgabe des Staates sei es, diesen Prozess «im Interesse der Gesamtheit sinnvoll» zu lenken; deshalb müsse es «ein ernstes Anliegen sein, den nicht aufzuhaltenden zahlenmässigen Rückgang der in der Landwirtschaft Tätigen durch die Qualität zu kompensieren».

Aber die neue Agrarpolitik bedeute nicht einen Übergang zu einer «Politik des laisser faire et laisser aller», versicherte Wahlen, sondern eine Konzentration der staatlichen Förderung der Produktivität der Nahrungsmittelproduktion auf den «mittelgrossen Familienbetrieben»[18] (die damals rund einen Viertel aller Betriebe ausmachten, während drei Viertel aller Betriebe kleiner als 10 Hektaren waren). Die Privilegierung dieser Betriebskategorie wurde so begründet, dass in einer Industriegesellschaft die Höfe dieser Grössenkategorie die günstigsten Voraussetzungen für die Erzielung eines angemessenen Einkommens der in der Landwirtschaft Tätigen böten und zudem sowohl vom Standpunkt eines optimalen Arbeitskräfte- und Kapitaleinsatzes als auch hinsichtlich der sich bietenden Rationalisierungsmöglichkeiten und den Anpassungsfähigkeiten an die sich verändernden Marktbedürfnisse die optimale Produktionseinheit darstellten. Auch längerfristig strebe der Bund nicht die Förderung von Grossbetrieben an, erklärte Wahlen, der sich auf die historische Erfahrung berief, dass die Zahl der Grossbetriebe seit der zweiten Hälfte des 19. Jahrhunderts zurückging.[19]

An die Stelle der Lenkung der Nahrungsmittelproduktion im Interesse der Versorgung der Bevölkerung des Industriestaates trat immer mehr der Versuch, einerseits den rationell wirtschaftenden Betriebsleitern auf den mittelgrossen Familienbetrieben zu einem angemessenen Einkommen zu verhelfen, andererseits den Druck zum Ausstieg aus der Landwirtschaft so zu kanalisieren, dass die Betriebsaufgabe in der Regel beim Generationenwechsel erfolgen konnte. Dokumentiert und festgelegt wurde diese «Neuorientierung» im 2. Landwirtschaftsbericht, den das Parlament fast kritiklos[20] zur Kenntnis nahm (die SP-Fraktion wollte dies sogar im «zustimmenden Sinne» tun).

Zu diesem Zeitpunkt war die Vernehmlassung für das neu zu schaffende Investitionshilfegesetz bereits abgeschlossen. Der Bundesrat beantragte zuerst für die nächsten sechs Jahre einen Kredit von 100 Mio. Franken zur Vergabe von rückzahlbaren, aber zinsfreien Darlehen zur Verbesserung der einzelbetrieblichen Produktions- und Betriebsgrundlagen. Nachdem die «Handelszeitung» diesen Antrag als «das Knappste, was man sich denken kann», bezeichnet hatte, beschlossen National- und Ständerat in der Euphorie der «Neuorientierung» einstimmig, eine Aufstockung des Kredits auf 250 Mio. Franken vorzunehmen. Mit der Förderung der individuellen Wettbewerbsfähigkeit der als zukunftsfähig eingestuften Betriebe sollte die Versorgung mit «preisgünstigen» Nahrungsmitteln gewährleistet werden.

Neben den mittelgrossen Familienbetrieben stuften die Behörden auch noch eine beschränkte Anzahl kleinerer Betriebe, die keine Möglichkeit hatten, ihre Bodenfläche substantiell zu erweitern, als zukunftsträchtig ein – allerdings unter der Voraussetzung, dass diese bereit seien, durch einen Ausbau der Fleischproduktion auf der Basis importierter Futtermittel gegen «innen» zu wachsen. Mit dieser Strategie der «inneren Aufstockung» wollten die Behörden zwei Ziele erreichen: Einerseits sollte einem Teil der vom Strukturwandel bedrohten Kleinbauern mit ihrer Verwandlung in gewerblich-industrielle Tierproduzenten ohne eigene Futtergrundlage eine Existenzmöglichkeit in einem halbwegs vertrauten Umfeld ermöglicht werden. Andererseits hoffte man mit den mit dieser Produktionsausweitung verbundenen Produktivitätsfortschritten einen namhaften Beitrag zur Reduktion der Produktionskosten zu leisten und damit den ökonomisch motivierten Kritikern der staatlichen Agrarpolitik Wind aus den Segeln zu nehmen.

Die «innere Aufstockung» als Kompensation des begrenzten flächenmässigen Wachstums war von der industrialisierten Landwirtschaft in den USA inspiriert. Der in den 60er Jahren für die Strukturpolitik zuständige Chefbeamte im Bundesamt für Landwirtschaft hatte bei den Nobelpreisträgern Schultz und Friedman in Chicago studiert und setzte sich stark für eine Umsetzung dieser Strategie in der Schweiz ein. Dieser Versuch zur Überwindung der Bindung der Produktion an die betriebs- und landeseigene Futterbasis – eine der Grundideen des Landwirtschaftsgesetzes – war eine Reaktion auf den u. a. durch die sinkenden Energiepreise und die zunehmenden multilateralen Handelsvereinbarungen geförderten Ausbau des Weltagrarhandels. Gleichzeitig war die Politik der «inneren Aufstockung» aber auch auf das Funktionieren dieser zunehmenden internationalen Arbeitsteilung in der Agrarproduktion angewiesen. Denn die Schweiz, die – ohne Alpweiden – über eine landwirtschaftliche Nutzfläche von ca. 1 Mio. Hektaren verfügte, importierte in der zweiten Hälfte der 60er Jahre Futtermittel, die einer Anbaufläche von 300'000–400'000 Hektaren entsprachen. Die Behörden waren überzeugt, die zunehmende Einbettung der Agrarproduktion in die internationalen Märkte würde zumindest ein «marktgerechtes» Verhalten der Bauern fördern, nachdem Bundesrat Wahlen 1960 von ihnen sogar ein «marktkonformes Denken» als Beitrag zur Sanierung der Märkte verlangt hatte.[21]

Die von vielen kleineren Bauern geforderte und von den Behörden zaghaft angestrebte spezielle Förderung der «inneren Aufstockung» auf Kleinbetrieben scheiterte aber am Widerstand der nichtlandwirtschaftlichen Kreise. Diese bezeichneten die geplanten Massnahmen zur Verhinderung der Verlagerung der Tierproduktion in industriell-gewerbliche Betriebe als «Museumsstücke einer kurzsichtigen Agrarpolitik», welche die Schaffung einer «Kleinbauernidylle von Bundesgnaden» bewirken würden. Ökonomen und Konsumentenvertreter sahen nicht ein, weshalb Kleinbauern bei der Industrialisierung der Nahrungsmittelproduktion bevorzugt werden sollten; man befürchtete, dass damit nur der Prozess der «rationelleren und billigeren Produktion von Eiern, Poulets und Schweinefleisch» verzögert würde. Als Folge des vorläufigen Rückzuges dieser Gesetzesänderung – die den landwirtschaftlichen Organisationen zu wenig weit ging – fand eine unkontrollierte innere Aufstockung auf grossen und kleinen Betrieben statt. Vor allem aber wanderte ein grosser Teil der Kälber-, Geflügel- und Schweinemast sowie der Eierproduktion in gewerblich-industrielle Betriebe ab.

Die in den frühen 60er Jahren erfolgte «Neuorientierung» des agrarpolitischen Modernisierungskonzepts konnte also nur einen Teil der Probleme lösen; andere wurden durch die neuen Massnahmen gewissermassen noch verstärkt – oder gar erst geschaffen. Namentlich die Verwertungskosten wurden mit der Industrialisierung der Nahrungsmittelproduktion noch grösser, da die Nachfrage nach Nahrungsmitteln nicht im gleichen Ausmass wie das Wirtschaftswachstum insgesamt zunahm. Zwar wurde der rasante Strukturwandel durch die «innere Aufstockung» etwas verzögert, da mit der Durchbrechung des Prinzips der betriebseigenen Futterbasis bei einer entsprechenden Spezialisierung auch Betriebe überleben konnten, die sonst aus dem Produktionsprozess ausgeschieden wären. Dafür nahm aber der Rationalisierungsdruck auf die ihre Produktion weiterhin an die eigene Bodenfläche ausrichtenden, ökologisch wirtschaftenden Betriebe noch stärker zu. So fielen zunehmend nicht mehr unbedingt die flächenmässig kleinsten Betriebe dem Strukturwandel zum Opfer, sondern immer mehr auch solche, die aufgrund fehlender Intensivierung eine unterdurchschnittliche Zunahme der Arbeitsproduktivität aufwiesen.

Diese Entwicklung führte zu einem Anwachsen der bäuerlichen Unzufriedenheit, die sich wegen der immer stärkeren Einbindung der landwirtschaftlichen Spitzenverbände in den Vollzug der staatlichen Agrarpolitik in der zweiten Hälfte der 60er Jahre wieder stärker in regionalen Oppositionsgruppierungen manifestierte. Unter dem Slogan «Der aktive Widerstand der Bauern beginnt!» schlossen sich diese Gruppierungen im Sommer 1968 zusammen, so dass erstmals seit den 30er Jahren wieder eine auf eidgenössischer Ebene operierende bäuerliche Oppositionsbewegung entstand.

Für das Schicksal der «neuen» staatlichen Agrarpolitik der 60er Jahre war aber nicht der bäuerliche Widerstand entscheidend, sondern die Kritik aus nicht-bäuerlichen Kreisen. Die Vertreter der Konsumentenschaft waren permanent frustriert, weil ihnen wegen der partiellen Einfuhrbeschränkungen bei der Zusammenstellung des Speisezettels zeitweise Restriktionen auferlegt wurden, die sie als fundamentalen Angriff auf die «freie Konsumwahl», eines der «Grundprinzipien unserer Gesellschaft», empfanden.[22] Die Steuerzahler und zunehmend auch die Wirtschaftswissenschaft stiessen sich daran, dass die Bundesausgaben für die Landwirtschaft auch real ständig stiegen, noch mehr Importe hingegen eine Entlastung der staatlichen Transferzahlungen bewirkt und zudem wegen der Agrarexportinteressen vieler Handelspartner erst noch die Exportmöglichkeiten der Industrie verbessert hätten.[23] Allerdings attestierten die den Konsumenten verpflichteten Agrarpolitiker des Landesrings und der Sozialdemokratie auch in den 60er Jahren in der Regel dem Bundesrat den guten Willen, die «Probleme anzupacken». Der Präsident des SGB, Nationalrat Hermann Leuenberger, teilte dem Bundesrat wiederholt die Unterstützung der Gewerkschaften mit – ermahnte die Landesregierung aber gleichzeitig, die Strukturpolitik sollte das Hauptziel sein; denn eine Agrarpolitik, die sich auf die Preisgestaltung abstütze, ende unvermeidlich in einer Sackgasse.

In der zweiten Hälfte der 60er Jahre mehrten sich die Stimmen jener Kritiker der staatlichen Agrarpolitik, die es «für eine Verschwendung» hielten, «teure Produktionsfaktoren, also Boden, Kapital und Arbeit, in einer Produktion zu beschäftigen, nur um Dinge zuviel zu erzeugen, die wir eigentlich anderseitig günstiger einkaufen könnten».[24] Es waren Ökonomen, nicht Ökologen, die Ende der 60er Jahre eine Extensivierung der Nahrungsmittelproduktion in der Schweiz verlangten. Die Agrarpolitik solle dafür sorgen, dass die Landwirtschaft, statt immer mehr Nahrungsmittel herzustellen, zunehmend das «öffentliche Gut Umwelt» produziere und «konsumreif» mache, forderte etwa Henner Kleinewefers.[25] Anders als die von der kleinen Gruppe der Bio-Bauern und -Bäuerinnen zur gleichen Zeit erhobene Forderung nach einer Förderung des die natürlichen Kreisläufe respektierenden und daher früher an Grenzen der Produktivitätssteigerung stossenden biologischen Landbaus fielen diese ökonomisch motivierten Bestrebungen zur erneuten «Neuorientierung» der Agrarpolitik beim Bundesrat Ende der 60er Jahre nicht auf taube Ohren. Neben dem Bekenntnis, dass ein «weiterer Strukturwandel in der Landwirtschaft» unumgänglich sei, versprach die Landesregierung 1969, dass die Preispolitik künftig neben der Einkommensstützung vermehrt der Begrenzung der Produktion dienstbar zu machen sei. Die «Sicherung eines angemessenen, wenn möglich paritätischen Einkommens» für die rationell wirtschaftenden mittelgrossen Familienbetriebe im Talgebiet sollte zwar weiterhin primär über die Grundlagenverbesserung, eine zweckmässige Struktur- und Bildungspolitik sowie eine beschränkte Preisgarantie angestrebt werden; gleichzeitig fasste man aber auch die Option einer Ausdehnung der für das Berggebiet schon seit Ende der 50er Jahre praktizierten Trennung der Preis- und Einkommenspolitik ernsthaft ins Auge und stellte für die Zukunft direkte, produktionsunabhängige Einkommenszahlungen in Aussicht.[26]

## Fazit

Zwei Dinge würden der schweizerischen Volkswirtschaft der Nachkriegszeit gutgeschrieben, sagte Bundesrat Hans Schaffner 1969 anlässlich einer Agrardebatte im Nationalrat. Erstens, dass es ihr gelungen sei, den Arbeitsfrieden zu erhalten, und zweitens, «dass das Aufkommen eines Agrarproletariates mit all den überstürzten und hässlichen Formen der Landflucht vermieden werden konnte».[27] Ob ihr das dereinst wirklich gutgeschrieben wird, sei dahingestellt. Aber der zweite Teil der Aussage illustriert ziemlich genau das Grundmotiv für die staatliche Agrarpolitik der Industriegesellschaft in der Nachkriegszeit: Die während des 1. Weltkriegs sich durchsetzende Zielsetzung einer nationalstaatlichen Organisation der Nahrungsmittelproduktion im Interesse der wachsenden Industriebevölkerung wurde nach dem 2. Weltkrieg vom Anliegen einer organisierten Modernisierung des Agrarsektors im Sinne einer Industrialisierung der Nahrungsmittelproduktion auf den mittelgrossen Familienbetrieben und einer geordneten Aufgabe der kleineren Betriebe überlagert. Die in der Schweiz betriebene Agrarpolitik war weitgehend die lokale Variante einer fast überall in Westeuropa vollzogenen Politik, die bestrebt war, die Landwirtschaft auf Kosten der natürlichen Ressourcen der Logik der industriellen Produktionsweise zu unterwerfen. Auch in der Schweiz wurden praktisch ausschliesslich diejenigen Betriebsleiter gefördert, die fähig und willig waren, den agrartechnischen Fortschritt auf ihren Betrieben ohne Rücksicht auf die das Wachstum begrenzenden natürlichen Kreisläufe anzuwenden. Das hohe helvetische Agrarpreisniveau ist denn auch nicht die Folge eines Alleingangs in der Agrarpolitik, sondern die logische Folge des allgemeinen Preis- und Lohnniveaus in der Schweiz.

Den materiellen Preis dieser Politik zahlten die Steuerzahler, nicht die Konsumenten.[28] Aber mehr noch als durch die finanziellen Folgen wurden die euphorischsten Unterstützer der periodisch inszenierten «Neuorientierung» der Agrarpolitik durch die Skepsis der Bauern irritiert, in deren Namen diese Politik betrieben wurde. Das Verhalten derjenigen Bauern, welche der staatlichen Agrarpolitik skeptisch bis ablehnend gegenüberstanden, wurde nicht selten als Undank nimmersatter Subventionsempfänger missverstanden, obwohl deren Vertreter so oft wie keine andere Berufsgruppe der Landesregierung öffentlich für das «Wohlwollen» dankten, das diese der Landwirtschaft gegenüber aufbringe. Bisher wurde kaum zur Kenntnis genommen, dass sich die Mehrzahl der Bauern in bezug auf die agrarpolitische Entwicklung zu Recht weitgehend als machtlos empfanden, als Objekte einer Politik, deren Richtung auch ihre Interessenvertreter nicht bestimmen konnten. Diese haben zwar in der Tat viel dazu beigetragen, dass der Agrarsektor staatlich geschützt wurde, aber den Verdrängungswettbewerb innerhalb der Landwirtschaft konnten und wollten auch sie nicht verhindern. Ihr Beitrag liegt denn auch in der Ausgestaltung, nicht in der Gestaltung der staatlichen Agrarpolitik des 20. Jahrhunderts.

Wenn die Probleme der Industriegesellschaft mit ihrem Agrarsektor trotz der staatlichen Regulierung und den grossen finanziellen Aufwendungen nur partiell gelöst werden konnten, so hing das allerdings kaum mit der bäuerlichen Skepsis zusammen. Entscheidend war vielmehr der Umstand, dass das in der Zwischenkriegszeit entworfene und nach dem 2. Weltkrieg präzisierte nationalstaatliche Modernisierungskonzept schon in den 50er Jahren durch zwei Entwicklungen unterspült wurde: Erstens durch die einzigartigen Produktivitätsfortschritte in der Landwirtschaft, die auf dem der industriellen Logik der Produktion beruhenden Einsatz nichterneuerbarer Ressourcen basierten, und zweitens durch die stark abnehmende nationalstaatliche Steuerungskapazität ökonomischer Prozesse.

Trotzdem gab es bis weit in die 60er Jahre hinein einen breit abgestützten gesellschaftlichen Konsens, dass es eine Aufgabe des Staates sei, den «Umwandlungsprozess» des «schrumpfenden Gewerbes» Landwirtschaft zu organisieren. Differenzen gab es allenfalls bei der Frage, ob das noch planmässiger erfolgen solle, wie es die politische Linke wünschte, oder mehr durch den Markt, «der mit all seinen schönen und verlockenden Angeboten von konkurrierenden Stellungen auf dem Arbeitsmarkt ganz automatisch» dafür sorge, «dass das unrentable Heimetli ‹Schattenhalb› aufgegeben» werde und «der schöne Betrieb ‹zur feissen Wiese›» überlebe, wie viele Bürgerliche meinten. In der Praxis war es nicht ein «Entweder-Oder», sondern ein «Sowohl-Als-auch». Das Resultat, das betonte sogar der prominenteste Kritiker der staatlichen Agrarpolitik in den 50er Jahren, wäre auch bei einer noch rigoroseren Planung kaum umfassender ausgefallen. «Hätte man einen Plan gemacht, um den Bauernstand zu dezimieren», sagte Gottlieb Duttweiler, «so hätte das den Auswirkungen nach nicht viel anders aussehen können als das, was seit Jahrzehnten vorgekehrt wurde».[29]

## Anmerkungen

1 Dieser Aufsatz beruht auf einer grösseren Untersuchung mit dem Arbeitstitel «Modernisierung im Agrarsektor und politisches Verhalten der Bauern in der Schweiz im 20. Jahrhundert», die ich zusammen mit Werner Baumann gemacht habe; sie wird nächstes Jahr publiziert, ich verzichte hier deshalb auf ausführliche Anmerkungen.

2   *Neue Zürcher Zeitung,* 15. 10. 1968.

3   Pascal Sciarini: *Die entscheidende Rolle des GATT für die Reform der schweizerischen Land-wirtschaftspolitik,* in: *Agrarwirtschaft und Agrarsoziologie* 1, 1996, S. 43.

4   Vgl. z. B. Philipp Halbherr, Alfred Müdespacher: *Agrarpolitik – Interessenpolitik?,* Bern 1985; Robert Jörin, Peter Rieder: *Parastaatliche Organisationen im Agrarsektor,* Bern 1985; Erwin Rüegg: *Neokorporatismus in der Schweiz. Landwirtschaftspolitik. Forschungsstelle für Poli-tische Wissenschaft* (Kleine Studien zur Politischen Wissenschaft, Nr. 249), Zürich 1987.

5   So Hans von Greyerz, in: *Handbuch der Schweizer Geschichte,* Bd. 2, Zürich 1977, S. 1185.

6   Heute gibt es in praktisch allen westeuropäischen Staaten mehr Arbeitslose als in der Land-wirtschaft beschäftigte Menschen.

7   Eric Hobsbawm: *Das Zeitalter der Extreme,* München 1995, S. 365.

8   So der in seinem Nachdenken über die Entwicklung der Landwirtschaft in der Industrie-gesellschaft von Teilhard de Chardin inspirierte Bauer Ernst Därendinger. Vgl. *Union,* 14. 2. 1979.

9   Zur Dokumentation und Analyse des bäuerlichen Protestverhaltens in den 50er und 60er Jahren vgl. Peter Moser: *Der Stand der Bauern,* Frauenfeld 1994, S. 225, 235, 393 f.

10  Hansjörg Siegenthaler: *Schweiz 1910–1970,* in: Carlo Cipolla, Knut Borchardt: *Europäische Wirtschaftsgeschichte,* Bd. 5, Stuttgart 1986, S. 251.

11  Hans Bernhard: *Die Innenkolonisation der Schweiz,* Zürich 1919, S. 1 f.

12  Protokoll der Konferenz der kantonalen Landwirtschaftsdirektoren vom 29. 12. 1938, in: BAR E 7220 (A) 6, Bd. 3.

13  Ms. 26. 12. 1940 für die *Schweizer Illustrierte* 2, 1941, in: BAR E 7220 (A) 3, Bd. 1.

14  *Geschichte der Schweiz und der Schweizer,* Basel 1986, S. 775.

15  *2. Landwirtschaftsbericht,* Bern 1959, S. 114.

16  Für die zunehmende Bedeutung der multilateralen Verhandlungen vgl. den Aufsatz von Peter Hug in diesem Band.

17  *Agrarpolitische Revue* 61, 1960, S. 131.

18  Amtliches Bulletin der Bundesversammlung, Nationalrat, 1960, S. 305.

19  Im Gegensatz zum Industriesektor erfolgte in der Landwirtschaft die Modernisierung ab der zweiten Hälfte des 19. Jahrhunderts nicht über eine Zu-, sondern eine Abnahme der Lohnarbeit. Die mittelgrossen, über familieneigene Arbeitskräfte und Eigenkapital verfügenden Betriebe erwiesen sich tendenziell als konkurrenzfähiger als die auf Lohnarbeit basierenden Gross-betriebe. Erst im Bewusstsein dieser Leistungsfähigkeit erklärte die staatliche Agrarpolitik diese Betriebe zur förderungswürdigen Norm im 20. Jahrhundert. Vgl. Niek Koning: *The Failure of Agrarian Capitalism. Agrarian Politics in the United Kingdom, Germany, the Netherlands and the USA 1846–1919,* London 1994.

20  Nur einzelne Bauernvertreter äusserten sich skeptisch, und die PdA stellte erfolglos einen Rückweisungsantrag.

21  Amtliches Bulletin der Bundesversammlung, Nationalrat, 1960, S. 308.

22  So Walter Biel, in: Amtliches Bulletin der Bundesversammlung, Nationalrat, 1969, S. 648.

23  *3. Landwirtschaftsbericht,* Bern 1965, S. 53.

24  Amtliches Bulletin der Bundesversammlung, Nationalrat, 1969, S. 649.

25  Henner Kleinewefers: *Wirtschaftspolitische Konzeption und Umweltproblematik: Das Beispiel der Agrarpolitik,* in: *Schweizerische Zeitschrift für Volkswirtschaft und Statistik,* 1972, S. 89.

26  *4. Landwirtschaftsbericht,* Bern 1969, S. 115.

27  Amtliches Bulletin der Bundesversammlung, Nationalrat, 1969, S. 687.

28  Die Nahrungsmittelpreise in der Schweiz gehören heute zwar nominal zu den höchsten der Welt, auf die Kaufkraft der Konsumentenschaft bezogen sind sie aber tiefer als in den umlie-genden Ländern.

29  Amtliches Bulletin der Bundesversammlung, Nationalrat, 1960, S. 298.

# Die Rolle des Föderalismus und der Referendumsdemokratie in den Debatten um die Bundesfinanzordnung zwischen 1948 und 1970

## Angelus Eisinger

Debatten über den Umfang, die Struktur und die Verteilung der dem Staatswesen zustehenden Mittel erstrecken sich naturgemäss auch auf ein weites Gebiet ordnungs-, finanz- sowie staatspolitischer Fragen. Sie waren in der Geschichte deshalb immer wieder von heftigen Konfrontationen begleitet. Die finanzpolitische Realität ist somit immer auch ein Abbild staatspolitischer Konzepte in ihrem Wechselspiel mit den jeweiligen ökonomischen, politischen und gesellschaftlichen Verhältnissen. Dieser Aufsatz untersucht den Einfluss des Föderalismus und der Referendumsdemokratie auf die Auseinandersetzungen um die Bundesfinanzordnung zwischen 1948 und 1970. Damit sprechen wir zwei staatspolitische Grössen an, welche die Entwicklungen im finanzpolitischen Bereich in der Phase entscheidend mitbestimmt und das Feld möglicher finanzpolitischer Innovationen abgesteckt haben – ohne im ersten Moment direkt mit Fragen öffentlicher Finanzen assoziiert zu sein.[1] Föderalismus und Referendumsdemokratie bildeten in der schweizerischen Nachkriegsgesellschaft zwei wesentliche Pfeiler ihres Selbstverständnisses. Ein statisches Föderalismusverständnis und die Verhinderungsmacht des Referendums – ergänzt durch privatwirtschaftliche Interessen – bewirkten, dass sich die in der Bundesfinanzordnung implizierte Kompetenz- und Aufgabenverteilung einerseits zwischen den verschiedenen föderalen Ebenen und andererseits zwischen Staat und Wirtschaft nur unvollständig und verzögert an die rasant vorwärtsschreitende Modernisierung in Wirtschaft und Gesellschaft anpasste. Die Kontroversen um eine Neugestaltung der Bundesfinanzordnung und um eine konzeptionelle Überarbeitung des Verhältnisses zu den anderen Staatsebenen kamen nach dem 2. Weltkrieg gerade deshalb nicht zu einem Ende, weil diese Fragen auch wesentlich Konfrontationen um staats- und ordnungspolitische Grundsätze beinhalten. Die grundlegende Bedeutung dieses Widerstreits hat die Ausarbeitung neuer finanzpolitischer Grundlagen verhindert. Daran haben auch die mit der rasanten wirtschaftlichen Entwicklung in den 60er Jahren zusätzlichen und wachsenden Aufgabenfelder des Bundes nichts geändert.

# Von der gescheiterten Revision 1948
## zur Vorlage 1949

Die Errichtung einer wirtschaftlich und politisch funktionsfähigen Nachkriegsordnung – am augenfälligsten verwirklicht in den Wirtschaftsartikeln und der
Einführung eines modernen Sozialversicherungssystems – verlangte auch nach
einer grundlegenden Revision der Bundesfinanzordnung, darin war sich das politische System in der Schweiz nach dem 2. Weltkrieg einig: Die mehrheitlich
während des Vollmachtenregimes erlassene Ordnung war zu ihrem grösseren Teil
demokratischer Kontrolle entzogen und harrte deshalb einer definitiven verfassungsmässigen Verankerung. Die am 22. Januar 1948 erschienene, im selben Jahr
noch von drei Ergänzungsberichten gefolgte Botschaft des Bundesrates nahm
sich der Aufgabe einer «verfassungsmässigen Neuordnung des Finanzhaushaltes
des Bundes» – der ersten ordentlichen seit mehr als 30 Jahren – an. Die knappe
Diskussion des von den Ansätzen Beveridges und Keynes geprägten britischen
Weissbuchs aus dem Jahre 1944 signalisierte rhetorisch-konzeptionell ein ord-
nungspolitisches Bekenntnis zum antizyklisch agierenden Staat und stand damit
im Einklang mit gängigen makroökonomischen Lehrmeinungen. Inhaltlich kannte der bundesrätliche Vorschlag drei Schwerpunkte: Die neue Finanzordnung
sollte den Abbau der während des 2. Weltkriegs akkumulierten Schulden ver-
bindlich regeln, den Finanzausgleich revidieren und schliesslich eine «dauernde
Sicherung des Rechnungsausgleichs» ermöglichen. Die auf die bundesrätliche Botschaft folgende Debatte demonstrierte die Stärke föderalistischer Positionen. Der
im 2. Weltkrieg eingeführten Wehrsteuer kam in der bundesrätlichen Konzeption
dabei die zentrale Bedeutung zu. Als Einkommenssteuer galt sie nach der Ma-
xime «Direkte Steuern den Kantonen – indirekte dem Bund» als Eingriff in das
Steuersubstrat der Kantone; sie sollte nun in Tilgungssteuer umbenannt und explizit zweckgebunden werden, innert 60 Jahren die Bundesschulden abtragen,
danach aber ersatzlos wegfallen. Damit folgte der Bundesrat zumindest implizit
der Vorstellung, direkte Steuern sollten weiterhin nur ausnahmsweise dem Bund
zugestanden werden. Weiter sollte der Bund gemäss dem neuen Art. 42$^{ter}$ Absatz 1
BV zum Abbau von allfälligen Defiziten innert sieben Jahren verpflichtet werden.
Es versteht sich, dass so die Möglichkeiten für eine antizyklische Fiskalpolitik
bescheiden waren, dass das Bekenntnis zu einer Politik des Deficit-spending
deshalb vor allem ideeller Natur war.

Im Ständerat machte sich sogleich energischer Widerstand gegen den bundesrätlichen Vorschlag breit – hauptsächlich gegen die direkte Bundessteuer, die er
schliesslich in der Junisession 1948 strich. Gleichzeitig bot aber der Vorschlag des
Ständerats, die Schulden über Einsparungen zu tilgen, keine taugliche Alternative.
Der Nationalrat widersetzte sich diesem vor allem politisch motivierten, stark

föderalistisch geprägten Konzept und schloss sich weitgehend dem bundesrätlichen Vorschlag an. Da die anschliessenden Differenzbereinigungsverfahren ergebnislos verliefen, kam es im Winter 1949/50 zu drei «Verständigungskonferenzen» zwischen den Kommissionen der beiden Räte.[2] Dabei gelang es dem Ständerat, seine Position durchzusetzen: Die Tilgungssteuer wurde endgültig zugunsten sogenannter «Geldkontingente der Kantone» verworfen. In dieser Konzeption wurden die Bundeseinnahmen wieder ausschliesslich auf indirekte Steuern beschränkt; der Bund wurde faktisch zu einem Anhängsel der Kantone gemacht. Die wichtigsten Befürworter dieser Konzeption, die traditionell föderalistische Katholisch-konservative Partei und das Rechtsbürgertum, erkannten das «wahre Ethos» dieser Lösung in einer in ihrer Lesart dem föderalen Staatsaufbau wesenhaften Entsprechung.[3] Die Sozialdemokratie aber interpretierte diese «Verständigungsvorlage» als fundamentalen Angriff auf die noch jungen Errungenschaften des Sozialstaates. Dabei waren aber auch noch ganz andere Überlegungen mit im Spiel: Für die SPS ging es nämlich auch darum, «mit der Steuerzentralisation ein Tor zur Verwirklichung der Pläne der ‹Neuen Schweiz› offenzuhalten».[4] Die rechte Abstimmungspropaganda präsentierte daran anknüpfend eine allfällige verfassungsmässige Institutionalisierung direkter Bundessteuern als Attacke, die ins Zentrum des schweizerischen Selbstverständnisses ziele, bilde doch die «verfassungsmässige Verankerung (direkter Bundessteuern) eine der wesentlichsten Forderungen des nun hundert Jahre alten Kommunistischen Manifests». Die Frage der Neuordnung der Bundesfinanzen wurde somit zu einem Votum über das künftige Gesicht des schweizerischen Staatswesens dramatisiert, ohne dass die rechtskonservative Vorlage oder die sozialdemokratische Vision effektive Realisierungschancen gehabt hätte. Die erzföderalistische «Verständigungsvorlage» galt bereits in der politischen Landschaft der frühen 50er Jahre mehrheitlich als Anachronismus und fiel in der Volksabstimmung vom Juni 1950 entsprechend deutlich durch. SPS und Gewerkschaften demonstrierten in dieser Phase zwar, allzu einseitige bürgerliche Vorstösse blockieren zu können, andererseits waren aber auch die Durchsetzungsmöglichkeiten für ihre zentralistischen Ansichten bescheiden. Die Rückweisung der «Verständigungsvorlage» führte schliesslich im Dezember 1950 zu einer Verlängerung der bestehenden Ordnung bis 1955, wobei gewisse Steuererleichterungen bei den beiden Hauptsteuern vorgenommen wurden.

## Wenig Reformspielraum in den 50er Jahren

Zwischen den zentralistischen Intentionen der Sozialdemokratie und radikal föderalistischen Haltungen resultierte eine Pattsituation, die den politischen Spielraum für mögliche Reformen für die gesamten 50er Jahre prägte. Bereits der

Verlauf der parlamentarischen Debatte von 1948 machte ersichtlich, dass Vorstösse, welche die heikle staatspolitische Balance zwischen den drei föderalen Ebenen und die kantonalen Empfindlichkeiten bei der Bewahrung ihrer angestammten Autonomie nicht ausreichend berücksichtigten, ohne Chance waren. Dies musste auch der nächste bundesrätliche Versuch im Jahre 1953 schmerzlich erfahren: Die von Bundesrat Max Weber portierte Vorlage beabsichtigte, die Spielräume bundesstaatlichen Handelns etwas zu konsolidieren, und beantragte deshalb u. a., dem Bund Wehrsteuer und Warenumsatzsteuer gleich für zwölf Jahre zuzugestehen und die Höchstsätze der beiden Steuern in der Verfassung zu verankern. Dieses Bestreben, die finanzielle Autonomie zu erhöhen, wurde von den bürgerlichen Parteien energisch bekämpft, scheiterte und führte schliesslich zum Rücktritt Max Webers als Bundesrat.

Wie lassen sich nun die finanzpolitischen Positionen der Bundesratsparteien für die frühen 50er Jahre umreissen? Die Haltung der Linken folgte, auch nachdem der «Plan der Arbeit» ad acta gelegt worden war, den traditionellen Leitlinien einer konsequenten Ablehnung der als unsozial stigmatisierten Konsumbesteuerung – das Parteiprogramm von 1959 schwächte diese grundsätzliche Zurückweisung dann etwas ab – und der Forderung nach einer wirksamen, progressiv ausgestalteten Einkommens- und Vermögensbesteuerung auf Bundesebene. Der Staat sollte so zu einem Instrument der Realisierung einer sozial gerechten Schweiz werden.[5] Spiritus rector der sozialdemokratischen Finanzpolitik war Max Weber. Seit seinem Rücktritt als Bundesrat prägte Weber als sozialdemokratischer Kommentator und Politiker die Debatten durch luzide, pointierte und weitsichtige Stellungnahmen. Der entscheidende finanzwissenschaftliche Orientierungspunkt der sozialdemokratischen Position lag im Wagnerschen Gesetz, welches besagt, dass mit fortschreitender wirtschaftlicher Entwicklung der Staat immer mehr Aufgaben übernehme und eine kontinuierliche Steigerung der Staatsquote deshalb eine notwendige Erscheinung sei. Darauf aufbauend bündelte sich das sozialdemokratische Bestreben in einem Ausbau zentralstaatlicher Kompetenz.[6] Die Sozialdemokratie portierte also das Modell eines kontinuierlich an wirtschaftspolitischer Bedeutung und Einfluss gewinnenden interventionistischen Bundesstaates. Ihre Politiker schrieben dabei zumindest bis Ende der 50er Jahre dem Staat eine eher redistributive denn konjunktur- und wachstumspolitisch aktive Rolle zu. Die bürgerlichen Parteien jener Jahre bemühten sich hingegen vornehmlich, eine Expansion des Bundeshaushaltes möglichst zu unterbinden. Dabei gab es aber innerhalb des bürgerlichen Lagers wesentliche Unterschiede. Während – wie wir bereits bei der «Verständigungsvorlage» gesehen haben – rechtsbürgerliche Politiker und die Katholisch-konservative Partei eine direkte Bundessteuer weiterhin in einem auf kantonalen Suprematievorstellungen gründenden föderalistischen Rigorismus ablehnten, hielt der Freisinn seinerseits zwar auch konsequent am föderalistischen Staatsaufbau fest, ohne aber die Legitimität direkter Bundessteuern in Abrede zu stellen. Die Essenz der freisinnigen Haltung exemplifiziert sich treffend in einem Essay des Basler Verfassungsrechtlers Max Imboden aus dem Jahre 1956: Die Aufgabe der anstehenden Reform müsse in der «Bestimmung von Mitteln und Schranken des Staates» liegen.[7] Handlungsbedarf war dafür zur Genüge gegeben, diagnostizierte Imboden staatsrechtlich doch einen «formell» zunehmend «unerträglich[eren]» Verfassungszustand», da in der momentanen Entwicklung «grundlegende [...] Grenzziehungen» zu verschwinden drohten. Für Imboden blieb aber gleichzeitig der föderalistische Staatsaufbau das elementare konstruktive Prinzip jeglicher Neuordnung: Die «Fähigkeit autonomer Selbstgestaltung» dürfe deshalb «nicht durch die Einnahmebefugnisse des Bundes in Frage gestellt werden».[8] Wo die Linke einen seinem wachsenden Aufgabengebiet entsprechend angepassten Bundeshaushalt forderte, gab es nach Imboden für in ihrem Umfang nicht genau bestimmte Bundeseinnahmen «im eidgenössischen Bundesstaat keinen Raum». Die Antwort auf die anstehende Problematik musste deshalb in einer den veränderten Bedingungen entsprechenden Korrektur der Kompetenz- und Aufgabenverteilung zwischen Bund und Kantonen liegen.

Der Bund selbst befleissigte sich in diesen Jahren einer Strategie der «Selbstbeschränkung der öffentlichen Hand» (Lutz). In der ersten Hälfte der 50er Jahre hatte er einen massiven Ausgabenabbau betrieben. Ab 1954 waren dann die Rechnungsabschlüsse des Bundes durchweg positiv.[9] Bereits 1955 wurde deshalb ein Wehrsteuerabbau beschlossen, der die passive wirtschaftspolitische Rolle des Bundes noch einmal unterstrich. Blickt man auf die Entwicklung der Abschlüsse von Finanzrechnung und Gesamtrechnung der folgenden Jahren zurück, bot sie zumindest aus bürgerlicher, föderalistischer Sicht eine eindrucksvolle Bestätigung für die Tauglichkeit der bestehenden, wenngleich provisorischen Ordnung. Für die SPS und die Gewerkschaften hingegen verkörperte dieses System eine Zementierung einer sozial- wie auch wirtschaftspolitisch unerwünschten Situation. Die unterschiedlichen Vorstellungen über Funktion und Bedeutung des Bundes boten dann im Hinblick auf die bis 1959 anstehende Neuordnung der Bundesfinanzen erneut Anlass zu harten Konfrontationen. Tatsächlich war die im Dezember 1958 zur Abstimmung gelangende Vorlage die im eigentlichen Wortsinn erste Finanzordnung der Nachkriegszeit, ein grundsätzlich am bisherigen Verständnis föderalistischer Arbeitsteilung orientiertes System, das aber auf die Wehrsteuer nicht verzichten konnte. Als Provisorium bis 1963 vom Volk gebilligt, wurde die Vorlage gegen den energischen Widerstand der Linken durchgesetzt. Die direkte Bundessteuer hatte durch Änderung der Progression und höhere Steuerfreibeträge gegenüber den indirekten Bundessteuern weiter an Bedeutung verloren, was die neue Finanzordnung in den

Augen der Gewerkschaften und der SPS zu einer «Reform des reichen Mannes» machte.[10] Zusammen mit der Festschreibung der steuerlichen Höchstsätze wurde dem Bund nur ein bescheidener Aktionsradius zugestanden. Dies deckte sich mit einer konjunkturpolitischen Doktrin, die weiterhin auf korporatistischen Verbandsinterventionismus zu setzen gedachte. Schliesslich tauchte in dieser finanzpolitischen Auseinandersetzung ein neues Argument auf, das dann bis Ende der 60er Jahre die simple Konfrontation zwischen föderalistischen und zentralistischen Konzepten überformen sollte: die Frage nach einer neuen Finanzordnung wurde immer mehr auch in den Kontext der Rolle des Bundesstaates im gegenwärtigen Wirtschaftswachstum gestellt. Max Weber prangerte bereits im Abstimmungskampf die bewusste Irreführung an, da mit dem Finanzplan den harrenden und sich für die nähere Zukunft deutlich abzeichnenden staatlichen Aufgaben nicht Rechnung getragen werde.[11] Damit wurde die Finanzplanung explizit in einen neuen Kontext ordnungspolitischer Überlegungen gestellt, der das verbandsinterventionistische Vorgehen mit einer staatsinterventionistischen Konjunkturpolitik kontrastierte.

## Wachsende Probleme in den 60er Jahren

Die Kassandrarufe der linken Kritiker, die neue Finanzordnung müsse zu strukturell bedingten Defiziten führen, bewahrheiteten sich in den nächsten Jahren nicht. Obgleich sich ihre Vermutung bestätigte, die prognostizierte Ausgabenentwicklung unterschätze die tatsächliche bei weitem, konnten dank unerwartet hoher Einnahmen weiterhin Überschüsse erzielt werden. Darin spiegelte sich weniger die Tauglichkeit der bestehenden Ordnung als die glänzende Wirtschaftslage. Die positiven Rechnungsabschlüsse der ersten Jahre nach 1960 waren deshalb trügerisch. Bis Mitte der 60er Jahre wurde dann die Unmöglichkeit offenkundig, mit der bestehenden Ordnung gleichzeitig die Bedingungen für ein konjunkturgerechtes Verhalten des Bundeshaushaltes zu gewährleisten, den mit dem Wirtschaftswachstum gestiegenen privaten und öffentlichen Bedürfnissen nachzukommen und zugleich auch noch das Haushaltsgleichgewicht beizubehalten. Der auf die traditionelle Rollen- und Mittelverteilung pochende Rigorismus in Sachen Finanzpolitik sah sich hier konfrontiert von einer rasanten sozioökonomischen Entwicklung. Diese führte nach 1960 zu einer auf allen föderalen Ebenen feststellbaren Zunahme politischer Interventionen in den Wirtschaftsprozess, die im enormen Nachhol- und Ausbaubedarf im infrastrukturellen Bereich, im Bildungswesen, im Sozialbereich reaktiv die im Zuge des Wirtschaftswachstums sichtbar gewordenen Defizite beseitigen sollten.[12] Von 1960 bis 1965 folgten deshalb rasch steigende Ausgaben für die Landwirtschaft, verschiedene Rüstungs-

programme, für die bisher vernachlässigte soziale Sicherheit, Bildung und Infra-
strukturprojekte. Sie signalisierten nur teilweise den angesprochenen Nachholbedarf, standen oftmals auch für das Durchsetzungsvermögen einzelner Interessengruppen – namentlich der Landwirtschaft und der Landesverteidigung – im
parlamentarischen Prozess.[13]

Die Bundesfinanzordnung war ressourcenmässig aber aufgrund des knappen
finanzpolitischen Handlungsspielraums, der ihr in den 50er Jahren durch eine
föderalistisch orientierte Politik der bürgerlichen Parteien zugewiesen worden
war, auf die neu an den Bund herantretenden Aufgaben gar nicht vorbereitet.
Gleichzeitig fehlte bei den Verantwortlichen der Exekutive wie den wesentlichen Protagonisten in den bürgerlichen Parteien und den Vertretern der Privatwirtschaft oft bis weit über die Mitte der 60er Jahre hinaus die Bereitschaft, den
Zusammenhang zwischen Bundesfinanzordnung, Aufgaben der öffentlichen Hand
und wirtschaftlicher Entwicklung konzeptionell neu zu überdenken.

Symptomatisch dafür, dass vor allem konkordanzpolitische Opportunität den
Bundesrat bereits 1962 dazu brachte, die Verlängerung der bestehenden Ordnung um zehn weitere Jahre zu beantragen. Um die beiden Hauptsteuern des Bundes nicht unnötig zu gefährden, wurde eine Revision ein weiteres Mal auf die
lange Bank geschoben. Bürgerliche Kommentatoren lobten diesen Schritt als
«realistisch», da er «das Bedürfnis und die Bereitschaft» ausnütze, das Bestehende zu konsolidieren.[14] Die konzeptionellen Mängel der geltenden Ordnung
wurden hier als politisch motivierte Konzessionen an die Gegnerschaft einer
direkten Bundessteuer interpretiert.[15] Die immanenten Ungereimtheiten wurden
dann im Gefolge der dringlichen Bundesbeschlüsse von 1964 deutlicher. Mit den
dringlichen Bundesbeschlüssen vom Januar 1964 offenbarte sich eine Krise in
der Konjunkturpolitik, die auch ihre Rückwirkungen auf die Finanzpolitik hatte:
Die Bundesbeschlüsse waren ein Eingeständnis in die Schwäche des bisherigen
Weges einer stark durch Wirtschaftsverbände betriebenen Wirtschaftspolitik.
Dennoch kam es aber im Rahmen der Bundesbeschlüsse zu keiner dauerhaften
Erweiterung der Bundeskompetenzen. Die Wirtschaftsverbände hatten – unterstützt von den bürgerlichen Parteien – an einer Beschneidung ihres Einflusses
kein Interesse und widersetzten sich deshalb einer höheren Alimentierung des
Bundeshaushaltes. Gegen diese Haltung wandten sich aber verschiedentlich Vertreter aus Wissenschaft, Bundesverwaltung und der Nationalbank, die für einen
den Anforderungen entsprechend angepassten Bundeshaushalt und somit einen
Ausbau der Bundesfinanzen eintraten. In zwei Artikeln im Juni 1965 widmete
sich der Präsident der Schweizerischen Nationalbank, Schwegler, der Lage der
öffentlichen Finanzen aus einer konjunkturpolitischen Perspektive.[16] Schwegler
stellte nicht das Wachstum der öffentlichen Haushalte als solches in Frage,
sondern akzeptierte es als notwendige Begleiterscheinung veränderter Muster

wirtschaftlicher Entwicklung. Da aber die bestehende Finanzordnung zur Finanzierung dieser Ausgaben nicht ausreichte, waren zusätzliche Mittel vonnöten. In Anbetracht der Hochkonjunktur könne aber, so Schwegler, eine Finanzierung wegen der eventuellen Anheizung der Inflation und möglicher Zinssteigerungen nicht über Verschuldung angegangen werden, weshalb Steuererhöhungen die einzige konjunkturkonforme Lösung darstellten.

In der Bundesverwaltung begann man sich im Verlaufe des Jahres 1965 mit Blick auf die nähere Zukunft zunehmend unwohl zu fühlen. Die Vorstellung des Budgets 1966 traf dann wie ein Blitz aus einem bisher kaum wolkenverhangenen Himmel. Bundesrat Bonvin stellte nach Jahren positiver Rechnungsergebnisse unvermittelt ein Defizit von 400 Mio. in Aussicht, was dem in der momentanen Situation konjunkturpolitisch Angezeigten vollkommen widersprach. Die Unmöglichkeit, mit der bestehenden, gerade um zehn Jahre verlängerten Finanzordnung die kommenden Probleme zu bewältigen, wurde schlagartig sichtbar. Der im Gefolge des Wirtschaftswachstums zunehmende Interventionismus, die wachsenden Aufgaben der öffentlichen Hand führten zu einer Überforderung der bestehenden Ordnung. Auch die angestammte Arbeitsteilung im schweizerischen Finanzföderalismus verlor an Transparenz und gefährdete die für den schweizerischen Föderalismus unabdingbare Selbstbestimmung der verschiedenen föderalen Ebenen.[17] «Unbekümmerte Ausgabenpolitik auf allen Gebieten» erkannte man als eigentliches Übel, weshalb als Sofortmassnahme nach Prioritätsordnungen bei der Ausgabenabwicklung gerufen wurde. Zudem sollte die Finanzkontrolle über eine verbesserte Aufsicht durch die beiden Räte ausgebaut werden, und die kurz- und mittelfristigen Entwicklungsperspektiven sollten über die Einberufung der zwei vorwiegend akademisch bestückten Kommissionen Stocker und Jöhr untersucht werden. Bei aller wortreichen Empörung über den Zustand in der Budgetdebatte, die Wintersession 1965 liess bei den Räten kaum Bereitschaft erkennen, den Zustand effektiv verbessern zu wollen, konnte sich doch keine der beiden Kammern zu Ausgabenkürzungen durchringen.[18]

## Düstere Prognosen bringen neue Aktivitäten

Der dann im September 1966 der Öffentlichkeit vorgestellte Bericht der Kommission Jöhr verstärkte die «Schockwirkung» noch einmal.[19] Die Kommission war vom Bundesrat beauftragt worden, mittelfristig, bis 1974, eine Schätzung der Einnahmen- und Ausgabenentwicklung vorzunehmen. Die Arbeiten der Professorengruppe ergaben ein sich kontinuierlich und dramatisch verschärfendes Defizit. Gleichzeitig überschritt die Studie aber ungefragt ihre ursprüngliche Aufgabenstellung und enthielt eine Reihe finanzpolitischer Empfehlungen sowie budget-, ordnungs- und konjunkturpolitische Vorschläge. Diese reflektierten die an damals modernen finanzwissenschaftlichen und makroökonomischen Standards orientierte Arbeitsweise der Kommission. Damit wurde der bisher in finanzpolitischen Fragen dominanten politischen Rationalität eine für das schweizerische System folgenreiche wissenschaftliche Argumentationslogik gegenübergestellt. Für die künftige Finanzpolitik sollte statt einer ausschliesslichen Orientierung an ihren konjunkturellen Auswirkungen eine langfristiger ausgelegte Betrachtungsweise erfolgen. Diese ging von im Zuge der wirschaftlichen Entwicklung kontinuierlich wachsenden quantitativen und qualitativen Anforderungen an den Bundesstaat aus. Deshalb könne eine Sanierung der öffentlichen Haushalte durch blosse Ausgabendrosselung nicht ohne negative Folgen bleiben. Vielmehr verlange der durch das Wirtschaftswachstum begründbare Anstieg der Staatsquote nach Steuererhöhungen und der Erschliessung neuer Einnahmequellen für den Bund. Die staatspolitische Brisanz dieser finanzpolitischen Schlussfolgerung steckte in der Ablehnung der bisherigen Konzeption des schweizerischen Finanzföderalismus. Überdies plädierte die Kommission Jöhr für eine Abkehr von weiteren bisherigen finanzpolitischen Leitlinien wie der Vermeidung von Defiziten, forderte ein beweglicheres und deshalb auch konjunkturpolitisch agileres Steuersystem und – zu diesem Zweck – die Sistierung der in der Verfassung festgelegten Höchstsätze.

Wie wurde nun der Bericht der Kommission Jöhr aufgenommen? Viele seiner Ergebnisse waren nicht neu, wurden hier aber erstmals quantifiziert. Die Kommission stützte in ihrer Argumentation die in wissenschaftlichen Kreisen längst vertretene Position, die sich kontinuierlich weitende Schere zwischen den Einnahmen und Ausgaben der öffentlichen Haushalte sei eine unausweichliche Begleiterscheinung des Wirtschaftswachstums und erfordere eine grundlegende Reform der Bundesfinanzordnung. Damit bereitete sie sicherlich den Boden für die sich reaktiv in den nächsten Jahren bei allen politischen Parteien durchsetzende Erkenntnis, es bedürfe dieser Überarbeitung. In ihrer Kritik am bisherigen Finanzföderalismus verbanden sich die Empfehlungen der Kommission zudem mit Voten aus der Bundesverwaltung, welche die bestehende Ordnung als nicht mehr anforderungsgerecht bezeichneten und deshalb nach neuen Einnahmen für den Bund riefen.[20] Dennoch hat die Arbeit der Kommission nicht direkt zu einer Annäherung der verschiedenen Positionen geführt. Der als «Bombenwurf der Professoren»[21] titulierte Bericht zementierte zunächst gar bestehende Unterschiede, weil die bürgerlichen Parteien die Empfehlungen als unziemliche Kompetenzüberschreitungen empfanden. Zudem entkräftigten die beträchtlich besser als prognostiziert ausfallenden Rechnungsabschlüsse der folgenden Jahre die inhaltliche Brisanz des Berichts. So muss wohl der entscheidende Effekt des Jöhr-Berichts in einer Forcierung eines Lernprozesses gesehen werden, der sich dann verzögert aus einer Verdichtung ähnlich lautender finanzpolitischer Diagnosen ergab.[22]

Mit dem Jöhr-Bericht stellten sich an der finanzpolitischen Front einige Veränderungen ein. Auf der einen Seite fand sich die SPS zusammen mit der Bundesverwaltung. Beide instrumentierten die Ergebnisse der Kommissionen Jöhr und Stokker für ihre alten Anliegen, neue Einnahmen für den Bund zu fordern. Die bürgerliche Seite verfolgte weiterhin einen je nach Partei unterschiedlich rigoros interpretierten Kurs einer Beschränkung der Bundesmittel und Bundeskompetenzen. Die Ergebnisse der Kommissionsberichte wurden hier deshalb mit einiger Zurückhaltung entgegengenommen.[23]

Die wenig erfreuliche Aussicht auf ein markantes Defizit und die mittelfristigen Prognosen einer sich kontinuierlich vergrössernden Schere zwischen Einnahmen und Ausgaben erzeugten in der Bundesverwaltung gegen Ende 1966 hektische Aktivität. Aus den Ergebnissen der Arbeiten der parlamentarischen Kommission Rohner war ein neues finanzpolitisches Forderungspaket zur Beschaffung zusätzlicher Bundeseinnahmen zu schnüren. Das resultierende «Sofortprogramm» wurde im Nationalrat bereits in der Dezembersession 1966 beraten, wo dann rasch Bruchstellen in der losen Koalition zwischen Bundesrat und Bundesverwaltung mit der Sozialdemokratie aufschienen. Die Vorlage umfasste als wesentlichste Bestandteile eine Erhöhung der WUST, beträchtliche Streichungen bei deren Freiliste und eine Aufhebung der Wehrsteuerrabatte.[24] Im Nationalrat wurde die Vorlage von allen bürgerlichen Parteien gestützt – vom Freisinn allerdings nur unter Vorbehalten. Die SPS zeigte sich in der Session gespalten. Einerseits hatte man neuen Bundesmitteln bereits seit Jahren das Wort geredet. Andererseits taxierte man insbesondere die Streichung der WUST-Freiliste als unsozial und der gleichzeitig anberaumte Verzicht auf die Couponsteuer war für die SPS ein Affront. Nach der Session notierten bürgerliche Kommentatoren deshalb ein sozialdemokratisches «Schisma» zwischen einem das Sofortprogramm aus politischem Pragmatismus stützenden Flügel mit den beiden SP-Bundesräten Spühler und Tschudi und dem «radikalen» Flügel um Max Weber.[25] Auch wenn das Sofortprogramm den Eindruck eines hastigen und improvisierten politischen Kompromisses nicht verbergen konnte, schien am Jahresausgang 1966 das Paket nicht gefährdet. Es erstaunt aber doch, wie rasch im folgenden die SPS die bürgerliche Einmütigkeit zuerst ins Wanken und dann zum Einsturz brachte. Im Februar 1967 sprach sich der SPS-Vorstand deutlich gegen das «unverständliche» Sofortprogramm aus. Das linke Schisma entpuppte sich in der Folge als scheinbares, stürzte der sozialdemokratische Entscheid die bürgerlichen Parteien doch in ein unerfreuliches Dilemma. Zwar wurde mit Vorwürfen an die Adresse der SPS nicht gespart, weil sie sich mit ihrem Alleingang der kollektiven Verantwortung entziehe und die schweizerische Konkordanz einer wahltaktisch motivierten Belastungsprobe aussetze. Doch begann im Hinblick auf die entscheidende Abstimmung im Nationalrat namentlich der Freisinn zunehmend am Inhalt der Vorlage und ihrer politischen Opportunität zu zweifeln. Seine Nationalratsfraktion entschloss sich schliesslich, das Sofortprogramm abzulehnen. Die Vorlage hatte, wie die neuesten Zahlen aus der Bundesverwaltung zeigten, ökonomisch an Dringlichkeit verloren und die Chancen waren an der Urne durch die Ablehnung der Sozialdemokratie auch politisch ziemlich kompromittiert. Damit war das Schicksal der nur mehr durch die Katholisch-Konservativen und den BGB gestützten Vorlage besiegelt. Das Schicksal des Sofortprogramms ist symptomatisch für den 1967 trotz Jöhr-Bericht und dunkler Wolken über den Bundesfinanzen geringen Revisionsspielraum, der zudem durch brüchige Koalitionen gefährdet war.

Nach dem gescheiterten Sofortprogramm, das, ohne grundsätzliche strukturelle Mängel zu eliminieren, höhere Einnahmen gebracht hätte, setzte sich im Verlaufe des Jahres 1968 beim Bundesrat die Meinung durch, grosse Reformen zu unterlassen und allein die bestehende Finanzordnung dem höheren Finanzbedarf anzupassen – vorwiegend über höhere Steuersätze. Die Unterstützungsfront für die bundesrätliche Minireform war aber weiterhin recht labil.[26] In dieser Situation beschränkte sich Bundesrat Celio deshalb allein auf eine Minimalreform, um die Vorlage nicht zu stark mit neuen Postulaten zu belasten.[27] Es sollten WUST und WEST dem Bund definitiv zugestanden werden und die groteske Regelung der Verankerung ihrer Höchstsätze in der Bundesverfassung beseitigt werden.[28] Gleichzeitig war für Celio der Ausbau zu einer auch konjunkturpolitisch wirksamer verwendbaren Bundesfinanzordnung «politisch undenkbar», da die Wirtschaftsverbände und die bürgerlichen Parteien ein Wegfallen ihrer Kontrolle befürchteten und deshalb entschiedener Widerstand erwachsen wäre.

Der Bundesrat verfolgte einen politisch pragmatischen Kurs, was die Überwindung der parlamentarischen Hürde massgeblich erleichterte. Die Befürworter würdigten das Ergebnis als «Politik der kleinen Schritte» und «Musterbeispiel einer eidgenössischen Verständigungslösung».[29] Gerade aber im föderalistisch-konservativen Lager erkannte man darin eine «Weichenstellung von grosser staats- und finanzpolitischer Tragweite».[30] Trotz der Ja-Parole der Delegiertenversammlung der Katholisch-konservativen Partei zur Finanzvorlage war deshalb der Ausgang der auf November 1970 angesetzten Volksabstimmung recht unsicher. Die in der «Aktion für die Rechte von Volk und Ständen in Steuersachen» vereinigte Opposition aus dem katholisch-konservativen Lager, bürgerlichen Dissidenten und dem Gewerbeverband brachte schliesslich den bundesrätlichen Vorschlag zu Fall. Konservative und gewerbliche Kreise blockierten somit bis in die 70er Jahre eine finanzpolitische Neuordnung, welche die Probleme bisheriger Arbeits- und Kompetenzverteilung zwischen den verschiedenen föderalen Ebenen, die Aufweichung tradierter Grenzen zwischen privater und staatlicher Aktivität hätte beseitigen können. Spätestens nach dem Jöhr-Bericht waren zwar auch weite Kreise der bürgerlichen Bundesratsparteien notgedrungen bereit, in eine leichte Kosmetik der bestehenden Ordnung einzuwilligen, der finanzpolitische Innovationsspielraum blieb aber aufgrund der rechtskonservativen Verhinderungsmacht weiterhin bescheiden. Die 1971 vom Volk gutgeheissene Lösung trug dieser Situation dann konzeptionell gebührend Rechnung. Die sachliche und zeitliche Beschränkung der wichtigsten Bundessteuern, deren Beseitigung unmittelbar nach dem 2. Weltkrieg als wichtigste finanzpolitische Aufgabe betrachtet worden war, wurden weiterhin beibehalten. Dieser Kompromiss hielt den Umfang des Bundeshaushaltes in gebührendem Abstand zu einer Finanzordnung, die im Einklang gestanden wäre mit dem von wissenschaftlicher Seite portierten Modell eines konjunktur- und wachstumspolitisch aktiv agierenden Bundesstaates.[31] Der in diesem Modell implizierte Glaube an die Steuerungsfähigkeit ökonomischer Prozesse durch entsprechende staatliche Interventionen wurde dann 1975 mit dem Scheitern des Konjunkturartikels endgültig ad acta gelegt. Gerade auf die massgebenden Kreise in den bürgerlichen Parteien und die Interessenvertreter der Privatwirtschaft hatten im Gegensatz zur Wissenschaft und – in geringerem Umfange – zu den Bundesbehörden derartige technokratische Phantasien nie grössere Anziehung ausgeübt. Bereits im kleinen finanzpolitischen Spielraum des Bundes war dies wiederholt deutlich gemacht worden.

## Anhang

Grafik 1: *Die Rechnungsabschlüsse des Bundes in Mio. Franken, 1948–1972*

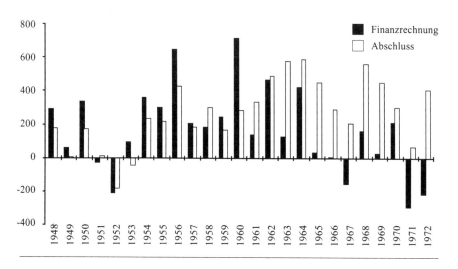

Quelle: Heiner Ritzmann-Blickenstorfer (Hg.): Historische Statistik der Schweiz, Zürich 1997, S. 952.

Grafik 2: *Die Entwicklung wichtiger Bundesausgaben (funktionale Gliederung)*
*in Mio. Franken, 1950–1970*

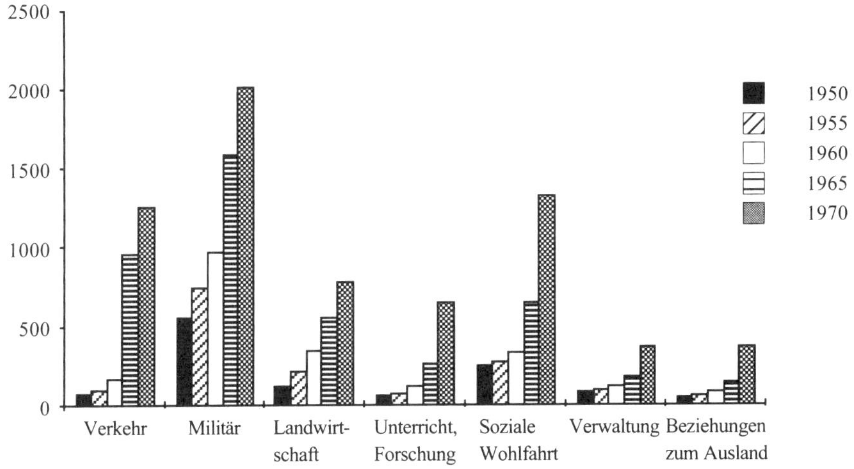

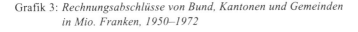

Quelle: Heiner Ritzmann-Blickenstorfer (Hg.): Historische Statistik der Schweiz, Zürich 1997, S. 958.

Grafik 3: *Rechnungsabschlüsse von Bund, Kantonen und Gemeinden*
*in Mio. Franken, 1950–1972*

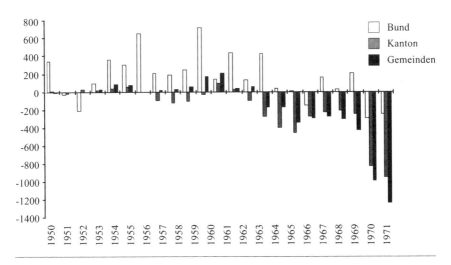

Quelle: Heiner Ritzmann-Blickenstorfer (Hg.): Historische Statistik der Schweiz, Zürich 1997, S. 958.

## Anmerkungen

1 Bereits in den 60er Jahren wurde von einem aufmerksamen Kommentatoren wie Max Weber im «Mitspracherecht von Volk und Ständen» das eigentliche Hindernis für eine Reform gesehen. Max Weber: *Die Geschichte der schweizerischen Bundesfinanzen*, Bern 1969. Es sei an dieser Stelle ferner noch angemerkt, dass hier die Entwicklung der Bundesfinanzordnung nicht unter der ökonomischen Perspektive «finanzpolitischer Leitbilder» untersucht wird. Auch soll keine Geschichte des wirtschaftspolitischen Interventionismus als Ausdruck technokratischer Steuerungsphantasien geschrieben werden, die mit der Ablehnung des Konjunkturartikels 1975 dann zu einem abrupten Ende kamen, wenngleich ordnungspolitische Konzepte jeweils wichtige finanzpolitische Implikationen bergen. Zu den finanzpolitischen Leitbildern dieser Zeit vgl. Andrea Bellagio: *Finanzpolitische Orientierungen im Bund während der 60er Jahre*, Zürich 1985. Zur Geschichte der schweizerischen Konjunkturpolitik vgl. Christian Lutz: *Die dringlichen Bundesbeschlüsse über die Bekämpfung der Teuerung*, Winterthur 1967; Gaudenz Prader: *50 Jahre schweizerische Stabilisierungspolitik*, Zürich 1981.

2 Schweizerischer Gewerkschaftsbund: *Der Leidensweg der Bundesfinanzreform*, Zürich 1950.

3 Leo Schürmann: *Die Neuordnung der Bundesverfassung*, in: *Schweizer Rundschau* 2, 1950, S. 100–108.

4 C. Weber: *Um was es am 4. Juni geht*, in: *Schweizer Monatshefte* 2, 1950, S. 65–71.

5 Diese Haltung stand in dieser Periode durchaus im Einklang mit allgemeinen Entwicklungen in der europäischen Sozialdemokratie, die damals in verschiedenen Staaten bestrebt war, den kapitalistischen Staat schrittweise zu einem modernen Umverteilungsapparat mit entsprechenden sozialstaatlichen Einrichtungen umzufunktionieren. Vgl. Jakob Tanner: *Steuerwesen und Sozialkonflikte. Entwicklungslinien und Diskontinuitäten*, in: S. Guex et al. (Hg.): *Staatsfinanzierung und Sozialkonflikte*, Zürich 1996, S. 123–135.

6 Gleichsam paradigmatisch für die Position seiner Partei hat Max Weber dies festgehalten: «Die öffentlichen Ausgaben sind eine Konsequenz der Aufgaben, die der öffentlichen Hand gestellt werden. Die Ausgaben richten sich nach den Aufgaben.» Max Weber: *Das Wachstum der Bundesausgaben und seine Ursachen*, in: H. Haller et al. (Hg.): *Sozialwissenschaften im Dienste der Wirtschaftspolitik*, Tübingen 1973, S. 155.

7 Max Imboden: *Grundfragen der schweizerischen Finanzreform*, Basel 1956.

8 Imboden (wie Anm. 7), S. 38.

9 Vgl. Grafik 1.

10 So wurde auf Vermögensergänzungssteuern und auf eine Luxussteuer verzichtet, während gleichzeitig die Belastung für höhere Einkommen mit der Reduktion der Progression und über höhere Freibeträge reduziert wurde.

11 *Volksrecht*, 29. 1. 1959.

12 Dies geschah nach 1960 beinahe explosionsartig, wie die Ausgabenentwicklung (funktionale Gliederung) zwischen 1950 und 1970 zeigt. Vgl. Grafiken 2 und 3.

13 Eine retrospektive Darstellung aus Sicht der Bundesverwaltung bietet Rudolf Bieri: *Der Bund vor der Aufgabe der Finanzreform*, in: *Zeitfragen der schweizerischen Wirtschaft und Politik* 105, 1975, S. 5–16.

14 *Neue Zürcher Zeitung*, 18. 8. 1961.

15 1962 wurde über die Schaffung einer Ermächtigungsklausel, die eine Erhöhung der Höchststeuersätze auf WUST und WEST erlaubt hätte, mehrheitlich ablehnend diskutiert. So hielt z. B. der Vorort weiterhin an einer Doktrin fest, mit welcher «die Finanzierungsfrage immer parallel mit der Sachvorlage, die dem Bund eine neue oder erweiterte Aufgabe überbindet, gelöst werden» solle. *Neue Zürcher Zeitung*, 15. 2. 1962.

16 Walter Schwegler: *Die öffentliche Finanzwirtschaft im Lichte der Konjunkturpolitik*, in: *Neue Zürcher Zeitung*, 19. u. 20. 6. 1965.

17 Deshalb drängte sich eine grundlegende Überarbeitung des horizontalen und vertikalen Finanzausgleichs gerade aus der Perspektive eines funktionsfähigen Föderalismus auf. Finanzschwache Kantone wie Uri oder Graubünden wurden in dieser Phase praktisch vollständig von Mitteln aus dem Finanzausgleich und Anteilen der Bundeseinnahmen abhängig. Schwankte deren Anteil an den gesamten Einnahmen in Kanton Uri in den 50er Jahren um etwas über 40%, stieg er bis 1965 auf beinahe 65%; 1970 stammten beinahe 80% aus kantonsfremden Mitteln. Interessante Hinweise auf die Spielräume einer föderalistischen Bundesfinanzreform bietet der Schlussbericht der sogenannten Föderalismushearings. Vgl. Leonhard Neidhart: *Föderalismus in der Schweiz. Zusammenfassender Bericht über die Föderalismus-Hearings der Stiftung für eidgenössische Zusammenarbeit in Solothurn*, Zürich, Köln 1975.

18 Es zeigte sich aber auch, dass der parlamentarische Spielraum für eine Ausgabenreduktion recht gering war, da der weitaus grösste Teil der Ausgaben gesetzlich gebundene Mittel betraf und damit automatisch die «konjunkturgemässe Finanztechnik [...] durch die Aufgabenpolitik desavouierte». *Neue Zürcher Zeitung*, 8. 8. 1963; ferner *Neue Zürcher Zeitung*, 13. 12. 65; *Vaterland*, 31. 10. 1964.

19 *Schätzung der Einnahmen und Ausgaben des Bundes 1966–1974. Bericht der Eidgenössischen Expertenkommission zur Bearbeitung der Grundlagen und Methoden einer langfristigen Finanzplanung im Bunde*, Bern 1966.

20 Gerade der recht medienpräsente Direktor der Finanzverwaltung Redli war in seinen Stellungnahmen von einer weitgreifenden und tiefen Skepsis in die Funktionstauglichkeit des bestehenden politischen Systems geprägt. So stand die ganze Debatte seiner Meinung nach für eine «umfassendere Vertrauenskrise», wovon «unsere Finanzkrise bloss ein Teilsymptom» sei. Vgl. *Vaterland*, 23. 4. 1966.

21 So das *Vaterland*, 10. 9. 1966.

22 In diesem Zusammenhang muss vor allem die vom Schweizerischen Bankverein publizierte, auch von bürgerlichen Kommentatoren eifrig rezipierte Studie «Dringliche und aufschiebbare Staatsaufgaben» erwähnt werden, die entschieden für einen Wechsel von kurzfristigen finanzpolitischen auf wachstumspolitische Bedürfnisse eintrat. *SBV-Bulletin* 5, 1966.

23 Die an einer ausserordentlichen Delegiertenversammlung verabschiedeten, insgesamt sieben Punkte umfassenden «finanzpolitischen Thesen des Freisinn» beinhalten im wesentlichen nur eine Bestätigung bestehender Positionen. So sollte dem Bund weiterhin vorwiegend indirekte Steuern zur Verfügung stehen; das Ausgabenwachstum deutete man «als staatspolitische Gefahr». *Neue Zürcher Zeitung*, 28. 11. 1966.
Die Katholisch-konservative Partei forderte an ihrem Parteitag von 1966 eine «entsprechende Zurückhaltung» des Bundes bei der Einkommensbesteuerung, deren Massstab nicht die Ausgabenentwicklung und das Verhältnis zwischen WEST und WUST bilden könne, sondern nur das kantonale und kommunale Vorrecht in der Einkommensbesteuerung. *Vaterland*, 12. 11. 1966.

24 Ein Kompetenzartikel, der ein Recht auf Erhöhung der in der Verfassung festgeschriebenen Steuersätze bringen sollte und somit die Möglichkeit eines fakultativen Referendums ausgeschaltet hätte, musste aber aufgrund des Vernehmlassungsverfahrens gestrichen werden.

25 *Neue Zürcher Zeitung*, 23. 12. 1966.

26 So hielten sich nicht nur im Gewerbeverband und der Katholisch-konservativen Partei weiterhin recht hartnäckig Reserven gegen eine direkte Bundesbesteuerung und einen Ausbau des Bundesstaates. Als die Finanzrechung 1968 dann Überschüsse statt Defizite auswies, meldete sich prompt die schweizerische Handelskammer und verlangte nach einem reduzierten Finanzprogramm.

27 *Vorlage über die Anpassung der Finanzordnung des Bundes an den gestiegenen Finanzbedarf*, 6. 12. 1968. Celio selbst erachtete Finanzpolitik als «Ausfluss von unzähligen Kompromissen», deren «zielbewusste Linie» oft kaum zu erkennen sei. *Neue Zürcher Zeitung*, 30. 4. 1969.

28  Über die Regelung auf gesetzlichem Wege wären die Steuersätze dem obligatorischen Referendum entzogen worden.

29  *Neue Zürcher Zeitung,* 13. 11. 1970.

30  So der katholisch-konservative Ständerat Bodenmann (Wallis) im «Vaterland». Vgl. *Vaterland,* 29. 11. 1969.

31  Bezeichnenderweise wertete Bundesrat Celio das Ergebnis nach erfolgreicher Abstimmung als Vorstufe zu weiteren Reformen (MWSt, Revision des Finanzausgleichs, Steuerharmonisierung).

# Im Windschatten der Wissenschaftspolitik

## Ständisch-föderalistische Interessenentfaltung im Zeichen des «Bildungsnotstands»

Franz Horváth

Die Nachkriegszeit war auch in der Schweiz von einem starken Wachstums- und Fortschrittsglauben geprägt, der in den 60er Jahren brüchig wurde, weil die Hilfsmittel, mit denen man diese stürmische Entwicklung zu planen und zu steuern versuchte, die in sie gesetzten Hoffnungen nur teilweise erfüllten. Dies war in der Forschung und Wissenschaft nicht anders als in den übrigen Bereichen von Politik und Gesellschaft.

Im folgenden diskutiere ich eine Auswahl forschungs- und hochschulpolitischer Argumente und Entwicklungen der 60er Jahre. Eine zentrale Konfliktlinie verlief damals wie heute zwischen Föderalismus und Zentralismus. Übersetzt auf den Bereich von Bildung und Wissenschaft heisst das: Die Kantone beziehungsweise die Hochschulen wollten ihre Ausbauplanung und ihre Förderungspolitik autonom gestalten. Der Bund hingegen, der sie finanziell unterstützte, versuchte seine Fördermittel sinnbringend und kontrolliert einzusetzen. Ein Interesse, die Forschung und Ausbildung möglichst frei von öffentlichen Einflüssen zu gestalten, besass auch die Privatwirtschaft. An Grundlagenforschung war sie wenig interessiert, und auch die angewandte Forschung trachtete sie in ihren eigenen vier Laborwänden zu behalten. Forschung über Steuern zu finanzieren, lag nur beschränkt in ihrem Interesse, weil sie damit öffentlich zugänglich geworden wäre. Gemeinsame Interessen lagen aber da vor, wo es darum ging, den akuten Mangel an hochqualifiziertem Personal zu bekämpfen. Grosse Sorgen bereitete der sogenannte Brain-Drain – die Abwanderung von Fachleuten in andere Länder. Umgekehrt zeigte die Diskussion um den Brain-Drain nur eine Seite der Medaille. Nach einer hitzigen Debatte über dieses Thema stellte sich heraus, dass auch ein Zuzug von Hochqualifizierten stattgefunden hatte, der die Abwanderung zu einem grossen Teil kompensierte. So gesehen war diese Wanderungsbewegung nichts anderes als das Pfand, das bezahlt werden musste, um den Anschluss an die internationale Wissenschaftswelt nicht zu verlieren. Ein Kleinstaat wie die Schweiz hätte wissenschaftlich nie mit den Grossmächten USA und Sowjetunion mithalten können, wenn er nicht intensiven internationalen Austausch gepflegt hätte.

# «Das Wirtschaftswunder setzt ein Bildungswunder voraus»[1]

Zusammenfassend möchte ich anmerken, dass die Wissenschafts- und Hochschulpolitik Ende der 50er Jahre stark an Bedeutung gewann. Die schweizerische Wirtschaft wuchs in der Nachkriegszeit vor allem in die Breite. Die Binnenwirtschaft war stark kartellisiert. Arbeitsintensive Produktionsmethoden konnten sich lange halten, was die Immigration und das quantitative Wachstum anheizte. Schon in den 50er Jahren aber begann sich abzuzeichnen, dass der internationale Konkurrenzdruck zunehmen und Zollschranken fallen würden. Wirtschaftlich sah sich die Schweiz dadurch gezwungen, stärker auf wertschöpfungsintensive Produkte zu setzen. Das heisst, dass sie mehr in Forschung und Ausbildung investieren musste. Ein weiterer Grund, das Ruder in diese Richtung herumzureissen, lag in der Überhitzungs- und Inflationsgefahr, welche das mengenorientierte Wachstum mit sich brachte.[2] Fritz Hummler, einer der angesehensten Experten auf diesem Gebiet, schrieb 1963, die schweizerische Volkswirtschaft habe sich umzustellen. Man solle versuchen, «mit viel weniger Arbeitskräften, das heisst, in der Hauptsache mit dem einheimischen Arbeitskräftepotential und einer geringeren Anzahl von Ausländern, das Sozialprodukt zu erreichen, an das wir uns gewöhnt haben». Arbeitsintensive Qualitätsgüter zu produzieren habe für die Schweiz keine Zukunft. Das Land müsse sich auf know-how-intensive Spezialitäten ausrichten. Es gelte, «die einheimische Arbeitskraft aller Grade – und zwar ebenso gut die männliche wie die weibliche – um eine Stufe zu heben».[3]

Im nachhinein stellt sich die Frage, wie innovativ die schweizerische Politik in dieser Zeit war. Inwiefern gelang es ihr, auf diese Herausforderung zu antworten, und inwiefern führten ihre Massnahmen zu neuen Problemen? Mein Ziel hierbei ist nicht, die Mängel der Steuerungsinstrumente zu kritisieren oder die Profiteure der Bildungsexpansion zu denunzieren, sondern ich möchte anhand von einigen Beispielen andeuten, wie der Diskurs über die Hochschul- und Wissenschaftsförderung verlaufen ist, wer dabei mitgeredet hat, und was dabei herausgekommen ist. Pauschal vertrete ich die These, dass die Startphase der Hochschulförderung des Bundes relativ glimpflich über die Bühne ging, weil sie von einem grossen Wachstum begleitet war. Dank diesem Wachstum und einem massivem Handlungsdruck konnten die oben erwähnten Interessengegensätze weitgehend überwunden werden. Die Hochschulen profitierten von dieser Entwicklung, es wurden dabei aber auch Strukturen zementiert, die der Schweiz bis heute Probleme bereiten.

In seiner Geschichte war dem Bundesstaat im Bereich der höheren Bildung und der Wissenschaft immer grosse Zurückhaltung auferlegt. Die schweizerischen Hochschulen wurden anfangs der 60er Jahre noch fast ausschliesslich von den

Standortkantonen getragen. Die Ausnahme, die diese Regel bestätigte, war die Eidgenössische Technische Hochschule in Zürich. Versuche, den kantonalen Hochschulen allgemeine Betriebs- und Investitionsbeiträge zufliessen zu lassen, scheiterten bis dato allesamt. Nur im Rahmen der Forschungsförderung hatte der Bund schon vor den 60er Jahren begonnen, die Hochschulen zu unterstützen. Erste Erfahrungen machte er mit der Subventionierung einzelner Institutionen, wie dem Genfer «Institut Universitaire des Hautes Etudes Internationales» oder dem Basler Tropeninstitut. Letzteres erhielt zur Zeit seiner Gründung Gelder aus kriegswirtschaftlichen Massnahmen zur Arbeitsbeschaffung. Die in diesem Rahmen begonnene Förderung anwendungsorientierter Forschung wurde in den 50er Jahren gesetzlich verankert (Bundesgesetz über die Vorbereitung der Krisenbekämpfung und Arbeitsbeschaffung vom 30. September 1954) und von der Kommission zur Förderung der wissenschaftlichen Forschung weitergeführt. Spezielle Pflege durch den Bund erhielt zudem die Atomtechnologieentwicklung. Den eigentlichen Meilenstein im Bereich der schweizerischen Forschungsförderung bildete aber die Gründung des Schweizerischen Nationalfonds im Jahr 1952.[4] Die positiven Erfahrungen, welche die damals meist männlichen Forscher mit diesem Förderungsinstrument gemacht hatten, erleichterten in der Folge die Zustimmung zu Bundeseingriffen in die Hochschullandschaft. Warum dies so war, werde ich weiter unten erläutern.

Ich habe vorher gezeigt, dass in den frühen 60er Jahren ein wissenschafts- und bildungspolitischer Nachholbedarf herrschte, und ich habe dies mit der wirtschaftlichen Situation in Verbindung gebracht. Dennoch wäre es vermessen zu behaupten, das in der zweiten Hälfte der 60er Jahre explodierende Bundesengagement im Hochschulbereich sei nur ein Werk der unsichtbaren Hand des Marktes gewesen, der sich einfach holte, was er brauchte. Der Entscheid, in Ausbildung und Wissenschaft zu investieren und einzugreifen, erfolgte aufgrund einer langen Diskussion, die verschiedene Facetten hatte.

Die Tatsache, dass der Wirtschaft Ingenieure und Techniker und den Gymnasien Lehrerinnen und Lehrer fehlten, bildete dabei nur einen der Hintergründe. Massenmedial eingeläutet wurde der Bildungsnotstand 1957 durch den Sputnik-Schock. Der erste Erdsatellit, von der Sowjetunion ins All geschossen, rüttelte den Westen auf. Auf der ganzen Welt förderte er die Ausbildung von Technikern und Naturwissenschaftlern. Er legitimierte Hochschulreformen und regte die Suche nach «Begabtenreserven» an. Der Sputnik-Schock allein kann aber den forschungs- und bildungspolitischen Aktivismus der 60er Jahre nicht erklären. Die Systemkonkurrenz zwischen Kommunismus und Kapitalismus lieferte ein Argument, sie darf jedoch nicht isoliert von der breiten Bewegung betrachtet werden, die sich auf allen Ebenen engagierte, um den Nationalstaaten ihre Konkurrenzfähigkeit zu erhalten und den Brain-Drain zu verhindern.[5]

## Die Nachwuchsförderung wird zum Thema

Am 9. März 1956 organisierte der Bundesdelegierte für Arbeitsbeschaffung, der oben zitierte Fritz Hummler, eine Konferenz mit Vertretern der Wirtschaft, des Erziehungswesens, der Wissenschaft und Technik sowie staatlicher Stellen. An dieser Tagung kamen die Teilnehmer überein, einen Ausschuss einzusetzen, der eine Bestandsaufnahme und Vorschläge für die Förderung des wissenschaftlichen und technischen Nachwuchses formulieren sollte. Dieser Ausschuss setzte drei Arbeitsgruppen ein und veröffentlichte seine Ergebnisse im April 1959. Es gehe nicht darum, zentralistische oder staatslastige Lösungen zu forcieren, schrieb Hummler einleitend, aber Abgrenzungsprobleme zwischen Bund und Kantonen würde es mit Sicherheit geben. Als Vorbilder schwebten ihm dabei Lösungsmuster vor, die schon bisher in der Forschungsförderung des Bundes angewandt worden waren.[6]

Ergänzend setzte 1961 das Eidgenössische Departement des Innern eine Kommission für Nachwuchsfragen auf dem Gebiete der Geisteswissenschaften und der medizinischen Berufe sowie des Lehrerberufes auf der Mittelschulstufe ein (Kommission Schultz). Kurz danach gründete man aufgrund einer Motion im Nationalrat noch eine weitere Kommission, die abklären sollte, wie der Bund die kantonalen Hochschulen fördern könnte (Kommission Labhardt).[7] Ebenfalls in diesem Zusammenhang wurden die kantonalen Hochschulen über ihre Ausbauprogramme und ihre finanziellen Bedürfnisse befragt. Diskutiert wurde schliesslich auch, im welchem Umfang eine Bundesunterstützung Eingriffe in die Schulhoheit der Kantone erfordern würde. An einer zum Thema Hochschulsubventionierung einberufenen Konferenz am 24. Januar 1961 beschrieb ein Vertreter der Universitäten Lausanne und Genf deren Haltung folgendermassen: «Elles sont favorables au principe d'une aide fédérale aux universités cantonales, cette aide devant être accordée de telle manière qu'elle ne compromette pas les traditions fédéralistes et les caractères propres des dites universités.»[8] Im Prinzip stimmten nun also auch die Föderalisten den Bundessubventionen für die kantonalen Hochschulen zu. Jedoch beharrten sie darauf, den Kantonen ihre Entscheidungskompetenz und den Hochschulen ihre Autonomie zu erhalten.

Abgefasst wurden die genannten Berichte mehrheitlich von Verbandsvertretern und Professoren. Als wichtigstes Resultat zeigten sie den enormen Handlungsbedarf auf. Sie schafften somit die Grundlage, um die Anliegen der Nachwuchsförderung in die Kanäle der Politik einzuspeisen. Dies geschah denn nun auch – auf allen Ebenen.

# Das alles für ein paar Teflonpfannen?

Die Forschungs- und Hochschulförderung wurde damit in der Öffentlichkeit so prominent wie nie zuvor. Aufgrund der Prognosen, welche die gigantischen finanziellen Folgen dieses Engagements erkennbar machten, begann auch eine Auseinandersetzung über den Sinn dieser Entwicklung. Diese Sinnfrage wurde auf verschiedene Arten gestellt:

Beispielsweise wurde darüber gestritten, in welchem Verhältnis die Grundlagenforschung zur angewandten, zweckorientierten Forschung stehen sollte und darüber, wer dafür die Richtlinien vorgeben durfte. Der Sputnik-Schock zeigte, dass die Wissenschaft auch politisch-legitimatorischen Zwecken dienen konnte. So kritisierte der Schweizerische Nationalfonds in seinem Jahresbericht 1957, der ursprüngliche Gedanke des Internationalen Geophysikalischen Jahres, welches den Rahmen für die Satellitenversuche bildete, sei «zu machtpolitischen Zwecken missbraucht worden». «Der wissenschaftliche Grossversuch sei zu einem Faktor nationalen Prestiges gestempelt worden, er werde nicht mehr als Fortschritt wissenschaftlicher Erkenntnis, sondern als Sieg einer politischen Weltanschauung verkündet.»[9] Der Nationalfonds lehnte deshalb eine staatliche Forschungsplanung ab. Sich selbst stellte er als ideale Lösung für dieses Problems dar: Als Stiftung bewahre er seine Unabhängigkeit und nehme eine Mittlerstellung zwischen Staat und Forschern ein.

Den zunehmenden Legitimationsdruck spürte auch der Bundesrat, als er 1962 die Notwendigkeit eines Beitritts zur Europäischen Organisation für Raumforschung darzulegen versuchte. Der Bundesrat, so der «Tages-Anzeiger», habe in seiner Botschaft krämerisch und zögernd argumentiert. Ihm sei nichts besseres eingefallen als hervorzuheben, dass die einheimische Industrie sich dadurch einige Aufträge sichern könne und dass bei der Raumfahrt Nebenprodukte wie Teflonpfannen abgefallen seien. Anstatt die Forschung zu kommerzialisieren und zu militarisieren, gelte es, den «Forschergeist», den «reinen Drang nach Wissen» zu fördern. «Neue Armbanduhren, neues Geschirr, Brotröster», das könne es doch nicht sein, «was sich die Menschheit von den Milliarden, die für die Raumforschung eingesetzt werden», versprochen habe.[10] Der «Tages-Anzeiger» griff damit ein klassisches Thema der Wissenschaftskritik auf, welches mit der zunehmenden Bedeutung der Grossforschung aufgekommen war. Je mehr Geld es brauchte, um «Nützlichkeitsnebenfolgeneffekte» zu erzielen, desto öfter wurde die Frage der Relevanz und der Verantwortung gestellt. Im Normalfall konnte die Wissenschaft diese Ansprüche nicht einlösen, weil sie primär immer am Wissensgewinn interessiert gewesen ist und höchstens sekundär einer Ethik gedient hat. Politische Urteilskraft war nie ein Ding der Wissenschaft.[11] Dennoch wurde solche gerade im Zusammenhang mit der Systemkonkurrenz zum Kommunismus oft bei ihr eingefordert.[12] Dieses Dilemma wurde zu überbrücken versucht, indem man für die Lehre postulierte, sie müsse stärker disziplinübergreifend und anwendungsbezogener werden.[13]

## Wachstumsprobleme

Wissenschaftsintern führte die Wachstumsbeschleunigung der Hochschulen ebenfalls zu Unruhe. So geriet z. B. immer wieder das Bewilligungsverfahren und das Funktionieren des Nationalfonds unter Beschuss.[14] Dann wurde die Frage aufgeworfen, ob die bessere Ausschöpfung des Reservoirs an Kindern «aus dem Arbeiterstand, aus dem Gewerbestand, aus der Landwirtschaft und namentlich aus der Bergbevölkerung» nicht auch Gefahren mit sich bringen könnte. Denn es sei «nicht immer gut, wenn im Rahmen einer Familiengemeinschaft zu viele Stufen auf einmal übersprungen werden. Für das persönliche Glück und das Wohlergehen eines Einzelnen ist es oft besser, wenn er bei der Hebung seiner beruflichen Möglichkeiten nur um eine Stufe weiterkommt, also z. B. vom ungelernten Arbeiter zum gelernten oder vom geschickten Berufslehrling zum Techniker, als wenn er – losgelöst von seiner Familie und seiner Umgebung – unvermittelt zu den höchsten Stufen der Forschung oder der Technik berufen wird.»[15] Eine Untersuchung des Berner Psychologieprofessors Richard Meili schien sogar zu zeigen, dass diejenigen Volksschichten, unter denen man das brachliegende Potential vermutete, tatsächlich «dümmer» waren, als jene die bereits eine privilegierte Stellung einnahmen. Diese Aussage sei zwar «ernüchternd und brutal», schrieb Rolf Deppeler, aber sie bedeute «in vieler Hinsicht einen Dämpfer auf allzu hochgemute Hoffnungen in bezug auf unser allfälliges Nachwuchspotential».[16]

Viel zu reden gab auch, dass die Schweizer Hochschulen nicht mit den Arbeitsbedingungen und Aufstiegschancen an amerikanischen Hochschulen mithalten konnten. Das in der Schweiz gepflegte System der Ordinarienuniversität verunmöglichte es dem Forschernachwuchs, sich rasch eine relativ sichere Position zu erobern. Dies empfanden in den frühen 60er Jahren viele junge Forscher stossend, weil ja ständig von einem Mangel an Dozenten die Rede war. Der in Basel wirkende Uli W. Steinlin brachte diese Sorgen in einem kleinen Büchlein auf den Punkt. Alle andern Staatsangestellten erhielten einen rechten Lohn, beklagte er sich. «Nur im Falle des Wissenschaftlers, und zwar des jüngeren Wissenschaftlers, glaubt der Staat sich drücken zu können, indem er den Idealismus (des andern natürlich) hervorzieht, an ihn appelliert und sich so die Kosten eines anständigen Gehaltes für sie glaubt sparen zu können.»[17]

Die etablierten Forscher – vertreten durch Alexander von Muralt, der langjährigen grauen Eminenz des Nationalfonds – protestierten gegen diese einseitige Sichtweise: Die Arbeitsbedingungen jenseits des Atlantiks seien nicht in jeder Hinsicht besser. Die Schweiz habe inzwischen viel für die Förderung der Forschung getan.[18]

## Im Zeichen des kooperativen Föderalismus

Die Kommission Labhardt prognostizierte für die Jahre bis 1975 eine Verdoppelung der Zahl der Studierenden und eine Verfünffachung der Ausgaben.[19] Der sich dringlich manifestierende Handlungsbedarf führte dazu, dass trotz der geschilderten Meinungsverschiedenheiten rasch Einigkeit darüber herrschte, was getan werden musste. Der wichtigste gemeinsame Nenner lief darauf hinaus, dass der Bund die kantonalen Hochschulen unterstützen sollte. Und damit er dies tun konnte, musste er sich mit entsprechenden Planungs- und Ausführungsinstrumenten versorgen.

Sogar von erklärten Föderalisten wurde diese Politik mitgetragen, weil sie einsahen, dass die Kantone zwar einen Teil der Verantwortung selbst tragen konnten, dass aber auch sie bei der Realisierung ihrer Förderaktivitäten die übergeordneten Entwicklungstendenzen beachten mussten. Dazu benötigte man eine überkantonale Instanz, die den Kantonen das nötige Planungswissen lieferte. Der Bericht Schultz schlug deshalb vor, eine ständige eidgenössische Kommission für Nachwuchsfragen im Bereich der akademischen Berufe und eine kleine Expertengruppe zu gründen. Katholisch-konservative Kreise forderten, dass der erste Schritt in diese Richtung von der Konferenz der kantonalen Erziehungsdirektoren ausgehen sollte: «Damit wäre einerseits Gewähr dafür geboten, dass allzu zentralistische Tendenzen zum vornherein ausgeschaltet würden. Anderseits hätten sich die Kantone bis zu einem gewissen Grade freiwillig engagiert.»[20]

Da im Departement des Innern nun eine ganze Reihe von Forschungs- und Bildungsfragen anstanden (Hochschulförderung, Aufstockung der Mittel für den Nationalfonds, Stipendienartikel, Ausbau der ETH und Übernahme der Ingenieurschule der Universität Lausanne), ergriff es noch vor der Veröffentlichung des Labhardt-Berichts selbst die Initiative. In seinem Geschäftsbericht hob es hervor, dass eine «eigentliche Wissenschaftspolitik» angestrebt werden müsse, um die verschiedenen Anstrengungen effizient koordinieren zu können. Im Vordergrund stand für den Bundesrat die Kreation eines Wissenschaftsrates.[21]

Der Labhardt-Bericht jedoch lehnte es ab, die Subventionierungsentscheidungen innerhalb der Bundesverwaltung fällen zu lassen. «Eine solche reine ‹Verwaltungslösung› würde den Gedanken der Selbstverwaltung der Hochschulen missachten. Zugleich vermöchte sie keine Grundlage für eine Zusammenarbeit der Hochschulkantone zu bieten.» Dem Nationalfonds mochte die Labhardt-Kommission diese Aufgabe ebenfalls nicht übertragen. Deshalb schlug sie vor, ein besonderes Organ für die Subventionierung der Hochschulen zu gründen, allenfalls eine Stiftung, ähnlich wie der Nationalfonds. Auch die Förderung der «Koordination», welche sich zu einem eigentlichen Zauberbegriff entwickelte, wollte die Labhardt-Kommission nicht dem Bund übertragen. Sie fand es «viel natürlicher [...], wenn die Subventionierung durch den Bund so organisiert wird, dass sie die Hochschulbehörden der Kantone und der ETH zur ständigen Zusammenarbeit veranlasst. Wenn nämlich die Vertreter dieser Behörden im Zusammenhang mit der Ausrichtung von Bundessubventionen fortwährend die gemeinsamen Fragen des schweizerischen Hochschulwesens zu besprechen haben, ist auch die Grundlage dafür geschaffen, dass die unmittelbar Beteiligten sich zu Koordinationsmassnahmen bereit finden.»[22]

Hans-Peter Tschudi, der Vorsteher des Departements des Innern, setzte hingegen grosse Hoffnungen in einen Schweizerischen Wissenschaftsrat. Im März 1965 war es soweit. 13 Männer, darunter mehrheitlich Industrievertreter und Professoren, die sich ihre Sporen in der Wissenschaftsverwaltung abverdient hatten, konstituierten das neue Gremium. Dessen erste Aufgabe bestand darin, «einen Gesamtüberblick über die vom Bund, von den Kantonen und von der Privatwirtschaft auf dem Gebiete von Wissenschaft und Forschung getroffenen Massnahmen zu gewinnen, die gebotenen Koordinationsvorschläge auszuarbeiten, zu den Anträgen auf Massnahmen des Bundes begutachtend Stellung zu nehmen und selber Anregungen für notwendig erscheinende Vorkehrungen zu treffen».[23]

Sofort meldeten sich allerlei Begehrlichkeiten. Der Basler Regierungsrat Alfred Schaller mochte nicht den von der Labhardt-Kommission ausgearbeiteten Verteilschlüssel für die Subventionen verwenden. Das katholisch-konservative «Vaterland» warnte davor, mit den Abklärungen des Wissenschaftsrates Zeit zu verlieren. Koordination sei ja schön und gut, meinte es, am dringlichsten sei aber ein «Sofortprogramm», welches den Universitätskantonen gestatten würde, baureife Projekte unverzüglich in Angriff zu nehmen.[24] Die Ängste vor einem neuen zentralistischen Verwaltungsapparat versuchte Tschudi zu besänftigen, indem er hervorstrich, mit welch geringem Aufwand die bisherige Planungsarbeit erledigt worden sei. Den grössten Teil der Arbeit hätten Ehrenamtliche aus den Hochschulen und der Wirtschaft geleistet. Bis jetzt habe man auf die Schaffung eines neuen Verwaltungsapparates verzichten können. Ganz komme ein Kleinstaat aber nicht um die Koordination herum. Es gelte die Mittel rationell einzusetzen und die internationale Kooperation zu fördern, gerade auch in der Grundlagenforschung, von der man sich nicht abkoppeln dürfe. Tschudi betonte, es sei ihm bewusst, dass man die Probleme subtil angehen müsse und freiwillige Koordination wahrscheinlich die beste Grundlage bilde. Diesen Vorschlag nahm die Industrie erfreut auf. Sie schlug vor, man solle den Wissenschaftsrat nicht selber planen, sondern ihn Vernehmlassungen durchführen lassen, in denen die Wirtschaft und die Hochschulen ihre Stellungnahmen einbringen könnten. Vor allem verwahrte sie sich aber dagegen, dass der Wissenschaftsrat selbst über Forschungskredite entscheiden könnte, insbesondere solche im Bereich der angewandten Forschung.[25]

Die föderalistischen und hochschulautonomistischen Kräfte konnten bald aufatmen. Die Bewilligung der ersten Tranche der Hochschulförderung im Rahmen einer Übergangsordnung geschah ohne Koordinationsauflage. Der Präsident des Wissenschaftsrates, der Basler Staatsrechtler Max Imboden, rechtfertigte diese Zurückhaltung damit, dass die Hochschulen zuerst auf einen vergleichbaren Stand gebracht werden müssten: «Voraussetzung zur Kooperation und Koordination ist, dass sie zwischen vergleichbaren Partnern erfolgt.» Dasselbe gelte auch für die Kooperation zwischen den Universitäten und der Industrie. Nach den Zielen der schweizerischen Forschungspolitik befragt, meinte er: «Alle Erkenntnis ist ein Ziel in sich!» Aber er wusste, dass dies nicht mehr genügen konnte, und fügte deshalb bei: «Die grossen Forschungsaufgaben müssen in unserem Land so gesetzt werden, dass wir in der Weltfront der Forschung mit drin stehen. Das wird eine unseren Mitteln entsprechende Auswahl bedingen.»[26] Damit liess er die Türe auch einen Spalt breit offen für die Freunde der Koordination und einer «Gesamtkonzeption».

Die gesetzliche Lösung, der dieses Problem schliesslich zugeführt wurde, war die Schaffung der Schweizerischen Hochschulkonferenz und die Beibehaltung des Wissenschaftsrates als Beratungsorgan. Dieser Vorschlag entsprach zwar nicht jenem der Labhardt-Kommission. Aber die Standesvertreter konnten mit der Hochschulkonferenz leben, weil sie den Planungsorganen der kantonalen Hochschulen grossen Einfluss auf die zu verteilenden Subventionen verlieh. Rolf Deppeler meinte 1968, diese Lösung habe dem kooperativen Föderalismus am besten entsprochen, weil «dadurch die Zentren der Beratung und der Entscheidung besser in das System integriert» worden seien. Allerdings erinnerte er auch daran, dass «diese vom Bundesrat anvisierte Lösung einen Prüfstein für unsern Föderalismus wie auch für den Gedanken der Hochschulautonomie» bedeuten konnte. «Wenn im interkantonalen Organ Partikularismus der Kantonsvertreter und Kirchturmpolitik der Universitätsvertreter vorherrschen, wird die Lösung versagen.»[27]

# Fazit

Wenden wir uns abschliessend noch einmal der eingangs gestellten Frage zu, ob
es der schweizerischen Wissenschaftspolitik gelang, die drängenden Probleme
der frühen 60er Jahre zu lösen. Was die Bereitstellung von mehr Ausbildungs-
und Forschungsplätzen betraf, kann diese Frage sicher zu einem grossen Teil
bejaht werden. Der Bund reagierte, obwohl ihm noch keine eigene Wissenschaftsverwaltung zur Verfügung stand, mit der Hilfe von Milizgremien relativ rasch.
Warum aber ging das Engagement des Bundes in der Hochschulförderung diesmal so schlank durch, während es bisher immer gescheitert war? Wie überwan-
den Wissenschaftler und Politiker, die sich für die Autonomie der Forschenden
und für den Hochschulföderalismus aussprachen, ihr Zögern?
Entscheidende Bedeutung kam sicher der Tatsache zu, dass der Bund die
Koordinations-, Planungs-, Beratungs- und Entscheidungskompetenz an Organe
delegierte, die sich mehrheitlich aus Vertretern der Wissenschaft und der Kantone zusammensetzten. In der Öffentlichkeit und bei den Forschern wurde dadurch die Angst vertrieben, es entstünde eine zentralistische Forschungsbürokratie,
die überall hineinreden und viel Geld verschlingen würde. Die Wissenschaftler
und Hochschulplaner in den Kantonen erhielten dadurch einen starken Einfluss
auf den Subventionsfluss. Man erhielt gewissermassen «den Fünfer und das
Weggli». Föderalisten und Zentralisten konnten zufriedengestellt werden, weil
die Lösung ein ständisch-föderalistisches und ein wissenschaftsplanerisches
Element umfasste. Solange der gesamte Kuchen wuchs, wirkte der Druck zur
Koordination wenig bedrohlich. Niemand musste Angst haben, ihr geopfert zu
werden.
Für die breite und rasche Zustimmung zu diesem Verfahren spielen die positiven Erfahrungen mit dem Nationalfonds eine wichtige Rolle. Bei dessen Gründung standen ebenfalls föderalistische und standespolitische Überlegungen Pate.
Die Initiatoren wählten für die nationale Forschungsförderungsorganisation bewusst die Form einer privaten Stiftung. Keinesfalls wollte man diese Machtposi-
tion in die Hände der Bundesverwaltung legen, obwohl das Geld natürlich vom
Bund kam. Der Stiftungsrat, das höchste Gremium des Nationalfonds, wurde als
«getreuer Spiegel der Vielfalt unseres föderalistischen Lebens» konzipiert. Der
Forschungsrat, der über die Gesuche befindet, bildet ein kollegiales Gremium,
in dem die regionalen und disziplinären Interessen dominieren. Damit glaubte
man das Problem umschiffen zu können, dass die Grossen immer grösser werden, während die Kleinen vom Kuchen zuwenig abbekommen. De facto sicherte
dieses Verfahren der wissenschaftlichen Zunft die Kontrolle über die Verteilung
der Mittel.
Hier gilt es nun die Frage zu stellen, inwieweit es auch Fehlentwicklungen gab,

weil die entscheidenden Kommissionen und Gremien einseitig zusammengesetzt oder durch interne Interessenkonstellationen blockiert waren.

Eine Fehlentwicklung ereignete sich im Bereich der Atomforschung. Diese ist paradigmatisch, weil die Atompolitik eine wichtige Pionierrolle in der bundesstaatlichen Forschungsförderung eingenommen und deswegen auf andere Bereiche ausgestrahlt hat. Zudem zeigt sich bei diesem Beispiel, wie partikuläre, ständische Interessen auf die Wissenschaftspolitik einwirken können. Die Atomforschung zeichnete sich durch ein festes Elitenbewusstsein aus, welches vom Prestige ihres Fachs beziehungsweise von der amerikanischen Propaganda für ein anbrechendes «Atomzeitalter» profitierte. Die Atomforschung erhielt in der Schweiz eine Reihe von staatlichen und aussenpolitischen Sonderfunktionen, die von der Studienkommission für Atomenergie im Auftrag des Staates (und insbesondere der Armee) verwaltet wurden. Diese wenig hinterfragte Institutionalisierung der Atomforschung führte schliesslich zu einem Überangebot an Kernphysikern, während die Heranbildung von Expertinnen und Experten anderer Disziplinen vernachlässigt wurde. So fehlte es z. B. Ende der 60er Jahre an Metallurgen und Informatikern.[28]

So kam es also trotz aller Koordination zu strukturellen Fehlentwicklungen. Neue Forschungsschwerpunkte wie die Informatik oder Umwelttechnik erhielten bei den traditionellen Förderungs- und Koordinationsorganen zu spät Priorität. Sie mussten deshalb von aussen induziert gefördert werden. Dies ist einer der Hauptgründe, weshalb es in den 70er Jahren zur Einrichtung der Nationalen Forschungsprogramme und der Schwerpunktprogramme des Bundes kam. Damit wurde versucht, das Versagen der Hochschulplanung zu korrigieren.

Auch die Hochschulkonferenz konnte ihren ursprünglichen Ambitionen nur sehr beschränkt genügen. Nicht bloss weil sich nach 1968 die gesellschaftlichen, politischen und finanziellen Rahmenbedingungen verändert hatten, sie war auch sonst überfordert. Letztlich verweist diese Überforderung auf die organisatorische Struktur der Forschungs- und Hochschullandschaft. Deren Trägerstruktur war (und ist es immer noch) trotz der Verstärkung der nationalen Hochschulpolitik sehr fragmentiert und damit auch sehr unterschiedlichen Interessen verpflichtet. Koordination würde aber trotz legitimem Streben nach Autonomie den Willen zur Zusammenarbeit und ein Problembewusstsein voraussetzen.[29] In vielen Fällen fehlt dieses Problembewusstsein allerdings auch heute noch, weil die meisten Schweizer Universitäten nicht professionell geführt werden.

So überrascht es nicht, dass der Begriff «Koordination» in den 70er Jahren fast nur noch Enttäuschung und Verachtung hervorrief. Diese Bilanz verweist aber auch auf die Grenzen der Planbarkeit von Forschung und Wissensproduktion. Es wäre nämlich falsch, aus dem Gesagten zu folgern, der Zentralismus sei das Heilmittel für alle Probleme. Der Erkenntnisprozess lässt sich nur sehr bedingt politisch steuern, auch dort wo die Staatsmacht die Zügel relativ straff in der Hand hält. Das zeigt sich am Beispiel Frankreichs, welches im Volksmund als Paradebeispiel einer zentralstaatlich gelenkten Wissenschaft gilt. Sieht man genauer hin, entdeckt man dort das gleiche Phänomen wie fast überall: Die Wissenschaft besitzt einen hohen Grad an Handlungsautonomie. Diese Handlungsautonomie hat strukturelle Gründe. Die konkurrierenden Ansprüche der verschiedenen Ministerien, der Wissensvorsprung und in gewissen Fällen Wissensmonopole eröffnen den Forschungseinrichtungen Spielräume, mit denen sie die staatliche Steuerung teilweise unterlaufen können. Eine andere Möglichkeit, ihre Handlungsfähigkeit zu erhöhen, besteht für die Steuerungsobjekte darin, sich mit Partnern zu verbinden. Von einer hierarchischen Steuerung kann dann kaum mehr gesprochen werden, sondern nur noch von einer Netzwerkstruktur, die zwar Abhängigkeiten beinhaltet, aber auch eine Auswahl an Handlungsoptionen schafft.[30]

## Anmerkungen

1 Edmond Tondeur: *Thesen zur Nachwuchs- und Bildungspolitik,* in: *Schweizerische Zeitschrift für Nachwuchs und Ausbildung* 5, Nr. 1, 1966, S. 17–20, hier 17.

2 *Mitteilungsblatt des Delegierten für Arbeitsbeschaffung (= MDA)* 9, Nr. 3/4, 1953, S. 51; *MDA* 10/11, Nr. 4/1, S. 4 ff.; *MDA* 12, Nr. 1, 1956, S. 1–13; Michael Bernegger: *Die Schweiz und die Weltwirtschaft: Etappen der Integration im 19. und 20. Jahrhundert,* in: Paul Bairoch, Martin Körner (Hg.): *Die Schweiz in der Weltwirtschaft,* Zürich 1990.

3 Fritz Hummler: *Konjunkturdämpfung einerseits – Nachwuchsförderung anderseits?,* in: *Nachwuchsförderung. Mitteilungsblatt der Schweizerischen Vereinigung für die Förderung des beruflichen und wissenschaftlichen Nachwuchses* 4, 1963, S. 2 f.

4 Vgl. überblickend zu dieser Entwicklung: Conrad Lerch: *Der Bund und die kantonalen Hochschulen. Gesamtstaatliche Tätigkeit zugunsten von Wissenschaft und Forschung 1740–1970,* Diss., Bern 1971; Dieter Freiburghaus et al.: *Technik-Standort Schweiz. Von der Forschungs- zur Technologiepolitik,* Bern 1991; Karl Weber: *Hochschulpolitik in der Schweiz,* in: Leo Goedegebuure et al.: *Hochschulpolitik im internationalen Vergleich,* Gütersloh 1993, S. 350–378.

5 Vgl. Arnold Buchholz: *Das neue Bildungssystem der Sowjetunion,* in: *MDA* 15, Nr. 4, S. 111 f.; Philipp Gonon: *Internationaler Bezug als Anlass und Kriterium von Bildungsreformen. Zur Topik eines bildungspolitischen Argumentes dargestellt anhand der Debatten zur schweizerischen Berufsbildung und zur englischen Reform der Sekundarstufe II,* Habil., Bern 1997, S. 50; Eric Choisy: *La relève technique,* in: *Ostschweiz, Westschweiz, Eidgenossenschaft. Denkschrift für Fritz Hummler,* Zürich 1965, S. 47.

6 *Schlussbericht des Arbeitsausschusses zur Förderung des wissenschaftlichen und technischen Nachwuchses,* in: *MDA* 15, Nr. 1 (Sondernummer), 1959.

7 *Bericht der Eidgenössischen Kommission für Nachwuchsfragen auf dem Gebiete der Geisteswissenschaften und der medizinischen Berufe sowie des Lehrerberufes auf der Mittelschulstufe,* Bern 1963; *Bericht der Eidgenössischen Expertenkommission für Fragen der Hochschulförderung (Bericht Labhardt),* Bern 1964.

8 *Nachwuchsförderung* 1, 1962, S. 30.

9 *Die Tat,* 4. 7. 1958.

10  *Tages-Anzeiger*, 6. 10. 1962.

11  Vgl. Hermann Lübbe: *Wissenschaftsfeindschaft und Wissenschaftsmoral. Über die Verantwortung des Wissenschaftlers*, in: Peter Labudde, Maja Svilar (Hg.): *Wissenschaft und Verantwortung*, Bern 1980, S. 7–17, hier 8 ff. Vgl. auch Gerhart Wagner: *Die Forschung zwischen Wissen und Gewissen. Von der Verantwortung der Naturwissenschaft im Atomzeitalter*, Zürich 1961.

12  Georg Thürer: *Die Verantwortung des Akademikers in unserer Zeit. Ansprache an der 25-Jahrfeier der Gesellschaft Schweizer Akademiker*, in: *Schweizerische Hochschulzeitung* 34, 1961, S. 323–343. Vgl. auch Andreas Miller: *Struktur und soziale Funktion der Universität Basel*, Diss., Winterthur 1955, S. 71.

13  Edmond Tondeur: *Wissenschaft als Politikum*, in: *Neue Zürcher Zeitung*, 20. 11. 1964.

14  *National-Zeitung*, 23. 5. 1956; Willy Scherrer: *Freie Forschung. Bemerkungen zur Förderung der Forschung durch die Eidgenossenschaft*, in: *Schweizerische Hochschulzeitung* 33, 1959, S. 7–18; *National-Zeitung*, 16. 3. 1965; *Zürcher Woche*, 16. 8. 1965; *Neue Zürcher Zeitung*, 17. 6. 1966.

15  Fritz Hummler: *Einleitende Bemerkungen*, in: *MDA* 15, Nr. 1, 1959, S. 6 f.

16  Rolf Deppeler: *Vorwort zu einer bedeutsamen Untersuchung*, in: *Nachwuchsförderung* 6, Okt. 1964, S. 3.

17  Uli W. Steinlin: *Hochschule wohin?*, Zürich 1962, S. 51. Vgl. Gertrud Ochsner: *Aufbruch wohin? Forschungsförderung und Forschungspolitik in der Schweiz von 1960–1973, Seminararbeit*, Universität Zürich 1996, S. 14 f.

18  Alexander von Muralt: *Ist die Schweiz wirklich so rückständig in der Forschung und Planung?*, in: *Neue Zürcher Zeitung*, 4. 2. 1964; Vgl. Georg Kreis: *Die Universität Basel 1960–1985*, Basel 1986, S. 135 ff.

19  Vgl. auch Francesco Kneschaurek: *Kritische Bemerkungen zu den Prognosen über die Entwicklung des Hochschulstudiums in der Schweiz und Schlussfolgerungen in bezug auf den notwendigen Ausbau unserer Hochschulen*, in: *Wirtschaft und Recht* 15, 1963, S. 155–167; Ders.: *Akademikerbedarf und Selektionsmodus*, in: *Schweizerische Zeitschrift für Nachwuchs und Ausbildung* 6, Nr. 1/2, 1967, S. 18–33.

20  Bernhard Schnyder: *Nachwuchsförderung*, in: *Schweizer Rundschau* 63, Heft 2/3 (Febr./März), 1964, S. 161.

21  *Tages-Anzeiger*, 3. 4. 1964 u. 19. 8. 1964.

22  Bericht Labhardt (wie Anm. 7), S. 180 u. 145.

23  *Neue Zürcher Zeitung*, 23. 3. 1965.

24  *Die Tat*, 27. 4. 1965; *Vaterland*, 27. 3. 1965.

25  *Volksrecht*, 15. 2. 1966; *Neue Zürcher Zeitung*, 28. 4. 1966.

26  *Nationalzeitung*, 27. 3. 1966.

27  Rolf Deppeler: *Staat und Universität mit besonderer Berücksichtigung der Verhältnisse im Bundesstaat*, Bern 1969, S. 259 f.

28  Peter Hug: *Geschichte der Atomtechnologie-Entwicklung in der Schweiz*, Liz.arbeit, Bern 1987.

29  Rolf Deppeler: *Sechs Jahre Hochschulkonferenz. Versuch eines Fazits aus der Sicht des Sekretariats*, Bern 1975.

30  Vgl. Gerhard Krauss: *Forschung im unitarischen Staat. Abhängigkeit und Autonomie der staatlich finanzierten Forschung in Frankreich*, Frankfurt 1996; Franz Horváth et al.: *Internationalität im föderalistisch organisierten schweizerischen Hochschulwesen. Schlussbericht an den Schweizerischen Nationalfonds, Projekt Nr. 12–39266.93*, Bern 1997.

# Der gebremste Aufbruch

## Zur Aussenpolitik der Schweiz in den 60er Jahren

Peter Hug

Die Aussenpolitik spielte im öffentlichen Bewusstsein der Schweiz lange eine eher untergeordnete Rolle. Die interessierten Verbände und Experten regelten viele internationale Probleme über eigene Kontakte, wobei der Bundesrat diese durchaus mittels einer gezielten Politik zur Beschickung internationaler formeller und informeller Treffen mitgestaltete. In der Weltwirtschaftskrise und verstärkt während des 2. Weltkriegs dominierte die Steuerung aussenwirtschaftlicher Belange die Schweizer Aussenpolitik. Ab 1948/51 verhalf der Kalte Krieg dazu, sie erstaunlich rasch zu restabilisieren, nachdem der Bundesrat den Aufbruch in die UNO-Nachkriegsordnung aus hier nicht zu erläuternden Gründen verpasst hatte.[1] Es sei im folgenden der strukturelle Wandel in drei wichtigen Feldern der schweizerischen Aussenpolitik vom Ende der 50er bis Anfang der 70er Jahre skizziert – dem Bilateralismus, dem handelspolitischen Neutralismus und der aussenpolitischen Repräsentanz – und die Frage untersucht, wie sich die damit verbundenen, teilweise krisenhaften Umwälzungen in den aussenpolitischen Entscheidungsstrukturen auf die innenpolitische Legitimation der schweizerischen Aussenpolitik auswirkten.

## Die Krise des Bilateralismus Ende der 50er Jahre

Seit der Weltwirtschaftskrise und dem Bedeutungsverlust des Völkerbundes in den 30er Jahren hatte der Bilateralismus die dominierende Form gebildet, in welcher der schweizerische Bundesrat völkerrechtlich verbindliche Verträge aushandelte. Multilaterale Gespräche fanden vermehrt nur noch auf informeller Ebene statt und wurden kaum mehr öffentlich kommuniziert. Weite Teile der Bevölkerung stellten sich die Schweiz als einen auf sich selbst zurückgeworfenen Sonderfall vor – eine Denkfigur, die Bundesrat Max Petitpierre nach dem Krieg zur aussenpolitischen Leitmaxime erhob und die in der ersten Phase des Kalten Krieges massgebend blieb. Für die zweite Hälfte der 50er Jahre zeigen

Grafik 1: *Anzahl Delegationen, die bilaterale und multilaterale Vereinbarungen verhandeln, 1937–1976*

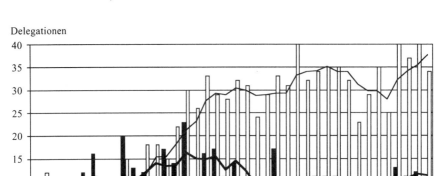

Quelle: Thomas Gees: Verhandlungsdelegationen des Bundesrates, 1937–1976, Bern 1998.

jedoch verschiedene Indikatoren, dass der damit eng verknüpfte Bilateralismus, der das Abseitsstehen von der UNO und der europäischen Integration kompensieren sollte, an Bedeutung verlor. Die Anzahl der vom Bundesrat ernannten Delegationen zur Beschickung bilateraler Verhandlungen ging markant zurück. Dafür wirkte die Schweizer Aussenpolitik immer häufiger an multilateralen Verhandlungsforen mit, worunter auch Treffen auf oberster Ebene wie etwa die ab 1948 regelmässig beschickten Ministerratstreffen der Organisation für Europäische wirtschaftliche Entwicklung (OECE) gehörten (Grafik 1).[2]
Ab 1948 war es häufiger auf multilateralen als auf bilateralen Foren, wo der Bundesrat völkerrechtlich verbindliche Beschlüsse aushandeln liess. Die Öffentlichkeit wurde indes erst mit einer auffälligen zeitlichen Verzögerung über diesen Wandel informiert, als sichtbar wurde, dass er innenpolitisch nur ungenügend nachvollzogen worden war. 1965 hielt der Bundesrat in seinem Geschäftsbericht unmissverständlich fest: «Früher waren die internationalen Beziehungen vorwiegend bilateraler Art, indem die im Verhältnis zu einem bestimmten Land beste-

henden Probleme fast ausschliesslich auf dem Wege direkter Verhandlungen geregelt wurden. Heute hat sich in dieser Beziehung ein Wandel vollzogen. […] Während unsere direkten Auseinandersetzungen, namentlich mit unseren unmittelbaren Nachbarn, an Gewicht verloren haben, werden die grossen Probleme in der Regel den internationalen Organisationen zur Behandlung zugewiesen.»[3] Welchen Stellenwert der Multilateralismus erhalten sollte, blieb umstritten. Relativ weit ging der St. Galler Staatsrechtsprofessor Alois Riklin in seinem Anfang der 70er Jahre verfassten, von einer Studiengruppe im Politischen Departement (EPD) in Auftrag gegebenen Gutachten «Zur Konzeption der schweizerischen Aussenpolitik».[4] Riklin erklärte die in der Bundesverfassung als einziges Ziel der schweizerischen Aussenpolitik genannte «Unabhängigkeit des Vaterlandes» als unrealistisch und überholt. Vielmehr habe sich die Schweiz «immer schon im Spannungsfeld von Independenz, Interdependenz und Dependenz, von Unabhängigkeit, Zwischenabhängigkeit und Abhängigkeit, von Selbstbestimmung, Mitbestimmung und Fremdbestimmung befunden». Riklin kritisierte vorab die «faktische Integration ohne Mitbestimmung» und betonte, die internationale Willensbildung werde «immer weniger im bilateralen, sondern zunehmend im multilateralen Rahmen» organisiert: «Als Nichtmitglied wichtiger Staatenverbindungen riskiert die Schweiz, von den Beschlüssen dieser Organisationen mitbetroffen zu werden, ohne auf deren Formulierung Einfluss nehmen zu können. Die faktische Interdependenz tendiert damit zur Dependenz mangels Mitbestimmung.»
Diese These der «Integration ohne Partizipation» zeichnete freilich ihrerseits ein Bild, das der Realität nur teilweise entsprach. Sie orientierte sich stärker an dem, was öffentlich bekannt war, und weniger am tatsächlich praktizierten Multilateralismus, der auch für die Schweizer Aussenpolitik im Rahmen der OECE (ab 1960 OECD), der aktiven Mitwirkung in vielen UNO-Sonderorganisationen und weiteren Foren selbstverständlich geworden war. Was jedoch auf der Strecke blieb, war die öffentliche Wahrnehmung. Nur allzuoft kommunizierten auch der Bundesrat und seine Chefbeamten überholte Sichtweisen. So wertete EPD-Rechtskonsulent Prof. Rudolf Bindschedler in einem 1963 veröffentlichten Grundsatzartikel die neu entstandene multilaterale Verhandlungskultur stark ab und betonte den anhaltend anarchischen Charakter der Staatengemeinschaft, in der politische und rechtliche Absprachen gegenüber einer reinen Machtpolitik kaum Bedeutung hätten: «Darüber darf die auf der Oberfläche sich so lärmend bemerkbar machende Betriebsamkeit zahlreicher Kleinstaaten, vor allem in den Vereinten Nationen, nicht täuschen.»[5]
In der täglichen Praxis der schweizerischen Aussenpolitik war der abnehmende Stellenwert des Bilateralismus namentlich in Westeuropa indes evident. Am 25. März 1957 gründeten die Regierungen Deutschlands, Frankreichs, Italiens, der Niederlande, Belgiens und Luxemburgs in Rom die Europäische Wirtschafts-

gemeinschaft (EWG) und Atomgemeinschaft (Euroatom). Am 27. Dezember 1958 gaben – im Hinblick auf die ersten grossen Zollsenkungen der EWG vom 1. Januar 1959 – die EWG-Staaten und Grossbritannien die freie Konvertibilität ihrer Währungen bekannt, womit die 1950 entstandene Europäische Zahlungs-union (EZU) durch das Europäische Währungsabkommen ersetzt und der Zahlungsverkehr stark liberalisiert wurde. Im Auftrag der EZU hatte die Bank für Internationalen Zahlungsausgleich (BIZ) seit 1950 monatlich die bilateralen Salden des Handels- und Dienstleistungsverkehrs der 15 Mitgliedstaaten verrechnet, wobei ein multilateraler Kreditmechanismus für den Ausgleich sorgte. Die EZU, die eine Antwort auf fehlende Konvertibilität und bilaterales Clearing gegeben hatte, wurde damit hinfällig.[6]

Der Finanzplatz Schweiz konnte in der Folge weitere wichtige, aus der Nachkriegszeit stammende Hemmnisse abstreifen. 1958 schaffte der Bundesrat die Meldepflicht für deutsche Vermögenswerte ab und hob 1959 den Affidavit auf, eine Bescheinigung, mit der die Bankiervereinigung im Wertpapierhandel die Vereinbarkeit von Titeln mit den von den Westalliierten gegen feindliches Eigentum ergriffenen Massnahmen bestätigt hatte. Im flüssiger gewordenen Markt verkleinerte sich das Zinsgefälle der Schweiz gegenüber anderen Industriestaaten. Es floss weniger Kapital zu, und die Schweiz wurde 1958 gar erstmals Schuldnerin der EZU. Für die Spezialisten schlug damit die Stunde des Multilateralismus. 1958 setzte sich der Direktor der Eidgenössischen Finanzverwaltung, Viktor Umbricht, für den Beitritt zum Internationalen Währungsfonds (IWF) und zur Weltbank ein, was 1959 im Ständerat der Radikaldemokrat Willi Rohner und 1960 im Nationalrat der Sozialdemokrat Max Weber aufgriffen. In breiteren Kreisen schien das Geschäft indes verfrüht. Es versandete, nachdem 1963 die Nationalbank im «Zehner Club» den Beobachterstatus erlangt hatte. Ende der 50er Jahre strebte der Bundesrat auch eine multilaterale Regelung zur Vermeidung der Doppelbesteuerung an, um die Position der Schweiz als Hort von Steuerfluchtgeldern abzusichern. Der nach zähen Verhandlungen vom OECD-Ministerrat am 31. Juli 1963 genehmigte Modellvertrag vermochte die hochgespannten Erwartungen der Bankiervereinigung indes nicht zu befriedigen. Sie setzte ihrerseits nun wieder vermehrt auf die Unterbietung bestehender Normen durch bilaterale Abkommen.[7]

Hohe Erwartungen in die Möglichkeiten multilateraler Regelungen hegte der Bundesrat ab 1957 zuerst auch in der Handelspolitik. Zur Vermeidung einer zolltarifarischen Spaltung Europas und damit verbundener Nachteile lancierte er mehrere Projekte, um neben der EWG in Westeuropa niederschwelligere, aber umfassendere multilaterale Verhandlungsforen zu schaffen. So wirkte er am Vorschlag des OECE-Ministerrates vom 17. Oktober 1957 mit, eine «Grosse Europäische Freihandelszone» zu schaffen, um den von Nicht-EWG-Staaten befürchteten handelspolitischen Nachteilen vorzubeugen. Sie scheiterte aber am Vor-

Grafik 2: *Anteil der Exporte in die EFTA-Staaten von 1960, 1973 bzw. 1978 an den gesamten schweizerischen Exporten, 1920–1992*

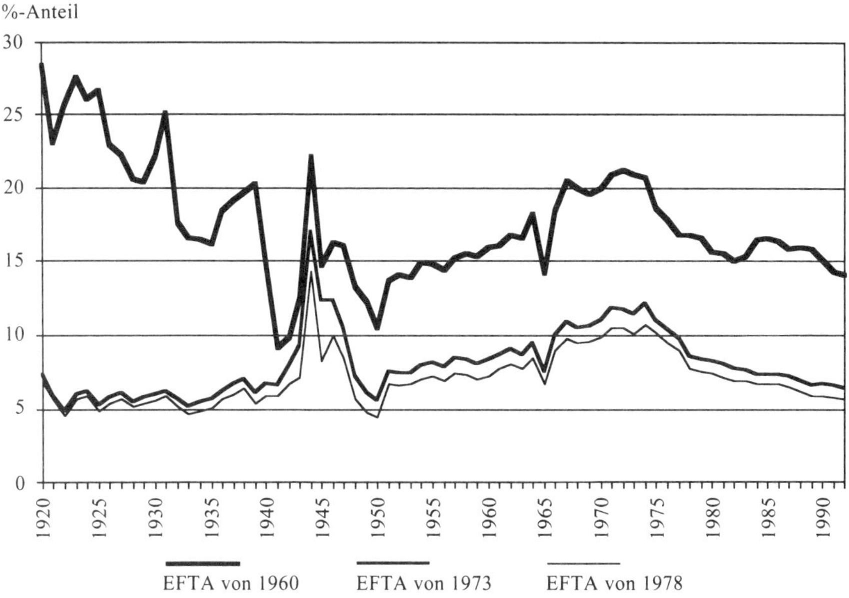

%-Anteil

EFTA von 1960    EFTA von 1973    EFTA von 1978

Quelle: Heiner Ritzmann-Blickenstorfer (Hg.): Historische Statistik der Schweiz, Zürich 1997; eigene Berechnungen.

behalt Frankreichs vom 14. November 1958. Der Direktor der eidgenössischen Handelsabteilung und spätere Bundesrat Hans Schaffner lancierte nun die Idee, neben der EWG eine eigene Freihandelszone zu errichten, was am 4. Januar 1960 zur Unterzeichnung des in Rekordzeit erarbeiteten Vertrages zur Schaffung der Freihandelsassoziation EFTA durch die Regierungen von Dänemark, Grossbritannien, Norwegen, Österreich, Portugal, Schweden und der Schweiz führte.[8] Keinen Erfolg hatte der Plan, die EWG zum Beitritt in die EFTA oder zumindest zu einem multilateralen Vertrag mit ihr zu bewegen. Da auch der EFTA-eigene institutionelle Ausbau bescheiden war, blieb deren Bedeutung als multilaterales Verhandlungsforum gering, und wichtige Partner sahen die EFTA nur als Übergangslösung. Trotz der Erklärung des EFTA-Ministerrates vom 28. Juni 1961, Alleingänge seien zu vermeiden, deponierten kurz nacheinander Grossbritannien, Dänemark, Irland und Norwegen bei der EWG ihr Beitrittsgesuch. Der Bundesrat suchte den Ausweg in einer Serie weiterer Auffanglösungen. Als Fehlschlag erwiesen sich die von den drei übriggebliebenen Neutralen am 15. Dezember 1961 nachgesuchten Assoziationsverhandlungen mit der EWG. Erfolgreich war 1963 aber der Beitritt zum Europarat. Nur begrenzt wirksam wurde die vom Bundesrat nach 1961 fortgeführte Neutralenkooperation. Die damit verbundene Vorstellung, sie könne eine tragfähige Basis für koordinierte Auftritte auf der multilateralen Bühne bilden, war indes überspannt. Der Vollbeitritt zu den Brüsseler Institutionen, die sich zur Europäischen Gemeinschaft (EG) weiterentwickelten und bis 1970 ihr Projekt zur Schaffung einer Zollunion vollendeten, erschien einigen nun unausweichlich. Die Öffentlichkeit hatte die faktische Neuorientierung der schweizerischen Aussenpolitik am Multilateralismus aber kaum nachvollzogen. Als 1972 als einziges Ergebnis der langjährigen Integrationspolitik der Abschluss eines bilateralen Freihandelsvertrages mit der EWG übrigblieb, entsprach diese Rumpflösung der Stimmung in breiten Bevölkerungskreisen und fand an der Urne mit 72,5% Jastimmen und allen Ständen eine satte Mehrheit. Dieser Rückfall in den Bilateralismus schien zwar innenpolitisch die EG-Beitrittsoption und alle anderen gescheiterten, seit 1957 vorab von der Handelsabteilung verfolgten multilateralen Auffangkonzepte ersetzen zu können. Sie trug aber aussenpolitisch nicht der wachsenden Attraktivität der EG für die übrigen EFTA-Staaten Rechnung. Nach dem Übertritt von Grossbritannien, Dänemark und Irland in die EG 1973 verlor die EFTA weiter an Bedeutung. War der Anteil der Schweizer Exporte nach den EFTA-Staaten zwischen 1960 und 1967 noch von 16 auf 20,5% gestiegen und hatte 1972 einen Höhepunkt von 21,2% erreicht, so fiel er 1973 auf 11,5%, ab 1982 gar auf unter 7% zurück. 1978 war auch Portugal von der EFTA in die EWG übergetreten (vgl. Grafik 2).[9]

## Das Scheitern des handelspolitischen dritten Weges

Zur Notwendigkeit einer Neudefinition der schweizerischen Aussenpolitik trug in der zweiten Hälfte der 50er Jahre bei, dass sich das mit der Sonderfallidee verbundene Konzept des handels- und auch friedenspolitischen dritten Weges als Sackgasse erwies. Nach dem Krieg hegte der Bundesrat durchaus die Vorstellung, ausserhalb der UNO bestehe ein ausreichend weites diplomatisches Feld, um dieses mit eigenen Initiativen beackern zu können. Noch 1956 lud er unter dem Eindruck der Suez- und Ungarnkrise die Regierungen Grossbritanniens, Frankreichs, Indiens, der Sowjetunion und der USA nach Genf ein, um an einer internationalen Friedenskonferenz die Gefahr eines von ihm befürchteten dritten Weltkriegs zu bannen. Dieser bemerkenswerte neutralistische Impuls, der sich auch in der besonderen Berücksichtigung Indiens als Repräsentantin der blockfreien Bandung-Konferenz zeigte, erwies sich indes als Überschätzung der diplomatischen Bedeutung eines Nicht-UNO-Mitgliedstaates und versandete.[10]

Grafik 3: *Anteil der Exporte nach Osteuropa und in die Balkanstaaten*
*an den gesamten schweizerischen Exporten, 1920–1992*

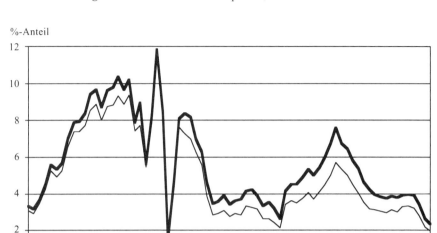

Quelle: Heiner Ritzmann-Blickenstorfer (Hg.): Historische Statistik der Schweiz, Zürich 1997; eigene
Berechnungen.

Neutralistische Impulse lagen auch den handelspolitischen Konzepten des Bundesrates zugrunde. In den ab 1943 eingeleiteten Nachkriegsplanungen war die
Annahme zentral, dass sich Westeuropa nicht so schnell erholen würde und sich
die Schweiz deshalb Alternativmärkte erschliessen müsse. Mit Osteuropa hatte
sie in der Zwischenkriegszeit, mit Süd- und Zentralamerika und Afrika und
Asien 1938 und ab 1945 wieder sehr gute Erfahrungen gemacht. Den Planungen
lag nicht zuletzt die Beobachtung zugrunde, dass sich der Anteil der drei genannten Kontinente am Schweizer Export von knapp 12% (1934 bzw. 1943) auf
nahezu 37% (1945 bzw. 1947) verdreifacht hatte. Der Export nach Asien verdoppelte sich zwischen 1945 und 1951 nochmals (vgl. Grafiken 3 und 4). Entsprechend stieg in der Exportindustrie das Interesse, mit diesen Regionen die diplomatischen Beziehungen zu intensivieren. Die Zusammenarbeit mit Osteuropa
und dem Trikont galt als interessante Kompensation zu einer Annäherung an die
westeuropäische Integration und wies Züge eines neutralistischen dritten Weges
auf. Beides erwies sich faktisch schon bald als Illusion, da der Wiederaufbau und

die Integration in Westeuropa rascher voranschritten als erwartet und die Entwicklung im Trikont weit hinter den Prognosen zurückblieb. Politisch dauerte es freilich wesentlich länger, sich auch von dieser Variante des Sonderfalldenkens zu verabschieden.

Besonders gross war die Ernüchterung in bezug auf Osteuropa. Um 1950 schloss die Schweiz mit allen osteuropäischen Staaten Handels- und Zahlungsabkommen ab und sah darin bedeutende Handelskontingente vor. Sie erwiesen sich indes bereits 1951/53 als überhöht. Die Lieferfähigkeit der sich im Comecon zusammenschliessenden Oststaaten war viel geringer als erhofft. Die Devisen zum Kauf von Schweizer Exportprodukten blieben deshalb aus. Gegenüber der polnischen Regierung war die Frustration um so grösser, als diese so auch die vereinbarten Entschädigungen für nationalisierten Schweizer Besitz nicht leisten konnte. Diese waren vertraglich mit Kohlelieferungen verknüpft worden. Bereits Anfang der 50er Jahre war die polnische Kohle aber mit jener aus dem Ruhr- und Saargebiet und aus den USA qualitativ und preislich nicht mehr konkurrenzfähig. Zudem verdrängte das Öl die Kohle unerwartet rasch. Auch Jugoslawien geriet mit seinen Entschädigungszahlungen in Rückstand, und mit der Tschechoslowakei und Ungarn scheiterten vorerst wichtige Nachverhandlungen.[11]

Innenpolitisch war der Osthandel interessanterweise ideologisch vorerst kaum umstritten. Die Stimmung änderte sich erst nach dem Einmarsch sowjetischer Truppen in Ungarn 1956 allmählich. Es entstand schrittweise eine grundsätzliche Opposition gegen den Handel mit dem ungeliebten Machtblock. Die Gegnerschaft war zuerst auf akademische Kreise und kleinere Zirkel beschränkt und weitete sich erst nach dem Bau der Berliner Mauer vom 13. August 1961 zu einer gesellschaftlich breit abgestützten Anti-Osthandelskampagne aus. Wenn sie auch bald wieder verschwand und kaum unmittelbare Wirkung zeitigte, hatte sie doch erstmals ein öffentliches Bedürfnis nach einer stärker wertegebundenen Aussenhandelspolitik offengelegt und gleichzeitig klargestellt, dass die Schweiz nun definitiv zum Westen gehöre und der Osthandel politisch nicht als Kompensation für die stockende Integration der Schweiz in Westeuropa in Frage komme.

Die Verwaltung gab ihr Konzept, ihre Aussenhandelspolitik zumindest minimal blockungebunden auszugestalten, so rasch aber nicht auf. Nach dem Niedergang der Anti-Osthandelskampagne setzte 1963 der Direktor der Handelsabteilung, Edwin Stopper, an der Delegiertenversammlung der Vereinigung des schweizerischen Import- und Grosshandels das Ziel, den Anteil der Ostexporte an den Gesamtexporten der Schweiz auf 4% zu steigern.[12] In diesem Kontext forderte der Bundesrat 1965 die Kulturstiftung Pro Helvetia auf, die Präsenz der Schweiz in Osteuropa zu verstärken, was noch im selben Jahr zu einer ersten Schweizer Gemäldeausstellung in Polen und zu Architekturausstellungen 1968 in der

Grafik 4: *Anteil der Exporte nach Lateinamerika, Afrika und Asien
an den gesamten schweizerischen Exporten, 1920–1992*

%-Anteil

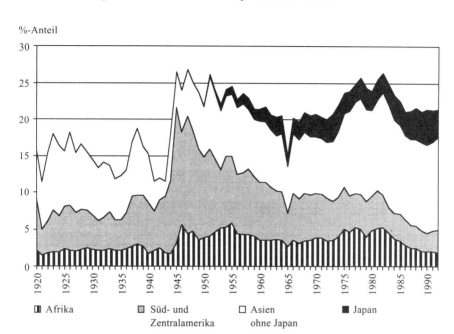

☐ Afrika          ▨ Süd- und          ☐ Asien          ■ Japan
                  Zentralamerika      ohne Japan

Quelle: Heiner Ritzmann-Blickenstorfer (Hg.): Historische Statistik der Schweiz, Zürich 1997; eigene Berechnungen.

Sowjetunion, 1969 in Rumänien und 1970 in der Tschechoslowakei und Jugo-
slawien führte. 1970 startete zudem eine vielbeachtete Wanderausstellung über
«Industrial Design» zu einer Osteuropatournee.[13] Der Kultur auf den Fuss folg-
ten 1966 in Moskau eine grosse Schweizer Industrieausstellung, 1967 die von
Bundesrat Rudolf Gnägi persönlich in Moskau eröffnete neue Fluglinie Zürich–
Moskau, weitere Industrieausstellungen und 1971 der erstmalige Empfang der
Sowjetunion an der Mustermesse in Basel.

Diese Bemühungen gipfelten im Bundesratsentscheid vom Februar 1971, eine
«neue Osthandelspolitik» zu lancieren. Bis 1975 schloss die Schweiz mit allen
Oststaaten umfassende Wirtschaftsverträge ab, welche die obsolet gewordenen
Ostverträge aus der Nachkriegszeit ablösten und insbesondere den Clearing-
verkehr durch die freie Konvertibilität der Währungen ersetzten. Der Erfolg
dieser Anstrengungen liess sich sehen, verdoppelte sich doch der Anteil der
Schweizer Exporte nach den Comecon-Staaten zwischen 1964 und 1975. Grundsätzlicher betrachtet haftete diesen Verträgen aber etwas Atavistisches an. Ihr

bilateraler Charakter, die wenig dynamischen und noch weniger zahlungskräftigen Partner und ihr im internationalen Vergleich später Abschluss bildeten keine tragfähige Perspektive. Auch vermied es der Bundesrat aus Rücksicht auf die Kreise, die hinter der Anti-Osthandelskampagne gestanden hatten, die Abkommen irgendwie mit der damaligen Entspannungspolitik und den Ostverträgen der BRD in Zusammenhang zu bringen. Als nach der Rezession von 1975 der Osthandel ein zweites Mal absackte und sich seither nicht wieder erholte, trauerte ihm deshalb in politischer Hinsicht niemand nach.

Die in der Nachkriegszeit von der Exportindustrie und der Handelsabteilung in die Märkte Lateinamerikas, Afrikas und Asiens gesetzten Hoffnungen wurden ebenso enttäuscht. Nach 1945 richteten sich ihre Erwartungen nicht zuletzt auf die sich dekolonisierenden und neu orientierenden asiatischen Staaten, wo die Exportförderer die Schweiz als friedliebende, ausserhalb des Kalten Krieges stehende Nation ohne koloniale Vergangenheit zu präsentieren beliebten. 1948 schloss die Schweiz als erster Staat überhaupt mit dem unabhängig gewordenen Indien einen Freundschaftsvertrag ab.[14] 1949 gehörte sie trotz Warnungen der USA zu den ersten Staaten, die mit der Volksrepublik China diplomatische Beziehungen aufnahmen.[15] Der Erschliessung der aufstrebenden überseeischen Märkte diente 1950 auch die im internationalen Vergleich hohe Zahlung von 1 Mio. Franken, mit der sich der Bund am UNO-Programm für technische Hilfe (EPTA) beteiligte, war doch dieser Beitrag mit der Bedingung verknüpft, ihn ausschliesslich für schweizerische Lieferungen und Dienstleistungen zu verwenden. «Eine Abstinenz brächte der Schweiz eine grosse Gefahr: Das Risiko einer Verdrängung der Schweizer Industrie und des Handels vom Markt der unterentwickelten Länder», begründete das Bundesamt für Industrie, Gewerbe und Arbeit (BIGA) die Mitwirkung am EPTA-Programm, und der Delegierte für Arbeitsbeschaffung stellte klar: «Wie für uns ist auch für andere Länder die ideelle Seite weniger wichtig als die kommerzielle, wenn dies selbstverständlich auch nicht gesagt werden darf.»[16] Diese frühen, multilateral geprägten Anstrengungen der Schweizer Entwicklungshilfe blieben einer breiteren Öffentlichkeit indes weitgehend verborgen. Berücksichtigung fanden vorab asiatische Staaten. Die in Exportkreisen damit verbundenen Hoffnungen wurden aber, ebenso wie jene gegenüber Osteuropa, enttäuscht. 1956 sank der Anteil der Schweizer Exporte an den Weltexporten trotz steter Steigerung des Handels mit westeuropäischen Staaten auf einen Tiefstpunkt.

Ende der 50er Jahre intensivierte der Bundesrat nochmals seine Anstrengungen, die sich dekolonisierenden Staaten in Asien und Afrika zu erschliessen. Der Bund richtete 1959 die Exportrisikogarantie auf die Drittweltmärkte aus, gewährte 1961 einen ersten Rahmenkredit für Entwicklungshilfe und stieg in die Projektarbeit ein. Zudem schloss er im Verlauf der 60er Jahre mit zahlreichen

Entwicklungsländern Abkommen über den Handels- und Luftverkehr, die Investitionen (Kapitalschutz), Finanzhilfe, Mischkredite, Doppelbesteuerung, Schuldenkonsolidierung, technische Zusammenarbeit, Vergleichs-, Gerichts- und Schiedsbarkeit sowie die Errichtung von diplomatischen Vertretungen und von Schweizer Schulen ab. Da die bilaterale Erschliessung der sich dekolonisierenden Länder offensichtlich an Grenzen stiess, verstärkte der Bundesrat auch hier sein multilaterales Engagement. 1959 trat der Bund dem UNO-Sonderfonds für wirtschaftliche Entwicklung und 1962 einem Kaffeeabkommen zur Preisstabilisierung bei, wirkte 1964 aktiv an der UNO-Konferenz für Entwicklung und Handel (UNCTAD) mit, wo es u. a. um das Präferenzzollsystem ging, und trat 1966 der Allgemeinen Zoll- und Handelsvereinbarung (GATT) und 1967 der Asiatischen Entwicklungsbank bei.[17]

Dass der Anteil der asiatischen Märkte an den Schweizer Exporten von rund 10% in den 60er Jahren auf rund 16% ab Ende der 70er Jahre stieg, war aber auf andere Faktoren zurückzuführen als auf entwicklungspolitische Anstrengungen. Die Expansion war vorab auf die reicheren asiatischen Staaten Japan, Hongkong, Iran und Saudi-Arabien fokussiert, die damals unter die 25 wichtigsten Absatzmärkte der Schweiz aufstiegen. Demgegenüber konnte etwa Indien, ein Hauptempfänger schweizerischer Entwicklungshilfeleistungen, das bis 1965 während Jahrzehnten in dieser Liste einen prominenten Platz eingenommen hatte, seine Position fortan nicht mehr wahren.

Sollte die Entwicklungshilfe angesichts ihrer in wirtschaftspolitischer Hinsicht bisher höchst ernüchternden Ergebnisse fortgeführt werden, so musste sie neu begründet werden. Die bisher in der Verwaltung dominierende Legitimation – Kalter Krieg und Exportförderung – hatte an faktischem Gehalt eingebüsst. Statt dessen wurden ab Anfang der 60er Jahre immer mehr die ideellen Motive betont. Deren lautstarke Proklamation durch den Bund, alle grossen Parteien, Verbände und Kirchen erfüllte gleichzeitig in innenpolitischer Hinsicht die Funktion, eine virulenter gewordene, gegen das «Establishment» protestierende Opposition zu integrieren.

## Die Krise der aussenpolitischen Repräsentanz

Tiefgreifende Umwälzungen erfuhr in den 60er Jahren auch das in der Krisen- und Kriegszeit in der aussenpolitischen Repräsentanz dominierende korporatistische Prinzip, wonach der Bundesrat zentrale diplomatische Auftritte der Schweiz an Verbände und Experten delegiert hatte. Am ausgeprägtesten war der Verbandseinfluss bei den bilateralen, vom Bundesrat ernannten Verhandlungsdelegationen gewesen, wo der Vorort des Handels- und Industrievereins, der

Grafik 5: *Anteil der Verwaltung und Privatverbände in den vom Bundesrat ernannten bilateralen Verhandlungsdelegationen, 1937–1976*

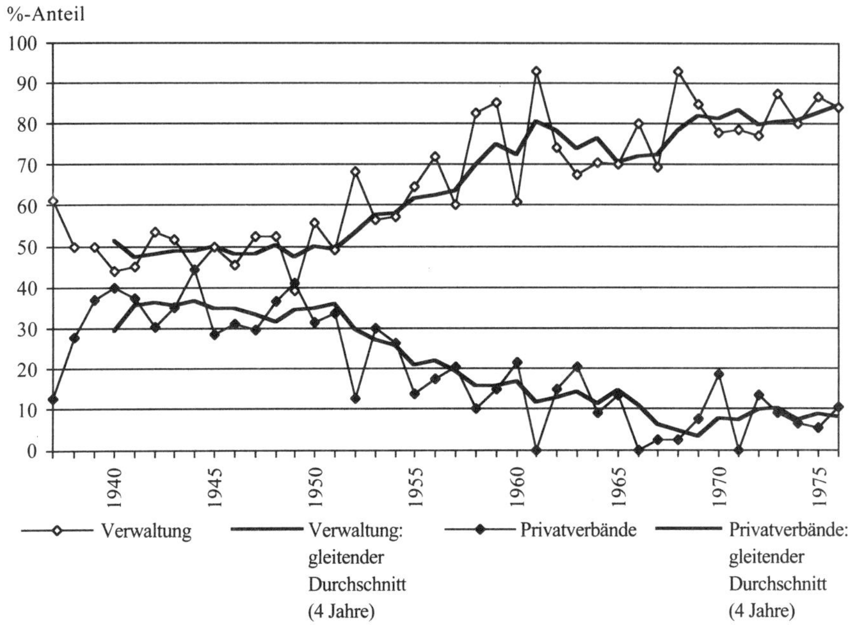

%-Anteil

| | Verwaltung | | Verwaltung: gleitender Durchschnitt (4 Jahre) | | Privatverbände | | Privatverbände: gleitender Durchschnitt (4 Jahre) |

Quelle: Thomas Gees: Verhandlungsdelegationen des Bundesrates, 1937–1976, Bern 1998.

Bauernverband, die Schweizerische Bankiervereinigung und weitere Wirtschaftsverbände bis Anfang der 50er Jahre rund 40% aller Delegierten stellten. Dieser hohe Anteil fiel Ende der 50er Jahre auf unter 20, in den 70er Jahren auf unter 10% (vgl. Grafik 5). Hatte Vorortsdirektor Homberger noch direkt im Bundeshaus in Bern bei der Handelsabteilung ein eigenes Büro belegt, so musste dieses nach seinem Abtritt 1965 geräumt werden.

In den multilateralen bundesrätlichen Verhandlungsdelegationen hatten die Verbände von Anfang an einen schwächeren Stand (vgl. Grafik 6). In der Völkerbundszeit war die Verwaltung in den multilateralen Delegationen mit 40% zwar ebenfalls vergleichsweise schwach vertreten. Sie liess sich indes nicht durch Wirtschaftsverbände, sondern durch Repräsentanten aus den Anstalten (Schweizerische Nationalbank, Schweizerische Verrechnungsstelle, später auch SBB und PTT) und der Wissenschaft oder andere Experten vertreten. Nach dem Krieg ging deren Einfluss zurück, was u. a. darauf zurückzuführen war, dass es im UNO-System unüblich wurde, ausserhalb der Verwaltung stehende Personen als

Grafik 6: *Die vier wichtigsten Akteure in den vom Bundesrat ernannten multilateralen Delegationen nach Perioden, 1937–1976*

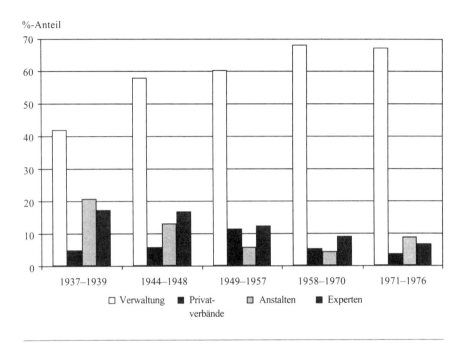

%-Anteil

☐ Verwaltung    ■ Privat-    ▨ Anstalten    ■ Experten
                   verbände

Quelle: Thomas Gees: Verhandlungsdelegationen des Bundesrates, 1937–1976, Bern 1998.

staatliche Repräsentanten zu akzeptieren. So entschied der Exekutivrat der UNESCO 1954 formell, es könnten in ihm keine Privatpersonen, sondern nur noch Regierungsvertreter Einsitz nehmen. Ein Opfer dieses Beschlusses war etwa Jean Piaget, der bekannte Pädagoge und Direktor des Internationalen Erziehungsbüros (IBE) in Genf, der seit 1950 die Schweiz im Exekutivrat der UNESCO vertreten hatte.[18]

Dass die Wirtschaftsverbände auf multilateraler Ebene nur schwach oder gar nicht vertreten waren, steuert wesentliche Elemente zur Erklärung ihrer Vorbehalte gegen die europäische Integration und den Ausbau des UNO-Systems bei. Sehr deutlich machte dies Vorort-Direktor Heinrich Homberger 1959 vor der Schweizerischen Handelskammer, als er sich zum Vorschlag äusserte, eine europäische Freihandelszone zu schaffen. Homberger führte aus: «Auch die Methode, nach der bei der Errichtung einer Freihandelszone – der Kleinen oder der Grossen – verfahren wird, muss unser Misstrauen erregen: es ist die multilaterale Verhandlungsmethode. Diese hat zwei kapitale Nachteile: sie ist unendlich viel schlechter geeignet als die bilaterale Verhandlungsmethode, um Besonderheiten Rechnung zu tragen, weil die Vielzahl von Verhandlungspartnern dazu zwingt, möglichst gleichförmige Formeln zu finden, d. h. alles über den gleichen Leisten zu schlagen. Wenn man weiss, wie sehr die Schweiz das Land der Besonderheiten bildet – wir sind in so und so vielen Beziehungen anders als die andern, und insbesondere die Struktur unserer Wirtschaft lässt sich mit derjenigen der übrigen Länder kaum vergleichen – und in wie weitem Umfange es durch die bilateralen Verträge gelungen ist, auf die Besonderheiten Rücksicht zu nehmen, so erkennt man nicht ohne Beklemmung, dass wir im Begriffe stehen, etwas zu verlieren, an das man sich gerne gewöhnt hatte und dessen Fehlen Enttäuschung hervorrufen wird. Dieser im System liegende Nachteil erfährt noch eine Verschärfung dadurch, dass die multilaterale Verhandlungstechnik eine Sache von Beamten ist und dass unser gemischtes Milizsystem darin keinen Platz findet. Im besten Falle können Experten aus der Privatwirtschaft direkt zum Einsatz gelangen, und auch hier ist es fast nur die Schweiz, die von dieser Möglichkeit Gebrauch macht. An der eigentlichen Verhandlungsfront können praktisch nur Beamte operieren. Das entspricht insoweit durchaus der Praxis bei bilateralen Verhandlungen, als bei diesen das Präsidium der Delegation üblicherweise einem Beamten übertragen wird. Während aber in bilateralen Delegationen, jedenfalls nach schweizerischer Praxis, ohne weiteres Raum für die aktive Teilnahme von Nichtbeamten ist, hat sich das in der multilateralen Verhandlungstechnik bisher nicht als möglich erwiesen. Das hängt wohl in erster Linie damit zusammen, dass die gleichzeitige Teilnahme einer grösseren Zahl von Regierungen zu einer Beschränkung im Einsatz der Delegationen zwingt. Sie suchen das durch die umso intensivere Vorbereitung auszugleichen und finden dafür glücklicherweise in Bern offenes Verständnis.»[19]

Gleichzeitig mit dem Verlust an Mitwirkungsrechten in den Verhandlungsdelegationen hatten die Verbände auch sich komplizierende Zugänge zur Verwaltung zu verkraften. Ab Ende der 50er Jahre waren nicht mehr nur das EPD und die Handelsabteilung Ansprechpartner. Vielmehr fächerte sich die Anzahl Departemente auf, die eigene aussenpolitische Aktivitäten pflegten. Namentlich intensivierten das Post- und Eisenbahndepartement (Energie- und Verkehrsfragen), das Departement des Innern (Sozialversicherung, Bildung, Wissenschaft, Ökologie usw.) und das Justiz- und Polizeidepartement (Rechtshilfefragen, innere Sicherheit) ihre internationalen Auftritte. Auch das EPD selbst machte seinen nach dem Krieg vollzogenen Personalabbau in den 50er Jahren rückgängig und baute zudem die diplomatischen Vertretungen der Schweiz im Ausland stark aus. Der erhöhte internationale Abstimmungsbedarf durch die Fachministerien und die wachsende Präsenz der Schweiz auf dem diplomatischen Parkett erhöhte seinerseits den Koordinationsbedarf im Bundesrat, der rasch an seine Grenzen stiess.

Insbesondere die zunehmende Behandlung transversaler Themen in multilateralen Foren konnte zu Problemen führen.

Dieser tiefgreifende Wandel in den aussenpolitischen Entscheidungsstrukturen blieb nicht ohne Folgen für die innenpolitische Legitimation der schweizerischen Aussenpolitik. Sie war so lange problemlos, als die Verbände direkt ihre Interessen einbringen konnten und ein von Konkordanz geprägtes Umfeld das diskrete aussenpolitische Handeln akzeptiert hatte. Das Ausscheiden der Verbände aus den bundesrätlichen Verhandlungsdelegationen und die wachsende Komplexität der international diskutierten Themen erforderte ab Ende der 50er Jahre aber neue, vermehrt öffentliche Mechanismen zur innenpolitischen Abstützung der Aussenpolitik. Nicht zuletzt ging es um eine stärkere Koordination und Repräsentanz durch den Bundesrat selbst.

In einem ersten Schritt gab der Bundesrat Ende der 50er Jahre seinen bisher fast prinzipiell geübten Verzicht auf Auslandreisen auf und griff zunehmend selbst in die Verhandlungsprozesse ein. Einigen Parlamentariern, die in den 50er Jahren nur mit Vorbehalt dem markanten Ausbau der Schweizer Botschaften im Ausland zugestimmt hatten, erschien dies unnötig. Tatsächlich hatte zwischen der «Privatreise» von Aussenminister Giuseppe Motta 1934 nach Italien, das ein Gespräch beim Papst, dem König und Mussolini mit einschloss, und der «Privatreise» von Petitpierre 1946 nach Paris zu einer Unterredung mit dem Präsidenten der UNO-Generalversammlung, Paul-Henri Spaak, nie mehr ein Bundesrat die Schweiz verlassen. Auch in den 50er Jahren waren die Bundesräte mit Auslandreisen äusserst zurückhaltend. Nur die Einweihung erneuerter Eisenbahnstrecken 1947 in Domodossola und 1956 in Mailand sowie die regelmässige Teilnahme am OECE-Ministerrat und an der Konferenz der europäischen Transportminister war ihnen vergönnt. Erst 1957 unternahm Petitpierre erstmals seit Jahrzehnten einen offiziellen bundesrätlichen Auslandbesuch, der ihn nach Schweden führte.

Mit um so grösserer Aufmerksamkeit beobachtete der Bundesrat, wie andere europäische Minister die symbolische Ebene beachteten, um dem neuen Selbstbewusstsein in den unabhängig gewordenen Staaten gerecht zu werden. So blieb ihm nicht verborgen, dass 1958 der deutsche Wirtschaftsminister Ludwig Erhard während ganzen sechs Wochen in Asien wertvolle Kontakte knüpfte und auch der österreichische Aussenminister Figl, Prinz Bernhard der Niederlande und französische Minister ähnlich ausgedehnte Reisen nach Asien und Afrika unternahmen. «On peut se demander si la Suisse ne devrait pas s'adapter à des méthodes nouvelles qui paraissent avoir une certaine efficacité», notierte dazu Petitpierre im Oktober 1958. Als aber der Vorsteher des Post- und Eisenbahndepartementes (EPED), Giuseppe Lepori, als erster Bundesrat überhaupt im gleichen Jahr eine Reise nach Übersee unternahm und einer Einladung von Minister Keskar nach Indien folgte, löste dies, obschon Lepori die Reise nach bekanntem Muster als «privat» deklariert hatte, in der Schweizer Presse heftige Proteste aus. Solche diplomatischen Auftritt galten ihr als unrepublikanisch; Bundesräte hätten der nationalen Gemeinschaft im Inland zu dienen und nicht dem Ausland zu «hofieren», lautete das Argument.[20]

Die drei Bundesräte Max Petitpierre (Politisches Departement, EPD), Thomas Holenstein (Volkswirtschaftsdepartement, EVD) und Hans Streuli (Finanz- und Zolldepartement, EFZD) liessen in der Folge abklären, ob es verfassungsmässige oder gesetzliche Schranken gegen vermehrte Auslandreisen der Bundesräte gebe.[21] Obschon dies die Verwaltung verneinte, wagte der Bundesrat bis zur höchst umstrittenen Reise von Aussenminister Pierre Aubert nach fünf afrikanischen Staaten 1978 aus innenpolitischer Rücksicht aber nicht mehr, in die bedeutender gewordenen Staaten des Trikonts zu reisen. Längere Abwesenheiten von Bundesräten schienen mit dem schweizerischen Regierungssystem und älteren, republikanisch-antidiplomatischen und gemeinschaftsideologischen Vorstellungen in der Öffentlichkeit nicht vereinbar zu sein.[22] Selbst die Teilnahme an den OECD- und EFTA-Ministerratstreffen gerieten unter Beschuss. Im Juni 1963 erkundigte sich Nationalrat Franz Hayoz (CVP, ZH), ob es angesichts der bundesrätlichen Arbeitsüberlastung notwendig sei, dass teilweise gleich zwei Bundesräte an internationalen Konferenzen teilnähmen, die die europäische Integration betrafen. Der Bundesrat betonte in seiner Antwort, «dass bei der Multilateralisierung der Wirtschaftspolitik regelmässige Kontakte mit ausländischen Regierungsvertretern unerlässlich sind»; neben dem Fachminister müsse für Integrationsfragen auch der Aussenminister anwesend sein.[23] Diese Argumentation war zwar faktisch korrekt, kompensierte aber kaum die legitimatorische Lücke, die durch die rückläufige Mitwirkung wichtiger Interessengruppen bei der Gestaltung der schweizerischen Aussenpolitik entstanden war.

Die Frage, wer die Schweiz wie im Ausland repräsentieren sollte, blieb in den 60er Jahren heftig umstritten. Den bedeutendsten Einfluss auf das internationale Image der Schweiz übte nach dem Krieg vorerst die Schweizerische Verkehrszentrale aus, die Uhren, Käse und das Rote Kreuz sowie eine ländliche Idylle von Gletschern, Geranien und Alphornbläsern ins Zentrum ihrer Tourismuswerbung gerückt hatte. Mitte der 60er Jahre nahm das Publikum um so erstaunter zur Kenntnis, im Ausland sei das Prestige der Schweiz «hoffnungslos geschmolzen», wie Michael Stettler, Präsident der Kulturstiftung Pro Helvetia, meinte. Laut Stettler zeigte die Auslandschweizertagung von 1965 in Solothurn, die der «Präsenz der Schweiz in der Welt» gewidmet war, auf: «Das eben noch so pausbäckig geglaubte ‹Schweizer Antlitz im Ausland› enthüllte sich über Nacht als ‹blasses kränkliches Gesicht›. [...] Der Katalog wies folgende sieben helvetische Todsünden auf: 1. Fehlendes Frauenstimmrecht, 2. Fehlende kulturelle Ausstrahlung,

3. Fremdenfeindlichkeit, 4. Zu grosse Geschäftstüchtigkeit, 5. Neutralität, 6. Bankgeheimnis (Die Zwerge von Zürich), 7. Schweizer Charaktermängel: schlechte Gastfreundschaft, Zugeknöpftheit, Humorlosigkeit, keine Selbstironie.»[24] Ähnlich lautete die Einschätzung der Schweizer Diplomatie, als sich Aussenminister Willy Spühler 1965 entschloss, als erster Bundesrat überhaupt – ebenfalls «privat» – nach den USA zu fliegen und an der University of California ein Referat zu halten. Die Schweizer Botschaft in Washington warnte ihn, er müsse sich auf folgende zwei Medienfragen vorbereiten: «1. Das Problem der Fremdarbeiter in der Schweiz. Die plötzliche ‹Xenophobie› der Schweiz. […] 2. Das Problem des Zuflusses amerikanischen Kapitals in Schweizer Banken. Ungenügende Besteuerung in der Schweiz. ‹Schmutziges› Geld in der Schweiz. Bankgeheimnis und Nummernkonti.» Es seien vorab diese beiden Themen, die in der amerikanischen Presse immer wieder zu «bissigen Artikeln» führten.[25] 1965 erteilte der Bund der Pro Helvetia den erweiterten Auftrag, sich vermehrt der «Pflege der kulturellen Beziehungen mit dem Ausland, insbesondere durch Werbung um das Verständnis für schweizerisches Gedanken- und Kulturgut» anzunehmen, und vervierfachte zwischen 1965 und 1971 die Subventionen an die Kulturstiftung.

Die Krise der innenpolitischen Legitimation der schweizerischen Aussenpolitik und das eher diffuse Gefühl eines allgemeinen Malaise intensivierte sich Mitte der 60er Jahre. Der Eindruck gewann an Bedeutung, die Schweiz schöpfe bloss externe Nutzeneffekte des von anderen organisierten Multilateralismus ab und trage wenig zu dessen Fortentwicklung bei. Unter Politikwissenschaftlern und Publizisten sowie im Parlament entstand eine Debatte über die Schweiz als «Trittbrettfahrerin» des internationalen Systems. Genährt wurde die Auseinandersetzung über die – zumindest was den öffentlich wahrnehmbaren Teil betraf – Konturlosigkeit der Schweizer Aussenpolitik auch von der damals verbreiteten Hoffnung in die Planbarkeit von Politik, die sich in den verschiedenen Gesamtkonzepten für Energie, Verkehr, Gesamtverteidigung usw. niederschlug. Typischer Ausdruck dafür war der von Nationalrat Kurt Furgler (CVP, SG) 1965 vom Bundesrat geforderte Bericht über «Richtlinien der schweizerischen Aussenpolitik», der im Oktober zu einer der ersten grossen, grundsätzlichen aussenpolitischen Debatten im Parlament führte. Noch weiter ging Nationalrat Helmut Hubacher (SP, BS), der parallel zu Furgler eine «Umorientierung» der Aussenpolitik forderte. 1966 deponierte Nationalrat und NZZ-Chefredaktor Willy Bretscher (FDP, ZH) zudem ein Postulat zugunsten des UNO-Beitrittes und gründete mit anderen die Schweizerische Gesellschaft für Aussenpolitik (SGA) zur Aktivierung der innenpolitischen Sensibilität für aussenpolitische Probleme. Ebenfalls 1966 widmete die Schweizerische Vereinigung für Politische Wissenschaften ihr Jahrbuch der Aussenpolitik, das in der Presse breite

Beachtung fand, welche ihrerseits immer häufiger Artikel unter dem Titel «Warum keine aktivere Aussenpolitik?» publizierte.

Die ganze Auseinandersetzung orientierte sich auf der Werteebene stark an universal-ethischen Leitgedanken. Man distanzierte sich von national-gemeinschaftsideologischen Vorstellungen der geistigen Landesverteidigung und wandte sich Themen wie der UNO, den Menschenrechten, der Rüstungskontrolle und der Dritten Welt zu. Auch Furgler begründete seinen Vorstoss u. a. mit dem «ausgesprochenen Nachholbedarf» bei der Ratifizierung von Konventionen und Protokollen des Europarates und bezeichnete die Schweiz als «Nachzügler», weil sie nur 17 von 61 Europaratsübereinkünften angenommen hatte.[26] Erst jetzt wurde einer breiteren Öffentlichkeit bewusst, dass die Schweiz wichtige internationale Standards nicht erfüllte. So konnte die Europäische Menschenrechtskonvention (EMRK) erst 1974 ratifiziert werden, da zuerst in der Verfassung das Verbot des Jesuitenordens aufgehoben und das Frauenstimmrecht eingeführt werden musste.

Teil dieser Wertedebatte war eine breit geführte, von Schriftstellern und anderen Kulturschaffenden genährte Diskussion über die Rolle der Schweiz im 2. Weltkrieg, die ihrerseits eng mit aktuellen Fragen der aussenpolitischen Orientierung verknüpft wurde. So erblickte der Genfer Liberale Olivier Reverdin während einer grossen Geschichtsdebatte vom 24. Juni 1965 im Nationalrat in der Tatsache, dass der Bundesrat die Archive für die Forschung weiterhin verschlossen halten wollte, einen der Gründe, warum man sich in der Schweiz so wenig für Aussenpolitik interessierte. Reverdin machte, wie dazu Böschenstein festhielt, «also nicht mehr das ‹Interesse an der Geschichte›, sondern die Anteilnahme an der Aussenpolitik geltend». Im erneuerten Geschichtsbild von der Rolle der Schweiz im 2. Weltkrieg erblickte er einen Schlüssel für eine wirklichkeitsnähere Sicht auf die aussenpolitischen Möglichkeiten der Schweiz in der Nachkriegszeit.[27] In der Folge nahm die Empfänglichkeit für eine kritische Bewertung der jüngeren Vergangenheit weiter zu. So warf 1969 ein Artikel von Paul Ignaz Vogel in der nonkonformistischen Zeitschrift «Neutralität» hohe Wellen, wonach der damalige EJPD-Vorsteher Ludwig von Moos 1934 das Ständestaatsprogramm des Jungkonservativen Bundes Obwaldens unterzeichnet und im «Obwaldner Volksfreund» nazifreundliche und antisemitische Texte publiziert hatte.[28]

Ein Ventil fanden diese stark moralisierenden Problemstellungen in der damaligen Entwicklungshilfediskussion. So erblickte auch von Moos in der Anrufung einer nach aussen solidarischen Schweiz eine Möglichkeit, innenpolitische Konflikte zuzudecken. In einer Rede vom November 1970 verknüpfte er unmittelbar moralische Fragen mit Problemen des 2. Weltkriegs und bot als Ausweg ein zusätzliches Engagement in der Entwicklungshilfe an: Es sei «nicht zu verken-

nen, dass Gewalttaten und Naturkatastrophen viel Not und Elend verursachen, meist Unschuldige treffen und niemanden unter uns gefühllos daran vorbeigehen lassen dürfen», meinte von Moos einleitend, und schloss unmittelbar daran seine Sicht über die Rolle der Schweiz im 2. Weltkrieg an: «Heute, in unseren Tagen der Unruhe und Umwälzung, da wir nicht mehr wie während des Krieges wie auf einer Insel leben, geht es nicht darum, für uns zu erhalten, sondern beizutragen, mitzuhelfen zur sozialen und ökonomischen Entwicklung anderer, weniger bevorzugter Völker. Der Entwicklungshilfe soll das Schweizervolk, ungeachtet mancher Einwendungen, ein offenes Ohr und ein weites Herz schenken.»[29]
Zur Integration oppositioneller Kreise mochte die Anrufung der Entwicklungshilfe geeignet sein. Dies konnte aber nicht genügen, um die tieferliegenden strukturellen Probleme zu lösen, die u. a. aus dem unbewältigten Multilateralismus, der Dynamik der europäischen Integration und den Defiziten in den aussenpolitischen Entscheidungs- und Repräsentationsstrukturen entstanden waren.

## Anmerkungen

1  Vgl. Georg Kreis (Hg.): *Die Schweiz im internationalen System der Nachkriegszeit 1943–1950,* Basel 1996 (Itinera, Bd. 18).

2  Vgl. Thomas Gees, *Verhandlungsdelegationen des Bundesrates, 1937–1976,* Bern 1998 (NFP-42-Projekt Hug, Arbeitspapier Nr. 1).

3  Geschäftsbericht des Bundsrates 1965, S. 3 f.

4  Alois Riklin: *Zur Konzeption der schweizerischen Aussenpolitik.* Gutachten ausgearbeitet im Auftrag der Studiengruppe für Aussenpolitik beim EPD, Hochschule St. Gallen, Forschungsstelle für Politikwissenschaft 1973 (Beiträge und Berichte, Heft 12).

5  Rudolf Bindschedler: *Grundlagen der schweizerischen Aussenpolitik,* in: *Österreichische Zeitschrift für Aussenpolitik,* H. 2/3, 1964, S. 75–96.

6  Gunter Schwerdtel: *The Swiss Participation in the European Payments Union, 1950–1958,* Bern 1992, S. 239 f.

7  Schweizerische Bankiervereinigung: *52. Jahresbericht,* 1963/64, S. 38 ff.

8  Vgl. Annette Enz: *Die Schweiz und die Grosse Europäische Freihandelszone,* in: *Studien und Quellen,* H. 16/17, Bern 1991, S. 157–261.

9  Eigene Berechnung, Daten aus Heiner Ritzmann-Blickenstorfer (Hg.): *Historische Statistik der Schweiz. Statistique historique de la Suisse. Historical Statistics of Switzerland,* Zürich 1997.

10  Anne-Karin Wicki, *Die Stellung der Schweiz während der Suez-Krise 1956/57,* Liz.arbeit, Bern 1995, S. 73 ff.

11  Vgl. Peter Hug, Marc Perrenoud: *In der Schweiz liegende Vermögenswerte von Nazi-Opfern und Entschädigungsabkommen mit Oststaaten.* Bericht über historische Abklärungen, erstellt im Auftrag der Schweizerischen Eidgenossenschaft, Bern 1997 (Dossier Nr. 4).

12  Christoph Meyer: *Innenpolitische Aspekte des schweizerischen Osthandels 1950–1971,* Basel 1997 (unveröffentlichte Lizentiatsarbeit); vgl. Hugo Bütler: *Osthandel, Ostkontakte und Antikommunismus. Erfahrungen der 50er und 60er Jahre,* in: Urs Altermatt, Judit Garamvölgyi (Hg.): *Innen- und Aussenpolitik. Primat oder Interdependenz?* Festschrift zum 60. Geburtstag von Walther Hofer, Bern 1980, S. 367–384.

13  Michael Stettler: *Abschied und Ausblick,* in: *Jahrbuch der Pro Helvetia 1967–1970,* Zürich 1972, S. 8.

14  Bundesrat: *Botschaft betreffend die Genehmigung des am 14. 8. 1948 abgeschlossenen Freundschafts- und Niederlassungsvertrages zwischen der Schweiz und Indien, 20. 9. 1948,* in: *Bundesblatt,* 1948, Bd. III, S. 200–203/8.

15  Regula Stämpfli: *Die Schweiz und China 1945–1950,* in: *Studien und Quellen,* H. 13/14, Bern 1988, S. 163–224.

16  Direktor des BIGA (Kaufmann) an EPD, Abteilung für internationale Organisationen, 21. 2. 1950, Schweizerisches Bundesarchiv (BAR), E 7170 (B) 1968/167, Bd. 1; EVD, Delegierter für Arbeitsbeschaffung (Zipfel) an AIO, 7. 1. 1950, BAR, E 2001 (E) 6, Bd. 11. Vgl. Patrick Moser: *«Ein kühnes neues Programm». Das Point-Four-Programm der USA, das Erweiterte Technische Hilfsprogramm der UNO (EPTA) und die Schweiz,* in: Peter Hug, Beatrix Mesmer (Hg.): *Von der Entwicklungshilfe zur Entwicklungspolitik,* Bern 1993 (Studien und Quellen, 19), S. 78–89.

17  Vgl. dazu weitere Aufsätze in dem in Anm. 16 erwähnten Sammelband.

18  Daniel Béguin: *Un problème qui se pose en Suisse. Die UNESCO-Konvention über die Bekämpfung der Diskriminierung im Unterrichtswesen und die Mitarbeit der Schweiz bei deren Ausarbeitung,* Bern 1997 (unveröffentlichte Seminararbeit bei Prof. B. Studer), S. 23.

19  Protokoll der 213. Schweizerischen Handelskammer vom 18. 9. 1959, S. 8, Vorort-Archiv, zit. nach Thomas Gees: *Gegen das «wirtschaftspolitische Regime» – gegen das supranationale Prinzip. Die Politik des Vorortes des Schweizerischen Handels- und Industrievereins zur europäischen Integration (1957–1972),* Liz.arbeit, Bern 1995.

20  *Wenn einer eine Reise tut,* in: *Schwarz auf Weiss,* Bern, 29. 1. 1958; *Republikanische Blätter,* 22. 2. 1958; *Der Bund,* 27. 2. 1958.

21  Notiz von Petitpierre, 17. 10. 1958, BAR, E 2004 (B) 1978/136, Bd. 4 (A.132.3).

22  Georg Kreis: *Umstrittene Reisediplomatie,* in: *Schweizer Monatshefte* 59, 1979, S. 209–219.

23  Antwort des Bundesrates vom 27. 8. 1963 auf die Kleine Anfrage von Nationalrat Franz Hayoz vom 19. 6. 1963, BAR, E 2004 (B) 1978/136, Bd. 4 (A.132.3).

24  Michael Stettler: *Zweierlei Schweiz,* in: *Jahrbuch der Pro Helvetia 1964–1966,* Zürich 1967, S. 80.

25  Schweizer Botschaft in Washington an EVED, 12. 3. 1965, BAR, E 2004 (B) 1978/136, Bd. 4 (A.132.3).

26  Kurt Furgler, *Überlegungen zur zukünftigen schweizerischen Aussenpolitik,* Sonderdruck aus: *Im Spannungsfeld der Politik.* Festgabe zum 60. Geburtstag von Martin Rosenfeld, Bern 1968.

27  Hermann Böschenstein: *Geschichtsforschung und Staatsgeheimnis,* in: Ernst Walder et al. (Hg.): *Festgabe Hans von Greyerz zum 60. Geburtstag,* Bern 1967, S. 11–20.

28  Selbst das EJPD reagierte am 29. 12. 1969 mit einer *Pressemitteilung* auf die «Vorwürfe gegen Ludwig von Moos»; vgl. auch Mario Cortesi: *Was sagen Sie zur Attacke auf Bundesrat von Moos?,* in: *National-Zeitung,* 31. 12. 1969, BAR, E 2004 (B) 1982/69, Bd. 11 (A.132.1). Vgl. März- und Dezember-Heft der «Neutralität».

29  Ludwig von Moos, Ansprache an der Entlebucher Bauerntagung in Schüpfheim, 29. 11. 1970, BAR, E 2004 (B) 1982/69, Bd. 11 (A.132.1).

# «Es geht auch um die Seele unseres Volkes»

## Entwicklungshilfe und nationaler Konsens

René Holenstein

In den 60er Jahren wurde die Entwicklungshilfe zu einem aussenpolitischen Bereich, der sowohl von der politischen Elite als auch von der Mehrheit der Bevölkerung ziemlich unbestritten als staatliche Aufgabe anerkannt wurde. Der folgende Beitrag sieht einen wesentlichen Grund für den Erfolg der schweizerischen Entwicklungshilfe darin, dass sie an zentrale Leitbilder und Grundwerte der Nachkriegsentwicklung anknüpfen konnte. Die Aspekte, die hier besonders zur Sprache kommen, sind Armutsbekämpfung, universelle Gleichheit, nachholende Modernisierung, staatliche Sozialpolitik, Solidarität und Neutralität. Der gesellschaftliche Konsens um die Entwicklungshilfe wurde gegen Ende der 60er Jahre aufgebrochen. Die sich formierende entwicklungspolitische Reformbewegung trat für ein neues Solidaritätsverständnis ein und kritisierte den schweizerischen Sonderfall, die Vorstellung des helvetischen Alleingangs in der Welt. In zahlreichen Entwicklungsorganisationen lösten Solidaritäts- und Gerechtigkeitsmotive das lange Zeit vorherrschende karitative Hilfeverständnis ab.

## Armutsbekämpfung

Mit dem Einsetzen der staatlichen Entwicklungshilfe in den 50er Jahren stellte sich die soziale Frage im internationalen Rahmen. Die Dimension des Elends, das man als «Elend der Unterentwicklung» verstand, wurde erstmals auf internationaler Ebene wahrgenommen. Während das Elend als Massenphänomen in Europa seit der Mitte des 19. Jahrhunderts allmählich verschwunden war, entstand in der «Dritten Welt» eine neue Armutsgrenze, und die gemeinsame Verantwortung für die soziale Situation auf allen Kontinenten wurde zu einem vornehmlich politischen Problem, das man nicht durch Barmherzigkeit und andere philanthropische Tätigkeiten beseitigen konnte.[1]

1949 ging Harry S. Truman in seiner «Point-Four»-Rede davon aus, dass die

Armen «unterentwickelt» und nicht in der Lage seien, ihre eigenen Interessen zu erkennen. Also bräuchten sie die Unterstützung anderer, die über mehr Know-how und Macht verfügten, meinte Truman. Amerika verfüge über einen «Schatz technischen Wissens» und über Kapital, das «allen friedliebenden Völkern» zugänglich gemacht werden sollte. Als Grundbedingung für die Überwindung der Armut bezeichnete der amerikanische Präsident das Wirtschaftswachstum, das seiner Ansicht nach allgemein akzeptiert wurde.[2]

Auch in der Schweiz war man sich bis weit in die 60er Jahre über alle ideologischen Grenzen hinweg einig: Das Problem ist die Armut, wirtschaftliche und technische Entwicklung ist die Lösung. Es bestand ein ideologischer Konsens darüber, dass man gegen die Armut in der Welt etwas tun müsse; die Linderung bzw. Abschaffung der weltweiten Armut wurde als ein Akt der moralischen Vernunft verstanden.[3] Folgerichtig stand das Ziel, mit Hilfe von Projekten und Programmen die unmittelbare Not der Ärmsten zu lindern, an erster Stelle der Entwicklungsbemühungen. Der weitgehende gesellschaftliche Konsens über die Bekämpfung der Armut ist vor dem Hintergrund der Hochkonjunktur und des Glaubens an das Wirtschaftswachstum als Heilmittel für alle Missstände zu sehen. Ein sozialer Ausgleich zugunsten der armen Länder schien durch materielle Hilfe machbar zu sein.

## Universelle Gleichheit und nachholende Modernisierung

Nebst der Bekämpfung der Armut hatte die Gleichheit als Zielvorstellung und Prinzip in der Entwicklungspolitik einen grossen Stellenwert. Die Gleichheitsvorstellungen entstanden aus der breiten Übereinstimmung über die Ziele des Wohlfahrtsstaates der Nachkriegszeit.[4] Dieser sah es als moralische Verpflichtung an, den (wirtschaftlichen) Status quo im Sinne des «Wohlstandes für alle» zu verändern. Die Entwicklungspolitik ging dabei von den Voraussetzungen wirtschaftlicher Entwicklung für die Dritte Welt aus, die im spezifischen Entwicklungsprozess Europas ihre Wurzel hatten. Die zentralen Prämissen lauteten: Entwicklung ist gleich materieller Wohlstand, materieller Wohlstand ist gleich Wachstum des Bruttosozialprodukts; Wachstum kann von aussen durch Kapital- und Technologietransfer angestossen werden. Die Betonung der Wachstumsziele schien durch die Überlegung gerechtfertigt, dass die erhofften Gewinne automatisch den ärmeren Schichten zukommen würden.[5] Der Begriff der «nachholenden wirtschaftlichen Entwicklung» umfasste sowohl das Ziel der Armutsbekämpfung als auch das der (wirtschaftlichen) Gleichstellung.[6] Dem Konzept lag ein Gleichheitsgedanke zugrunde, der durch die Modernisierungsstrategien auf die Entwicklungsländer übertragen wurde. So problematisch die einseitige Orientierung an wirtschaftlichen Wachstumszielen war, mit der Politik der «nach-holenden Entwicklung» wurde immerhin versucht, das Gleichheitsversprechen in die Praxis umzusetzen, indem man die neu entstandenen, politisch selbstän-digen Staaten in den Weltmarkt integrierte.

## Entwicklungshilfe und Aussenwirtschaftspolitik

Sowohl humanitäre Hilfe als auch Entwicklungshilfe wurden besonders zwi-schen 1961 (Gründung des *Dienstes für technische Zusammenarbeit*, DftZ) und 1968 (Beitritt der Schweiz zum *Entwicklungsausschuss* der OECD) zu einem immer bedeutenderen Bestandteil der schweizerischen Aussenpolitik. Mit dem Ausbau der Wirtschafts- und Finanzhilfe seit Mitte des Jahrzehnts begann eine neue Etappe in der schweizerischen Entwicklungspolitik.[7] Von der Schweiz als einem wohlhabenden Land wurde erwartet, dass sie sich an der Lastenverteilung für gemeinsame internationale Aufgaben beteiligt.

Humanitäre Hilfe und Entwicklungshilfe bewegen sich im Spannungsfeld zwi-schen Wirtschaftsinteressen und Armenfürsorge.[8] Nicht auf alles, was sich Ent-wicklungshilfe nennt, trifft diese Bezeichnung zu. Mit dem Begriff Entwick-lungshilfe wurden sämtliche finanziellen Leistungen an die Dritte Welt zu-sammengefasst, obschon sich diese nach Motiven, Formen und Bedingungen unterschieden. Private Leistungen, Exportkredite und Direktinvestitionen wur-den ganz selbstverständlich als Entwicklungshilfe bezeichnet, obwohl sie wegen ihrer Konditionen und Gewinnraten als normale Geschäftsbeziehungen zu gel-ten hatten.[9] Die schweizerische Entwicklungspolitik sei schon immer vor allem Aussenwirtschaftspolitik und ein «sozialpflegerisches Produkt der Aussenpoli-tik» gewesen, kritisierte später der entwicklungspolitische Vordenker Rudolf H. Strahm.[10] Als Teil der Aussen- und Aussenwirtschaftspolitik der Schweiz diente die Entwicklungspolitik handfesten Interessen. Die Schweiz war als eine stark exportabhängige Industrienation am weiteren Wachstum der Weltwirt-schaft interessiert. Ihre wirtschaftliche Zusammenarbeit mit der Dritten Welt hatte zum Ziel, die Ausweitung der Absatzmärkte für industrielle Produkte zu fördern, die Versorgung mit Rohstoffen zu sichern und die Voraussetzungen für private Direktinvestitionen in der Dritten Welt zu schaffen. Die Industrie brauchte in den Entwicklungsländern eine Infrastruktur, die ihr der Staat, notfalls durch seine Entwicklungshilfe, zur Verfügung stellen sollte.

## Weltsozialpolitik

Auch über einige grundlegende soziale Standards bestand ein gesellschaftlicher Konsens, da sie im Bewusstsein der Menschen in den Industrieländern verankert waren.[11] Diese Standards verlangten, den Austausch zwischen armen und reichen Ländern so zu organisieren, dass die am wenigsten Begünstigten den grösstmöglichen Vorteil davon haben. Ungeachtet der Frage, wie dieses Ziel zu erreichen sei, setzte sich die Ansicht allgemein durch, dass ein weltweiter sozialer Ausgleich zumindest in einem gewissen Umfang auch eine den Leistungen und Bedürfnissen der Menschen entsprechende Verteilung wirtschaftlicher Güter und Lasten erfordert.[12]

Infolge seiner Anerkennung in der Sozialpolitik erfuhr das Solidaritätsprinzip auch in anderen Politikbereichen eine «spektakuläre Wertschätzung».[13] Lag es deshalb nicht nahe, die national erfolgreiche Idee der gesellschaftlichen Sozialnetze auf die internationale Ebene zu übertragen?[14] Jedenfalls überschritt mit der europäischen Nachkriegs- bzw. Entwicklungshilfe die Solidarität die Grenzen der einzelnen Staaten – sie wurde universell. Die Attraktivität des sozialstaatlichen Modells in den Industriegesellschaften, d. h. die durch staatlich garantierte Versicherungssysteme organisierte Unterstützung der sozial Schwachen durch die Leistungsfähigen, schien die Solidaritätsprobleme in der Weltgesellschaft lösbar zu machen.[15]

Noch nach Abflachen der Entkolonialisierungswelle Anfang der 60er Jahre war man überzeugt, dieses Ziel erreichen zu können. Die nationalstaatliche Solidarität, das wissen wir inzwischen, liess sich jedoch nicht einfach auf die internationale Ebene übertragen. Die Kluft zwischen reichen und armen Ländern vertiefte sich weiter, wie die Statistiken von internationalen Organisationen zeigen. Ausserdem drohte das System der internationalen Hilfe zur Rekolonialisierung der Dritten Welt zu führen. Es machte die Empfängerländer von den Gebernationen abhängig und trug zur Stabilisierung der politischen Systeme in den Industrie- wie auch in den Entwicklungsländern bei.[16]

## Zur Metaphorik von Entwicklungshilfe und Solidarität

Das Gebiet Entwicklungshilfe bzw. Solidarität[17] erfuhr in der Schweiz ähnlich wie im Ausland grundsätzlich zwei Ausprägungen, eine eher rückwärtsgewandte und eine eher fortschrittliche. Einerseits wurden damit Bilder und Begriffe wie humanitäre Tradition, Rotkreuzidee, nationales Zusammengehörigkeitsgefühl über die Klassengrenzen hinaus und Neutralität in Verbindung gebracht, andererseits

Begriffe wie Weltoffenheit, soziale Gerechtigkeit und internationale Solidarität. Den beiden Aspekten von Entwicklungshilfe/Solidarität entsprachen verschiedene politische und gesellschaftliche Standpunkte und Weltbilder, die beide untrennbar mit der allgemeinen politischen Grundhaltung in den 60er Jahren verbunden waren. Zum rückwärtsgerichteten Aspekt:

– Entwicklungshilfe, ein Bestandteil der *humanitären Tradition* der Schweiz. Auf diesen Punkt wurde in der Botschaft des Bundesrates aus dem Jahre 1964 Bezug genommen: «Die Entwicklungshilfe entspricht der schweizerischen humanitären Tradition, die keine geographischen Grenzen kennt.»[18] Die Rotkreuzidee war seit dem 19. Jahrhundert ein Symbol für die «humanitäre Schweiz». Das *Internationale Komitee vom Roten Kreuz* (IKRK) verkörperte für viele die humanitäre Tradition der Schweiz schlechthin, und dessen Tätigkeit gehörte laut Bundesrat zum besten, «was wir zur Milderung der traurigen Folgen von Gegensätzen unter verfeindeten Völkern tun können».[19]

– Rekurs auf *Vorbilder* aus der Zeit der Geistigen Landesverteidigung und des 2. Weltkriegs. Genauso wie es damals zu einem «nationalen Schulterschluss» gekommen war, um die äussere Bedrohung abzuwehren, sollte sich die Schweizer Bevölkerung in der Nachkriegszeit zusammenschliessen, um die weltweite Entwicklungsaufgabe durch eine gemeinsame Solidaritätsanstrengung zu bewältigen. Bundesrat Wahlen sprach in einem Vortrag dieses nationale Einigkeitsgefühl an: «Während des 2. Weltkriegs hatten wir einen lange nicht mehr erlebten Höhepunkt nationaler Solidarität und gemeinsamen Selbstbehauptungswillens erreicht. Der Anstoss dazu war die für alle greifbare Gefahr von aussen, aber dazu kamen Massnahmen im Innern, die in uns allen das Gefühl des Aufeinander-Angewiesenseins verstärkten. [...] So fühlten wir uns zu Kriegsschluss gewappnet, der von allen Seiten prophezeiten Nachkriegskrise im gleichen Geiste der Einigkeit und des Opferwillens zu begegnen.»[20]

Die *Schweizer Spende* (1944–1948), die eine direkte Vorläuferin der Entwicklungshilfe war, brachte als Wiederaufbauhilfe für die zerstörten europäischen Nachbarländer dieses Zusammengehörigkeitsgefühl zum Ausdruck.[21]

Die gemeinschafts- und sinnstiftenden Elemente aus der Zeit der Schweizer Spende waren in der Entwicklungshilfe bis weit in die 60er Jahre sehr ausgeprägt. Die Solidaritätsverpflichtung gegenüber den Ländern der Dritten Welt wurde als nationale Gemeinschaftsaufgabe angesehen, die mit aussagekräftigen Metaphern untermauert wurde: «Der Kreuzzug gegen den Hunger ist ein wahrhaft menschlicher Auftrag, eine grosse Gemeinschaftsaufgabe aller Völker, die unser vom Wohlstand begünstigtes Volk nicht gleichgültig lassen kann. Wir wollen unseren Mitmenschen, die in anderen Weltteilen in Bedrängnis leben, helfen. Solange sie sich nicht in Freiheit ihrer Menschenwürde erfreuen können, so lange ist die Freiheit der Welt überhaupt gefährdet. Indem wir ihnen

behilflich sind, tragen wir auch zur Gestaltung unserer eigenen Zukunft bei.»[22]
Mit diesen Worten eröffnete Bundesrat Max Petitpierre 1960 die nationale FAO-
Kampagne gegen den Hunger. Dass er die Entwicklungshilfe eine nationale Verpflichtung nannte, war mehr als blosse Rhetorik; eine ähnliche Argumentation
finden wir bei den Bundesräten Wahlen und Spühler wieder.
– *Entwicklungshilfe und schweizerische Neutralität.* Auch die Neutralität gehörte zum Grundkonsens um die Entwicklungshilfe in den 60er Jahren; von
vielen wurde sie als Ideal für ein friedliches Zusammenleben der Staaten untereinander angesehen.[23] Obschon die Neutralität Anfang der 60er Jahre durch die veränderten internationalen Rahmenbedingungen an Bedeutung verloren hatte, bildete
sie nach wie vor eine Leitlinie der staatlichen Entwicklungshilfe. Die von Bundesrat Max Petitpierre hergestellte Verbindung zwischen Neutralität und Solidarität hatte vor allem die Funktion, den staatlichen Imageverlust der Schweiz
in der Nachkriegszeit aufzubessern.[24] Petitpierre erklärte, die Hilfsbereitschaft
für «notleidende Völker» gehöre mit zur Begründung der schweizerischen Neutralität, die sich nicht nur in einem Abseitsstehen und in der Erhaltung der
Unabhängigkeit des Landes erschöpfen dürfe.[25]
Die Bezüge und Rückgriffe auf die «humanitäre Tradition», auf Vorbilder aus der
Zeit vor und nach dem 2. Weltkrieg und auf die Neutralität trugen dazu bei, der
Entwicklungshilfe eine identitätsstiftende Komponente zu geben und sie als Aus-
druck eines besonderen schweizerischen Sendungsbewusstseins darzustellen.
Andererseits wurde das Bedeutungsfeld Entwicklungshilfe/Solidarität auch fort-
schrittlich interpretiert und mit Begriffen wie Weltoffenheit, soziale Gerechtig-
keit und internationale Kooperationsbereitschaft der Schweiz besetzt. Diesen
Aspekt unterstreichen folgende Beispiele:
– *Symbol für die Weltoffenheit der Schweiz.* «Die Entwicklungshilfe», schrieb der
Herausgeber der entwicklungspolitischen Zeitschrift «mondo», Walter Renschler, «wurde zum geeigneten Mittel, um die nach aussen isolierende Sattheit zu
durchbrechen und vermehrt über die eigenen Grenzen hinauszublicken.»[26] Sie
fördere «die Überprüfung unserer Verhältnisse im Innern», und die Schweiz
könne aus ihr einen Nutzen ziehen, «indem die Hilfe, die ferne Länder entwickeln
soll, zugleich uns selbst entwickelt».[27] Auch der politisch engagierte Germanist,
Historiker und Humanist Karl Schmid setzte sich in seinen vielbeachteten Reden
und Schriften mit der Entwicklungshilfe auseinander. Der frühere Rektor der
ETH hielt schon Anfang der 60er Jahre fest, dass die Schweiz nicht um jeden
Preis neutral abseits stehen dürfe. Die Begegnung mit den Ländern der Dritten
Welt könne zu einem Lernprozess für die Bevölkerung werden, meinte Schmid:
«Als Folge unserer Neutralität sind wir tief durchdrungen von einer Art Insel-
gefühl, von der eigentümlichen Überzeugung, die Weltgeschichte mache an unse-
ren Grenzen halt und verschone uns. […] Neutralität ist jedoch keine Basis für das

Leben einer Nation. Neutralität genügt nicht. Sie besagt, man wolle ausserhalb des Krieges bleiben; aber wir dürfen nicht ausserhalb der Not [stehen] wollen, die morgen zum Kriege führen kann. In dieser klein gewordenen Welt gehen uns Indien oder Afrika heute so an, wie Österreich oder Italien unsere Grossväter angingen.»[28] Vor allem geistig könne die Schweiz von den Entwicklungsländern lernen: «Die Befassung mit Entwicklungsländern kann uns zeigen, dass viele dieser Völker zufriedener sind und heiterer als wir wohlhabenden Schweizer. […] Es geht bei der Entwicklungshilfe nicht nur um die anderen; *es geht auch um die Seele unseres Volkes.*»[29]

– *Soziale Gerechtigkeit – weltweit.* Insbesondere die traditionelle Linke stellte mit Nachdruck die emanzipatorische Seite der Entwicklungshilfe heraus, wobei sie sich nicht mehr auf die Klassensolidarität, sondern auf die nationale Solidarität berief. So trat der sozialdemokratische Nationalrat Max Weber dafür ein, den Gegensatz zwischen reichen und armen Völkern zu überwinden, der an die Stelle der alten Klassenkonflikte getreten sei. Den Kampf gegen soziale Ungerechtigkeit hielt er für unteilbar: «Wir bemühen uns um die Überwindung der Ungerechtigkeiten in unserer Gesellschaft. Nicht weniger dringend ist die Aufgabe, den unterentwickelten Nationen zu helfen. Es ist ein Gebot der Solidarität, eine menschliche Pflicht!»[30] Trotz dieser Appelle an das Gerechtigkeitsempfinden der Bevölkerung machte sich mit der Zeit eine gewisse Ernüchterung über die ausbleibenden Erfolge der Entwicklungshilfe bemerkbar.

– *Staatliche Kooperationsbereitschaft.* Im Bundesgesetz über die internationale Entwicklungszusammenarbeit und humanitäre Hilfe aus dem Jahre 1976 wird die internationale Solidarität als eines der fundamentalen Ziele des Entwicklungsprozesses genannt:[31]«Die internationale Entwicklungszusammenarbeit und humanitäre Hilfe sind Ausdruck der Solidarität, die eines der Prinzipien darstellt, nach denen die Schweiz ihr Verhältnis zur internationalen Gemeinschaft gestaltet, und entsprechen der weltweiten Verflechtung.»[32]

Unter staatlicher Solidarität verstand die offizielle Schweiz die internationale Kooperationsbereitschaft des Staates, d. h. die «grundsätzlich kein Land ausschliessende Bereitschaft zu gegenseitigen Leistungen im ausgewogenen Interesse aller jeweils betroffenen Partner».[33] Konkret umfasste staatliche Solidarität also drei Dinge: Erstens die Zusammenarbeit der Schweiz mit anderen Industrieländern; zweitens die Mitgliedschaft der Schweiz bei internationalen Organisationen und deren finanzielle Unterstützung; und drittens die eigentliche Entwicklungshilfe.[34] Eng verbunden mit der Idee der staatlichen Solidarität war die humanitäre Idee, die wie die Entwicklungshilfe als «ein wichtiges, weltweit einsetzbares Instrument der schweizerischen Aussenpolitik» definiert und als «konkreter und sichtbarer Ausdruck der internationalen Solidarität der Schweiz» bezeichnet wurde.[35]

Durch die unterschiedlichen Deutungen des Entwicklungshilfe- bzw. Solidaritätsbegriffes gelang es, die relevanten politischen und gesellschaftlichen Kreise für die Entwicklungshilfe und für die Formel «Solidarität im Rahmen der Neutralität» zu gewinnen.

## Neues Solidaritätsverständnis gefordert

Gegen Ende der 60er Jahre brach der gesellschaftliche Konsens zeitweise auf, der in der Entwicklungshilfe um die Formel «Solidarität im Rahmen der Neutralität» bestanden hatte. Entwicklungspolitisch engagierte Kreise forderten eine Neudefinition der staatlichen Solidarität und Strukturveränderungen zugunsten des Südens. Die internationale Solidarität solle in der Schweiz beginnen und auf eine Reform der Nord-Süd-Beziehungen zielen, forderten sie. Dabei wurden die Wirtschafts- und Finanzbeziehungen der Schweiz erstmals zu einem Thema.

Unter dem Einfluss der studentischen Bewegung gegen den Vietnamkrieg und gegen den Biafrakrieg bildeten sich 1967–1970 in Schul-, Hochschul- und Kirchenkreisen entwicklungspolitische Aktionsgruppen. Sie waren mit unterschiedlichem Selbstverständnis und in unterschiedlichen Aktionsfeldern in vielen Orten der Schweiz aktiv. Gemeinsamer Ausgangspunkt aller Drittweltgruppen war ein moralischer Protest. Vor allem am Anfang stand die mehr karitative Unterstützung im Vordergrund. In den Kirchen hatten sich Jugendgruppen seit jeher sporadisch mit Entwicklungsproblemen beschäftigt. Sie verstanden unter Entwicklungshilfe lange Zeit reine Almosenspenden im Dienste kirchlicher Missionsarbeit. Aber die Auseinandersetzung mit den Ursachen der Unterentwicklung führte fast alle zur mehr oder weniger intensiven Beschäftigung mit der eigenen Gesellschaft. Gemeinsames Anliegen der entwicklungspolitischen Aktionsgruppen war, in der Schweiz über die Situation in der Dritten Welt zu informieren, die Auswirkungen der Politik der Industriestaaten aufzuzeigen, ein öffentliches Bewusstsein über diese Probleme und die Notwendigkeit einer Veränderung zu schaffen sowie eine Politik durchzusetzen, welche die weltweiten Abhängigkeitsstrukturen aufbricht.

Alle diese entwicklungspolitischen Gruppen, die überwiegend als Bürger- und Bürgerinneninitiativen entstanden, waren Teil einer bunten «entwicklungspolitischen Szene», die Anfang der 70er Jahre immer öfter mit Ökologie-, Friedens- und Frauengruppen zusammenarbeitete. Neben länderbezogenen Solidaritätskomitees (z. B. zum südlichen Afrika und Chile) entstanden entwicklungspolitische Aktionsgruppen (*Erklärung von Bern*, EvB, *Schweizerische Arbeitsgruppen für Entwicklungspolitik,* Safep), entwicklungspolitische Lobbyorganisationen (Arbeitsgemeinschaft der Hilfswerke), Drittweltläden und themenzentrierte Grup-

pen, die sich mit Bildungsfragen, Kinderbüchern, Rassismus, Hunger, Waffen-
ausfuhr, Atomtechnologieexport usw. befassten. Die traditionellen Hilfswerke
blieben zwar der Projektarbeit in der Dritten Welt treu, doch weitete sich ihre
Informations- und Bewusstseinstätigkeit im eigenen Land stark aus. Das karitative und sammlungsbezogene Motiv machte mehr und mehr einem politischen
Verständnis von Entwicklungsarbeit Platz.

Die umfassenderen Entwicklungskonzeptionen führten dazu, dass nicht mehr
ausschliesslich die Probleme der Entwicklungsländer thematisiert wurden, sondern die Gesamtheit der Nord-Süd-Beziehungen. Kritisiert wurde die Schweiz
wegen ihrer Finanz- und Wirtschaftsbeziehungen zur Dritten Welt, aber auch
wegen ihrer geistigen Abschottung von der Aussenwelt. Der Grundkonflikt zwischen entwicklungspolitischen Zielen der Schweiz und ihren aussenwirtschaft-
lichen Interessen wurde für viele Menschen nun offensichtlich. Die beiden Ökonomen Reinhardt Büchi und Konrad Matter schrieben z. B., dass die Schweiz ihre
Hilfe den Wünschen der Exportwirtschaft und des Finanzplatzes unterordne,
während sie mit ihrer Entwicklungshilfe den Anspruch erhebe, zum Nutzen der
Dritten Welt zu handeln. In den Beziehungen zu den Entwicklungsländern herrsche trotz der aussenpolitischen Solidaritätsmaxime in der Praxis die Rentabilität
vor, und die Wirtschaft trage den Bedürfnissen der lokalen Bevölkerung in den
Entwicklungsländern zu wenig Rechnung. Wirtschaftliche Gesichtspunkte bestimmten die Richtung des aussenpolitischen Engagements der Schweiz und weniger,
wie immer wieder beteuert, die Grundsätze Neutralität und Solidarität.[36]

Die neuen Ansätze zu Beginn der 70er Jahre blieben nicht auf die kleinen
entwicklungspolitischen Gruppen beschränkt. Dank den Aktivitäten von Organisationen wie der Erklärung von Bern und der Schweizerischen Arbeitsgruppen für Entwicklungspolitik wurden sie in breitere Bevölkerungskreise hineingetragen. Viele ihrer Anliegen gehören inzwischen zum Bestand der nationalen und internationalen Entwicklungsdiskussion. Sie fanden in privaten (kirch-
lichen) Entwicklungsorganisationen ebenso Eingang wie, wenn auch nur ansatzweise und mit Verzögerung, in offiziellen aussenpolitischen Verlautbarungen.
Zum Beispiel wurde die Forderung nach verstärkter Armutsorientierung der schweizerischen Entwicklungshilfe im Zielsetzungsartikel des Bundesgesetzes 1976
festgeschrieben.[37] Und im schweizerischen «Leitbild Nord-Süd» der 90er Jahre
nimmt der Wunsch nach vermehrter Kohärenz zwischen Aussenwirtschafts- und
Aussenpolitik und die Verknüpfung von friedens-, abrüstungs- und entwicklungspolitischen Anliegen einen prominenten Stellenwert ein.[38] So trugen die
entwicklungspolitischen Gruppen dazu bei, dass die schweizerische Aussen- und
Aussenwirtschaftspolitik in der Öffentlichkeit thematisiert und der Sonderfall
Schweiz vor dem Hintergrund einer zunehmend vernetzten und globalen Welt
kritischer betrachtet wurde.

## Anmerkungen

1 Bronislaw Geremek: *Geschichte der Armut. Elend und Barmherzigkeit in Europa*, München 1991, S. 289 f.

2 Harry S. Truman: *Memoiren*, Bd. 2, Bern 1956, S. 254 f.

3 Maia Wicki: *Furchtlos gegenwärtig sein. Fünfundfünfzig Jahre Schweizerisches Arbeiterhilfswerk: Was ist vom wachen Bewusstsein der Anfänge geblieben?*, in: *Widerspruch. Beiträge zur sozialistischen Politik* 22, 1991, S. 137–147.

4 Zur Universalisierung von westlichen Werten vgl. Maurice Godelier: *Wird der Westen das universelle Modell der Menschheit? Die vorindustriellen Gesellschaften zwischen Veränderung und Auflösung*, Wien 1991; Ders.: *Natur, Arbeit, Geschichte. Zu einer universalgeschichtlichen Theorie der Wirtschaftsformen*, Hamburg 1990.

5 *E+Z Entwicklung und Zusammenarbeit* 12, 1991.

6 Gabriela Simon: *Von Bürgern und Armen*, in: *Die Zeit*, 8. 11. 1991.

7 *Botschaft des Bundesrates an die Bundesversammlung über die Wirtschafts- und Finanzhilfe an die Entwicklungsländer und insbesondere die Gewährung eines Darlehens an die Internationale Entwicklungs-Organisation (IDA) vom 7. Juli 1967*, in: *Bundesblatt* 1967 II, S. 134, bes. 21 f.

8 Vgl. *Botschaft über die Weiterführung der technischen Zusammenarbeit und der Finanzhilfe zugunsten von Entwicklungsländern vom 9. Juli 1980*, in: *Bundesblatt* 1980 II, S. 1309–1365, hier 1321.

9 *Botschaft des Bundesrates über die Weiterführung der technischen Zusammenarbeit mit den Entwicklungsländern vom 29. Mai 1964*, in: *Bundesblatt* I, S. 1069–1093, hier 1073.

10 Rudolf H. Strahm: *Von der Projekthilfe zur Entwicklungspolitik. Zwei Jahrzehnte Entwicklungspolitik in der Schweiz*, in: *Reformatio* 5, 1985, S. 359–369, hier S. 364.

11 Vgl. *Solidarität – die Antwort auf das Elend in der heutigen Welt. Enzyklika Sollicitudo Rei Socialis von Papst Johannes Paul II.*, Freiburg i. Br. 1988, S. 45 f.

12 Vgl. die Diskussionen um Art. 55 der Uno-Charta und die Aufsätze dazu in: Peter Hug, Beatrix Mesmer: *Von der Entwicklungshilfe zur Entwicklungspolitik*, Bern 1993, S. 16 ff.

13 Jacques Chevallier: *La résurgence du thème de la solidarité*, in: Centre universitaire de recherches administratives et politiques de Picardie (Hg.): *La solidarité: un sentiment républicain?*, Paris 1992, S. 113.

14 Zur Geschichte der Sozialpolitik vgl. Johannes Frerich, Martin Frey: *Handbuch der Geschichte der Sozialpolitik in Deutschland*, Bd. 3: Sozialpolitik in der Bundesrepublik Deutschland bis zur Herstellung der Deutschen Einheit, München 1993, S. V f.; *Schweizer Lexikon in sechs Bänden*, Bd. 5, Luzern 1993, S. 834.

15 Karl Otto Hondrich, Claudia Koch-Arzberger: *Solidarität in der modernen Gesellschaft*, Frankfurt a. M. 1992, S. 38, 89 ff.

16 Der Entwicklungsspezialist Tibor Mende kritisierte die Auslandhilfe mit folgenden Worten: «L'aide étrangère ressemble à un artichaut. Quand il est en fleur, il est assez plaisant par la forme et la couleur. Avec le temps il devient une plante piquante dont une petite partie seulement est mangeable.» Tibor Mende: *De l'aide à la recolonisation. Les leçons d'un échec*, Paris 1972, S. 67.

17 Zur Sozial- und Begriffsgeschichte der Solidarität vgl. J. E. S. Hayward: *Solidarity: The Social History of an Idea in the Nineteenth Century France*, in: *International Review of Social History* 4, 1959, S. 261–284.

18 Botschaft (wie Anm. 9), S. 1072.

19 *Geschäftsbericht des Bundesrates 1963*, S. 88.

20 F. T. Wahlen: *Die Schweiz vor ihrer Zukunft: Unabhängigkeit und Verpflichtung*. Vortrag an den Rencontres Suisses, Lausanne, 27. 6. 1964, S. 18.

21 Peter Hug, Beatrix Mesmer: *Der pluralistische Korporatismus als innenpolitisches Erfolgs-rezept in der schweizerischen Entwicklungspolitik*, in: IUED (Hg.): *Jahrbuch Schweiz – Dritte Welt 1995*, Genf 1995, S. 247–253, hier 248 f.

22 *Neue Zürcher Zeitung*, 1. 7. 1960.

23 Gespräch mit alt Botschafter August R. Lindt, zit. in: René Holenstein: *Was kümmert uns die Dritte Welt. Zur Geschichte der internationalen Solidarität in der Schweiz*, Zürich 1998.

24 Walter Kälin, Alois Riklin: *Ziele, Mittel und Strategien der schweizerischen Aussenpolitik*, in: *Neues Handbuch der schweizerischen Aussenpolitik*, Bern 1992, S. 167–189, hier 175.

25 *Amtl. Sten. Bull. NR* 1956, 20. 9. 1956, S. 270–278.

26 Walter Renschler, *Die Konzeption der technischen Zusammenarbeit zwischen der Schweiz und den Entwicklungsländern*, Zürich 1966, S. 18.

27 Ebd., S. 19.

28 Karl Schmid: *Einige Probleme der Entwicklungshilfe*, in: *mondo* 1, 1964.

29 Ebd. (Hervorhebung d. Verf.).

30 *Volksrecht*, 15. 2. 1967.

31 *Botschaft des Bundesrates an die Bundesversammlung betreffend ein Bundesgesetz über die internationale Entwicklungszusammenarbeit und humanitäre Hilfe vom 19. März 1973*, in: *Bundesblatt* 1973 I, S. 869–928, hier 876.

32 *Bundesgesetz über die internationale Entwicklungszusammenarbeit und humanitäre Hilfe vom 19. März 1976*, in: *Bundesblatt* 1976 I, S. 1057 f.

33 Botschaft (wie Anm. 31), S. 889.

34 *Botschaft des Bundesrates an die Bundesversammlung über die Weiterführung der technischen Zusammenarbeit der Schweiz mit den Entwicklungsländern vom 10. November 1971*, in: *Bundesblatt* 1971 II, S. 1644–1753, hier 1648.

35 Direktion für Entwicklungszusammenarbeit und humanitäre Hilfe/Abteilung Humanitäre Hilfe und Schweizerisches Katastrophenhilfekorps (SKH): *Die internationale humanitäre Hilfe des Bundes*, Ms., Bern 1993, S. 1.

36 Reinhardt Büchi, Konrad Matter (Hg.): *Schweiz – Dritte Welt: Solidarität oder Rentabilität*, Zürich 1973, bes. S. 1–6.

37 Vgl. BG (wie Anm. 32), S. 1058 (Art. 5).

38 *Bericht des Bundesrates über die Nord-Süd-Beziehungen der Schweiz in den 90er Jahren vom 7. März 1994 (Leitbild Nord-Süd)*, in: *Bundesblatt* 1994 II, S. 1214–1227.

# «Die Dritte Welt geht uns alle an!»

## Der Wandel der schweizerischen Entwicklungs- politik am Beispiel der Kommission für Entwicklungsfragen der Universität Zürich

Franziska Meister und Barbara Welter

Im Zuge einer sich wandelnden Perspektive auf die Welt, wie sie von neuen sozialen Bewegungen seit der zweiten Hälfte der 60er Jahre initiiert worden ist, wächst und verändert sich auch das öffentliche wie staatliche Problembewusstsein für entwicklungspolitische Fragen. Am Fallbeispiel der ersten schweizerischen studentischen Kommission für Entwicklungsfragen (KfE), deren Wurzeln in die antikommunistische Ungarnhilfe zurückreichen und die seit 1961 bis heute kontinuierlich entwicklungspolitisch aktiv geblieben ist, soll den Hintergründen und Ursachen dieses Perspektivenwandels zwischen 1961 und ca. 1976 nachgespürt werden.[1] Ideologische Aspekte, im Verbund mit Erfahrungen aus der Projekt- und Öffentlichkeitsarbeit, sowie das sich wandelnde Selbstverständnis der KfE bilden die Leitlinien der Untersuchung. Dabei wird auch die Frage aufgeworfen, wie und in welchem Ausmass sich diese kleine Kommission mit ihren Anliegen in die öffentliche Diskussion zur Dritten Welt einzubringen und dadurch aktiv am Perspektivenwandel in der schweizerischen Entwicklungspolitik mitzuwirken vermocht hat.

## Die KfE reiht sich in den nationalen Konsens der Entwicklungshilfe ein

Als die Zürcher Studentenschaft im Jahr 1961 die sechste Kerzenaktion durchführt, gilt ihr Engagement einmal mehr den ungarischen Flüchtlingen in der Schweiz. Ein Aufruf an die Studierenden verdeutlicht die ideologischen Prämissen der studentischen Ungarnhilfe, aus der die KfE hervorgegangen ist. In diesem Flugblatt werden die Studierenden dazu aufgefordert, auch 1961 mit der Verzierung und dem Verkauf von Kerzen die ungarischen Flüchtlinge finanziell zu unterstützen und damit aktiv gegen die «mit Worten so überzeugend abgelehnte Diktatur des Kommunismus» vorzugehen. Das Flugblatt weist allerdings darauf hin, dass sich die Studierenden nicht mehr so einfach für die antikom-

munistisch geprägte Flüchtlingshilfe mobilisieren lassen: Die Überschrift lautet
vorwurfsvoll: «Hast Du Ungarn 1956 vergessen?» Auch das Publikum ist weniger kauffreudig als in früheren Jahren, wie aus der Buchhaltung der Kerzenaktionen hervorgeht. Und selbst die Verantwortlichen der Kerzenaktionen sehen
immer weniger einen Sinn darin, die Ungarnflüchtlinge zu unterstützen, weil
sich diese in der Schweiz gut integriert hätten und deshalb keiner Hilfe mehr
bedürften.

Nur ein Jahr später hat sich der Fokus des Grossen Studentenrates denn auch
erweitert bzw. verlagert: Die Kerzenaktion findet 1962 im Zeichen der ausser-
europäischen Entwicklungshilfe statt. Das Selbstverständnis der Studierenden,
als Teil einer Elite in einem wohlhabenden, demokratischen Land zur Hilfe an
Unterprivilegierte verpflichtet zu sein, findet mit der sich etablierenden Entwicklungshilfe neue Nahrung. Im Flugblatt, das die Studierenden zur Mitarbeit an der
Kerzenaktion aufruft, heisst es bezeichnenderweise: «Bedenke, dass Bildung,
Besitz und Demokratie verpflichten, besonders gegenüber Menschen, denen es
daran mangelt.»[2] Mit diesem Votum rekurriert die KfE auch auf die «humanitäre
Tradition» der Schweiz. Zwar ist die Kerzenaktion 1962 kein Grosserfolg, doch
deutet die Tatsache, dass die im Wintersemester 1961/62 vom Grossen Studentenrat einberufene «Kommission für praktische Entwicklungshilfe»[3] bereits
ein Jahr später als ständige studentische Kommission institutionalisiert wird,[4] auf
die Resonanzfähigkeit des neuen Themas unter den Studierenden hin.

Die wachsende Attraktivität der Entwicklungshilfe unter den Studierenden grün-
det zweifelsohne in der grossen Bedeutung, die Entwicklungstheoretiker dem
Wissenstransfer in die sogenannten Entwicklungsländer beimessen. Dieser soll
einen gesamtgesellschaftlichen Modernisierungsprozess einleiten, der die Entwicklungsländer aus der Armut befreien, sie zu selbständigen Handelspartnern
auf dem Weltmarkt machen und damit gegen den Kommunismus feien soll. In
ihren Flugblättern vermittelt die KfE diese Sichtweise an die Studierenden und
reiht sich damit in den entwicklungspolitischen Konsens der 60er Jahre ein, der
auch den tiefergreifenden Konsens des Fortschrittsglaubens und der Erfolgs-
gefühle westlicher Industrienationen reflektiert.

Im praktischen Bereich beschränkt sich die frühe KfE ganz auf die Mitfinanzie-
rung bereits bestehender Projekte des erfahrenen Schweizerischen Hilfswerks
für aussereuropäische Gebiete (SHAG). Insbesondere beteiligt sich die studentische Kommission am Kinder- und Jugenddorf «Bourguiba», das der tunesischen Ortschaft Hafouz angegliedert ist. Hier bemüht sich das SHAG zusammen mit dem tunesischen Bildungsministerium seit mehreren Jahren darum, zur
Modernisierung des Landes und zum Prozess des «nation building» beizutragen,
indem es vorab männlichen Jugendlichen, die Waisen sind oder aus zerrütteten
Familien kommen, eine handwerklich orientierte Ausbildung ermöglicht. Wie

aus zahllosen Projektbeschrieben und Rapporten von Mitarbeitern hervorgeht,[5] ist das SHAG überzeugt, die Vermittlung technischen Know-hows werde auch dazu beitragen, aus den «verwahrlosten» Jugendlichen sittliche und verantwortungsbewusste Bürger zu machen. Die KfE schliesst sich bedenkenlos diesem technokratisch und paternalistisch gefärbten Tenor an.

Die enge Verbindung von Entwicklungshilfe und Bildung mag ausschlaggebend gewesen sein für die Einberufung der KfE. Von ihrer akademischen Warte aus gesehen trägt die Universität massgeblich zu einer fortschrittlichen und fundierten Entwicklungshilfe bei. Umgekehrt eröffnet die Entwicklungshilfe den Studierenden ein neues Berufsfeld. Die Arbeit der KfE birgt ein Moment der Bestätigung und eine Identifikationsmöglichkeit: Wer die langwierige Hochschulausbildung erfolgreich hinter sich gebracht hat, erhält die Möglichkeit, als Experte weltweit Einfluss zu nehmen, sein Wissen und Know-how anzuwenden und darüber hinaus Abenteuerlust und das Bedürfnis nach einer Horizonterweiterung zu stillen.[6] Wie aus Briefwechseln hervorgeht, wird das Mitspracherecht der KfE sowohl vom SHAG als auch von der Kommission selbst mit der finanziellen Beteiligung der KfE begründet (sie finanziert pro Semester eine bis zwei Lehrerstellen in Hafouz), aber auch mit den analytischen Fähigkeiten der KfE-Mitglieder als angehende Akademiker. Diese positive Einschätzung der KfE verhilft den Kommissionsmitgliedern auch zu Einblicken in die Arbeitsweise der staatlichen Experten der Entwicklungshilfe. Wohlgemerkt ist der schweizerische Entwicklungshilfeboom in den 60er Jahren männlich geprägt und entsprechend steht das neue Berufsfeld des Entwicklungsexperten vor allem männlichen Studierenden offen. An den Kerzenaktionen der KfE beteiligen sich zwar zahlreiche Studentinnen, doch in den Reihen der gewählten KfE-Mitglieder lassen sich die Studentinnen bis Ende der 60er Jahre an zwei Händen abzählen. Eine berufliche Laufbahn als Entwicklungsexpertin ist bis Ende 60er Jahre unvereinbar mit den herrschenden Frauenleitbildern und einer weiblichen Biographie. Auch das Projekt «Hafouz» widerspiegelt diese Geschlechterverhältnisse: Der Tradition typischer Frauenberufe folgend, finden zwar einige Lehrerinnen und eine Krankenschwester den Weg nach Hafouz, doch die Projektverantwortlichen und die führenden Mitarbeiter des SHAG sind ausschliesslich Männer.

## Die KfE beginnt aus dem Konsens auszubrechen

Mitte der 60er Jahre tritt die KfE unter dem Präsidenten Mario Cerutti in eine dynamischere Phase des Entwicklungshilfe-Engagements ein, in der jedoch bereits erste Krisensymptome im Selbstverständnis der Kommission hervortreten. Auf der einen Seite entfaltet die KfE ihre praktische Projektunterstützung immer noch im Rahmen der nationalen Vision schweizerischer Entwicklungshilfe – ja, sie bemüht sich 1966 sogar noch intensiver als bislang um eine aktive Integration in die offizielle Entwicklungspolitik. Im Juni stellt Cerutti einen Antrag an die Studentenschaft, um die Kreditvergabe im Rahmen der neuen Zusammenarbeit der KfE mit dem seit 1961 bestehenden Dienst für technische Zusammenarbeit des Bundes (DftZ) zu reglementieren: Die finanzielle Unterstützung kommt den «Schweizer Freiwilligen» zugute, jungen Berufsleuten also, welche ab 1964 im Auftrag des DftZ konkrete Projektarbeit in Entwicklungsländern leisten. Ihnen ist auch die Kerzenaktion 1966 gewidmet, welche für die KfE zum finanziellen Grosserfolg wird und sie aufgrund eines geschickten Marketings in einer breiten Öffentlichkeit bekannt werden lässt.[7]

Der ideologische Schulterschluss der KfE mit der DftZ-Doktrin[8] widerspiegelt sich deutlich in einer kleinen Broschüre der KfE, welche um diese Zeit in Umlauf gesetzt wird. Die Frage «Warum Entwicklungshilfe?» wird gleich dreifach beantwortet: mit humanitären, politischen und wirtschaftlichen Begründungen. Entwicklungshilfe aus politischen Motiven verrät unter dem Schlagwort «gewaltlose Konfliktlösung» noch immer die Angst, Entwicklungsländer könnten sich unter die Schirmherrschaft des Kommunismus begeben. Erhellend ist aber vor allem das eigennützig gefärbte wirtschaftliche Motiv für Entwicklungshilfe: Mit ihr sollen der Schweiz neue Absatzmärkte erschlossen werden.

In ihrer Werbebroschüre reproduziert die KfE also den ungebrochenen Glauben an eine Überwindung der Kluft zwischen der Ersten und der Dritten Welt durch finanzielle Hilfe und wissenschaftlich-technischen Know-how-Transfer, welche ein Wirtschaftswachstum parallel zu den Industrieländern generieren sollen. Und dennoch ist gerade diese Broschüre ein Indiz für den beginnenden Konsensverlust im Bereich der Entwicklungshilfe: Faktisch ist die Kluft zwischen der Ersten und der Dritten Welt zwischen 1960 und 1965 nämlich grösser geworden, wie die wirtschaftsstatistischen Vergleiche in der Broschüre demonstrieren.

Ausserdem deutet der Umstand, dass die KfE zum ersten Mal mit einer Informations- und Werbebroschüre an die Öffentlichkeit tritt, darauf hin, dass die Dritte Welt 1966 noch nicht «wirklich» ins Bewusstsein der Schweiz gerückt ist. Erst eine relativ kleine, akademisch gebildete Elite beginnt die Tragweite der Probleme zu erfassen und entwickelt eine wachsende Skepsis am bisherigen Patentrezept der Entwicklungshilfe. Zahlreiche Tagungen, Konferenzen und andere Diskussionsplattformen staatlicher wie privater Entwicklungsorganisationen – unter denen auch die KfE vertreten ist – sind Ausdruck einer intensiven Suche nach gegenseitiger Verständigung und ein untrügliches Indiz für die wachsende Orientierungskrise in der schweizerischen Entwicklungshilfe: «Machen wir uns nichts vor. Die Entwicklungshilfe in ihrer Gesamtheit befindet sich zur Zeit am Rande einer Vertrauenskrise.»[9]

So die selbstkritische Bilanz, welche nicht zufällig von der Schweizer Pionierin der praktischen Entwicklungshilfe kommt, die 1965 ihren Namen in Helvetas ändert und sich mit organisationsinternen Differenzen herumschlägt. An diesen beteiligt sich auch die KfE, wenn es um die Beurteilung des Projektes in Hafouz geht. 1966 flammen Diskussionen auf, welche die Schwächen des Projektes zutage treten lassen. Sowohl den Verantwortlichen von Helvetas als auch vielen Mitarbeiterinnen und Mitarbeitern wird klar, dass «Bourguiba» kontextspezifischer hätte konzipiert werden müssen und dass ein Wissenstransfer keine rein technische Angelegenheit ist, sondern sozialpädagogisches Gespür und die Bereitschaft zum interkulturellem Austausch erfordert. Im Fall von «Bourguiba» heisst dies, dass die von der Gesellschaft marginalisierten Jugendlichen einer speziellen Betreuung bedurft hätten, um ihr Selbstbewusstsein zu fördern und sie somit für eine Berufsbildung vorzubereiten. Statt dessen habe man bei mangelnden Lehrerfolgen viel zu oft disziplinierende Massnahmen ergriffen, kritisiert der Teamleiter von «Bourguiba» in einem Rapport und schreibt weiter: «Wir sollten endlich verstehen, dass die Zeiten des Kolonialismus vorbei sind.»[10] Die KfE schliesst sich dieser Selbstkritik an. Sie beschliesst, in Zukunft alle Projekteingaben darauf hin zu prüfen, ob sie die sozialen, kulturellen und ökonomischen Zusammenhänge berücksichtigen, und sie entscheidet sich dazu, das Projekt der Helvetas nicht weiter zu unterstützen.[11] Erleichtert wird dieser Entschluss allerdings durch die Tatsache, dass das Projekt «Bourguiba» nur ein Jahr später an die tunesische Regierung übergeben werden soll. Noch ist die KfE darauf bedacht, als studentische Organisation auf die Autorität der Entwicklungsexperten zu zählen, während sie nur wenige Jahre später im Zuge der antiautoritären neuen sozialen Bewegungen es als eine ihrer Aufgaben erachten wird, den «Expertendünkel» in Frage zu stellen.

In ihrem Mitteilungsblatt Ende 1966 führt die Helvetas die Krise in der Entwicklungshilfe nicht allein auf die praktische Projektarbeit zurück, sondern konstatiert angesichts der zunehmenden Verelendung der Dritten Welt auch ein Versagen bisheriger wirtschaftlicher Massnahmen, welches sie auf die Strukturen des Weltmarktes zurückführt. In der in diesem Umfeld gegründeten «Arbeitsgruppe für Fragen der technischen Zusammenarbeit mit Entwicklungsländern» partizipiert auch die KfE und organisiert eine internationale Tagung im April 1967 mit, deren Ziel es ist, «an Hand von Referaten, Case-Studies und Diskussionen […] neue Wege schweizerischer Entwicklungspolitik herauszukristallisieren».[12]

Ab 1966 schaltet sich die KfE zunehmend in kritische Diskussionsrunden ein und entwickelt so eine wachsende Sensibilität für grundsätzliche Probleme der bisherigen Entwicklungshilfe, gleichzeitig sucht sie gerade mit dem DftZ eine verstärkte Zusammenarbeit. Auch ändert sie 1966 ihren Namen in «Kommission für Entwicklungsländer» ab; das Wegfallen des Begriffs der «praktischen Entwicklungshilfe» verdeutlicht dabei das vertiefte Engagement im Sinne der Informationstätigkeit: «Es geht uns vielmehr darum, durch eine aktive Teilnahme der Studentenschaft an der praktischen Entwicklungshilfe, eine ernsthafte Diskussion unter den Kommilitoninnen [sic!] und Kommilitonen der Universität in Gang zu bringen, über die Probleme der Entwicklungsländer und wie man ihnen begegnet oder begegnen sollte. Eine solche Auseinandersetzung und Stellungnahme ist notwendig, [...] weil wir uns dereinst so oder so mit den Schwierigkeiten der Entwicklungsvölker zu befassen haben, mit Problemen, die als ständige Schatten unsere Generation begleiten werden.»[13]

Genau diese Generation nun ist es, die im Bewegungsjahr 68 in der Auseinandersetzung um den Krieg in Vietnam neue Themen aufwirft. Mittels zahlreicher, z. T. spektakulärer Aktionen vermag sie das bisherige Selbstverständnis westlicher Industrienationen zu erschüttern. Auch die KfE wird von den Agitationen an der Universität ergriffen. Seit dem Sommersemester 68 lässt sich eine Ausdifferenzierung der Kommission feststellen: Unter anderem wird ihre Mitgliederzahl von fünf auf sechs erhöht, was mit der Schaffung eines Informations-Ressorts begründet wird.[14] Öffentlichkeitsarbeit entwickelt sich immer mehr zum zentralen Anliegen der KfE, und die Vorbereitungen für ein mehrsemestriges interdisziplinäres Forschungsseminar über «Beziehungen der Schweiz zu den Entwicklungsländern» deuten auch auf ideologischer Ebene in Richtung eines Wandels, nämlich der beginnenden Auseinandersetzung mit der Rolle der Schweiz in der Dritten Welt.

Auch im Bereich der praktischen Projekttätigkeit äussert die KfE den Wunsch nach einem umfassenderen Engagement. Statt die Bildungs- und Aufbauprojekte des DftZ nur finanziell zu unterstützen, suchen die Mitglieder der KfE nun auch den direkten Einsatz in der Dritten Welt durch mehrwöchige Praktika während den Semesterferien.[15]

Ab Anfang 1969 öffnet sich die ideologische Schere zwischen dem Anspruch auf kritische Öffentlichkeitsarbeit und der konventionellen, zunehmend desillusionierenden Projektarbeit. Das bringt die KfE im ohnehin politaktivistisch turbulenten Umfeld der Universität an den Rand einer Existenzkrise. Die Bildung einer «Arbeitsgemeinschaft über Fragen der Entwicklungspolitik», in der u. a. die praktische Entwicklungsarbeit hätte thematisiert werden sollen, kommt trotz aller Informationstätigkeit aus mangelndem Interesse der Studierenden nicht zustande.

# «... damit unser Anteil an der Ausbeutung der Dritten Welt offen zu Tage tritt»

Anfang 1970 greift der Grosse Studentenrat, in dem Vertreterinnen und Vertreter der Neuen Linken tonangebend sind, ein: Die KfE wird aufgefordert, noch gezielter Informations- und Bewusstseinsbildungspolitik bezüglich der Probleme der Dritten Welt zu betreiben – finanzielle respektive karitative Hilfe sollte nach Ansicht des Grossen Studentenrates nicht prioritär sein. Damit verbunden ist der Auftrag an die KfE zur Ausarbeitung entsprechender neuer Statuten.[16] Als zentrales Element zur Überwindung der Orientierungskrise der KfE allerdings entpuppt sich im Verlauf des Jahres 1970 die zunehmende Vernetzung mit jungen Gruppen der Neuen Linken auch ausserhalb der Universität.[17] In der koordinierten Zusammenarbeit findet die KfE nicht nur eine breitere Basis und einen konzentrierteren Fokus für ihre Aktivitäten. Zum ersten Mal ist sie auch Teil einer breiteren entwicklungspolitischen Bewegung, welche auf nationaler Ebene neue Themen in die entwicklungspolitische Diskussion einzubringen vermag.

Eigentlicher Kristallisationspunkt des Wandels ist die interkonfessionelle Konferenz «Schweiz und Dritte Welt» in Bern, in welcher sich die Gruppierungen der Neuen Linken Gehör zu verschaffen wissen.

Innerhalb der KfE manifestiert sich der Wandel nicht nur in der Wahl von studentischen Vertreterinnen und Vertretern der Neuen Linken in den Vorstand der KfE, er personifiziert sich gleichsam in der neuen – und ersten weiblichen – KfE-Präsidentin Ursula Müller. Sie hat bereits an der Vorbereitung zur interkonfessionellen Konferenz in Bern in Unterkommissionen mitgearbeitet und zahlreiche Berichte verfasst.

Als erstes macht sie die Vernetzung mit andern Dritte-Welt-Gruppen aus dem Umfeld der Neuen Linken wie der Erklärung von Bern, der Zürcher AG3W (Arbeitsgruppe 3. Welt) oder Brot für Brüder zum zentralen Anliegen der KfE; in diesem Zuge erfolgt auch der Zusammenschluss mit der KfE-ETH.[18] Damit hat Ursula Müller einen Trend initiiert, der zu einer neuen Generation von KfE-Mitgliedern führt: Ab 1971 rekrutiert sich der auf ein Jahr gewählte KfE-Vorstand zunehmend aus Studierenden, die bereits im ausseruniversitären Bereich engagiert sind, was der KfE eine professionellere Basis und grössere Resonanz in der schweizerischen Entwicklungspolitik verschafft. In ebendiese Richtung zielen denn auch die unter Müllers Präsidium erneuerten Statuten und das neue Reglement, welches einen Ausbau und eine Differenzierung in der Organisationsstruktur der KfE erlaubt.[19] Ausserdem wird mit dem neuen KfE-Reglement die veränderte Zielsetzung im entwicklungspolitischen Engagement offiziell vollzogen: «Aufgabe der KfE ist es, die Probleme der Entwicklungsländer zum Bewusstsein zu bringen, indem sie durch eine entsprechende Tätigkeit dem

Einzelnen die Möglichkeit verschafft, sich mit diesen Problemen auseinanderzusetzen. Die KfE fördert die Erforschung von Ursachen der Unterentwicklung
und unterstützt die Erforschung und Förderung von Entwicklungsmöglichkeiten.»[20]
«Bewusstseinsbildung», «Aufklärung», «Sensibilisierung für Entwicklungsprobleme» – dies sind die zentralen Schlagworte, welche die KfE-Präsidentin nicht
müde wird zu betonen. Sie kritisiert die oberflächliche Berichterstattung der
Medien und streicht demgegenüber die Notwendigkeit hervor, mittels fundierter
Analysen über Hintergründe und Zusammenhänge der Probleme in der Dritten
Welt nicht nur studentische Kreise, sondern auch eine breite Öffentlichkeit zu
erreichen.

Ende 1971 zieht Müller selbstkritische Bilanz bezüglich der Entwicklungsarbeit
der KfE im vergangenen Jahrzehnt. Dabei thematisiert sie insbesondere den
fragwürdigen Einsatz technischer Experten in isolierten Kleinprojekten, welche
durch unregelmässige freiwillige Beiträge (wie diejenigen der KfE) gespiesen
werden: «Wir meinen, dass caritative Hilfe bloss Löcher stopft, die durch Kriege
und Unruhen immer neu aufgerissen werden – aber an den Ursachen dieser
Konflikte überhaupt nichts ändert.»[21]

Als grundsätzlich gescheitert betrachtet die KfE-Präsidentin auch die vorwiegend auf wirtschaftliches Wachstum ausgerichtete Entwicklungshilfe, wie sie
von der offiziellen Schweiz bislang vertreten worden ist: «Entwicklung in der
Dritten Welt bedeutet nicht einfach – oder sollte es nicht – ausschliesslich
ökonomisches Wachstum und Erhöhung des Bruttosozialproduktes; wandeln
müssen sich auch die sozialen und menschlichen Verhältnisse, innerhalb deren
das wirtschaftliche Wachstum sich vollzieht.»[22]

Deutlich zeichnet sich die Verlagerung und Erweiterung des Fokus auf die Dritte
Welt ab, wie er ab 1971 bestimmend für die Öffentlichkeitsarbeit der KfE wird:
Im Kern geht es um die grundsätzliche Hinterfragung von Entwicklung überhaupt. Zentralen Stellenwert in der Entwicklungsdiskussion erhält die Frage
nach den Ursachen von Armut und Unterentwicklung in der Dritten Welt. Thematisiert werden in diesem Kontext einerseits der gesellschaftliche Hintergrund
in den Entwicklungsländern selbst, andrerseits aber – und dies ist der entscheidende Wandel – die strukturellen Verflechtungen zwischen den Industrienationen
und der Dritten Welt. Dieser Perspektivenwandel geht zurück auf die Zusammenarbeit zwischen KfE und Gruppierungen der Neuen Linken, vor allem aber
auf die definitive Abkehr von der Wachstums- und Fortschrittseuphorie der 60er
Jahre. Er markiert den Beginn einer ökologischen Kritik: «Die Zerstörung unseres eigenen Lebensraumes durch die hemmungslose Industrialisierung, die Ver-
schmutzung von Wasser und Luft, deren wir zum Überleben bedürfen, steigern
auch für uns selbst die Bedeutung der Dritten Welt beständig. Nicht nur ist die
Versorgung einer wachsenden Bevölkerung in den Metropolen des Nordens in

hohem Masse von den Rohstoffen der Dritten Welt abhängig, auch die Wiederherstellung des ökologischen Gleichgewichts wird ohne ihre Hilfe nicht zu
bewerkstelligen sein.»[23]
Über die Auseinandersetzung mit der gegenseitigen Abhängigkeit zwischen Erster
und Dritter Welt versucht die KfE eine Infragestellung der eigenen Werte und
somit einen Umdenkprozess innerhalb der Schweiz in Gang zu bringen. Als An-
gelpunkt ihrer Informationskampagnen dient der KfE ab Wintersemester 1971/72
die kritische Auseinandersetzung mit der Verstrickung der Schweiz in die Unterentwicklung der Dritten Welt: «Da auch unser Land die Interessen der hochindustrialisierten 1. Welt vertritt, wird sich die KfE nicht scheuen, die Rolle der
Schweiz zu bestimmen und öffentliche Forderungen an die verantwortlichen Indu-
strien von Staat und Privatwirtschaft zu stellen, damit unser Anteil an der Ausbeutung der Dritten Welt offen zu Tage tritt.»[24]
Mit ihrem deutlichen ideologischen Positionsbezug nun, der die Schweiz als
«Ausbeuterin der Dritten Welt» in aller Öffentlichkeit anklagt, tritt mit Vehe-
menz eine Gegnerschaft der KfE auf den Plan, welche sich zu Beginn noch auf
die Studentenschaft beschränkt, schon bald aber grössere Wellen auch in Presse
und Öffentlichkeit wirft. Ins Rollen gerät der Angriff auf die KfE mit einem
Beschwerdebrief des Redaktors der liberalen Studentenring-Zeitung Alfred Borter
zuhanden des Rektors der Universität Zürich vom September 1971. Darin kritisiert Borter, dass der freiwillige Semesterbeitrag für Entwicklungshilfe der KfE
zukommt: «Dieser Verein hat sich zu einem Agitationsfeld von linksextremen
Kräften entwickelt mit Zielen, die einer Entwicklungshilfe fernliegen, indem in
erster Linie über die ‹kapitalistische Ausbeutung› ‹aufgeklärt› werden soll.»[25]
Borters diverse Einsprachen, in denen der KfE die mandatswidrige Verwendung
der Studierendenbeiträge für politische Propaganda statt praktische Entwicklungshilfe vorgeworfen wird, führen zu einer Untersuchung vor der Hochschulkommission und zu einer Sperrung des gesamten KfE-Vermögens. Beides versteht Borter durch mehrere Rekurse bis Ende 1972 hinauszuzögern, und wenn
der Beschluss der Hochschulkommission auch vollumfänglich die Position der
KfE rechtfertigt, so gelingt es den Kreisen um Borter doch, auf Wintersemester
1972/73 ihre Gegenkandidaten für den KfE-Vorstand bei den Wahlen durch-
zubringen.
Allein, die bislang in der KfE aktiven Studierenden sind mittlerweile so mit
andern Dritte-Welt-Gruppen vernetzt, dass sie ihr Engagement ungebrochen
weiterführen, u. a. über die KfE-ETH und in der Zürcher AG3W (Arbeitsgruppe
3. Welt). Bei der Neuwahl des KfE-Vorstandes im folgenden Jahr erhalten diese
bereits seit längerem entwicklungspolitisch engagierten Studierenden auch das
Mandat des Grossen Studentenrates zurück. Mit ihnen nun erfährt die KfE eine
nochmalige Verbreiterung und Intensivierung der Zusammenarbeit mit ent-

wicklungspolitisch aktiven Gruppen der Neuen Linken: Fünf der sechs neu-
gewählten KfE-Mitglieder kommen aus der Zürcher AG3W, so auch der neue
Präsident Hans Sonderegger. Ausserdem gehört die KfE zu den ersten Organisationen, die sich der 1972 gegründeten Safep (Schweizerische Arbeitsgruppen
für Entwicklungspolitik) angegliedert hat.
Genau gegen diese linkspolitisch vernetzte KfE nun brechen bereits im Sommer
1973 mehrere Gewitter in der Presse[26] los, welche KfE, AG3W und Safep der
linken Agitation bezichtigen. KfE-Präsident Sonderegger kontert: «Es geht uns
nicht um die ‹Beseitigung unseres bösen Gesellschaftssystems› […], wohl aber
um die Veränderung ungerechter gesellschaftlicher Strukturen, die jede Entwicklungshilfe zur Farce werden lassen können.»[27]
Durch diese in aller Öffentlichkeit ausgetragenen Diskussionen vermag die KfE
nicht nur sich selbst und ihren entwicklungspolitischen Anliegen eine breitere
Plattform und Resonanz zu verschaffen, am Konflikt schärft sie gleichzeitig
auch ihre ideologische Haltung und radikalisiert in der Folge ihr Engagement für
die Dritte Welt, vor allem im Bereich der Informationstätigkeit. Noch vor Se-
mesterbeginn beschliesst der Vorstand in einer über sieben Stunden dauernden
Marathonsitzung eine Namensänderung von «Kommission für Entwicklungsländer» in «Kommission für Entwicklungs*fragen*».[28] Ihr Vokabular wird zunehmend klassenkämpferisch und nimmt eine deutlich antiimperialistische Prägung
an. In einem Flugblatt Anfang Wintersemester 1973/74 übt sie pointiert Kritik an
der staatlichen «Entwicklungshilfe»[29] und streicht die zweckmässige Verwendung ihrer Gelder hervor: «Die KfE hingegen kann dafür garantieren, dass mit
den Geldern, die ihr zufliessen, weder Kristallbadewannen noch Rolls-Royces
für irgendwelche Staatsoberhäupter mitfinanziert werden.»
Die radikale Haltung setzt die KfE ab 1974 vermehrten Angriffen in den studentischen Medien und Interpellationen im ideologisch ohnehin zerstrittenen Grossen Studentenrat aus, welche bis zu einer grundsätzlichen Infragestellung der
Existenzberechtigung der KfE aufgrund ihrer vermeintlich «prosowjetischen
Interessenvertretung» führen.[30] Bestärkt durch die überdurchschnittliche Zunahme der studentischen Beitragszahlungen zwischen 1973 und 1974 formuliert
die KfE 1975 nochmals eine Grundsatzerklärung über die politisch-ethische
Natur der Beschäftigung mit Entwicklungsproblemen: «Wir sind der Auffassung, dass es eine wertfreie Informationspolitik über Entwicklungsprobleme
nicht gibt und nicht geben darf. Entweder orientiert sie sich an den Interessen der
Opfer eines falschen wirtschaftlichen und politischen Systems, oder sie ver-
schleiert durch einen falsch verstandenen Pluralismus die wahren Ursachen der
Unterentwicklung. Wir möchten unsere Informationspolitik am Nutzen für die
Beseitigung der Unterentwicklung gemessen sehen […], nicht aber an ideologischer Ausgeglichenheit.»[31]

Aus dieser Formulierung wird noch einmal deutlich, wie grundlegend sich der
Fokus der KfE seit ihren Anfängen verlagert hat: Die Dritte Welt selbst – und
hier insbesondere die unterste Bevölkerungsschicht – ist zum Massstab für
politische und praktische Entwicklungsarbeit geworden. Nichts bringt dies klarer zum Ausdruck als ihr praktisches Engagement für und in den Entwicklungsländern.

Das Praxisfeld der KfE lässt sich für die 70er Jahre in zwei grössere Bereiche
gliedern. Ihren Anspruch, die Machtverhältnisse zwischen den Industrienationen und der Dritten Welt sowie die Rolle der Schweiz in der «Ausbeutung der
Dritten Welt» aufzudecken, löst die KfE ein, indem sie besagte Zusammenhänge
mit Filmabenden, Vortragsreihen, Podiumsdiskussionen und Dokumentationen konkretisiert. Mit dieser Informationsarbeit spricht die Kommission sowohl
die Studierenden als auch ein grösseres Publikum an. Obwohl dieser Tätigkeits-
bereich viel Raum einnimmt, widmet sich die KfE weiterhin der praktischen
Projektunterstützung, wobei sie auch hier neue Wege beschreitet.

Im Sinne der neuen sozialen Bewegungen will die KfE mit ihrer Informationstätigkeit bei den Studierenden eine Betroffenheit auslösen, die eine aktive Solidarität mit Menschen in der Dritten Welt zeitigen soll: Die Kommilitoninnen und
Kommilitonen sollen realisieren, dass ihre Lebensweise Auswirkungen hat auf
die Lebensumstände von Menschen in den Ländern des Südens und dass diese
Interdependenzen zum Einsatz für eine gerechtere Welt verpflichten. Als besonders geeignet für diese Sensibilisierung erweisen sich Filmvorführungen, welche
die Lebensumstände in sogenannten Entwicklungsländern näherbringen und emanzipatorische Bewegungen in anderen Kontinenten porträtieren. Im Wintersemester 1974/75 zeigt die KfE z. B. den Film «Come back Africa», der die traumatischen Auswirkungen der Apartheid und die Mitverantwortung der nördlichen
Industrienationen aufzeigt und den Widerstand gegen die Apartheid porträtiert.
Die Art und Weise, wie Schweizer Unternehmen von der Apartheid profitieren,
ist auch Thema mehrerer Referate, welche die KfE an der Universität organisiert,[32] doch es zeigt sich, dass die Filme publikumswirksamer sind.[33]

Mit ihren Dokumentationen vermag die KfE die Informationstätigkeit über den
Kreis der Studierenden hinaus zu erweitern. Dies wird besonders deutlich am
Beispiel der sogenannten Kakaodokumentation, welche die KfE 1972 in Zusammenarbeit mit Studenten der ETH erarbeitet. Die Studie zeigt detailliert auf, in
welche Abhängigkeit Entwicklungsländer geraten, wenn sie sich auf den Export
von Rohstoffen beschränken, und sie macht deutlich, dass «die Schweizer Scho-
kolade-Industrie mit ihren Niederlassungen in aller Welt einen ansehnlichen Teil
der gesamten Kakaoproduktion kontrolliert und zur Abhängigkeit beiträgt», wie
es im Vorwort heisst. Indem die KfE das Genussmittel Kakao wählt, will sie
dazu anregen, als Konsumentin und Konsument Verantwortung zu übernehmen

und gerechtere Handelsbeziehungen zu fordern. Tatsächlich stösst die Kakao-dokumentation auf ein reges Echo, wie aus der Korrespondenzsammlung der KfE hervorgeht. Die 500 ersten Exemplare der Dokumentation sind binnen kurzer Zeit vergriffen. Eine zweite, überarbeitete Auflage folgt 1974 und wird sowohl in Kreisen der Neuen Linken als auch in den Büros der staatlichen Entwicklungszusammenarbeit in Deutschland und der Schweiz gelesen. Mit solchen Dokumentationen zeigt die KfE, dass sie sich legitimiert sieht, eine Solidarität mit emanzipatorischen Bewegungen in der Dritten Welt zu fördern, indem sie mit sorgfältigen wissenschaftlichen Analysen auftritt. Dabei macht sie aber keinen Hehl aus ihrer Parteilichkeit für «die vom internationalen Kapitalismus Ausgebeuteten und von autoritären Gesellschaftsstrukturen in den betroffenen Ländern Benachteiligten».[34] Die KfE betont, diese Parteilichkeit sei nicht unwissenschaftlich, da es gar keine neutrale Wissenschaft gebe. Die Fragestellung, die Erhebung von Daten und deren Interpretation sei immer von bestimmten Interessen und Annahmen geleitet, erklärt die Kommission im Semesterbericht vom Sommer 1972.

Dieses akademische Selbstverständnis, mit dem die KfE zum Wissenschaftsdiskurs beiträgt, manifestiert sich auch, wenn sie zu Podiumsgesprächen einlädt, um kontroverse Themen im Bereich der Entwicklungspolitik zu diskutieren. Die KfE macht es sich zur Aufgabe, verschiedene Perspektiven zu vergleichen. Als Beispiel ist die Veranstaltung «Tötet Nestlé Babys?» zu nennen, an der im Januar 1974 Gäste wie Rudolf Strahm von der Erklärung von Bern darüber diskutieren, inwieweit der multinationale Konzern mit Stammsitz in der Schweiz mit seinem Vertrieb von Konservenmilch und Milchpulver mitverantwortlich ist für die Mangelernährung von Kleinkindern in der Dritten Welt. Allerdings gelingt es der KfE nicht, einen Vertreter von Nestlé für die Diskussion zu gewinnen.

Die Öffentlichkeitsarbeit der KfE liesse sich an zahlreichen Beispielen weiter ausführen. Entgegen der Meinung ihrer Gegnerschaft konzentriert sich die Kommission Anfang der 70er Jahre aber nicht ausschliesslich auf die «Agitation» respektive die Öffentlichkeitsarbeit. Ihren Beitrag zur Bekämpfung der Armut in der Dritten Welt will sie weiterhin auch mit konkreter Projektarbeit leisten. Damit hebt sie sich von Teilen der Neuen Linken ab, für die Projektarbeit lediglich einen «reformistischen» bzw. «befriedenden» Charakter trägt. Die KfE hingegen ist überzeugt, dass eine Projektarbeit möglich ist, welche den Anspruch «Entwicklung ist Befreiung» einzulösen vermag und die «Emanzipation der untersten Bevölkerungsschichten» fördert.[35] Darüber hinaus sucht die KfE den direkten Kontakt mit Menschen in der Dritten Welt. Erstens, weil die KfE von wachsenden globalen Interdependenzen ausgeht, die nach einem interkulturellen Austausch und gemeinsamen Lernprozessen verlangen, zweitens, weil sie als Teil der alternativen entwicklungspolitischen Kreise die Bevölkerungen in

Entwicklungsländern nunmehr als die eigentlichen Sachverständigen der Entwicklungszusammenarbeit sieht.

Im Sommersemester 72 beauftragt die KfE zwei Mitglieder der AG3W, welche nach Tansania reisen, mit der Suche nach einem geeigneten Projekt. Es scheint kein Zufall zu sein, dass die Wahl der KfE auf Tansania fällt: Zum einen führt die sozialistische Regierung seit der Unabhängigkeit 1961 Landreformen durch und verstaatlicht Unternehmungen, zum andern verspricht Staatspräsident Nyerere eine Bildungspolitik, welche die Partizipation aller Bevölkerungskreise an der Entwicklung und eine Emanzipation aller Beteiligten fördern soll. Ab Sommersemester 1973 unterstützt die KfE denn auch mit rund 10'000 Franken pro Semester den «Community Development Trust Fund» (CDF) in Tansania. Dieser bildet Bäuerinnen und Bauern aus und ist dem Prinzip der Hilfe zur Selbsthilfe verpflichtet. Es kommt in den folgenden Jahren zu einer recht nahen und anregenden Zusammenarbeit zwischen der KfE und Vertretern des CDF, wie die Materialsammlung der Kommission belegt. Somit lässt sich sagen, dass es die KfE verstanden hat, ihre neue ideologische Ausrichtung in der Vernetzung mit alternativen entwicklungspolitischen Organisationen auch in der praktischen Projektarbeit umzusetzen.

Mitte der 70er Jahre erweitert die ins Leben gerufene «AG Frauen» der KfE das Beziehungsnetz mit Gruppen aus dem Umfeld der Neuen Linken: Zusammen mit der FBB (Frauen-Befreiungs-Bewegung) will sie die Lebenszusammenhänge von Frauen in Ländern der Dritten Welt ergründen und nach Gemeinsamkeiten und Unterschieden als Frauen fragen. Der Mangel an Literatur über Frauen in Entwicklungsländern legt die direkte Kontaktnahme mit Frauen in der Dritten Welt besonders nahe, wobei sich diese nicht ganz einfach gestaltet, da es noch kaum frauenspezifische Anlaufstellen im Bereich der Entwicklungszusammenarbeit gibt.[36] Einmal mehr spielt die studentische Kommission eine Vorreiterinnenrolle in der Entwicklungszusammenarbeit. Versucht sie in dieser Zeit vor allem ein Bewusstsein zu schaffen für frauen- bzw. geschlechtsspezifische Aspekte der Entwicklung, gelingt es ihr in den 80er Jahren, auch entsprechende Projekte zu unterstützen. Ähnlich kontinuierlich arbeitet die KfE übrigens auch im Bereich des Tourismus. Seit Ende der 70er Jahre thematisiert sie dessen problematische Seiten und fragt, ob es einen Tourismus geben kann, der zu gerechteren wirtschaftlichen Verhältnissen und zu einem echten interkulturellen Austausch beitragen kann.

Aus den Quellen geht hervor, dass die kleine studentische KfE aktiv an der Mitgestaltung der öffentlichen Diskussion um die schweizerische Entwicklungspolitik beteiligt ist. Ihre Anliegen stossen auch auf staatlich-institutioneller Ebene auf wachsende Resonanz und tragen so zum Perspektivenwandel gegenüber der Dritten Welt bei. Wie ist ihr das gelungen?

Eine gewichtige Rolle hat sicher die enge Zusammenarbeit der KfE mit entwicklungspolitischen Gruppierungen der Neuen Linken gespielt. Sie ist Teil einer eigentlichen sozialen Bewegung geworden, die als Ganzes neue Themen in die Öffentlichkeit hineingetragen hat.

In der Zusammenarbeit hat sich auch die KfE selbst verändert, gerade in ihrer ideologischen Ausrichtung und deren praktischer Umsetzung. So muss ihre kritische Informationstätigkeit zur Bewusstseinsbildung in der breiteren Öffentlichkeit für Probleme der Dritten Welt und die diesbezügliche Rolle der Schweiz als weiteres Standbein ihres Erfolges gewertet werden. Dass sie dabei nicht einfach polemisiert, sondern mit wissenschaftlichen Argumenten ihre Parteilichkeit zu begründen verstanden hat, ist das eine Fundament ihrer Legitimation. Legitimiert hat die KfE ihre radikale ideologische Haltung aber auch immer wieder durch ihr praktisches Engagement für und in der Dritten Welt. In der konkreten Projektarbeit hat sie ihre theoretischen Ansprüche möglichst konsequent umzusetzen versucht, in der Zusammenarbeit mit der direktbetroffenen Lokalbevölkerung in Entwicklungsländern stets den Lernprozess für sich selbst gesucht.

## Anmerkungen

1 Diese Studie basiert auf der bislang unbearbeiteten Quellensammlung von Akten und Materialien, welche die KfE seit ihrem Beginn zusammengetragen hat. Da die Autorinnen erst nach längeren Recherchen auf diesen umfangreichen Quellenkorpus gestossen sind, der im Schrank einer mittlerweile anderweitig genutzten Dachkammer eines Zürcher Universitätsinstituts «vergessen gegangen ist», besteht momentan noch Unklarheit über den definitiven zukünftigen Standort dieses Materials. Zum Quellennachweis in der vorliegenden Untersuchung ist daher anzumerken, dass sich alle Angaben – wo nicht explizit anders vermerkt – auf die ungeordnete Materialsammlung der KfE beziehen. Spezifischere Angaben finden sich, wo sinnvoll, in den Fussnoten. Für eine Überprüfung der Ergebnisse aus dieser reinen Quellenarbeit hat sich die Dissertation von René Holenstein: *Was kümmert uns die Dritte Welt – Zur Geschichte der Internationalen Solidarität in der Schweiz*, Zürich 1997, als äusserst wertvoll erwiesen.

2 Flugblatt «Helft helfen!», Nov. 1962.

3 Semesterbericht 61/62 des Grossen Studentenrates der Universität Zürich, Uni-Archiv, 55.601.

4 Ab Wintersemester 62/63 können die Studierenden mit den ordentlichen Semestergebühren einen freiwilligen Beitrag «für praktische Entwicklungshilfe» von Fr. 2.– leisten. Ausserdem ist die KfE ab 1964 Alleinverantwortliche für die jährlichen Kerzenaktionen.

5 Diese hat das SHAG der KfE im Sinne einer engen Zusammenarbeit stets zukommen lassen.

6 Tatsächlich legen Präsidenten der KfE in den 60er Jahren mit ihrem Engagement den Grundstein für eine berufliche Karriere in der Entwicklungshilfe. So etwa Ruedi Hoegger, der nach dem Studium eine Laufbahn bei der Helvetas einschlägt. Als erster Präsident der KfE steht er in regem Kontakt mit den Verantwortlichen des SHAG, der späteren Helvetas.

7 Über 50 Zeitungsartikel sowie zwei Beiträge im Fernsehen promovieren die Anliegen der KfE, wie aus Briefwechseln Ceruttis u. a. mit dem Delegierten des DftZ hervorgeht.

8 Vgl. das «Memento zur technischen Zusammenarbeit der Schweiz mit Entwicklungsländern» des Delegierten des DftZ vom Okt. 1965, das sich in der Materialsammlung der KfE befindet.

9 So der erste Satz im von der KfE archivierten Mitteilungsblatt der Helvetas vom Dez. 1966, das sich ganz dem Thema «Beziehungen zwischen Entwicklungshilfe und öffentlicher Meinung» widmet und die Zusammenstellung von Referaten von Entwicklungsexperten an einer im Oktober abgehaltenen Konferenz von über 70 Delegierten verschiedenster Organisationen umfasst.

10 Rapport des Teamleiters von Helvetas in Hafouz, Jan. 1966.

11 Bericht des Kommissionspräsidenten Mario Cerutti, März 1966.

12 Brief des neuen KfE-Präsidenten Robert Tobler an den Delegierten des DftZ vom 1. 7. 1967.

13 Mario Cerutti in einem Brief an die Schweizer Freiwilligen des DftZ.

14 Semesterbericht vom Sommersemester 1968.

15 Vgl. Semesterberichte der KfE im Sommersemester 1968 und Wintersemester 1968/69, Uni-Archiv, 70.600, Kommission für Entwicklungsländer.

16 Semesterbericht des Grossen Studentenrates von 1970, S. 39, Uni-Archiv, 55.601.

17 Als eigentliche Initiation können dabei die gemeinsam mit jungen entwicklungspolitisch engagierten Gruppen aus Bern, Aarau, Baden und Zürich organisierten Aktivitäten gegen das Staudamm-Projekt in Cabora Bassa gelten.

18 Semesterbericht Sommersemester 1971.

19 Dazu gehören die Anstellung weiterer Mitarbeiterinnen und Mitarbeiter sowie eine interne Aufteilung in Ressorts.

20 § 2 des Reglements der Kommission für Entwicklungsländer (KfE), beschlossen vom Grossen Studentenrat am 22. 2. 1972.

21 Brief von Ursula Müller an den Rektor der Universität Zürich vom 13. 12. 1971, Uni-Archiv, 70.600, Kommission für Entwicklungsländer.

22 Ebd.

23 Ursula Müller, ebd.

24 Informations- und Werbebroschüre der KfE.

25 Borter in seinem Brief an den Rektor vom 3. 9. 1971, Uni-Archiv, 70.600, Kommission für Entwicklungsländer.

26 Unter anderem in der «Neuen Zürcher Zeitung», im «Zürcher Unterländer» und im «Zürichbieter».

27 Manuskript von Hans Sonderegger vom 14. 9. 1973.

28 KfE-Sitzungsprotokoll vom 16. 10. 1973.

29 Die Verwendung von Gänsefüsschen verdeutlicht dabei die grundsätzliche Problematisierung und Distanzierung vom Begriff «Entwicklungshilfe».

30 Vgl. z. B. Kopie einer Beilage zum Sitzungsprotokoll des Grossen Studentenrates vom 24. 11. 1974.

31 Manuskript «Die Kommission für Entwicklungsfragen (KfE) und das politische Mandat», abgedruckt im studentischen *Wochenbulletin (WoBü)*, 20. 2. 1975.

32 1973/74 führt die KfE eine Veranstaltungsreihe mit dem Titel «Südliches Afrika – Vietnam der 80er Jahre?» durch. Rudolf Strahm analysiert in diesem Kontext «die schweizerische Verwicklung in den Rassismus». Flugblatt der KfE, Okt. 1973.

33 Semesterbericht der KfE, Wintersemester 1974/75, Uni-Archiv, 70.600, Kommission für Entwicklungsländer.

34 Ursula Müller in «Gedanken zur Ringvorlesung», undatiert.

35 Semesterbericht der KfE, Sommersemester 1972.

36 Vgl. z. B. Perdita Houston: *Message from the Village: Women and Development*, New York 1978.

# Die Überfremdungsbewegung als «Neue soziale Bewegung»

## Zur Kommerzialisierung, Oralisierung und Personalisierung massenmedialer Kommunikation in den 60er Jahren

Gaetano Romano

Die Rede von der möglichen, drohenden, vollzogenen oder abgewendeten «Über-fremdung» gehört zu den altehrwürdigeren Semantiken des politischen Diskur-ses der Schweiz: sie erscheint, immer mal wieder, im gesamten schweizerischen 20. Jahrhundert. Das sollte nicht weiter erstaunen: die Beobachtung des Fremden ist ja nichts weiter als eine ausgesprochen effiziente, weil gut kaschierte, Form der Selbstbeobachtung und insofern ein Indiz der ausgedehnten Selbstbeschäfti-gung der Schweiz mit den eigenen Konstruktionen nationaler Identität. Die Be-reitschaft, sich auf die Diskussion nationaler Identität einzulassen, variiert aller-dings, auch dies nicht weiter erstaunlich, mit dem wahrgenommen Bedarf nach solch autistischer Selbstversicherung: Krisen der Selbstbeschreibung motivieren zur Diskussion auch der Fremdbeschreibung, und da, anderslautenden aktuellen Unkenrufen zum Trotz, die «Krise der schweizerischen Identität» kein Dauer-thema dieses Jahrhunderts ist, waren dem Überfremdungsdiskurs denn auch recht unterschiedlich erfolgreiche Zeiten beschieden. Zu den erfolgreicheren Zeiten gehört die Zeit um den 1. Weltkrieg, gehören die 30er Jahre, die späteren 80er und frühen 90er Jahre, aber insbesondere eben die 60er Jahre – allesamt tatsächlich Zeiten, in denen mit einigem Recht von einer Krise der Selbstbeschreibung der schweizerischen Nation die Rede sein kann. Was aber ist, genauer nun, mit dem Begriff der «Krise der schweizerischen Selbstbeschreibung» gemeint?

Im Kontext der 60er und 70er Jahre fällt die Antwort auf diese Frage nicht weiter schwer: die geradezu explosive Vervielfältigung von dissentierenden so-zialen Bewegungen macht den Verlust einer mehr oder weniger einheitlichen, und in dem Sinne: dominierenden, Beschreibung der Schweiz und ihrer Zukunft unübersehbar. Die ehemals zumindest das politische System dominierende Selbst-beschreibung der Schweiz tritt in Konkurrenz mit den Beschreibungsangeboten mehr oder weniger heftig dissentierender Sinnwelten bzw. sozialer Bewegun-gen. Die Rede von den «Neuen sozialen Bewegungen» sowie vom Übergang zur «Bewegungsgesellschaft» ist in diesem Kontext zu verorten. Der Begriff der «Neuen sozialen Bewegungen» thematisiert zuallererst die längerfristigen «Mobilisierungsgewinner» dieser Zeit: Umweltschutz- und Anti-Atom-Bewegung, Friedens- und Frauenbewegung etc., während die «Mobilisierungsverlierer», etwa die vielen linken Splittergruppen des Ost-West-Konflikts, auf dem Abfallhaufen der Theoriebildung landen. Der Begriff der «Bewegungsgesellschaft» wiederum thematisiert die neuartige «Allianz» zwischen massenmedialem System und sozialen Bewegungen: Kommerzialisierung und Boulevardisierung der massenmedialen Berichterstattung prägen neue Selektionskriterien des Nachrichtenwürdigen, an welche die «Neuen sozialen Bewegungen» sich mit der Wahl entsprechend aufmerksamkeitsheischender Protestformen anschmiegen können – zwecks Optimierung der Publizitäts- und Mobilisierungswirkung. Im Effekt schliesslich formt sich das oben beschriebene Bild: eine Krise der Selbstbeschreibung, eine Vervielfältigung von Beschreibungsangeboten der Gesellschaft, kommuniziert in jenem sozialen System, in dem unter modernen Bedingungen allein noch so etwas wie die «Selbstbeschreibung» der Gesellschaft in der Gesellschaft visibilisierbar ist – dem massenmedialen System.

In dieses Bild einer über neue Bewegungsformen und neue Formen massenmedialer Selbstbeobachtung sich wandelnden Gesellschaft ist die Überfremdungsbewegung der 60er Jahre auf den ersten Blick schwer einzuordnen. Das Argument der Überfremdung wirkt denn doch zu altbacken, um neben der attraktiven Neuheit der Themen der «Neuen sozialen Bewegungen» mit gleichem Recht bestehen zu können. Doch immerhin: obwohl die 60er Jahre gerne als Geburtsstunde der «Neuen sozialen Bewegungen» gefeiert werden, kam die wohl grösste massenmediale Aufmerksamkeit wie auch ein überaus nachhaltiger Erfolg diesem eher alten Argument zu: der Rede von der Überfremdung, die in diesen Jahren zur «alten» sozialen Bewegung mutierte.[1]

Diese seltsam zentrale Randlage der Überfremdungsbewegung als «alte» Bewegung zwischen «neuen» Bewegungsformen ist durchaus näherer Betrachtung wert. Es drängt sich die Frage geradezu auf, ob die Unterscheidung von «alt» und «neu» nicht vielleicht ein gar zu schlichtes Artefakt der Kategorisierung sozialer Bewegungen in «rechte», konservative, rückwärtsgewandte und «linke», fortschrittliche, zukunftsorientierte Bewegungen ist. Denn bei näherer Betrachtung muss sofort auffallen, dass auch die Themen der «Neuen sozialen Bewegungen» alles andere als neu sind: insbesondere die Umweltschutzthematik, das Thema der «Erhaltung der natürlichen Umwelt» im Angesicht des «Zerstörungspotentials einer entfesselten industriellen Moderne», ist so alt wie die industrielle Moderne selbst. Und: diesem Thema hat sich auch die Überfremdungsbewegung keineswegs verschlossen, im Gegenteil: in Form einer ausgedehnten Materialismuskritik hat sie es entscheidend mitgeprägt.[2] Wenn also auf der Ebene der *Themenführungen* die Unterscheidung alt/neu kaum greift, könnte sie dann zumindest auf der Ebene der *Bewegungsformen* einleuchten?

Wiederum auf den ersten Blick scheint die Sache klar: die Bewegungsform des gezielten, für die Massenmedien inszenierten Tabubruchs zeichnet die Mobilisierungsstrategie der «Neuen sozialen Bewegungen» aus. Diese Mobilisierungsstrategie nutzt veränderte Aufmerksamkeitskriterien der Massenmedien, ist also ein Effekt des Strukturwandels des massenmedialen Systems in Richtung Kommerzialisierung und Boulevardisierung. Ähnliches scheint für die Überfremdungsbewegung nicht zu gelten, und entsprechend könnte man, wenn schon nicht auf der Ebene der Themenführungen, so doch in bezug auf die Bewegungsformen versucht sein, der Unterscheidung von «alten» und «neuen» sozialen Bewegungen Plausibilität zuzusprechen. Ich möchte hier allerdings für einen zweiten Blick plädieren. Ein zweiter Blick, der die «alte» Überfremdungsbewegung deutlich näher an die «Neuen sozialen Bewegungen» rückt, als letzteren vielleicht lieb sein mag. Denn auch die Überfremdungsbewegung der 60er Jahre, nicht anders als die «Neuen sozialen Bewegungen», erhält ihren spezifischen und damit neuen Charakter über den Strukturwandel des massenmedialen Systems. In *beiden* Fällen, die klassischerweise durch die Differenzschemata links/rechts und alt/neu getrennt werden, lässt sich das gleiche Phänomen rekonstruieren: alter thematischer Wein in neuen massenmedialen Schläuchen – und die neuen Schläuche bleiben auch für den Inhalt nicht ohne Folgen.[3]
Ich kann hier diese These, wie so üblich in kurzen Artikeln, nicht ausführlich begründen.[4] Ich beschränke mich statt dessen zuerst auf eine Nacherzählung der Mobilisierungsdynamik der Überfremdungsbewegung der 60er Jahre, um anschliessend in Form von drei knappen Thesen den Zusammenhang zwischen Überfremdungsbewegung und Strukturwandel des massenmedialen Systems nachzuzeichnen: *Kommerzialisierung*, *Oralisierung* und *Personalisierung* der massenmedialen Kommunikation.

## Kurze Erfolgsgeschichte der Überfremdungsbewegung der 60er Jahre

Die Anfänge der Überfremdungsbewegung verlieren sich im Dunkel des Autobiographischen. Genauer: in den nicht sonderlich verlässlichen Angaben in eigener Sache des Fritz Meier, des selbsternannten Gründers und anfänglich auch praktisch einzigen Mitglieds der «Nationalen Aktion gegen die Überfremdung von Volk und Heimat». Die Datierung dieses Gründungsaktes auf das Jahr 1961 muss entsprechend wohl mehr als Indiz dafür gewertet werden, dass die erst um einiges später ausserordentlich erfolgreiche «Nationale Aktion» (heute «Schweizer Demokraten») das Vorrecht der Erstgeburt beanspruchen wollte – gerade weil in den frühen 60er Jahre kein Mangel an Gründungsversammlungen zumeist sehr kurzlebiger Aktionsgruppen und Parteien in gleicher Sache herrschte. Aus der Intimität privaten Aktivismus heraus ans Licht der massenmedial vermittelten Öffentlichkeit trat denn als erste eine andere, erst im Sommer 1963 gegründete Gruppierung: die «Partei gegen die Überfremdung durch Südländer» des Zürcher Schönheitsmittelfabrikanten Stocker. Die anfängliche Nichtbeachtung dieses weiteren Gründungsaktes durch die traditionellen Medien wurde sehr bald durch die auch erst 1959 gegründete Boulevardzeitung «Blick» mehr als wettgemacht, was denn «Blick» seitens der meisten traditionellen Medien, inklusive Fernsehen, äusserst übel vermerkt wurde. Mit dem Effekt allerdings der Bereitstellung weiterer Publizität für die Anliegen der Stockerschen Bewegung – ein klassischer Fall ungewollter Thematisierungseffekte. Von dieser neu erworbenen Publizität profitierte allerdings zuerst einmal die «Nationale Aktion», die zusammen mit der inzwischen in «Schweizerische Volksbewegung gegen die Überfremdung» umbenannten Stockerschen Bewegung[5] 1965 eine Petition in Sachen Überfremdung der Schweiz an den Bundesrat verfasste. Und längerfristig profitierte davon auch James Schwarzenbach, der 1967 auf der Liste der «Nationalen Aktion» in den Nationalrat gewählt wurde. Schwarzenbach sollte sich zur charismatischen Personifizierung nicht nur seiner «Republikanischen Bewegung», sondern der Überfremdungsbewegung der 60er Jahre überhaupt entwickeln. Und dies obwohl er durchaus spät zur Überfremdungsbewegung konvertierte. Die von ihm herausgegebene, 1964 eingestellte und 1969 wiederaufgelegte Zeitung «Der Republikaner» wandte sich in den frühen 60er Jahren noch deutlich gegen die «Überfremdungsapostel» – um dann 1963 erstmals deutlich für die Überfremdungsbewegung Stellung zu nehmen, in Form einer Wahlunterstützung für die inzwischen durch «Blick» zum massenmedialen «Star» mutierte Stockersche Bewegung.

Stockers Bewegung blieb Episode – ihre Spuren verlieren sich Ende 1966. Nicht aber ihre Anliegen und nicht die neu erworbene Publizität, von der sowohl die «Nationale Aktion» wie auch James Schwarzenbach weitergetragen werden sollten. Stockers und des «Blicks» historisches Verdienst besteht mithin in der Kanalisierung der öffentlichen Aufmerksamkeit auf jene beiden Gruppierungen, die der Überfremdungsbewegung der 60er Jahre denn schliesslich auch das Gepräge geben sollten: die «Nationale Aktion» und die «Republikanische Bewegung».

Der Ärger der traditionellen Medien über diese historische Bereinigungsleistung eines ziemlich unübersichtlichen Feldes konkurrierender und auch arg zerstrittener Klein- und Kleinstgruppierungen seitens des «Blicks» mutet allerdings ein wenig seltsam an. Denn immerhin muss erwähnt werden, dass die Lancierung des Themas «Überfremdung» keine Eigenleistung der Überfremdungsbewegung im Verbund mit dem Boulevardmedium «Blick» war. Bereits seit etwa 1957, in einer etwas anderen Fassung allerdings, ist das Thema in den Massenmedien präsent – insbesondere in der parteipolitisch mehr oder weniger gebundenen, und insbesondere in der sozialdemokratischen und gewerkschaftlichen Presse. Wie ist das zu verstehen?

Das in den 30er Jahren verabschiedete ANAG (Gesetz über Aufenthalt und Niederlassung der Ausländer) war in erster Linie als Instrument der Arbeitsmarktpolitik konzipiert – insbesondere in der dann 1948 verabschiedeten Verordnungsfassung, welche die Grundlagen legte für das Modell der «Rotationspolitik»: Einwanderer als Arbeitsmarktpuffer, mit Betonung mithin des zeitlich (nicht quantitativ) beschränkten Aufenthalts von Ausländern in der Schweiz, in Abhängigkeit von den konjunkturellen Erfordernissen des Arbeitsmarktes.[6] Im Zuge der konjunkturellen Erholung der Nachkriegszeit verstärkte sich entsprechend auch die Zuwanderung ausländischer Arbeitskräfte, in erster Linie Süditaliener. 1960 erreichte der Anteil der Italiener an der gesamten ausländischen Wohnbevölkerung (knapp 600'000 Personen, 11% der gesamten Wohnbevölkerung der Schweiz) rund 60%.

Auf diese Einwanderungsbewegung reagierten zuerst, ab 1957, die Gewerkschaften und die Sozialdemokratie – mit dem Ruf nach Wahrnehmung der konjunkturpolitischen Steuerungsmöglichkeiten, die das ANAG ja bereitstellte. Schutz der schweizerischen Arbeitskräfte und zuerst Zügelung der Einwanderung, dann Reduktion des Ausländerbestandes zwecks Eindämmung der «gefahrvollen Betriebsamkeit» einer sich überhitzenden Konjunktur (so Arthur Steiner, Präsident des Schweizerischen Gewerkschaftsbundes 1957) waren die Leitthemen der gewerkschaftlichen und sozialdemokratischen Neuaufnahme des Überfremdungsbegriffs in den ausgehenden 50er Jahren. Unter dem Druck der gewerkschaftlichen und sozialdemokratischen Interventionen einerseits, des zunehmend als überhitzt wahrgenommenen Konjunkturprozesses andererseits, schritt denn auch der Bundesrat ab 1963 zu den ersten Arbeitsmarktinterventionen.[7] Es sollten eine ganze Reihe weiterer folgen – aber inzwischen hatte sich eine deutliche Transformation des Überfremdungsdiskurses weg von einem *konjunkturellen* hin zu einem *kulturellen* Begriff von Überfremdung eingestellt. Die Ausländerfrage hatte sich ab 1963/64 von der Fremd*arbeiter*frage in eine *Fremden*frage verwandelt: nicht mehr *arbeitsmarktpolitische* Aspekte standen im Vordergrund, sondern das Problem des *Schutzes der schweizerischen Kultur* vor der Überfremdung durch die Süditaliener.

Die Transformation eines eher (aber durchaus nicht nur) konjunkturpolitisch in einen deutlich kulturprotektionistisch intendierten Überfremdungsbegriff ist in erster Linie die Leistung der ab Herbst 1963 massenmedial sichtbar gewordenen Überfremdungsbewegung.[8] Der endgültige Durchbruch zu einer kulturprotektionistischen Radikalisierung der Überfremdungsthematik erfolgt schliesslich 1964, mit zwei klassischen massenmedialen Mobilisierungsereignissen: dem «Abkommen über die Auswanderung italienischer Arbeitskräfte nach der Schweiz» vom 10. August 1964 mit Italien (kurz das «Italienerabkommen») und der Veröffentlichung des Berichts der bundesrätlichen «Studienkommission für das Problem der ausländischen Arbeitskräfte» (kurz der «Überfremdungsbericht») vom 12. Oktober des gleichen Jahres.

Mit dem «Italienerabkommen» wurde lediglich in Ansätzen formalrechtlich nachvollzogen, was seit längerem schon faktisch eingetreten war: die Verabschiedung der Vorstellung von der «industriellen Reservearmee», die je nach konjunkturpolitischer Situation mobilisiert oder wieder nach Hause geschickt werden konnte. Der enorme Arbeitskräftebedarf der schweizerischen Wirtschaft, die im Zuge des Konjunkturaufschwungs der Nachkriegszeit eingetretene Verknappung des inländischen wie auch der ausländischen Arbeitsmärkte, mit entsprechend verschärfter Konkurrenz um Arbeitskräfte, hatte dazu geführt, dass die in die Schweiz eingewanderten Arbeitskräfte keineswegs, wie dies das Rotationsmodell vorsah, nach vergleichsweise kurzer Zeit die Schweiz wieder verliessen (eben «rotierten»): die Schweiz hatte zwar Saisonniers und Jahresaufenthalter gerufen, es kamen aber Niedergelassene.[9] Auf diese Situation reagierte das «Italienerabkommen», nicht zuletzt auf kräftigen Druck seitens der italienischen Regierung hin, mit einer freizügigeren Regelung des Stellen- und Berufswechsels der Fremdarbeiter, mit kürzeren Fristen für den Erwerb der Niederlassungsbewilligung und damit auch mit einer Verbesserung des Rechtes auf Familiennachzug. Durchaus zu Recht konnte Bundesrat Schaffner denn auch 1965 festhalten, dass es sich beim «Italienerabkommen» um ein «im Grunde genommen nicht besonders bedeutsames fremdenpolizeiliches Abkommen» gehandelt habe. In der Tat handelte es sich lediglich um die teilweise faktische Verabschiedung des Modells einer Rotationspolitik, die seit längerem schon zur papierenen Illusion geworden war. Wie schwer allerdings der Abschied von einer ja nicht zuletzt politisch gut gepflegten Illusion fallen kann, konnte Bundesrat Schaffner, nachgerade konsterniert, alsbald an der «Welle der Empörung und der Aufregung» feststellen, welche die Bekanntgabe des Abkommens auslöste.[10] In einem auf das Überfremdungsthema und seine kulturprotektionistische Fassung bereits eingestellten Kontext geriet das «Italienerabkommen» zum ersten grossen massenmedialen Mobilisierungsereignis der Überfremdungsbewegung.

Die Veröffentlichung des Berichts der 1961 eingesetzten bundesrätlichen «Studienkommission für das Problem der ausländischen Arbeitskräfte» am 12. Oktober 1964 geriet zum zweiten bedeutenden Mobilisierungsereignis des Jahres 1964. Die Bedeutung des Berichts ist in der endgültigen, quasioffiziellen Enttabui-

sierung einer nicht mehr konjunkturpolitischen, vielmehr nun kulturprotektionistischen Fassung des Überfremdungsbegriffs zu suchen. Der Bericht definiert
«Überfremdung» als «Einfluss von nicht oder ungenügend assimilierten Angehörigen fremder Kulturen […], der so stark ist, dass die wesentlichen und
tragenden Vorstellungen, die der eigenen Kultur zugrunde liegen, durch fremde
Vorstellungen überdeckt werden und die Bevölkerung ihre Lebensverhältnisse
nicht mehr auf Grund ihrer eigenständigen Traditionen gestaltet». Die Schweiz
befinde sich entsprechend seit der ersten Hälfte der 60er Jahre «im Stadium einer
ausgesprochenen Überfremdungsgefahr», «die übermässige Zunahme der fremden Einflüsse» gefährde «unsere nationale Eigenart und damit die wichtigste
Grundlage unserer staatlichen Eigenständigkeit». Eine «nationale Eigenart», die
allerdings «schwer mit Worten zu umschreiben» sei: «Sie ist tief im Gefühlsmäs-
sigen verankert und umfasst einige typische Merkmale, die weit in die Vergangenheit zurückreichen.» «Dieses eidgenössische Bewusstsein» sei jedenfalls «langsam im Verlaufe von Jahrhunderten gewachsen, und es braucht in der Regel
Generationen, um es zu erwerben».[11] Bei allen offensichtlichen Schwierigkeiten,
eine positive Fassung «eidgenössischen Bewusstseins» zu gewinnen, scheint
doch zumindest die negative Fassung klar: es handelt sich um ein äusserst
exklusives, sehr ausschliessendes Bewusstsein, dessen Erwerb Ausländern gene-
rationenlange Anstrengungen abverlangt – und den erfolgreichen Erwerb denn
auch ziemlich unwahrscheinlich machen muss.[12]
Diese quasioffizielle Rigidisierung «schweizerischer Eigenart» schloss nahtlos
an die kulturprotektionistischen Argumente der sich inzwischen immer deutlicher profilierenden Überfremdungsbewegung an und trieb entsprechend den
Prozess der Transformation eines konjunkturpolitischen zu einem kulturprotektionistischen Überfremdungsbegriff zusätzlich voran. Die weitere Erfolgsgeschichte der Überfremdungsbewegung lässt sich mehr oder weniger in diesen
Begriffen beschreiben. Die bundesrätliche Politik der steuernden Arbeitsmarktinterventionen wurde unter dem Druck der Überfremdungsinitiativen immer deutlicher in Richtung einer globalen, Kulturprotektionismus realisierenden
Ausländerpolitik gezwungen. Der Höhepunkt wurde 1970 erreicht, als die zweite, von der «Nationalen Aktion» 1969 eingereichte Überfremdungsinitiative zur
Abstimmung kam.[13] Ihr radikalstes Postulat lief auf eine Halbierung der ausländischen Wohnbevölkerung auf 500'000 Personen hinaus – die Initiative wurde
bei einer rekordhohen Stimmbeteiligung von 74,7% nur knapp mit 54% Neinstimmen abgelehnt. Dieser enorme Mobilisierungserfolg führte zu einer endgültigen Verabschiedung einer am Arbeitsmarkt orientierten Ausländerpolitik.
Deren primäres Instrument bestand in der «Bewirtschaftung» der beiden Aufenthaltskategorien «Jahresaufenthalter» und «Saisonniers», während die «Niedergelassenen», da praktisch keinen Arbeitsmarktrestriktionen unterstellt, von Arbeits-

marktregulierungen nicht betroffen waren. Im Vorfeld zur Abstimmung über die dritte, wiederum von der «Nationalen Aktion» eingereichten Überfremdungsinitiative beschloss der Bundesrat schliesslich den Einbezug auch der Niedergelassenen in die Stabilisierungs- und Reduktionspolitik des Ausländerbestandes.[14] Mit dem Einbezug auch der Niedergelassenen in die Regulierungskonzeption des Ausländerbestandes war der Übergang von einem konjunkturpolitischen zu einem kulturprotektionistischen Überfremdungsbegriff denn auch definitiv vollzogen: nicht mehr die Regulierung des Arbeitsmarktes und der «industriellen Reservearmee», vielmehr die Regulierung der gesamten ausländischen Wohnbevölkerung zwecks Vermeidung einer kulturellen Überfremdung stand nun im Vordergrund. Das klare Scheitern der dritten Überfremdungsinitiative (66% Nein, 70,6% Stimmbeteiligung) an der Urne am 20. Oktober 1974, drei Monate nach Inkraftsetzung der nun die gesamte Wohnbevölkerung betreffenden Regulierungsmassnahmen, bestätigte den bundesrätlichen Kurswechsel – und damit den ohne unmittelbaren Urnenerfolg erstrittenen Erfolg der Überfremdungsbewegung der 60er Jahre. Die vierte (Republikanische Bewegung) und die fünfte (Nationale Aktion) Überfremdungsinitiative stiessen demgegenüber auf deutlich weniger Interesse: bei einer Stimmbeteiligung von lediglich noch 44% wurden beide mit 71% bzw. 66% Neinstimmen abgelehnt – ein Effekt nicht nur des bundesrätlichen Kurswechsels in Sachen Ausländerpolitik, sondern auch der inzwischen eingetretenen Wirtschaftskrise, die dem Bundesrat in Form einer freiwilligen Rückwanderung vieler Gastarbeiter eine ausgesprochen erfolgreiche Umsetzung der versprochenen Stabilisierungs- und Reduktionspolitik des Ausländerbestandes bescherte.

Die Abstimmungsniederlage 1974, und noch deutlicher jene von 1977, markiert das Ende der Überfremdungsbewegung der 60er Jahre.[15] Sie verschwindet aus dem massenmedialen Gedächtnis der schweizerischen Gesellschaft – nur um in verwandelter Form (Asyldebatten) in den 80er Jahren wiederaufzuerstehen. Aber dies ist eine andere Geschichte. Bleiben wir bei der Geschichte der 60er Jahre und gehen nun, in drei ausleitenden Thesen, der Frage nach, inwiefern die Erfolgsgeschichte der Überfremdungsbewegung auch aus dem eingetretenen Strukturwandel des massenmedialen Systems heraus verstanden werden muss – sich die Überfremdungsbewegung der 60er Jahre das ungewöhnliche Prädikat «Neue soziale Bewegung» also doch zu Recht verdient haben könnte.

# Strukturwandel des massenmedialen Systems – «Kommerzialisierung», Oralisierung, Personalisierung

Die Überfremdungsbewegung der 60er Jahre präsentiert sich als Neuaufnahme einer klassischen modernekritischen *Gemeinschaftsideologie*: sie tritt für die Erhaltung einer durch die gesellschaftliche Modernisierung, insbesondere den ökonomischen Wandel und die mitgesetzten Migrationsbewegungen bedrohten *kulturellen Gemeinschaft* ein. Insofern scheint sie tatsächlich wenig Neues zu bieten, gehören doch modernekritische, an der Differenz von Gemeinschaft versus Gesellschaft orientierte Ideologien zu den Intarsien der industriellen Moderne. Dieser erste Eindruck allerdings trügt. Es gibt sehr wohl Neues unter der Sonne: insbesondere haben sich in den 50er und 60er Jahren entscheidende Kontextbedingungen zu verändern begonnen – politische und massenmediale.

Die Überwindung des Fundamentalkonfliktes zwischen Liberalismus und Sozialdemokratie, konzipiert in den 30er Jahren und realisiert in der Nachkriegszeit, relativiert die innenpolitischen Differenzierungspotentiale des Links-rechts-Schemas beträchtlich.[16] Fundamentale ideologische Konflikte werden sozialstaatlich befriedet, die übrigbleibenden Konflikte im wesentlichen auf die pragmatischere Ebene der Debatten um Ausgestaltung und Finanzierung des Sozialstaates umgelegt. In der Verlängerung beginnt hier jener Prozess der Lockerung parteipolitischer Bindungen, des Anstiegs der Wechselwählerschaft relativ zur sinkenden Trennschärfe ehemals hochideologischer Unterscheidungen politischer Kommunikation. Dies bleibt nicht ohne Auswirkungen auf das massenmediale System: der wachsenden Partei der Wechselwähler entspricht ein Bedeutungsverlust der Parteimedien des klassischen Links-rechts-Schemas.[17] Dieses Phänomen wird etwas vorschnell mit dem Begriff der «Kommerzialisierung des massenmedialen Systems» bezeichnet – als seien Parteimedien auf die Bewirtschaftung ökonomischer Ressourcen nicht angewiesen. Tatsächlich kann «Kommerzialisierung» in diesem Zusammenhang wohl nur bedeuten: Verlust der über die ideologischen Bindungen des Links-rechts-Schemas gesicherten «Märkte» und entsprechender Wandel der Aufmerksamkeitskriterien der «kommerziellen» Medien einerseits, des Publikums andererseits. Dieser Wandel der Aufmerksamkeitskriterien eröffnet gerade jener politischen Kommunikation, die sich ausserhalb des etablierten Parteiensystems bewegt, neue Chancen. Der Nachrichtenwert, und d. h. insbesondere Neuigkeitswert, devianter Kommunikation fällt nicht zufällig mit dem Interesse an der Kommunikation dissentierender sozialer Bewegungen zusammen. Und genausowenig zufällig verleiht «Blick», unter scharfem Protest der etablierten Medien, 1963 Stokkers «Überfremdungspartei» jene Publizität, die eine radikal kulturprotektionistische Überfremdungskommunikation in das massenmediale «Gedächtnis» der schweizerischen Gesellschaft wieder eintreten lässt. Es ist dabei von zweitrangiger Bedeutung, dass «Blick» vehement Position gegen Stockers Überfremdungspartei bezieht, ja sogar Vergleiche mit Nationalsozialismus und Frontenbewegung nicht scheut. Die heftigen Reaktionen der Leserschaft des «Blicks» belegen das Interesse, und entsprechend kommt Stockers Bewegung ausführlich zu Wort. Kritikern dieser Publizitätspraxis gegenüber gilt das inzwischen klassische und durchaus hellsichtige Argument: dass «Blick» «nur für die Nachrichten zuständig sei, nicht aber für deren Wertung – schlimmer seien vielmehr die Parteien, die Politiker und die Medien, die nur über das reden wollten, was ihnen passe».[18] Die Wahrnehmung der neuen massenmedialen Chancen unpassender Kommunikation wird zum Signum der Mobilisierungsstrategie der «Neuen sozialen Bewegungen» werden – und auch der Überfremdungsbewegung. Dies in einem wechselseitigen Lernprozess zwischen Massenmedien und sozialen Bewegungen, in dem die Kommunikationsstrategie des nun eben «medienwirksam» inszenierten Tabubruchs seitens sozialer Bewegungen jedwelchen Typs immer virtuoser gehandhabt werden wird, während zugleich das gestiegene Interesse am Tabubruch, an Devianz und Sensation sich keineswegs mehr alleine auf «boulevardistische» Medien des Typus «Blick» beschränkt.[19] Gleichwohl eignet sich gerade «Blick», um ein zweites Element des neueren Strukturwandels des massenmedialen Systems zu illustrieren, das nun insbesondere – aber nicht nur – der Mobilisierungslogik gemeinschaftsideologischer Bewegungen vom Typus der Überfremdungsbewegung entgegenkommt: jenes Element, das ich mit dem Begriff der *Oralisierung* massenmedialer Kommunikation bezeichnen möchte.

Versucht man ein zentrales Konstruktionsmerkmal eines gedruckten «Boulevardmediums» im allgemeinen, des «Blicks» im besonderen knappestmöglich auf den Punkt zu bringen, so liesse es sich wohl folgendermassen umschreiben: «Blick» verleiht der *Logik mündlicher Kommunikation* die Dignität des *Schriftlichen*. Die Implikationen dieser verlegerischen Strategie werden deutlich, wenn man sich die Unterschiede zwischen mündlicher und schriftlicher Kommunikation kurz vergegenwärtigt. Aus der historisch-ethnologischen Analyse schriftloser, primär oral kommunizierender Gesellschaften ist bekannt, dass die Einschränkung der Kommunikationsmöglichkeiten auf die mündliche Kommunikation keineswegs lediglich als lästiges, das individuelle Gedächtnis überstrapazierendes technisches Detail zu betrachten ist. Die Beschränkung auf eine optimal *memorisierbare* Sprachlogik – als Speichermedium für Kommunikation steht ja ausschliesslich das individuelle Gedächtnis zur Verfügung – hat vielmehr einschneidende Konsequenzen für die Struktur des Denkens wie auch der Kommunikation überhaupt.[20] Schriftlose Gesellschaften kommunizieren vorzugsweise in leicht memorisierbaren Formeln und Sprichworten, in farbigen, klar konturierten Bildern, die von unendlicher Güte und abgrundtiefer Bosheit erzählen – sie kommunizieren in *kontrastoptimierenden Schwarzweissbildern,* würde man heute sagen. Schriftlose Gesellschaften neigen zur Kondensierung der Kommunikation in die Form überschaubar verknüpfter Ereignissequenzen, erzählbarer Geschichten mithin, mit einem Anfang und einem Ende, bevölkert von klar identifizierbaren, vorzugsweise in ihren Eigenschaften kräftig überzeichneten Handlungsträgern bzw. Personen – sie neigen, würde man heute sagen, zur *Narrativierung* und *Personalisierung* der Kommunikation.[21] Würde man heute sagen – und dabei auf die evidenten Analogien zu einigen Phänomenen anspielen können, die dem etwas zu diffusen Begriff der «Boulevardisierung» massenmedialer Kommunikation zugeordnet werden. Aber natürlich leben wir heute nicht in einer schriftlosen Gesellschaft. Wohl aber in einer Gesellschaft, die unübersehbar von Phänomenen einer *sekundären Reoralisierung* massenmedialer Kommunikation geprägt ist: Radio, Fernsehen, das Telefon (letzteres kein Massenmedium, wohl aber ein in seiner Bedeutung oft unterschätztes orales Kommunikationsmedium). Der Siegeszug der elektronischen Medien ist wahrscheinlich der bedeutungsvollere, die «Boulevardisierung» der Druckmedien sicherlich aber der eindrucksvollere Aspekt dieser sekundären Reoralisierung massenmedialer Kommunikation. Denn immerhin zielt die sekundäre Oralisierung der Schrift wenn nicht auf die Aufhebung, so doch auf die Lädierung, mindestens Transformation, einer epochemachenden Differenz: der Differenz, der wir die Geburt der Schriftkulturen verdanken – also, nebenbei erwähnt, auch die Geburt der modernen Gesellschaft.

Über die Unterschiede zwischen Oralität und Schriftlichkeit klärt denn auch am einfachsten ein Blick in den «Blick» einerseits, ein zweiter Blick auf den vorliegenden Text andererseits auf: «Blick» präsentiert, im Medium der Schrift, Formen mündlicher Kommunikation – Kontrastakzentuierung, Narrativierung, Personalisierung (die Aufzählung liesse sich durchaus fortsetzen). Der vorliegende Text präsentiert, auch im Medium der Schrift, zumindest einige der analytischen «Komplizierungsmöglichkeiten» sozialer Zusammenhänge, die nur dank der Schriftlichkeit möglich geworden sind: an die Stelle klarer Schwarzweisskontraste treten lästige Grautöne – womöglich waren nicht nur rechte Reaktionäre, sondern auch die Sozis, die Gewerkschaften, die «Neue Zürcher Zeitung»[22] an der Lancierung des Überfremdungsthemas beteiligt; an die Stelle einer erzählbaren Geschichte mit klarem Anfang und ebensolchem Ende (Auftritt der Überfremdungsbewegung, Mobilisierung der schweigenden Mehrheit, Rausschmiss der Italiener) tritt eine Metaerzählung, die auch ganz anders anfangen und sicherlich auch ganz anders enden könnte; an die Stelle der klaren Zurechnung von Kommunikation an Personen (Schwarzenbach sagt: «Hinaus mit den Italienern») tritt die Darstellung einer komplexen und durchaus noch weiter komplizierbaren Überfremdungskommunikation, die eine lange Geschichte hat und vielleicht auch eine längere Zukunft haben wird – die jedenfalls sich weder in einem Individuum erschöpft noch durch dieses steuerbar ist.

## Schlussbemerkung

Wer also war's? «Schwarzenbach» oder die «Krise der Selbstbeschreibung der schweizerischen Nation»? Man braucht diese leicht aberwitzige Frage nur zu stellen und sich dabei die Antwort des «Blicks» darauf vorzustellen, um zu sehen, in welchem Masse die ab den 60er Jahren zunehmende «Kommerzialisierung», Oralisierung und Personalisierung massenmedialer Kommunikation die Kontextbedingungen nicht nur der «Neuen sozialen Bewegungen», sondern auch der Überfremdungsbewegung verwandeln konnte – und somit den klassischen gemeinschaftsideologischen Motiven der Überfremdungsbewegung ein spezifisch neues Gepräge verleihen musste. Dass der Strukturwandel massenmedialer Kommunikation nicht ohne Folgen darauf bleibt, wie die Gesellschaft kommuniziert, ist eigentlich nicht weiter erstaunlich. Dank ihrer Massenmedien vermag die Gesellschaft sich selbst zu beobachten und zu beschreiben: und wenn sich die Gesellschaft auf neue Weise zu beobachten beginnt, kommuniziert sie auch auf neue Weise über sich selbst – was wohl kaum anderes bedeuten kann, als dass sie sich wandelt. Aber in welche Richtung? Die Beantwortung dieser Frage erfordert mehr als nur die Formulierung erster Thesen. «Kommerzialisierung», Oralisierung und Personalisierung beschreiben lediglich Aspekte, wenn auch wichtige, dieses neuerlichen Wandelschubes massenmedialer Kommunikation, der in den 60er Jahren einsetzt und sich seither weiter entfaltet hat. Es ist allerdings ziemlich gut einsehbar, dass insbesondere die Oralisierung und Personalisierung massenmedialer Kommunikation eine sehr spezifische Affinität zu Gemeinschaftsideologien vom Typus der Überfremdungsbewegung aufweist. Was dies in Gegenwart wie Zukunft bedeuten mag, bleibt offen, wie üblich. Wer vermöchte schon die Geschichte der Überfremdungskommunikation in die Form überschaubar verknüpfter Ereignissequenzen, erzählbarer Geschichten mithin, mit klarem Anfang und ebensolchem Ende, bevölkert von klar identifizierbaren, vorzugsweise in ihren Eigenschaften kräftig überzeichneten Handlungsträgern bzw. Personen zu bringen? Wahrscheinlich «Blick».

# Anhang

Tab. 1: *Bundesbeschlüsse zur Regelung des Fremdarbeiterbestandes*

| Datum | Massnahmen |
|---|---|
| 1. 3. 1963 | – Betriebsplafonierung: Festlegung des Höchstpersonalbestands pro Betrieb |
| 21. 2. 1964 | – Fortsetzung der Betriebsplafonierung (im Rahmen der Konjunktur-dämpfungsmassnahmen) |
| 13. 3. 1964 | – Einbezug der Saisonarbeitskräfte, Hausangestellten und landwirt-schaftlichen Arbeitskräfte in die Arbeitsmarktkontrolle |
| 19. 2. 1965 | – Doppelplafonierung<br>– Einreise in Abhängigkeit von Aufenthaltsbewilligung |
| 1. 3. 1966 | – Sofortmassnahme: Gestaffelter Abbau des Ausländerbestandes um 5% bis Januar 1967 |
| 10. 2. 1967 | – Sofortmassnahme: Verminderung des Gesamtbestandes um 2% bis Juli 1967<br>– Lockerung der Betriebsplafonierung auf 110% |
| 28. 2. 1968 | – Lockerung der Betriebsplafonierung für Saisonarbeiter |
| 16. 3. 1970 | – Globalplafonierung anstelle der Betriebsplafonierung (Jahresaufenthalter)<br>– Einschränkung der Freizügigkeit bei Stellen- und Berufswechsel |
| 21. 4. 1971 | – Einbezug der Saisonarbeiter in die Globalplafonierung |
| 9. 7. 1974 | – Einbezug der gesamten ausländischen Bevölkerung in die Globalplafonierung (d. h. nun auch die Niedergelassenen, zusätzlich auch Arbeitskräfte aus dem Gesundheits- und Bildungswesen und der Landwirtschaft)<br>– Stabilisierungsziel: 1980, anschliessend Reduktion |

Tab. 2: *Volksbegehren gegen die «Überfremdung» im Überblick*

| Nr. | Initianten | Forderungen | Einreichung | Abstimmung/Rückzug |
|---|---|---|---|---|
| 1. | Demokratische Partei Kanton Zürich | – Begrenzung des Ausländeranteils auf 10% der Wohnbevölkerung | 30. 6. 1965 | Rückzug: 16. 3. 1968 |
| 2. | Nationale Aktion | – Begrenzung des Ausländeranteils auf 10% kantonsweise (= Reduktion um 500'000 Personen) <br> – Schutz der einheimischen Arbeitnehmer | 20. 5. 1969 | Abstimmung: 7. 6. 1970 <br> 54% Neinstimmen <br> Stimmbeteiligung: 74,7% |
| 3. | Nationale Aktion | – Begrenzung der Ausländer auf 500'000 <br> – Begrenzung der Einbürgerungen auf 4000 pro Jahr <br> – Begrenzung der Saisonniers und Grenzgänger | 3. 11. 1972 | Abstimmung: 20. 10. 1974 <br> 66% Neinstimmen <br> Stimmbeteiligung: 70,6% |
| 4. | Republikanische Bewegung | – Begrenzung auf 12,5% <br> – Schutz der einheimischen Arbeitnehmer | 12. 3. 1974 | Abstimmung: 13. 3. 1977 <br> 71% Neinstimmen <br> Stimmbeteiligung: 44% |
| 5. | Nationale Aktion | – Begrenzung der Einbürgerungen auf 4000 pro Jahr | 15. 3. 1974 | Abstimmung: 13. 3. 1977 <br> 66% Neinstimmen <br> Stimmbeteiligung: 44% |

## Anmerkungen

1 Ich stütze mich hier auf eine Analyse massenmedialer Quellen, genauer: deutschschweizerischer Leitmedien und Medien sozialer Bewegungen, genauer: der Berichterstattung der freisinnig-liberalen «Neue Zürcher Zeitung», der sozialdemokratischen «Tagwacht» (und auch von Gewerkschaftsmedien), des katholisch-konservativen «Vaterlands», des unabhängigen «Tages-Anzeigers», der Medien der «Nationalen Aktion» und der «Republikanischen Bewegung». Ich verzichte hier auf eine detaillierte Ausführung der Analysemethodik und auch weitestgehend auf Literaturangaben. Details der Analyse sowie weitere Literaturangaben finden sich in G. Romano: *Vom Sonderfall zur Überfremdung. Zur Erfolgsgeschichte gemeinschaftsideologischen Denkens im öffentlichen politischen Diskurs der späten fünfziger und der sechziger Jahre*, in: K. Imhof et al. (Hg.): *Vom Kalten Krieg zur Kulturrevolution. Analyse von Medienereignissen in der Schweiz der 50er und 60er Jahre*. Reihe «Krise und sozialer Wandel», Bd. 3, Zürich 1998.

2 Was sich denn auch in verschiedenen Bemühungen niederschlug, die Unterschiede zwischen einer «rechten» und einer «linken» Umweltbewegung ausfindig zu machen. Vgl. ausführlicher G. Romano: *Links oder rechts oder Gemeinschaft oder Gesellschaft. Zur Konfusion politischer Unterscheidungen öffentlicher Kommunikation*, in diesem Band.

3 In der natürlich etwas gar plakativen Fassung McLuhans: "The medium is the message."

4 Auch ein interessanter Fall des Strukturwandels nun des Wissenschaftssystems, bedingt durch ein verändertes Rezeptionsverhalten auch des akademischen Publikums, hinter dem wohl mit einigem Recht die Massenmedien vermutet werden dürfen.

5 Die inzwischen auch nicht mehr *Stockers* Bewegung war, da letzterer bereits im Februar 1964 aus seiner «Volksbewegung» ausgeschlossen wurde.

6 Im Vordergrund stand mithin nicht die quantitative Begrenzung der Einwanderung, sondern vielmehr die Vermeidung des längerfristigen Aufenthaltes, der zum Erwerb der Niederlassungsbewilligung führen würde und damit die arbeitsmarktliche «Pufferfunktion» der ausländischen Arbeitskräfte unterhöhlen müsste. Denn der Erwerb der Niederlassungsbewilligung befreit von den arbeitsmarktrechtlichen Restriktionen, denen die beiden anderen wichtigen Aufenthaltskategorien (Jahresaufenthalt, Saisonnierstatut) unterliegen. Zur Regulierung des Arbeitsmarktes eignen sich mithin nur die beiden letztgenannten Kategorien: und entsprechend bestand eines der Hauptziele des Rotationsmodells in der Vermeidung eines längeren Aufenthaltes der Gastarbeiter – ein längerer Aufenthalt, der zur Gewährung der Niederlassung hätte führen müssen.

7 Betriebsplafonierung für Saisonniers, 1. 3. 1963: Betriebsweise Festlegung einer Maximalzahl von Anstellungen ausländischer Arbeitskräfte, in diesem Falle Saisonniers. Vgl. zur Geschichte und massenmedialen Verhandlung der Überfremdungsbewegung auch: A. Gisler, R. Misteli: *Überfremdung. Karriere und Diffusion eines fremdenfeindlichen Deutungsmusters*, Liz.arbeit, Zürich 1995; vgl. auch die im Anhang zum vorliegenden Beitrag präsentierte Übersichtsdarstellung der verschiedenen «Bundesbeschlüsse zur Regelung des Fremdarbeiterbestandes» sowie der Volksbegehren gegen die «Überfremdung», die ich der oben zitierten Arbeit entnehme.

8 Ohne diese Leistung grundsätzlich bestreiten zu wollen, muss sie gleichwohl etwas relativiert werden. Ab etwa 1957 beginnt die Rede von der Überfremdung zum konjunkturpolitischen Kampfbegriff insbesondere der Gewerkschaften, aber auch der Sozialdemokratie zu avancieren – und im Eifer der polemischen Gefechte fehlen keineswegs auch deutlich kulturprotektionistische Argumente. Zum anderen wird die sozialdemokratische und gewerkschaftliche Presse bei dieser argumentativen Vorarbeit hin zur kulturprotektionistischen Radikalisierung des Überfremdungsthemas seitens der Überfremdungsbewegung ab 1963/64 von den etablierten Parteimedien keineswegs völlig im Stich gelassen. Bereits in den frühen 60er Jahren erscheint – vorübergehend – auch in der «Neuen Zürcher Zeitung» die «Überfremdungsgefahr schlechthin» als Thema. Vgl. ausführlicher G. Romano: *Links oder rechts oder Gemeinschaft oder*

*Gesellschaft. Zur Konfusion politischer Unterscheidungen öffentlicher Kommunikation*, in diesem Band.

9 Eine etwas technischere Fassung des bekannten Diktums von Max Frisch (1966): «Ein kleines Herrenvolk sieht sich in Gefahr: man hat Arbeitskräfte gerufen und es kommen Menschen.»

10 Bundesrat Schaffner, anlässlich der nationalrätlichen Ratifizierungsdebatte des «Italienerabkommens» vom 16./17. 3. 1965: «Es wird für den künftigen Historiker einmal schwierig sein, zu erklären, warum dieses im Grunde genommen nicht besonders bedeutsame fremdenpolizeiliche Abkommen bei seiner Bekanntgabe eine solche Welle der Empörung und der Aufregung verursacht hat.» Zit. aus: H. R. Bachofner: *Verfassungstreue und Verfassungsbruch*, Zürich 1974, S. 309. Der Versuch einer Lösung dieser dem künftigen Historiker gestellten Aufgabe findet sich in: G. Romano: *Links oder rechts oder Gemeinschaft oder Gesellschaft. Zur Konfusion politischer Unterscheidungen öffentlicher Kommunikation*, in diesem Band.

11 Bundesamt für Industrie, Gewerbe und Arbeit: *Das Problem der ausländischen Arbeitskräfte. Bericht der Studienkommission*, Bern 1964, S. 136 ff.

12 Es handelt sich hier um eine Neuaufnahme – in etwas verwandelter Fassung – eines rigiden Verständnisses schweizerischer Identität, wie es bereits in der ersten grossen Thematisierungsphase des Überfremdungsthemas in diesem Jahrhundert formuliert worden war. Vgl. dazu G. Romano: *Zeit der Krise – Krise der Zeit. Identität, Überfremdung und verschlüsselte Zeitstrukturen*, in: A. Ernst, E. Wigger (Hg.): *Die neue Schweiz? Eine Gesellschaft zwischen Integration und Polarisierung (1910–1930)*, Zürich 1996. Dieses rigide Selbstverständnis schweizerischer Identität begleitet, in wiederum interessanten Varianten, auch die Asyldebatten der 80er/90er Jahre sowie die Debatten zur europäischen Integration der 90er Jahre.

13 Die erste, von der Demokratischen Partei des Kantons Zürich 1965 eingereichte Überfremdungsinitiative wurde 1968 zurückgezogen. Insofern handelte es sich bei der zweiten Überfremdungsinitiative um die erste, die zur Abstimmung gelangte.

14 Einbezug der gesamten ausländischen Bevölkerung in die «Globalplafonierung» und Festlegung einer Politik der Stabilisierung (bis 1980), dann Reduktion der ausländischen Gesamtbevölkerung, am 9. 7. 1974.

15 Auf dieses, ja vorübergehende, Ende hin ist allerdings ein letzter, bedeutungsvoller indirekter Erfolg der Überfremdungsbewegung zu verzeichnen. Denn gleichzeitig zu den Überfremdungsinitiativen IV und V gelangte eine weitere Initiative der «Nationalen Aktion» zur Abstimmung, jene betreffend der Neuregelung des Staatsvertragsreferendums. Zu Recht ist diese Initiative schlicht als weitere, «sechste Überfremdungsinitiative» (NR Walther Hofer, *Neue Zürcher Zeitung*, 25. 2. 1977) bezeichnet worden. Denn zwar stand im Zentrum der NA-Initiative die Forderung der nachträglichen Infragestellung aller Staatsverträge, aber evidenterweise interessierte sich die «Nationale Aktion» lediglich für die Widerrufung des «Italienerabkommens» von 1964. Die NA-Initiative betreffend der Neuregelung des Staatsvertragsreferendums wurde zwar klar mit 78,1% Nein und 22 ablehnenden Ständen (von 22) verworfen. Doch der Gegenvorschlag zur NA-Initiative wurde mit fast ebenso klarer Mehrheit angenommen (61% Ja, 20 1/2 annehmende Stände) – der letzte, indirekte und durchaus bedeutungsvolle Erfolg der Überfremdungsbewegung der 60er und 70er Jahre. Vgl. dazu G. Kreis: *Der lange Weg des Staatsvertragsreferendums. Schweizerische Aussenpolitik zwischen indirekter und direkter Demokratie* (Basler Schriften zur Europäischen Integration, Nr. 12), Basel 1995.

16 Zur Relativierung des Links-rechts-Schemas ausführlicher: G. Romano: *Links oder rechts oder Gemeinschaft oder Gesellschaft. Zur Konfusion politischer Unterscheidungen öffentlicher Kommunikation*, in diesem Band.

17 Paradoxerweise hat gerade der Kalte Krieg diesen Prozess faktisch vorangetrieben: er verstärkte die interne Kohäsion über das Links-rechts-Schema hinweg und kanalisierte gleichzeitig hochideologische Debatten auf die Differenzen zwischen Ost und West.

18 *Blick*, 16./17. 8. 1963. Mit diesem Argument hat «Blick» ja durchaus nicht unrecht behalten.

Die Agenda-setting-Forschung konnte, bei aller Kritik, doch klar zeigen, dass die Funktion der Massenmedien in der Gewährleistung allgemein verfügbarer Themen liegt: *Thematisierungseffekte* stehen im Vordergrund, während die *Meinungsbildung* über die verfügbaren Themen sich der Kontrolle der Medien weitestgehend entzieht – da hat doch das Publikum mehr mitzureden, als der Alltagsverstand, sei es der meisten Medienschaffenden, sei es durchaus auch des Publikums, konzedieren mag. Die Berichterstattung von «Blick» zum Thema Überfremdung ist hier ein alleweil interessanter Beleg: trotz streckenweise schärfster Kritik von «Blick» an der Überfremdungsbewegung blieb von alledem nur zweierlei zurück – das Thema und der Erfolg der Überfremdungsbewegung.

19  Die Vorteile neu medienwirksamer Kommunikationsstrategien waren entsprechend auch der Überfremdungsbewegung nicht fremd: In einem Artikel vom 30. 1. 1970 berichtet «Blick» von jenem Basler Grossrat der «Überfremdungspartei», der einen Monat bei der Müllabfuhr arbeitet, um zu beweisen, «dass man für Drecksarbeit keine Ausländer braucht». Diese Tat des Basler Grossrates dürfte wohl kaum als substantieller einheimischer Beitrag an die Entsorgungsprobleme der Stadt Basel gewertet werden dürfen: wohl eher dürfte es um ihre Medienwirksamkeit gegangen sein, denn immerhin kehrte unser Grossrat nach vollbrachter «Drecksarbeit» an seinen angestammten Arbeitsplatz zurück.

20  W. J. Ong: *Orality and Literacy. The Technologizing of the Word*, London and New York 1982; E. A. Havelock: *Preface to Plato*, Cambridge (Mass.) 1963.

21  Eine gute Illustration der Bedeutung dieser Sprachtechniken findet sich in den homerischen Epen.

22  Tatsächlich auch die «Neue Zürcher Zeitung». Vgl. ausführlicher: G. Romano: *Links oder rechts oder Gemeinschaft oder Gesellschaft. Zur Konfusion politischer Unterscheidungen öffentlicher Kommunikation*, in diesem Band.

# Alte und neue Einflussmöglichkeiten sozialer Bewegungen

## Das Beispiel Jurakonflikt

Mark Eisenegger

## Einleitung

Die rundum bewegten 60er Jahre haben auch in der Sozialforschung für Bewegung gesorgt: die Bedeutung der scheinbar machtlosen «Peripherie» in bezug auf ihr Einflussvermögen auf den Gang der gesellschaftlichen Entwicklung erschien plötzlich in neuem Licht und wurde Gegenstand einer Vielzahl theoretischer und empirischer Arbeiten. Dieser sozialwissenschaftliche Einstellungswandel zum gesellschaftlichen Innovationsvermögen sozialer Bewegungen kommt allerdings reichlich spät. Im historischen Überblick zeigt sich, dass die Gestaltung der Entwicklung der schweizerischen Gesellschaft nicht immer, aber immer wieder in hohem Mass von den «Rändern» des parteipolitischen Spektrums her geprägt wird: bis anhin peripherisierte Gruppen vermochten mit ihren Orientierungsangeboten Unsicherheit zu absorbieren, Grundsatzdebatten zur Redefinition sozialer Eigen- und Fremdbilder zu lancieren und schliesslich Rechtssetzungsprozesse in Gang zu bringen, die den neu eingebrachten Werten «objektive» Geltungskraft verliehen.[1] Insofern ist der im Rahmen der Theorien zu den «Neuen sozialen Bewegungen» formulierten These, die spätmodernen Gesellschaften seien in den späten 60er Jahren in das Stadium der «Bewegungsgesellschaft» eingetreten, vorerst mit einer gewissen Skepsis gegenüberzutreten.[2] Soziale Bewegungen als wichtige Promotoren des sozialen Wandels sind kein neues, sondern ein wiederkehrendes Phänomen, denen auch die Schweiz ihre wesentlichsten politischen und sozialen Innovationen verdankt.

Dennoch stellt sich die Frage, ob angesichts der eigentlichen «Bewegungsflut», welche die Schweiz in den 60er Jahren mit dem eigenartigen «Cocktail» an «neuen» und «alten» sozialen Bewegungen[3] erlebt hat, sich die gesellschaftlichen Rahmenbedingungen in einer Weise verändert haben, die sozialen Bewegungen grundlegend verbesserte Einflusschancen eröffnet haben.

Diese Frage wird im folgenden am Beispiel des Jurakonflikts diskutiert. An ihm kann in geradezu prototypischer Weise aufgezeigt werden, wie sich die Dialektik zwischen makrosozialen und bewegungsinternen Bestimmungsfaktoren gestaltet, die in ihrer Wechselwirkung über die erfolgreiche Einflussnahme der scheinbar «machtlosen» Peripherie auf den Fortgang der gesellschaftlichen Entwicklung entscheiden.

Drei Anschlussfragen zum Jurakonflikt, die besonders erklärenswert erscheinen, sollen auf die Fährte der alten und neuen gesellschaftlichen Einwirkungsbedingungen sozialer Bewegungen führen:

1. Der Jurakonflikt stellt ein für den schweizerischen Kontext im historischen Vergleich einzigartiges Phänomen dar: Kein anderer Konflikt kann auf eine derart langanhaltende Geschichte der diskontinuierlichen Reaktivierung von Protestbewegungen zurückblicken. Obwohl sich aber bereits seit dem 19. Jahrhundert in regelmässigen Abständen jurassisch-separatistische Bewegungen formieren, gelingt der Durchbruch des jurassischen Nationalismus erst nach dem 2. Weltkrieg. Die erste Frage: weshalb wird der ethnische Nationalismus der jurassisch-separatistischen Bewegung angesichts seiner langen Bewegungsgeschichte erst relativ spät, d. h. nach dem 2. Weltkrieg diffusionsfähig?

2. Die 60er Jahre sind durch eine markante Zunahme der Mobilisierungsdynamik um den jurassischen Separatismus geprägt. Die zweite Frage: wie lässt sich die Mobilisierungszunahme im Jurakonflikt seit den 60er Jahren erklären?

3. Mit der Sanktionierung eines neuen Kantons Jura an der eidgenössischen Urne konnte der Jurakonflikt 1978 zumindest partiell gelöst werden. Voraussetzung für diesen aus separatistischer Warte grossen Erfolg war allerdings, dass sich auf *gesamtschweizerischer* Ebene ein Problembewusstsein für diesen regionalen Konflikt ausbilden konnte. Entsprechend die dritte Frage: welche Faktoren waren für den Statuswechsel des Jurakonflikts von einem regionalen Problem zu einem Problem von nationaler Tragweite in der Einschätzung der gesamtschweizerischen Öffentlichkeit verantwortlich?

## Zur Frage 1: Ursachen des späten Take-offs des jurassisch-separatistischen Nationalismus

Bereits im 19. Jahrhundert und zu Beginn des 20. Jahrhunderts formieren sich im Jura insgesamt fünf autonomistische Bewegungen.[4] Für alle diese fünf historischen, jurassischen Autonomiebewegungen ist eine relativ kurze Lebensdauer und eine vergleichsweise bescheidene Mobilisierungswirkung charakteristisch. Erklärungsversuche, die dieses Faktum mit dem Verweis auf die gewaltsame Repression jurassischer Protestbewegungen durch die bernischen Herrschaftsträger zu begründen versuchen, erscheinen jedoch als wenig stichhaltig.[5] Die bescheidene Diffusionswirkung des jurassischen Nationalismus ist vielmehr eine

Folge des soziopolitischen Kontextes, in den diese jurassischen Autonomiebewegungen eingebettet waren, nämlich in Form gesamtgesellschaftlich wirkmächtiger Konfliktlinien, die gewissermassen «mitten durch den Jura hindurchreichten», anstatt «an ihm entlang» bzw. «um ihn herum».

So verhinderte im 19. Jahrhundert die Dominanz der zunächst politisch-liberalistischen bzw. der konfessionellen Streitpunkte und die entsprechend wirksamen *überkreuzenden Loyalitäten* über den jurassischen Subkontext hinaus, dass die ethnisch-territoriale Ideologie der jurassischen Separatisten eine bedeutende Mobilisierungswirkung entfalten konnte. Zu Beginn des 20. Jahrhunderts und in der Zwischenkriegszeit ist es abermals die gesellschaftsstrukturelle Disposition der schweizerischen Gesellschaft in Form einer virulenten Konfliktachse, die den dauerhaften Take-off des jurassischen Separatismus verhindert: es ist dies die Konfliktlinie des Klassenantagonismus. Im Jura wie in der übrigen Schweiz haben wir es in dieser Zeit mit einer ideell und sozial gefestigten Gesellschaftsstruktur zu tun, die durch den klassenantagonistischen Gegensatz zwischen Arbeiterschaft und Arbeitgeberschaft bzw. Bürgerblock geprägt ist. Eine Gesellschaft aber, die klassenantagonistisch strukturiert ist, so die These, bleibt «blind» für die Ideologie eines zu Klassenschranken gerade quer verlaufenden ethnischen Nationalismus, wie er von den jurassischen Separatisten propagiert wurde.

Ab Mitte der 30er Jahre wurde der Klassenantagonismus im Jura wie in der übrigen Schweiz durch das sozialmarktwirtschaftliche Gesellschaftsmodell überwunden und die Arbeiterschaft und deren Bewegung in den Staat integriert. Die zunehmende Bedrohung durch das faschistische Deutschland führt dann aber auch im Jura zu einer Zunahme der Loyalitätsbekundungen gegenüber dem Schweizer Staat im Zuge der «geistigen Landesverteidigung», wodurch das latente Spannungspotential im Jura abermals auf Zeit, d. h. bis zum Ende des 2. Weltkriegs «zugeschüttet» wird.

Nach der Beseitigung des ethnisch «blinden» Klassenkonflikts und mit dem Ende der Ära der «geistigen Landesverteidigung» nach dem 2. Weltkrieg sollte dann aber der Moment für den manifesten Ausbruch des Jurakonflikts bzw. für den Take-off des jurassischen Separatismus gekommen sein. Mitentscheidend für die Reaktivierung des Konfliktpotentials war, dass mit dem ab Mitte der 30er Jahre in der Schweiz neu installierten sozialmarktwirtschaftlichen Gesellschaftsmodell eine Chancengleichheitsdoktrin sowie eine vom Anspruch her sozialverträgliche Wachstumsideologie verbunden war, welche versprach, Umverteilung über alle Schichtgrenzen hinweg zu garantieren. Im Jura hatte jedoch bereits im Vorfeld der Propagierung dieser Ideologie, d. h. seit den 20er Jahren, ein massiver wirtschaftlicher Konzentrationsprozess eingesetzt. Eine inhomogene und asynchrone Entwicklung bewirkte im Jura eine fortschreitende Marginalisierung zu einer peripheren und von Bern abhängigen Provinz. Die Perzeption der eigenen peripheren und marginalisierten Situation angesichts der gesamtgesellschaftlich sich durchsetzenden Wachstumsprozesse nach dem Krieg schuf jenen *Handlungsspielraum* in Form einer *anomischen, spannungsgeladenen Situation*, den die jurassisch-separatistische Bewegung geschickt auszunutzen vermochte: die Ursache der nunmehr deklarierten, regionalen Krise konnte direkt der Abhängigkeit von Bern zugeschrieben und gleichzeitig ein Weg zur Lösung derselben vorgegeben werden: die Separation vom Kanton Bern. Auf diese Weise vermochte der jurassische Separatismus dieses anomische Spannungspotential wirksam zu funktionalisieren, indem er es sinnkräftig an seine ethnischen Bewegungspostulate anschloss.[6]

Diese ideologische Deutungsarbeit setzte allerdings die Existenz eines *Bewegungsmilieus* voraus. Insofern erfüllten die fünf historischen separatistischen Protestbewegungen im 19. und anfangs des 20. Jahrhunderts die wichtige Funktion, ein latentes Minderheitenbewusstsein bzw. ein *kollektives Gedächtnis* zur jurassischen «Leidensgeschichte» am Leben zu erhalten, das schon sehr früh seinen institutionellen Niederschlag fand: bereits 1847 bildete sich die «Société jurassienne d'Emulation» (SJE), die seit ihrem Bestehen unermüdlich alle Repressionen von seiten der Berner Herrschaftsträger aufzeichnete. In der Zwischenkriegszeit kamen zu dieser Institution zwei weitere hinzu, die «Association pour la défense des intérêts du Jura» (ADIJ) sowie die Organisation «Pro Jura», die sich im Bewusstsein ökonomischer bzw. politischer Marginalisierung gebildet hatten. Diese drei Organisationen bildeten im jurassischen Subkontext jene *autonomen Öffentlichkeiten*,[7] welche die separatistische Ideologie über die bewegungsresistente Zwischen- und Kriegszeit «hinüberretteten» und auf diese Weise die neu belebte Bewegung nach dem 2. Weltkrieg mit den für sie notwendigen Situationsdeutungen und *ideologischen Ressourcen* versorgen konnten.

Im Sinne eines vorläufigen Fazits kann man entsprechend zusammenfassen, dass das gesellschaftliche Einflussvermögen einer sozialen Bewegung *erstens* von der Gesellschaftsstruktur in Form von sozial und ideell gefestigten Konfliktachsen abhängig ist. Das heisst: das von einer sozialen Bewegung propagierte Ideengut kann im Verhältnis zur sozialen und ideellen Disposition der Gesellschaft nicht beliebig variieren. *Zweitens* ist auf die Bedeutung latenter anomischer Spannungszustände für die Mobilisierungsfähigkeit hinzuweisen. Dies jedoch nicht im Sinne eines Automatismus: es ist gerade eine charakteristische Leistung sozialer Bewegungen, solche anomische Spannungs- und Deprivationszustände über Deutungs- und Symbolisierungsleistungen zu problematisieren bzw. zu *entindividualisieren*, d. h. ins Bewusstsein der Gesellschaftsmitglieder zu heben. Dies verweist *drittens* auf die Bedeutung institutionalisierter Bewegungsmilieus: soziale Bewegungen entstehen nicht im «luftleeren Raum», sondern setzen die

Existenz institutionalisierter, ideologischer Reservoirs voraus, welche sie zum Zeitpunkt des Take-offs mit den für sie notwendigen Situationsdeutungen versorgen.

## Zur Frage 2: Ursachen der Mobilisierungszunahme in den 60er Jahren

Seit den frühen 60er Jahren lässt sich für den Jurakonflikt eine markante Zunahme seiner Mobilisierungsdynamik feststellen.[8] Was sind die Gründe dafür? *Erstens* gilt es auf den Konfliktverlauf selbst zu verweisen. Es mag auf den ersten Blick paradox erscheinen, aber es scheint sich empirisch zu erhärten: der Mobilisierungserfolg sozialer Bewegungen hängt massgeblich vom Grad der *politischen Polarisierungen* bzw. vom Grad seiner Konfliktradikalität ab. Man kann dies auf die Formel bringen: die soziale Bewegung wächst an ihrem Widerstand. In Prozessen *wechselseitiger Aufschaukelung* erhalten die Feindbilder, welche der Protestdoktrin sozialer Bewegungen stets inhärent sind, einen Plausibilitätszuwachs und erhöhen dadurch die Binnenkohäsion, d. h. das für soziale Bewegungen so zentrale «Wir»-Bewusstsein. Mit der Ausbildung solcher rigider Freund-Feind-Schematas sinkt die Möglichkeit für die Individuen, im Konflikt abseits zu stehen, und die eindeutige Positionsbekundung für eine der beiden Konfliktparteien wird zur Pflicht.

Seit den frühen 60er Jahren nimmt der Widerstand gegenüber dem Juraseparatismus tatsächlich in dreifacher Weise zu: von seiten der Berner Kantonsregierung und der antiseparatistischen Kräfte sowie neu auch von seiten der gesamtschweizerischen Öffentlichkeit im Zuge der einsetzenden Nationalisierung der Juraproblematik. Im Anschluss an die separatistische Abstimmungsniederlage anlässlich des Juraplebiszits von 1959[9] sieht sich die Berner Regierung nunmehr legitimiert, eine vollständig intransigente Haltung gegenüber jeglichen Forderungen von seiten der separatistischen Bewegung einzunehmen. Auf die organisatorische Diversifikation der separatistischen Bewegung, die insbesondere zur Gründung der separatistischen Jugendorganisation der «Béliers» führt, und auf die Attacken der anonymen und militanten Terrororganisation des «Front de Libération Jurassien» (FLJ) antworten die antiseparatistischen Kräfte mit der Gründung eines bürgerwehrähnlichen «Comité pour une vigilance démocratique», das der seit 1952 existierenden antiseparatistischen Organisation der «Union des Patriotes Jurassiens» (UPJ) an die Seite gestellt wird. Und schliesslich erbringt die seit den frühen 60er Jahren einsetzende Nationalisierung des vormals regional eingeschätzten Jurakonflikts eine zusätzliche Opposition auf gesamtschweizerischer, insbesondere deutschschweizerischer Ebene.[10] Dieser Kanon eines koordinierten, dreistufigen Widerstandes sichert dem Juraseparatismus erst die Motive seiner Existenz und ist mit ein Grund für die massive Mobilisierungszunahme, die seit den 60er Jahren zu beobachten ist.

Daneben gilt es *zweitens* auf eine weitere *makrosoziale Voraussetzung* hinzuweisen, die im Hinblick auf die Erklärung der Mobilisierungszunahme im Jurakonflikt, wie überhaupt zur Erklärung der Zunahme sozialer Bewegungen auf gesamtschweizerischer Ebene in den 60er Jahren zunehmend wichtig wird. Die These lautet, dass der seit den frühen 60er Jahren einsetzende *Strukturwandel der Öffentlichkeit* die gesamtgesellschaftlichen Einflusschancen sozialer Bewegungen massiv verbessert hat. Im Resultat erbringt dieser Strukturwandel ein verändertes Interdependenzverhältnis zwischen den Teilsystemen Politik, Ökonomie und Medien und lässt sich beschreiben als das Resultat zweier gegenläufiger Entwicklungen: der *Ausdifferenzierung des Mediensystems vom politischen System* einerseits, sowie der tendenziellen *Entdifferenzierung der Medien vom ökonomischen System* andererseits. Im Gefolge dieser Strukturmodulation der Öffentlichkeit emanzipieren sich die Medien zusehends von politischen Abhängigkeiten und werden dadurch gleichzeitig einem verstärkten Druck ausgesetzt, sich auf dem freien Markt zu bewähren. Damit wandeln sich die Medien von Sprachrohren politischer Interessengruppen in der «Ära der Parteipresse» zu profitorientierten Unternehmen nach dieser «Wasserscheide».[11]

Für die gesellschaftlichen Einfluss- und Mobilisierungschancen sozialer Bewegungen ist nun entscheidend, dass mit diesem Strukturwandel der Öffentlichkeit, d. h. der zunehmenden Emanzipation der Medien vom politischen System bei gleichzeitig zunehmender ökonomischer Ausrichtung derselben seit den 60er Jahren, sich auch die medialen Selektions- und Darstellungskriterien verändern. Unter ökonomischen Marktbedingungen erscheint den Medien auch das berichtenswert, was die Menschen jenseits politischer Wertvorstellungen in den Bann zieht. Politische Themen konkurrieren damit zusehends mit unpolitischen. Damit unterliegt die mediale Berichterstattung nach dem Strukturwandel der Öffentlichkeit einer verstärkten *Skandalisierung*, *Personalisierung* und *Boulevardisierung*.

Genau dies verbessert jedoch auf der anderen Seite die Resonanzchancen von sozialen Bewegungen in der Öffentlichkeit: die für soziale Bewegungen charakteristischen *Tabu- und Regelbrüche* finden in den Medien Beachtung, weil es genau diese skandalträchtigen Aktionen des «zivilen Ungehorsams» sind, die aus der Perspektive der Medien einen hohen Nachrichtenwert haben. Dies führt seit den 60er Jahren zu einer erhöhten Präsenz von sozialen Bewegungen bzw. von medienwirksamen Aktionen sozialer Bewegungen in den Medien. Hohe Medienpräsenz ist umgekehrt aber die wohl entscheidendste Voraussetzung für das politische Durchsetzungsvermögen sozialer Bewegungen und deren Mobi-

Grafik 1: *Der Jurakonflikt in der Berichterstattung der fünf Leitmedien*
*«Berner Tagwacht», «Neue Zürcher Zeitung», «Tages-Anzeiger»,*
*«Vaterland» und «Blick», 1947–1978*

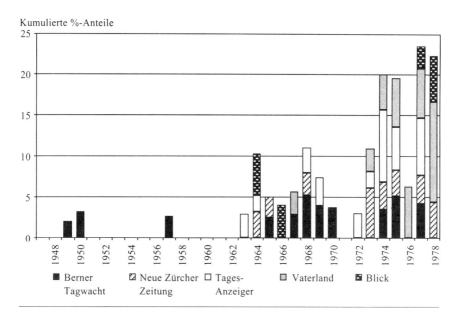

Quelle: Die Darstellung stützt sich auf den Datenkorpus des Nationalfondsprojekts «Krise und sozialer Wandel. Analyse von Medienereignissen in der Schweiz» und zeigt die prozentuale Anteile aller Medienereignisse zum Jurakonflikt im Zeitraum zwischen 1947 und 1978 an der gesamten Medienereignishierarchie der ersten 15 Ränge.

lisierungsfähigkeit überhaupt, dies um so mehr, als soziale Bewegungen ein politisch-institutionelles Machtdefizit zu kompensieren haben. Es gilt die Regel: «Eine Bewegung, über die nicht berichtet wird, findet nicht statt.»[12]
Am Beispiel des Jurakonflikts lässt sich zeigen, dass es exakt diese skandalträchtigen Ereignisse sind, die der jurassisch-separatistischen Bewegung seit den 60er Jahren eine erhöhte Aufmerksamkeit in der weiteren, medialen Öffentlichkeit beschert haben (siehe Grafik 1).
Bei Betrachtung der Graphik fällt zunächst folgendes auf: Bis 1962 findet der Jurakonflikt ausser in der Berner Regionalzeitung «Tagwacht» in den anderen Deutschschweizer Printmedien kaum Beachtung. Dies zeigt, dass der Jurakonflikt bis anfangs der 60er Jahre in der Schweizer Öffentlichkeit den Status eines regionalen Problems innehatte. Erst ab 1964 vermag der Jurakonflikt die Aufmerksamkeit des Schweizer Mediensystems zu erregen: Der Jurakonflikt wird

nun zum prominenten Bestandteil der Berichterstattung im Zürcher «Tages-Anzeiger», in der «Neuen Zürcher Zeitung» und im Boulevardblatt «Blick», während er charakteristischerweise gerade in der Berner «Tagwacht» in diesem Jahr keine Resonanz findet. Es stellt sich die Frage: was ist 1964 geschehen? 1964 ist das Jahr der «Affaire von Les Rangiers». Anlässlich einer eidgenössischen Gedenkfeier zum 50. bzw. 25. Jahrestag der Generalmobilmachung der Schweizer Armee hindern die Aktivisten und Aktivistinnen des «Rassemblement Jurassien» und seiner Jugendorganisation «Béliers» durch ununterbrochenes Skandieren separatistischer Parolen zwei bei den Separatisten besonders umstrittene Redner, den bernischen Regierungsrat Virgile Moine sowie den EMD-Bundesrat Paul Chaudet, daran, ihre Reden abzuhalten. Die Gedenkfeier «entartet» in der Folge zu einer eigentlichen separatistischen Protestaktion, und die beiden Gastredner müssen schliesslich unter Polizeischutz das Gelände verlassen.[13]

Dieses Ereignis löste in der Schweizer Medienszene eine monatelang nachwirkende Resonanz aus. Wenngleich die separatistische Aktion in der Schweizer Presseöffentlichkeit einhellig auf Ablehnung stiess, so erfüllte sie dennoch eine wichtige Funktion für die Separatisten: sie verschaffte der Bewegung Publizität weit über die Kantonsgrenzen hinaus. Dieses Beispiel zeigt damit eindrücklich die Wirkung solcher skandalträchtiger Aktionen des «zivilen Ungehorsams» in einem seit den frühen 60er Jahren zusehends unter neuen Bedingungen operierenden Mediensystem. Der Jurakonflikt ist auch nach 1964 geprägt durch eine Reihe weiterer und bewusst im Hinblick auf eine maximale Medienresonanz inszenierter Aktionen vor allem der separatistischen Jugendorganisation «Béliers».[14]

Interessant an der hohen Medienresonanz des Jurakonflikts im Jahre 1964 um die «Affaire von Les Rangiers» ist in diesem Zusammenhang auch folgendes: In der Phase zwischen 1962 und 1964 wurde der Jura von mehreren terroristischen Attacken heimgesucht, die von ihrer Radikalität weit über die Ausschreitungen bei Les Rangiers hinausgingen: eine militante separatistische Gruppierung verübte mehrere Bombenanschläge und Brandstiftungen gegen materielle Objekte antiseparatistisch gesinnter Personen. Trotz dieser ungleich höheren Radikalität erzeugten diese Aktionen jedoch eine wesentlich geringere mediale Resonanz als die Aktionen bei Les Rangiers. Daran zeigt sich, dass Aktionen, die an der Grenze zur Legalität operieren und zudem mehr symbolische Angriffe gegen gesellschaftliche Grundwerte darstellen, eine wesentlich grössere Wirkung in der Öffentlichkeit erzielen als physisch gewalttätige, sprich terroristische Aktionen. Terroristische Aktionen tendieren dazu, in demokratisch verfassten Gesellschaften umgehend negativ bewertet zu werden und verhindern damit eine Diskussion über inhaltliche Motivationen, weil sich die Aufmerksamkeit vorwiegend auf die (terroristische) Form der Aktion richtet.

Zusammenfassend kann man festhalten, dass durch den in der Schweiz seit den frühen 60er Jahren einsetzenden Strukturwandel der Öffentlichkeit nicht nur die Einfluss- und Mobilisierungschancen des Juraseparatismus, sondern auch der sozialen Bewegungen insgesamt verbessert werden. Die für soziale Bewegungen charakteristischen skandalträchtigen Aktionen des «zivilen Ungehorsams» vermögen diese Akteure dauerhaft auf der Agenda der medialen Berichterstattung festzusetzen. Darüber hinaus unterstützt die charismafreundliche Personalisierungstendenz der Medien im Gefolge des Strukturwandels aber auch die für soziale Bewegungen so zentrale Binnenintegration. Im Fall des Jurakonflikts heisst dies: Seit den frühen 60er Jahren beobachten die Medien zusehends weniger, was die separatistische Bewegung «tut», entscheidend ist vor allem, was deren charismatische Führerfigur Roland Béguelin «tut und spricht». Durch diese personalisierte Form der Medienresonanz wird die charismatische Wirkung Béguelins bei seiner Anhängerschaft insgesamt erhöht.

## Zur Frage 3: Ursachen des Statuswechsels des Jurakonflikts von einem regionalen Problem zu einem Problem von nationaler Tragweite

Insgesamt bietet das nach ökonomischen Marktgesetzen operierende Mediensystem nach dem Strukturwandel der Öffentlichkeit also den skandalträchtigen Aktion des «zivilen Ungehorsams» sozialer Bewegungen wesentlich verbesserte Resonanzchancen. Der Umstand, dass soziale Bewegungen und deren Anliegen zum Objekt der medialen Berichterstattung werden, bildet jedoch noch lange keine Gewähr dafür, dass sich in einer weiteren Öffentlichkeit auch jene Sensibilität für die Anliegen der Bewegung ausbildet, die politischen Handlungsbedarf einfordert. Dafür ist eine weitere Voraussetzung zu erfüllen: es muss aus der Perspektive der sozialen Bewegung gelingen, dass den eigenen Anliegen in der Öffentlichkeit ein umfassender Problemstatus zugeschrieben wird, aus dem die Bereitschaft erwächst, das Problem im politischen Entscheidungsprozess zu «entsorgen» und damit einer dauerhaften Lösung zuzuführen. Im Falle des Jurakonflikts bedeutet dies: Der zumindest partielle Erfolg der jurassischen Separatisten an der eidgenössischen Urne mit seiner Sanktionierung eines neuen Kantons Jura von 1978 setzte voraus, dass sich auf gesamtgesellschaftlicher Ebene ein Problembewusstsein für diesen vormals als regional taxierten Konflikt ausbilden konnte. Damit wird das *Framing* interessant, d. h. die *interpretativen Verarbeitungsprozesse* im dominierenden politischen und medialen Sinnzirkel, welche den Übergang der Wahrnehmung des Jurakonflikts von einem regionalen Problem zu einem Problem von nationaler Tragweite anzeigen.

Nimmt man die mediale Öffentlichkeit als jene Zentralsphäre moderner Gesellschaften solcher politischer Deutungsprozesse zum Ausgangspunkt der Analyse, indem man die Medien als institutionalisierte Beobachter der Gesellschaft ihrerseits bei ihren Anstrengungen beobachtet, wie sie den «Störfall» Jurakonflikt interpretativ bewältigen, so lassen sich die Faktoren bestimmen, die für die veränderte Bedrohungsqualität des Jurakonflikts bestimmend sind und ihm in der Folge seinen regionalen Status rauben bzw. ihn in den Rang eines Problems von nationaler Tragweite erheben.[15]

Dieser Übergang im leitmedialen Framing, d. h. die Nationalisierung des Jurakonflikts in der Einschätzung der untersuchten deutschschweizerischen Presseorgane, ist auf die frühen 60er Jahre zu veranschlagen. Das bedeutet, dass diese «qualitative Wende» des medialen Framings der «quantitativen Wende» von 1964 vorausläuft, die den Jurakonflikt als Folge des Skandalereignisses von Les Rangiers erstmalig in einer weiteren Öffentlichkeit an prominenter Stelle auf die Agenda der medialen Berichterstattung setzte (vgl. Grafik 1, Seite 167).

Erste Anzeichen für die Nationalisierung des Jura-Konflikts liefert die Diskursführung in den analysierten Deutschschweizer Presseorganen kurz nach der Abstimmungsniederlage der separatistischen Bewegung anlässlich des Juraplebiszits von 1959. Im Anschluss an diese Abstimmungsniederlage sieht sich das «Rassemblement Jurassien» veranlasst, eine ideologische Kurskorrektur vorzunehmen: die massiv ablehnende Haltung des deutschsprachigen Laufenthals befördert bei den separatistischen Bewegungseliten die Einsicht, dass die bislang propagierte historische Einheit mit Bezug auf die Territorialgrenzen des historischen «Fürstbistums Basel» nicht länger haltbar ist. In der Folgezeit gibt das «Rassemblement Jurassien» entsprechend den sprachethnischen Ressourcen zur Legitimation der jurassischen Einheit gegenüber den historisch-territorialen den Vorzug und propagiert den «Jura terre romande». Damit wird der ethnische Nationalismus der jurassischen Separatisten ganz zu einer Sache der frankophonen und autochthonen Jurassier.

In dem Masse nun, wie die jurassischen Separatisten den sprachethnischen Ressourcen zur Legitimation der jurassischen Einheit gegenüber den historisch-territorialen den Vorzug geben, verändert sich auch die Qualität des Jurakonflikts in der Einschätzung der medialen Öffentlichkeit: die frankophone Fundierung der separatistischen Bewegungsideologie befördert erst jene neue Konfliktlinie, die allmählich zum Keil an der «Willensnation Schweiz» gerät und in der perzipierten Gefahr einer drohenden «Entfremdung» zwischen der deutschen und der französischsprachigen Schweiz den Jurakonflikt in den Rang eines Problems von nationaler Bedeutung erhebt. Obwohl die Romandie bzw. ihre medialen Kommunikationszentren der Deutschschweizer Presseöffentlichkeit kaum Anhaltspunkte für die Bestätigung der befürchteten Solidarisierung der welschen Schweiz mit dem Juraseparatismus geben, erweist sich die Befürchtung eines drohenden schweizerischen «Sprachenkriegs» im Establishment als zentrale Triebfeder der weiteren Entwicklung des Jurakonflikts und ebnet den Weg für das separatistische Konfliktlösungsmuster, das sich mit der Kantonsgründung von 1978 durchsetzen wird.

Dabei muss allerdings davor gewarnt werden, den Wandel in der Einschätzung des Jurakonflikts allein dem strategischen Handeln bzw. dem geschickten Taktieren der separatistischen Bewegungselite zuzuschreiben. Die bedrohungsintensive Wirkung, die der ideologisch gewandelte Juraseparatismus entfaltet, ist vielmehr ein «Systemindikator»[16] für den Zustand des sozialen und politischen Systems seit den frühen 60er Jahren: durch die europäischen Integrationsprozesse und einen Ost-West-Dualismus, der seine orientierungsstiftende Bipolarität angesichts eines stärker werdenden Antiamerikanismus einbüsst, ist der Inklusionscode des «Sonderfalles Schweiz» bereits zum Objekt diskursiver Auseinandersetzungen im dominierenden politischen und kommunikativen Sinnzirkel geworden. Folgenschwer erweist sich insbesondere das vom französischen Staatspräsidenten Charles de Gaulle 1963 in die Integrationsdebatte eingebrachte Modell des «Europa der Vaterländer». Durch diese sprachethnische Modellierung Europas durch das offizielle Frankreich erhalten die jurassischen Separatisten in der Person de Gaulles einen Anwalt im Range eines Staatspräsidenten, wodurch in der Folge selbst offen sezessionistische Zielsetzungen legitimierbar werden.

Angesichts dieser Orientierungsunsicherheit der politischen Eliten bezüglich der Stellung der Schweiz in Europa und der Welt öffnet sich für die jurassischen Separatisten erst jener *Handlungsspielraum*, den sie wirksam zu instrumentalisieren vermögen. Durch die in dieser Form wohl kaum beabsichtigte Resonanz der sprachethnischen Solidarisierungskampagne mit der Romandie und Frankreich sichtlich ermutigt, setzt der jurassische Separatismus seit den frühen 60er Jahren konsequent auf die Karte der Drangsalierung eines bereits «entblössten Nervs» im schweizerischen Establishment. Die seit Mitte der 60er Jahre entsprechend verfolgte Internationalisierungsstrategie sowie die Solidarisierung mit dem de Gaulleschen Integrationsmodell des «Europa der Vaterländer» tun dann noch ihr übriges, um den Jurakonflikt prominent am «helvetischen Malaise» teilhaben zu lassen, das Ende der 60er Jahre in einer tiefgreifenden Orientierungskrise gipfelt.

Zusammenfassend kann man deshalb festhalten, dass das Einflussvermögen sozialer Bewegungen, gesellschaftlichen Wandel herbeizuführen, neben den bereits genannten Faktoren von *Verunsicherungserscheinungen* oder *Performanzdefiziten* im dominierenden Machtzentrum abhängig ist. Wie die anomischen Spannungszustände im Sozialsystem eröffnen Orientierungsunsicherheiten im dominierenden Machtzirkel Handlungsspielräume, die ausserordentlich bewegungsförderlich wirken.

# Fazit

Gemessen an seinem Endprodukt, d. h. dem Kanton Jura, der seit 1978 Bestand-teil der Schweiz ist, präsentiert sich der Jurakonflikt als einzigartige Erfolgs-geschichte einer sozialen Bewegung. Trotz lange Zeit anhaltendem, einheitlichem und koordiniertem Widerstand der politischen Herrschaftsträger auf Kantons- und Bundesebene vermochte die separatistische Bewegung grundlegenden sozia-len Wandel herbeizuführen: vormals unhinterfragte Werte des staatstragenden schweizerischen Basiskonsenses wie jene zum föderalistischen Ordnungsrahmen konnten wirksam enttabuisiert werden, wurden durch die in Gang gebrachten politischen Grundsatzdebatten neu ausgelegt und mündeten in Rechtssetzungs-prozesse ein, die dem kommunikativ vorangetriebenen Wertewandel «objektive» Gültigkeit verliehen.

Betrachtet man diese Erfolgsgeschichte der separatistischen Bewegung im histo-rischen Überblick, so kommt man nicht umhin zu konstatieren, dass auch der Jurakonflikt seine entscheidendsten Wendungen in der bewegten Dekade der 60er Jahre genommen hat.

Nicht alle der erwähnten gesellschaftlichen Rahmenbedingungen, die das erfolg-reiche, soziale Einflussvermögen der separatistischen Bewegung in den 60er Jahren gefördert haben, sind indessen ein speziell für diese Zeit charakteristi-sches Phänomen: Mehrfach haben sich Orientierungsunsicherheiten der domi-nierenden politischen Eliten bereits in früheren historischen Phasen als die Chance der Peripherie erwiesen. Neu in bezug auf diesen Typus eines Hand-lungsspielraums war höchstens seine konkrete, historisch-inhaltliche Prägung in Form einer virulenten Verunsicherung bezüglich der Stellung des «Sonderfalles Schweiz» in einem sich verändernden Europa und einem Ost-West-Dualismus unter neuen Vorzeichen. Diese spezifische Prägung des Orientierungsdefizits im Establishment der 60er Jahre erklärt die gewandelte Bedrohungsqualität, welche dem sprachethnisch revidierten Juraseparatismus beigemessen wird und den «Sonderfall Schweiz» nun zusätzlich «von innen» bedroht. Von Bedeutung ist dabei, dass der Juraseparatismus in der Perspektive der Eliten zusehends zum Symbol einer sprachethnisch gegliederten, europäischen Zukunft avanciert, die sich in deren Einschätzung mit dem fragilen und multiethnischen Gebilde der «Willensnation Schweiz» nur sehr schlecht verträgt.

Grundlegend neue Einflusschancen für soziale Bewegungen, und das scheint die entscheidende Neuerung der 60er Jahre zu sein, eröffnet der in dieser Zeit ein-setzende Strukturwandel der Öffentlichkeit. Weil im Zuge dieses öffentlich-keitsstrukturellen Wandels nicht mehr in erster Linie politische Selektionskrite-rien die medialen Aufmerksamkeiten steuern, werden die von Protestbewegun-gen geschickt inszenierten Aktionen des «zivilen Ungehorsams» zum beliebten

Objekt der massenmedialen Berichterstattung. Auch von der charismafreund-
lichen Personalisierungstendenz der neu im Hinblick auf ökonomische Rendite-
kriterien operierenden Massenmedien profitierte nicht nur die Jurabewegung,
sondern auch andere Akteure der Peripherie, welche die bewegten 60er Jahre
hervorgebracht haben.

## Anmerkungen

1  Einen detaillierten Überblick über die durch soziale Bewegungen massgeblich (mit-)gestalteten
   Zäsuren der schweizerischen Entwicklung findet sich bei Kurt Imhof: *Eine Symbiose: Soziale
   Bewegungen und Medien*, in: Kurt Imhof, Peter Schulz (Hg.): *Politisches Raisonnement in der
   Informationsgesellschaft*, 1996, S. 172 ff.
2  Vgl. stellvertretend Friedhelm Neidhardt, Dieter Rucht: *Auf dem Weg in die Bewegungsgesellschaft? Über die Stabilisierbarkeit sozialer Bewegungen*, in: *Soziale Welt* 3, 1993, S. 305–326.
3  Die wichtigsten seien erwähnt: die «Jura-Bewegung», die «Nationale Aktion» und die «Schwar-
   zenbach-Republikaner», die «Neue Linke», d. h. die «Studenten-» und die «Alternativbewegung», die «Frauen-», die «Umwelt-» sowie die «AKW-Bewegung».
4  Vgl. dazu Hans Peter Henecka: *Die jurassischen Separatisten. Eine Studie zur Soziologie des
   ethnischen Konflikts und der sozialen Bewegung*, Meisenheim am Glan 1972, S. 55 ff.
5  Etwa bei François Höpflinger: *Der Schweizer Jura – Erfolg und Folgen einer regionalistischen
   Autonomiebewegung*, in: Dirk Gerdes (Hg.): *Aufstand der Provinz: Regionalismus in Westeuropa*, Frankfurt a. M. 1980, S. 52. Zur bewegungsförderlichen Bedeutung derartiger Repressionen in Prozessen wechselseitiger Aufschaukelung vgl. den nächsten Abschnitt.
6  Zudem profitierte der Juraseparatismus in seiner Mobilisierungswirkung im Zuge der allgemeinen Nachkriegsdynamik sicherlich auch von der gesamtgesellschaftlichen *Aufbruch- und Reform-
   stimmung*, wie es Georg Kreis herausgearbeitet hat. Vgl. dazu Georg Kreis: *Konjunkturen in der
   Bewegung für die Schaffung eines Kantons Jura. Entwurf eines Erklärungsversuchs*, in: Bernard
   Prongué et al. (Hg.): *Passé Pluriel. En hommage au professeur Roland Ruffieux*, Freiburg 1991.
7  Zu diesem Begriff und zur Kommunikationsstruktur moderner Gesellschaften vgl. Kurt Imhof,
   Gaetano Romano: *Die Diskontinuität der Moderne. Zur Theorie des sozialen Wandels*, Frankfurt 1996, S. 200 ff.
8  Dies belegt die Anfang der 80er Jahre durchgeführte «Studie über politische Mobilisierungs-
   ereignisse» der Konfliktforschungsstelle des Soziologischen Instituts der Universität Zürich.
   Vgl. dazu Gilbert Ganguillet: *Die Jurafrage als peripherer Minderheitenkonflikt*, in: Hanspeter
   Kriesi (Hg.): *Bewegung in der Schweizer Politik. Fallstudien zu politischen Mobilisierungs-
   prozessen in der Schweiz*, Frankfurt 1985.
9  Diese vom «Rassemblement Jurassien» lancierte Initiative forderte eine Volksbefragung zur
   Separationsfrage im jurassischen Subkontext.
10 Vgl. dazu den nächsten Abschnitt.
11 Zum Begriff des Strukturwandels in der schweizerischen Öffentlichkeit, seinen historischen
   Etappen und seinen Auswirkungen vgl.: Imhof (wie Anm. 1), S. 76 ff.; Kurt Imhof, Mark
   Eisenegger: *Political Communication, Parties and Social Movements in Modern Society*, Manuskript, Zürich 1996.
12 Joachim Raschke: *Soziale Bewegungen: ein historisch-systematischer Aufriss*, Frankfurt a. M.
   1985, S. 343.
13 Zur «Skandalogie» der «Affaire um Les Rangiers» vgl. auch den Beitrag von Christian Ruch in
   diesem Band.

14 Einige Beispiele derartiger spektakulärer Aktionen seien erwähnt: Vorverlegte «1.-August-Scherzfeier» auf dem Rütli am 1. April 1968; Verbrennen der militärischen Dienstbüchlein (August 1969); Zumauern des Eingangsportals zum Berner Rathaus (Sept. 1971); Teeren der Berner Tramschienen (1973).

15 Eine detaillierte Analyse der diskursiven Verarbeitung des Jurakonflikts in Deutschschweizer Presseorganen findet sich in: Mark Eisenegger: *Zur Nationalisierung eines regionalen Konflikts – die Jura-Frage an den Grenzen der schweizerischen Willensnation. Das Framing des Jura-Konflikts in der Deutschschweizer Presseöffentlichkeit 1947 bis 1968*, in: Kurt Imhof et al. (Hg.): *Vom Kalten Krieg zur Kulturrevolution. Analyse von Medienereignissen in der Schweiz der 50er und 60er Jahre, Reihe Krise und sozialer Wandel*, Bd. 3, Zürich 1998.

16 Vgl. dazu auch den Beitrag von Christian Ruch in diesem Band.

# Kommunikation durch Konflikte

## Der jurassische Separatismus und die Schweiz der 60er Jahre

Christian Ruch

## Vorüberlegungen

Die Systemtheorie neuerer Prägung hat Protestbewegungen als Systemindikatoren einer Gesellschaft beschrieben, «die über die Negation von Kommunikation bestimmte Erwartungsstrukturen in Frage stellen, um auf Unsicherheiten und Inkonsistenzen im laufenden Kommunikationsprozess aufmerksam zu machen».[1] Die Jurafrage kann also nicht nur, wie bisher üblich, als ein kommunikationsstörender Konflikt gesehen werden. Vielmehr soll sie im folgenden – der Terminus «Jurafrage» legt diesen Ansatz eigentlich nahe – als ein hochkomplexer Kommunikationsprozess eigener Art verstanden werden, denn auch die Negation von Kommunikation muss selbstverständlich kommuniziert werden. Der jurassische Separatismus wird dabei als ein soziales System verstanden, das mit der Schweizer Öffentlichkeit kommunizierte. Es soll erörtert werden, wie diese auf die Konfliktorientierung des Separatismus reagierte, kurz gesagt geht es also um *Resonanz.*

Des weiteren soll der Separatismus als eine soziale Bewegung begriffen werden, die wie alle sozialen Systeme ihre Strukturen von jenen ihrer Umwelt – in diesem Falle der Schweizer Öffentlichkeit – unterscheiden muss. Entwickelte soziale Systeme regeln diese Unterscheidungen über binäre Codierungen. Die Politik verfügt beispielsweise über die Codierung Regierung/Opposition, und im Falle des jurassischen Separatismus bestand sie aus der Unterscheidung berntreu/separatistisch bzw. – synonym dazu verwendet – jurassisch/unjurassisch.[2] Zugrunde lag diesen Codierungen die Annahme, dass der Kanton Bern sozusagen systemfeindliche Strukturen besitze, da in ihm die Entfaltung des postulierten jurassischen (Volks-)Wesens, der «âme jurassienne», unmöglich sei und den es deshalb zu verlassen gelte.

Um dieses Ziel zu erreichen, hat die Separatistenorganisation «Rassemblement jurassien» (RJ)[3] spätestens seit 1959 auf die Kommunikation durch Konflikte gesetzt. Diese stellten also gerade *nicht* jenes bedauerliche «Missverständnis» dar, das Vincent Philippe im Verhältnis zwischen «der Schweiz» und «dem Jura» wahrgenommen haben will,[4] sondern waren eine besondere Kommunikationsform, die auf separatistischer Seite zum Zwecke der Provokation betrieben wurde. «Konflikte dienen», so hat Niklas Luhmann betont, «[...] der Fortsetzung der Kommunikation durch Benutzung einer der Möglichkeiten, die sie offen hält: durch Benutzung des Nein.»[5]

Es darf in diesem Zusammenhang nicht übersehen werden, dass die Berner Kantonsregierung mit den jurapolitischen Volksabstimmungen von 1950 und 1959 die Jurafrage für erledigt und damit den Kommunikationsprozess für beendet hielt, von den Separatisten durch die Schaffung immer neuer Konfliktfelder jedoch zu seiner Fortsetzung genötigt wurde. Der Konflikt als Kommunikationsmedium zwischen dem Separatismus und seinen Gegnern erfüllte also drei Zwecke: 1. den Kommunikationsprozess fortzuführen («den Topf am Kochen halten», wie es Fritz René Allemann formulierte),[6] 2. durch die Negation des eidgenössischen Konkordanzideals eine Intervention der Eidgenossenschaft zu provozieren, 3. das eigene System zu immunisieren. Niklas Luhmann schrieb: «Das System immunisiert sich nicht gegen das Nein, sondern mit Hilfe des Nein [...].»[7] Das kategorische Nein zu den Spielregeln der Schweizer Konkordanzdemokratie verhinderte beispielsweise, dass der Separatismus von politischen Parteien für deren Interessen missbraucht werden konnte; dem «Rassemblement jurassien» gelang es vielmehr, die Parteienlandschaft in ein separatistisches und berntreues Lager zu spalten bzw. – so im Falle des Freisinns und der Sozialdemokratie – den Spaltpilz in die jurassischen Parteien zu tragen.[8]

## Die zwei Konfliktstrategien des «Rassemblement jurassien»

Warum war diese Negationsstrategie so erfolgreich? Im wesentlichen setzte sie an zwei äusserst sensiblen Kommunikationssträngen der Schweiz an:
1. am *internationalen* Kommunikationsstrang zwischen der Schweiz und dem Ausland,
2. am *nationalen* Kommunikationsstrang des schweizerischen Identitätsdiskurses.
Die Strategie, die Kommunikation zwischen der Schweiz und dem Ausland zu stören, schlug sich in den ab Mitte der 60er Jahre unternommenen Versuchen nieder, die Jurafrage zu «internationalisieren», d. h. das Ausland auf die Problematik aufmerksam zu machen und damit dem Ruf der Schweiz als Musterbeispiel eines konfliktfreien Zusammenlebens verschiedener Sprachgruppen und dem Mythos eines Minoritätenparadieses zu schaden. Negiert wurde damit ferner die Schweizer Tradition, in innerschweizerischen Angelegenheiten «keine

fremden Richter» anzurufen. Dass diese RJ-Strategie Erfolg hatte und den Bundesstaat an einem höchst neuralgischen Punkt traf, zeigen die Bemühungen der
Bundesanwaltschaft, genaue Kenntnisse über die Auslandskontakte und -aktivitä-
ten des «Rassemblement jurassien» zu erhalten.[9] Und nicht umsonst war es das
EDA, das 1965 eine jurapolitische Arbeitsgruppe einberief. In diesem Jahr hatte
der «Rassemblement jurassien» zum 150. Jahrestag des Wiener Kongresses[10]
ein Memorandum an dessen Signatarmächte versandt, das auf die jurapolitischen
Folgen dieser aus separatistischer Sicht «nationalen Katastrophe» aufmerksam
machen sollte. Der Bundesrat sah sich daraufhin veranlasst, das Verhalten der
Separatisten als «unzulässig» zu brandmarken,[11] was darauf schliessen lässt,
dass auch ihn die Internationalisierungsbestrebungen des «Rassemblement jurassien» nicht unberührt liessen und diese damit die erhoffte Wirkung erzielten.
Der Ansatz, den nationalen Identitätsdiskurs, d. h. Schweizer Selbstreflexions-
prozesse zu stören, wurde am publizitätsträchtigsten am 30. August 1964 auf der
Passhöhe von Les Rangiers praktiziert. Die Gedenkfeier, die am Soldatendenk-
mal «La Sentinelle» zur Würdigung des 50. bzw. 25. Jahrestages der Grenzbeset-
zung während beider Weltkriege abgehalten werden sollte, bot eine fast ideale
Gelegenheit, die kollektive Schmerzgrenze der Eidgenossenschaft zu überschrei-
ten. Rund 5000 separatistische Demonstranten, zumeist aus den Reihen des
RJ-Jugendverbands «Bélier», hinderten durch fortgesetztes Skandieren separatistischer Parolen und höhnisches Klatschen sowohl Bundesrat Chaudet als auch
den Berner Regierungsrat Moine am Sprechen. Beide mussten sich schliesslich
unter Polizeischutz zurückziehen. Zudem soll es vorgekommen sein, dass beide
Politiker des öfteren geschlagen wurden. Über die Tumulte, so beklagte Geneviève Aubry, die Tochter Moines, habe sich ein Zürcher Veteran so erregt, dass
er einem Herzinfarkt erlegen und damit das erste Todesopfer des Jurakonflikts
geworden sei.[12] Die Wirklichkeit war wohl weniger dramatisch, denn die äusserst
straffe Organisationsstruktur und -disziplin des «Rassemblement jurassien» verhinderte grössere Zusammenstösse zwischen dessen Anhängern und der Polizei
bzw. antiseparatistischen Festaktbesuchern, und eine tatsächliche Gefahr hat
wohl weder für Bundesrat Chaudet noch Regierungsrat Moine existiert. Die
Prügel, welche die politische Prominenz in Les Rangiers bezog, waren also eher
symbolischer und akustischer Natur und «glücklicherweise eher harmlos», wie
die NZZ einräumte.[13] Zwar wurden gegen sieben RJ-Funktionäre Ermittlungs-
verfahren eingeleitet, die aber schon bald wieder eingestellt wurden. Bundesrat
Chaudet selbst nannte einen möglichen Prozess «une chose à la fois stupide et
dangereuse».[14] Die Wirkung der Tumulte übertraf ihr tatsächliches Ausmass bei
weitem: Bundespräsident Ludwig von Moos verurteilte sie ebenso scharf wie die
Schweizer Medien und die z. T. hasserfüllten Reaktionen ihrer Konsumenten,
die den RJ-Generalsekretär Roland Béguelin beispielsweise «auf irgendein Atoll»

wünschten, «wo nächstens eine Bombe platzt».[15] Dennoch oder gerade deshalb war die Rechnung des «Rassemblement jurassien» aufgegangen, durch spektakuläre Aktionen auf sich und die Jurafrage aufmerksam zu machen und die bundespolitischen Akteure zum Handeln zu bewegen. «Ce que j'ai vu», soll Bundesrat Chaudet gesagt haben, «m'a surpris et prouve que la Question jurassienne s'est aggravée.»[16]

## Die Verarbeitung der Störungssignale

Die beschauliche Behaglichkeit des eidgenössischen Konkordanzideals als – zumindest idealiter – fast ausschliesslicher Kommunikationsform erklärt, warum die separatistischen Umtriebe zumeist als etwas zutiefst «Unschweizerisches» rezipiert wurden. Von der Charakterisierung des Genfer Politikers Olivier Reverdin, der die Separatisten als «skrupellos», «ausgesprochen französisiert» und «sehr wenig schweizerisch» einstufte,[17] war es bis zur gerne kolportierten Behauptung, Roland Béguelin werde von Paris und/oder dem Vatikan finanziert, nur noch ein kleiner Schritt. Nur wenige wagten es wie der Berner Theologe und Schriftsteller Kurt Marti, in der Jurafrage ein «Bern-Problem» zu sehen, das es selbstkritisch zu betrachten gelte.[18]

Natürlich trug die Ausrichtung der Separatisten in Richtung Frankophonie und «ethnie française» als angeblich geistiger und kultureller Heimat der «âme jurassienne» erst recht zum Image «geistiger Landesverräter» bei. In der Polemik des jurassischen Separatismus erfuhr die Schweiz eine grobe Herabsetzung gegenüber der angeblich so guten und edlen frankophonen Geisteswelt. Waren Frankreich und der frankophone Raum für die Separatisten Ausdruck und Wegbereiter einer modernen, metarassischen und internationalen Welt, stellte die Schweiz ein fast mittelalterliches, jedenfalls obsolet gewordenes Völkerkonglomerat dar, in dem der Jura und die ganze Romandie gegängelt würden. Diese Propaganda war in ihrer simplen Schwarzweissmalerei zweifellos platt, aber: «Gegen Komplexität kann man nicht protestieren. Um protestieren zu können, muss man deshalb die Verhältnisse plattschlagen» (Niklas Luhmann).[19]

Dabei darf eines jedoch nicht übersehen werden: Die Störungssignale separatistischer Provenienz trafen die Schweiz in einem Moment, in dem sie durch die Integrationsdiskussionen und -prozesse auf europäischer Ebene ohnehin schon irritierende Signale aus dem Ausland wahrzunehmen hatte. Durch die Bezugnahme der Separatisten auf de Gaulles Idee eines Europas monoethnisch strukturierter Vaterländer synchronisierten und verstärkten sich die Störungssignale erheblich.[20] Diese Verstärkung, die in ihrer Rezeption durchaus als Rückkopplung wahrgenommen wurde, hatte zur Folge, dass die Konflikte nicht nur als

fremd (Stichwort: «unschweizerisch»), sondern als etwas Bedrohliches eingestuft wurden, das es durch «Anschlusskommunikation» in eine «schweizkompa-
tible» Form umzuwandeln galt.[21] Durch die ab 1967 erkennbare Bereitschaft,
einen neuen Kanton entstehen zu lassen, wurde die vermeintliche innere wie
äussere Bedrohung der Schweiz durch die Separatisten in eine genuin eidgenössische Semantik – eben: Kantonalität – umgewandelt.

## Das scheinbare Dilemma des Separatismus

Eines darf dabei nicht ausser acht gelassen werden: Die Umwandlung der Störungssignale in eine eidgenössische Semantik hatte zur Bedingung, dass die
grundlegende Prämisse im Kommunikationsprozess zwischen der Schweiz und
den Separatisten, nämlich das separatistische Bekenntnis zur Schweiz, d. h.
«schweizerisch trotz der Schweiz»[22] zu sein, trotz aller Konflikte und aller
Frankophonie-Emphase nicht aufgegeben wurde. Sie lief als eine Art «Neben-
kommunikation» quasi stillschweigend weiter und beschränkte die politischen
Risiken für beide Seiten auf ein erträgliches und kalkulierbares Mass. Zu nennen
wäre in diesem Zusammenhang beispielsweise die Zielsetzung des «Rassemblement jurassien», *innerhalb* der Schweiz und nicht etwa als souveräner Staat oder
französisches Departement die «âme jurassienne» zu institutionalisieren. Auch
der immer wieder seitens des «Rassemblement jurassien» postulierte Gewalt-
verzicht fand seine Rechtfertigung unter expliziter Bezugnahme auf die Schweiz:
«En Suisse, la violence n'est pas un moyen politique» (Roger Schaffter).[23]
Man darf nicht vergessen, dass die binäre Codierung, an der sich die grundlegende Positionierung des Separatismus orientierte, eben nicht aus der Unterscheidung schweizerisch/unschweizerisch, sondern jurassisch/unjurassisch bzw.
– damit gleichbedeutend – separatistisch/berntreu bestand. Das bewusst «un-
schweizerische» Verhalten stellte also die Taktik, nicht die Strategie des Separatismus dar[24] und diente lediglich zur Verstärkung des Konfliktcharakters der
Kommunikation.
Dennoch (oder gerade deshalb) ergab sich damit das folgende Problem: So sehr
der «Rassemblement jurassien» die Schweiz aus taktischen Gründen auf der
ideologischen Ebene auch ablehnen mochte, so sehr blieb sie doch sein politischer wie ideologischer Handlungsrahmen. Die separatistische Ideologie ent-
ging diesem scheinbaren Dilemma, indem zwei verschiedene Schweizer Um-
welten konstruiert wurden: als faktische, systemfremde und sogar -feindliche
Umwelt wurde eine entartete, obsolet gewordene Schweiz wahrgenommen, wie
sie Roland Béguelin in seinem Buch «Un faux témoin: la Suisse» skizziert hat –
bellizistisch, heimattümelnd, primitiv, verbohrt und verlogen. Ihr wurde das

Ideal einer «anderen» Schweiz gegenübergestellt, eines europaorientierten Landes ohne ethnische Spannungen und Deutschschweizer Dominanz, kurzum ein politisches System, in dem auch der Jura seinen Platz, frei von der «tutelle bernoise», gefunden hätte. Diese idealisierte Schweizer Umwelt war nicht mehr systemfeindlich, sondern eine positiv besetzte, übergeordnete Bezugsgrösse, für deren Verwirklichung der jurassische Separatismus zu kämpfen vorgab. Vincent Philippe sprach bezeichnenderweise von «Max Frischs kluger und kritischer» Schweiz, «die wir noch aufbauen können».[25] Mit diesem ideologischen Konstrukt entpuppten sich die gerade noch «unschweizerischen» Separatisten sogar als die «besseren» Schweizer, weil sie einem angeblich degenerierten Staat den Spiegel in Form «echter» eidgenössischer Ideale vorhielten.[26]

## Fazit

Es lässt sich feststellen, dass der Separatismus, indem er sich der öffentlichen Debatte «schweizerisch oder nicht?» stellte, an Handlungsspielraum gewann.[27] Die komplette Umstellung der separatistischen Taktik nach dem ersten verlorenen Juraplebiszit von 1959 koppelte mit ihrer Konfliktorientierung an die Schweizer Öffentlichkeit an, indem sie diese störte. Durch sein provokantes Verhalten thematisierte sich der Separatismus sozusagen selbst. Vor 1959 hatte das Fehlen dieser Kopplung im grossen und ganzen verhindert, dass die Jurafrage auf gesamtschweizerischer Ebene überhaupt zur Kenntnis genommen wurde. Die Schweiz hat auf die separatistischen Provokationen reagiert, indem sie die Schaffung eines eigenen Kantons ermöglichte.[28] Insofern hat sie durch *Inklusions*massnahmen reagiert, an deren Stelle sie auch durch *Exklusions*massnahmen (Strafverfolgung der Separatisten, Verbot des «Rassemblement jurassien» etc.) hätte reagieren können. Den Entscheid für die Inklusion könnte man auf eine – immer wieder vermutete – allgemeine Reformbereitschaft zurückführen. Dagegen spricht jedoch, dass der Jurakonflikt bereits abzuflauen begann, als sich die Schweiz anderen Oppositions- und Protestbewegungen ausgesetzt sah. Es liesse sich also sogar die umgekehrte Vermutung vertreten: dass die Herausforderung durch die Jurafrage die Reformbereitschaft auf anderen politischen Feldern gefördert hat. Ob dies der Fall ist, kann hier nicht untersucht werden. Die Schweiz zeigte sich ab etwa Mitte der 60er Jahre durch die Jurafrage und die sie vermittelnden Aktivitäten der Separatisten höchst irritiert. Man kann davon ausgehen, dass Modernisierungs- und damit verbundene Differenzierungsprozesse die Irritierbarkeit einer Gesellschaft steigern. Gleichzeitig tragen sie aber auch zur Fähigkeit bei, auf diese Irritationen zu reagieren.[29] Die Jurafrage würde damit zum Symptom oder zumindest zu einer Begleiterscheinung der Modernisierung der Schweizer Gesellschaft in den 60er Jahren. Dabei muss jedoch bereits ein gewisses Mass an Irritationen vorhanden gewesen sein, die es nicht mehr gestatteten, die Jurafrage zu ignorieren oder einfach «auszusitzen». Die Jurafrage ist daher auch ein Indikator für die Störanfälligkeit der Selbstbeschreibung einer Schweizer Gesellschaft, deren Gemeinschaftssemantik sich hinsichtlich der Modernisierung und Differenzierung als immer inkompatibler erwies.[30] Der Konflikt scheint also weniger aufgrund einer vorhandenen Reformbereitschaft, sondern eher aufgrund einer erschöpften «Störungstoleranz» angegangen worden zu sein – die Schweiz, so hat es Vincent Philippe treffend formuliert, «liess sich erst herab», den Separatismus «anzuhören, als sie ihn unerträglich fand».[31]

## Anmerkungen

1 So Kai-Uwe Hellmann in Niklas Luhmann: *Protest. Systemtheorie und soziale Bewegungen*, Frankfurt a. M. 1996, S. 10 f.; zur systemtheoretischen Analyse von Protestbewegungen siehe ausserdem Heinrich W. Ahlemeyer: *Soziale Bewegungen als Kommunikationssystem. Einheit, Umweltverhältnis und Funktion eines sozialen Phänomens*, Opladen 1995.

2 Der synonyme Charakter beider Codierungen erklärt, warum die Separatisten ihren berntreuen Gegnern lange die Legitimation absprachen, ihre Organisation «Union des Patriotes *Jurassiens*» zu nennen. Der heutige Separatismus hat von dieser Kopplung Abstand genommen, indem mittlerweile auch berntreuen Südjurassiern die Bezeichnung «compatriote» zugestanden wird. Siehe dazu Pierre-André Comte: *Pérennité du peuple jurassien. Conférence de presse, Fête de l'Unité, Moutier 25 juin 1995*, S. 6.

3 Zur Geschichte des «Rassemblement jurassien» siehe vorzugsweise Marcel Brêchet: *Les années de braise. Histoire du Rassemblement jurassien de 1947 à 1975*, Delémont 1996.

4 Vincent Philippe: *Republik Jura. Der 23. Kanton der Schweiz*, Frauenfeld 1978, S. 204.

5 Niklas Luhmann: *Soziale Systeme. Grundriss einer allgemeinen Theorie*, Frankfurt a. M. [4]1991, S. 530.

6 Fritz René Allemann: *26mal die Schweiz; Panorama einer Konföderation*, München [5]1988, S. 497.

7 Luhmann (wie Anm. 5), S. 507.

8 Bis heute gibt es in den drei südjurassischen Bezirken, die beim Kanton Bern verblieben sind und noch immer von der Jurafrage geprägt werden, zwei sozialdemokratische Parteien, den berntreuen «Parti socialiste du Jura bernois» (PSJB) und den separatistischen «Parti socialiste autonome» (PSA).

9 Siehe dazu Georg Kreis: *Staatsschutz in der Schweiz. Die Entwicklung von 1935–1990. Eine multidisziplinäre Untersuchung im Auftrage des schweizerischen Bundesrates*, Bern 1993, S. 498 ff.; zu den zahlreichen RJ-Aktionen im Ausland siehe Brêchet (wie Anm. 3), S. 195–203.

10 Der Wiener Kongress hatte den Jura dem Kanton Bern zugeschlagen, obwohl die Mehrheit der Jurassier und die Berner Regierung dies ablehnten.

11 Siehe *Berner Tagwacht*, 5. 7. 1965.

12 Siehe Geneviève Aubry: *Jura. Die Kehrseite der Medaille*, Tavannes 1977, S. 106.

13 Zit. in Hans-Peter Henecka: *Die jurassischen Separatisten. Eine Studie zur Soziologie des ethnischen Konflikts und der sozialen Bewegung*, Meisenheim am Glan 1972, S. 256.

14 Zit. in Rassemblement jurassien (Hg.): *Mémento – Succession des événements qui ont jalonné le combat jurassien de libération*, Bd. I: 1947–1980, Delémont o. J., S. 15.

15  So ein Leserbriefschreiber in der Berner Tageszeitung *Der Bund,* zit. in Henecka (wie Anm. 13), S. 257. Zur Medienresonanz siehe auch den Beitrag von Mark Eisenegger in diesem Band.

16  Zit. in Roland Béguelin: *Un faux témoin: La Suisse,* Paris 1973, S. 67.

17  Zit. in Philippe (wie Anm. 4), S. 210

18  So Kurt Marti in Alain Charpilloz: *Ir(r)land Jura. Südjurassier im Konflikt,* Gümligen BE 1977, S. 136.

19  Niklas Luhmann: *Die Gesellschaft der Gesellschaft,* 2. Teilbd., Frankfurt a. M. 1997, S. 861.

20  Siehe dazu auch den Beitrag von Mark Eisenegger in diesem Band. Zum Verhältnis zwischen Protestbewegungen und Massenmedien siehe u. a. Hans Matthias Kepplinger: *Ereignismanagement: Wirklichkeit und Massenmedien,* Zürich 1992.

21  Niklas Luhmann (wie Anm. 5, S. 237) bemerkt dazu: «Entscheidend ist, dass Störungen überhaupt in die Form von Sinn gezwungen werden und damit weiterbehandelt werden können.»

22  Philippe (wie Anm. 4), S. 204.

23  Zit. in Uli Windisch, Alfred Willener: *Le Jura incompris – fédéralisme ou totalitarisme,* Vevey 1976, S. 94; Mitte der 60er Jahre hatte eine aus drei Männern bestehende «Front de libération jurassien» (FLJ) unabhängig vom «Rassemblement jurassien» versucht, durch Anschläge Bewegung in die Jurafrage zu bringen, was insofern gelang, als dies auf Bundesebene zu einem jurapolitischen Umdenken beitrug. Zum FLJ-Komplex siehe S. S. V. J. (Société de secours en faveur des victimes de la lutte pour la patrie jurassienne) (Hg.): *Histoire et procès du Front de libération jurassien,* o. O. 1967.

24  Oder – um Begriffe Luhmanns zu verwenden – das Programm und nicht den Code. Zur Unterscheidung von Code und Programm siehe Luhmann (wie Anm. 1), S. 54 ff.

25  Philippe (wie Anm. 4), S. 217

26  Niklas Luhmann (wie Anm. 19, S. 848) sieht «das unreflektierte Sich-für-besser-Halten» als eine strukturlogisch bedingte Eigenschaft sozialer Bewegungen.

27  Hier gilt also eine Beobachtung, die Norbert Bolz folgendermassen formuliert hat: «Autonomie entsteht nicht durch Unabhängigkeit von der Umwelt, sondern im Gegenteil durch eine immer tiefere Abhängigkeit von ihr; wer in seinem Handeln und Entscheiden autonom sein will, muss die Feedback-Schleifen […] immer dichter flechten.» Norbert Bolz: *Das kontrollierte Chaos. Vom Humanismus zur Medienwirklichkeit,* Düsseldorf 1994, S. 53.

28  Dass dieser Kanton bis heute nicht den territorialen Vorstellungen der Separatisten entspricht, steht dabei auf einem anderen Blatt.

29  Siehe dazu Luhmann (wie Anm. 19), S. 789.

30  Siehe dazu die anderen Beiträge in diesem Band.

31  Philippe (wie Anm. 4), S. 211.

# Polizeilicher Ordnungsdienst im «Aufbruch '68»

Urs Zweifel

## Vor 30 Jahren – die «68er Unruhen»

Vor nunmehr genau 30 Jahren kam es – nach langen Jahren der Ruhe – in Zürich und den meisten Schweizer Städten erstmals wieder zu Demonstrationen mit gewalttätigen Ausschreitungen – ja zu eigentlichen «Strassenschlachten» zwischen meist jugendlichen Manifestanten und der Polizei. Der nachfolgende Text befasst sich im Sinne einer Ausschnittsbetrachtung mit einigen Phänomenen der «68er Unruhen». Es interessiert beispielsweise die Frage, weshalb sich die Ereignisse im Jahre 1968 chronologisch so abgespielt haben, wie wir es heute aus den Quellen ersehen können. Konkret wird dabei nach den Zusammenhängen zwischen den Aktionen der Demonstranten und dem Vorgehen der Polizei gefragt. Erklärt sich daraus etwa der relativ plötzliche Ausbruch von Gewalt seitens einiger Demonstranten, aber auch seitens einiger Polizeibeamter? Welche Lösungsmechanismen standen den politisch, aber auch behördlich Verantwortlichen damals – unter welchen Restriktionen – zu Gebote? Und ganz zum Schluss, welche Auswirkungen hatten die damals zur Lösung der Probleme im Zusammenhang mit den «68er Unruhen» getroffenen Massnahmen auf die Entwicklung in den nachfolgenden Jahren?

Es geht also im wesentlichen um eine Betrachtung der Wechselwirkungen zwischen den Aktionen der sogenannten 68er Bewegung und den jeweiligen Reaktionen (zumindest eines Teils) der etablierten gesellschaftlichen Eliten mit speziellem Blick auf die Konfliktlösungsmöglichkeiten in jener Zeit. Der Text schliesst damit unmittelbar an die Grundfragestellung dieser Publikation nach der Innovationsfähigkeit der schweizerischen Gesellschaft im Spannungsfeld zwischen sozialen Bewegungen, öffentlicher Meinungsbildung und politisch/behördlichen Institutionen in den 60er Jahren an. Komplexitätsgründe sowie der beschränkte Textumfang erzwingen allerdings eine gewisse Selektion bezüglich Analysegegenstand und Untersuchungseinheit. So möchte ich in diesem Artikel ganz bewusst nicht etwa die 68er Bewegung, sondern das Polizeikorps der Stadt Zürich als Analysegegenstand für die Untersuchung der Ereignisse im Frühsommer 1968 (Untersuchungseinheit) heranziehen. Dies geschieht aus der Vorstellung heraus, dass das Vorgehen der Polizei einen ebenso entscheidenden Einfluss auf den Zeitpunkt des Ausbruchs, die Chronologie und die Virulenz der 68er Ereignisse hatte wie die Aktionen der 68er Bewegung. Damit wird in diesem Text eine etwas andere Perspektive eingenommen, als dies von Betrachtungen zu «Bewegungsthemen» allgemein zu erwarten wäre. Nach einer kurzen Skizze zu den gesellschaftlichen Strukturen und Prozessen in den 50er und 60er Jahren wird in den folgenden Abschnitten schwergewichtig auf die Darstellung der Situation der Polizei und der Polizisten im Spannungsfeld zwischen der Konfrontation mit der 68er Bewegung, der polizeilichen Auftragserfüllung und der damaligen öffentlichen Meinung zu den Unruhen eingegangen. Der abschliessende Textteil befasst sich hauptsächlich mit den Problemlösungsstrategien, wie sie von der Polizeiführung, aber auch vom Stadtrat (als politisch verantwortlicher Instanz) während und im Nachfeld der Unruhen angestrebt wurden, und den daraus resultierenden Konsequenzen für das weitere polizeiliche Vorgehen.

Das Polizeikorps soll im nachfolgenden aufgrund der eingenommenen Betrachtungsperspektive nicht als monolithischer Block angesehen werden, dessen Mitglieder exakt das taten, was die Führung von ihnen verlangte. Vielmehr wird die Ansicht vertreten, dass gerade die unterschiedliche Sicht und Wahrnehmung der Dinge zwischen den Verantwortlichen und den Beamten an der «Front» während diesen Einsätzen zu den wichtigen Einflussfaktoren zählte, welche den konkreten Gang der Dinge damals namhaft mitzubestimmen vermochten. Es geht auf den nachfolgenden Seiten nicht um Verantwortlichkeiten oder gar Schuldzuweisungen. Es geht vielmehr um eine Analyse von Wahrnehmungs- und Handlungsspielräumen der Individuen innerhalb des Polizeikorps in einer Zeit, welche durch eine langjährige Erfahrung sozialer Stabilität sowie anhaltenden Wachstums und Fortschritts geprägt war. Diese Stabilitätserfahrung – so die Kernthese – führte (aus heutiger Sicht betrachtet) zwangsläufig zu einer gravierenden Vernachlässigung zentraler Führungs- und Informationsstrukturen innerhalb des Korps und trug damit entscheidend zur Eskalation der Ereignisse im Frühsommer 1968 bei.

## Strukturen und Prozesse im «Aufbruch der 60er Jahre»

Die meisten heute bereits vorliegenden soziologischen, historischen und wirtschaftshistorischen Publikationen zu den 50er und 60er Jahren gehen von der Vorstellung einer eigenwilligen «Kompromissformel» aus. Auf Kultur- bzw. Strukturerhaltung ausgerichtete gemeinschaftsideologische Denkmuster (Gruner spricht

von «Leitbildern von Nation und Demokratie» und Siegenthaler von «strukturellen Regeln des Denkens») bestanden offenbar parallel zu einer liberalen
Fortschritts- und Wachstumsideologie.[1] In der Retrospektive betrachtet ergibt
sich für diese Periode daher ein widersprüchliches Bild, das je nach Perspektive
als lang andauernder Auftakt für den «Aufbruch» von 1968 oder als Phase der
funktionalen Integration von Konservatismus und Modernität gedeutet werden
kann.[2] Tatsächlich war dieses komplexe Nebeneinander von Vergangenheit und
Zukunft, durch zahlreiche staatliche Interventionen gestützt, über lange Jahre
hinweg zumindest in ökonomischer Hinsicht äusserst funktional.[3] Die praktisch
seit dem Ende des 2. Weltkriegs anhaltende wirtschaftliche Prosperität mit
Vollbeschäftigung und real ansteigendem Volks- und Haushaltseinkommen vermochte zweifellos (aus heutiger Sicht betrachtet zumindest über einige Zeit
hinweg) zu einer gewissen sozialen Nivellierung beizutragen.[4] Viele konnten
sich mehr leisten. Man sprach vom «kollektiven Aufstieg» und vom «Abschied
von der Proletarität».[5]
Das komplexe Nebeneinander von Vergangenheit und Zukunft geriet jedoch
offenbar in den 60er Jahren zunehmend aus dem Gleichgewicht.[6] Eine wichtige
Rolle spielte dabei – wie Jakob Tanner darlegte – das individuelle Konsumver-
halten. Die befreiende Qualität des Konsums, wie sie zu Beginn der 50er Jahre
noch spürbar war, ging in den nachfolgenden Jahren offensichtlich immer mehr
in einen Zwang zum konformen Konsumieren über. Wer hier nicht mitmachen
konnte oder wollte, galt rasch als Versager.[7] Es wäre daher wohl falsch, im
Zusammenhang mit dem Wirtschaftsboom der 50er und 60er Jahre nur die
materiellen Zugewinne der Individuen zu sehen und sie mit zunehmenden Wahl-
möglichkeiten der einzelnen, d. h. «mehr Freiheit» gleichzusetzen.[8] «Der (retro-
spektiv wahrgenommene) Nivellierungsprozess wich damit anfangs der 60er
Jahre einem neuen Differenzierungsschub.»[9] Gleichzeitig stiegen die Ansprüche
gegenüber dem Staat deutlich an (Nettostaatsquote 1960: 17%; 1974: 25%).[10]
Der Wirtschaftsboom kannte damit wohl viele Gewinner, aber auch einige Verlierer. Bei ihnen sowie innerhalb intellektueller Kreise machte sich Unzufriedenheit über die bestehenden Verhältnisse breit, wobei sich «die Kritik am Wohlstands-
ethos zuweilen mit der Klage über den Verlust an Solidaritäts- und Gemein-
schaftsdenken verband».[11] Verschiedene Studien deuten nun darauf hin, dass aus
dieser Konstellation Anreize (Siegenthaler) oder Potentiale (Raschke) zur Bildung von Kollektiven resultierten und es innerhalb dieser neuen Gruppierungen
gelang, neue Lebensstile zu propagieren, das Streben nach Wohlstand und materiellen Werten abzulehnen sowie Tatbestände auf neue Weise als Probleme von
öffentlicher Bedeutung wahrzunehmen und zu thematisieren.[12]
Mit der Formierung dieser neuen Gruppierungen und Bewegungen ging – nach
einer gewissen Karenzfrist – ein drastischer Anstieg der politischen Aktivierung

in der Schweiz einher. In einer ausführlichen Studie zu diesem Thema zeigte Hanspeter Kriesi auf, dass die Anzahl der Ereignisse mit konventionellen Artikulationsformen zwischen 1967 und 1973 sehr stark und die Anzahl der Ereignisse mit unkonventionellen Artikulationsformen (Protestaktionen, direkte Aktionen und Gewaltaktionen) zwischen 1967 (38 Ereignisse) und 1968 (139 Ereignisse) sogar sprunghaft anstieg.[13] Der weitaus grösste Anteil der unkonventionellen Aktivierungsereignisse während dieser Zeit, insbesondere die Protest- und Gewaltaktionen, war nach Kriesi den in den 50er und 60er Jahren neugebildeten Gruppierungen sowie den Ad-hoc-Gruppen und den linken Aussenseiterparteien zuzuschreiben.[14]

Es ist daher wohl richtig, dass zumindest ab Mitte der 60er Jahre der soziale Differenzierungsschub eine Wirkungskraft besass, welche wesentlich dazu beitrug, ein Spannungsfeld insbesondere zwischen den Generationen aufzubauen, aus dem schliesslich die Rebellion der Jugend in der sogenannten 68er Bewegung resultierte.[15] Dem grössten Teil der Bevölkerung und mithin der älteren Generation mussten diese unkonventionellen Aktions- und Artikulationsformen eines Teils der Jugend als Herausforderung erschienen sein. Man deutete die Berichte über einige aufsehenerregende Ereignisse im In- und Ausland, z. B. die «Studentenunruhen» in Deutschland (Attentat auf Rudi Dutschke, 11. April 1968) sowie die Ausschreitungen in Frankreich, aber auch einige «events» in der Schweiz[16] als «Zeichen an der Wand» und kam da und dort zur Überzeugung, dass dies nur der Anfang einer unheilvollen Entwicklung sein würde, welcher man durchaus zutraute, die bestehende Gesellschaftsstruktur grundlegend zu verändern.[17]

## Polizei: zwischen «Establishment» und «Jugend»

Die Polizei und insbesondere die Zürcher Stadtpolizei sah sich während dieser zunehmend spannungsgeladenen Zeit in verschiedener Hinsicht öffentlicher Kritik ausgesetzt.[18] Einerseits wurde das Korps durch einige Skandale (z. B. «Meier 19», das Verschwinden von 71 Lohntüten aus dem Tresor der Stadtpolizei 1963) belastet. Andererseits waren die Beamten auch schon vor 1968 immer wieder mit Ordnungsdienstaufgaben anlässlich von deutlich kleineren Demonstrationen «linker Jugendlicher» (meist Mitglieder der «Jungen Sektion der Partei der Arbeit [PdA] sowie Mitglieder der «Fortschrittlichen Studentenschaft» und kleinerer Gruppierungen) konfrontiert. Auffallend ist, dass die Stadtpolizei bei all diesen Anlässen relativ zurückhaltend agierte, was in der Öffentlichkeit und von der Presse zunehmend kritisch kommentiert wurde.[19]

In der Nacht vom 31. Mai auf den 1. Juni 1968 kam es dann aber im Anschluss an das zweite «Monsterkonzert» (mit Jimi Hendrix) im und vor dem Hallenstadion zu wüsten Schlägereien zwischen Konzertbesuchern und Polizisten. Über die genauen Gründe, welche dazu führten, herrscht heute noch relative Unklarheit. Selbst eine eingehende Analyse der zugänglichen Polizeidokumente, der zeitgenössischen Zeitungsartikel sowie Gespräche mit damals aktiven Polizeibeamten geben nur undeutlich Aufschluss darüber, wer in welcher Situation mit den Ausschreitungen begonnen hat.[20] Als gesichert kann jedoch angesehen werden, dass die Polizei an jenem Abend – wohl in Erinnerung an das Rolling-Stones-Konzert vom Vorjahr – mit einem relativ grossen Aufgebot vor Ort präsent war.[21] Vieles deutet darauf hin, dass innerhalb des von einer ausserordentlich konservativen Grundhaltung durchdrungenen Korps[22] aufgrund der Erfahrungen in den Vormonaten eine ungeheure Spannung zu verspüren war und daher die Bereitschaft zum Zuschlagen bei einigen Polizeibeamten das zur Wiederherstellung von Ruhe und Ordnung notwendige Mass deutlich überwog.[23] Seitens der Polizeiführung erklärte man die Vorkommnisse wie folgt: «Die Zürcher Polizisten lebten in einer monatelangen Spannung, in denen sie Demütigungen hinnehmen mussten, die schliesslich den oberen Rand der menschlichen Belastbarkeit erreichten.»[24]

Mit der «Monsterkonzert»-Schlägerei – so lassen sich wohl die nachfolgenden Entwicklungen aus heutiger Sicht am besten erklären – war nach einigen Scharmützeln bezüglich beidseitiger Gewaltanwendung in mehrfacher Hinsicht sozusagen der «Sündenfall» geschaffen worden.[25] Die Masse der Konzertbesucher war nicht identisch mit den Teilnehmern der vorausgegangenen Demonstrationen. Viele – man darf sogar annehmen, die meisten – der jungen Leute, die nach dem «Monsterkonzert» von der Polizei Prügel bezogen, waren schlicht Konzertbesucher. Subjektiv unschuldig, jedoch konfrontiert mit den Gummiknüppeln der Polizisten, entwickelten sich für die Opfer mannigfache Identifikations- und Solidarisierungsmotive, z. B. mit der Jungen Sektion der PdA.[26] Diese mögen dazu beigetragen haben, dass sich ein Teil von ihnen rund vier Wochen später vor dem «Globus»-Provisorium oder am Bellevue wiederfanden.

Die Vorkommnisse nach dem zweiten «Monsterkonzert» hatten aber – wie aus der Lektüre einschlägiger Zeitungsartikel hervorgeht – noch einen weiteren Einfluss auf die kommenden Ereignisse. In jener Nacht wurden verschiedentlich auch Journalisten und Pressephotographen von «wildgewordenen Zürcher Stadtpolizisten unter Prügel genommen […], Kameras zerstört oder widerrechtlich Filme vernichtet».[27] Dieses Vorgehen der Polizei hat erstens zu einer Reihe von polizeikritischen Anmerkungen in der Presseberichterstattung über die Vorfälle geführt, zweitens aber auch eine Einzelinitiative «Schutz für Unbeteiligte, Presse und anständige Polizisten» des Journalisten Ludwig A. Minelli provoziert sowie eine vom Stadtrat verfügte und durch den Präsidenten des Schwurgerichts, Dr. H. Gut, durchgeführte Administrativuntersuchung nach sich gezogen.[28]

Was weiter geschah, kann als klassisches Beispiel einer Eskalation betrachtet werden, an der neben den Manifestanten auch der Stadtrat, die Polizeiführung und nicht zuletzt die Medien beteiligt waren. Dazu gehörten die Wirren um die Öffnung und Schliessung des «Globus»-Provisoriums durch den Stadtrat am 15./16. Juni 1968, die ultimative Forderung der Aktivisten nach der ständigen Einrichtung eines «Jugendhauses im Stadtzentrum» sowie die einschlägigen Pressekommentare. Bereits am 17. Juni warnte beispielsweise die einflussreiche «Neue Zürcher Zeitung» davor, dass «in der Bürgerschaft der Unmut über das Treiben der Provokationsgrüppchen steige» und man «die öffentliche Ordnung mit fester (wenn auch nicht mit unnötig heftig dreinschlagender) Hand gesichert wissen möchte».[29]

## «Strassenschlachten» am «Globus»-Provisorium und am Bellevue

Unzufriedenheit über das Verhalten des Stadtrates sowie Empörung über das Vorgehen der Polizei nach dem «Monsterkonzert» auf seiten der Demonstranten sowie ein gewisser Frust wegen der leidigen Ordnungsdiensteinsätze und der Folgen des «Monsterkonzert»-Einsatzes auf seiten der Polizisten – die Positionen waren also bezogen, als am Abend des 29. Juni die ersten Meldungen über Kundgebungen zuerst auf dem Hirschenplatz und anschliessend auf der Bahnhofbrücke bei der Stadtpolizei eingingen. In offensichtlicher Verkennung der Lage entschied man sich seitens der Polizei, mit einer ersten Staffel im Tenü «Sommer» (Hemd, Mütze, ohne Krawatte) auszurücken.[30] Erst die zweite Staffel kam im Jacket und mit dem etwas zweckmässigeren «Bobby»-Helm (Stoff/Kunststoffhelm) ausgerüstet auf den Platz. Die Ereignisse dieser Nacht bezeichnete die «Neue Zürcher Zeitung» tags darauf als «die erste Strassenschlacht in Zürich seit den dreissiger Jahren».[31]

Das Ergebnis jenes «Globus-Krawall»-Wochenendes lässt sich (aus polizeilicher Sicht) am besten mit den Worten des späteren Polizeikommandanten Heinz Steffen zusammenfassen: «Obschon die damaligen ‹Jugendkrawalle› insbesondere in Frankreich und in Deutschland durch das Kdo [Kommando] der Stadtpolizei aufmerksam verfolgt wurden und man sich für die vermuteten Auseinandersetzungen um das ‹Globus›-Provisorium nach bestem Wissen und Gewissen vorbereitete, wurden dennoch Kader und Mannschaft von der Härte der Auseinandersetzungen überrascht. So gab es in der ersten Krawallnacht über 60 z. T. erheblich verletzte Polizeibeamte. Ausrüstung, Kommandostruktur und Ausbildung erwiesen sich für derartige OD [Ordnungsdienst]-Einsätze als ungenügend.»[32] Was Steffen hier über die Ausschreitungen vom 29. und 30. Juni 1968 anmerkt, muss wohl zwangsläufig im Zusammenhang mit den Ereignissen im Anschluss an das zweite «Monsterkonzert» einige Wochen zuvor gesehen werden. Diesmal traf die ausrückende Polizei nicht auf eine Masse von Konzertbesuchern, unter denen sich einige Aktivisten befanden, sondern auf eine nunmehr erweiterte Gruppe von Manifestanten (im Polizeijargon meist als «harter Kern» bezeichnet), welche sich im Zusammenschluss der «*Fortschrittlichen Arbeiter, Studenten und Schüler*» (FASS) manifestierte. Vordergründig ging es FASS weiterhin um die Schaffung eines Jugendzentrums im mittlerweile leerstehenden Provisoriumsbau der Warenhauskette «Globus» bei der Bahnhofbrücke. Hintergründig – und dies macht die geradezu provokativ-ultimative Forderung nach einem «Haus für die Jugendlichen im Stadtzentrum» (angebotene Alternativen an der Peripherie wurden abgelehnt) deutlich – ging es auch darum, die massgeblich vom «Monsterkonzert» herstammende Rechnung mit dem «Establishment» und insbesondere mit dem Stadtrat und der Stadtpolizei zu begleichen.[33]

Es gibt aus heutiger Sicht gute Gründe für die Annahme, dass auch die Polizeiführung und die eingesetzten Einheiten «reichlich geladen» auf dem Platz aufmarschierten.[34] Die eigentliche Herausforderung für die Polizeiführung im Juni 1968 dürfte allerdings nur z. T. von seiten der Demonstranten, sondern zumindest ebenso sehr von seiten der mittlerweile einberufenen parlamentarischen Untersuchungskommission über die Vorgänge beim «Monsterkonzert» sowie der vorgesehenen Debatte über die Untersuchungsergebnisse im Gemeinderat ausgegangen sein.[35] Die «National-Zeitung» dazu: «Knapp vor der Debatte im Zürcher Gemeinderat über den Bericht der parlamentarischen Untersuchungskommission über die Missstände bei der Stadtpolizei, schwebte das Korps und vor allem dessen Leitung tagelang zwischen Skylla und Charybdis.»[36] Noch weiter ging Ludwig Minelli: «Diese Lage war nur zu meistern, wenn noch rechtzeitig vor der Debatte im Gemeinderat die Stimmung in der Bevölkerung umgedreht werden konnte», indem man «die Bevölkerung mit einer Prise wohldosierter Anarchie zu schrecken vermochte.»[37] Die Basler «National-Zeitung» fühlte sich sogar berufen, die Frage zu stellen: «Wollte die Polizei die Schlacht?»[38]

## Der Schlussstrich, der ein Anfang war

Nach diesem «heissen» Wochenende war der «Aufbruch '68», was die Protestaktionen im gleichen Jahr betraf, praktisch vorbei.[39] Das vom Stadtrat am 2. Juli 1968 verhängte und bereits am 15. Juli wieder aufgehobene Demonstrationsverbot konnte weitgehend durchgesetzt werden. Man hatte – um es salopp auszudrücken – die Sache durchaus wieder im Griff. Gleichzeitig war man sich seitens der Polizei eines beinahe unbeschränkten Rückhalts in breiten Teilen der Bevölkerung sehr wohl bewusst.[40]

Auch auf der politischen Ebene entwickelten sich die Dinge für die Polizeiverantwortlichen überraschend zufriedenstellend. In einer Nachmittags- und Nachtsitzung vom 3. Juli 1968 zog der Gemeinderat einen Schlussstrich unter den Fall
«Meier 19». die Folgen der «Monsterkonzert»-Ausschreitungen. Aufgrund der
vorliegenden Untersuchungsergebnisse der Kommission «Schalcher» wurde festgehalten, dass die Verfehlungen der Polizei als «Bagatellen» und «Einzelfälle» zu
werten seien.[41] Der Tenor, der während dieser Gemeinderatssitzung vom 3. Juli
1968 abgegebenen Erklärungen widerspiegelt sich in den Worten des damaligen
Stadtpräsidenten Sigmund Widmer: «Im Augenblick der Bedrohung schliessen
sich die Reihen der Gutgesinnten. So sind auch der Gemeinderat und Stadtrat
heute aufgerufen, gemeinsam und tatkräftig zu handeln.» Die Stadtpolizei war bei
«Meier 19» mit einem «blauen Auge» davongekommen und dies sollte sich –
auch nach verschiedenen politischen Debatten, Vorwürfen seitens der Presse,
Veröffentlichung von Zeugenaussagen sowie Gerichtsverhandlungen gegen Polizisten – für die «Globus»-Krawalle wiederholen.[42]

Hingegen mussten im Nachfeld der Juni-Ausschreitungen die «Gutgesinnten»
und vor allem Polizeivorstand und Polizeikommando dringend nach einer Lösung
der sichtbar gewordenen Probleme im polizeiinternen Bereich suchen. Die Leistungsfähigkeit des Korps hatte sich in mehrerer Hinsicht als unzureichend erwiesen. Kritik an der Führung des Korps – auch interne Kritik – war unüberhörbar
und entfaltete immer mehr Wirkung. Insubordination über mehrere Kaderstufen
hinweg scheint im Spiel gewesen zu sein, als Demonstranten am 29./30. Juni auch
nach ihrer Verhaftung verprügelt wurden.[43] Als Zeichen für die Verunsicherung
im Korps mag auch das kaum dementierte Gerücht gewertet werden, dass mehrere Funktionäre in jenen Wochen für den Fall einer Untersuchung «private»
Fotokopien von Akten angelegt haben sollen.[44] Gesichert ist, dass ab 1968 eine
Reihe von Beamten, darunter ungewöhnlich viele Kaderleute, das Korps verliessen (siehe dazu auch Graphik 1).

Ein Blick in die Personalbestandesrapporte zeigt darüber hinaus deutliche
Rekrutierungsprobleme in den Jahren 1969–1974. Ab 1970 konnte beispielsweise nur noch ein Klassenzug mit jeweils 29 Rekruten pro Jahr geführt werden,
während zuvor und auch wieder ab 1974 jeweils 56 resp. 52 Rekruten in Ausbildung standen.[45] Hierbei spielten natürlich auch die Verhältnisse auf dem
Arbeitsmarkt eine wichtige Rolle. Bei einer Arbeitslosenquote von unter 0,5%
(bis 1974) war es für Polizei-Aussteiger relativ leicht, eine neue Stelle zu finden.
Gleichzeitig dürften die Presseberichte über die Ordnungsdiensteinsätze auf
potentielle Polizeirekruten eher abschreckend gewirkt haben.

Die Probleme innerhalb des Korps waren offensichtlich auch der Stadtexekutive
deutlich bewusst. Bereits am 1. Juli hatte sich der Stadtrat in zwei ausserordentlichen
Sitzungen über die Ausschreitungen beraten. Als brisantestes Traktandum wurde

Graphik 1: *Austritte aus dem Korps der Stadtpolizei Zürich zwischen 1965 und 1975 nach Dienstgraden. Wachstum des Korps in Prozent (rechte Skala)*

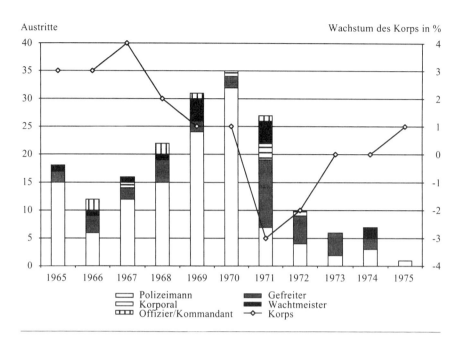

Quelle: Personalstatistik der Stadtpolizei Zürich.

dabei auch über den Einsatz militärischer Truppen diskutiert, diese Option jedoch in einer Abstimmung einstimmig verworfen.[46] Der Polizeiführung musste die Diskussion einerseits als Misstrauensvotum und andererseits als Aufruf zur Militarisierung der Einheiten erschienen sein.

Die Reaktion der Polizeiverantwortlichen erfolgte umgehend. Bereits zwischen Sommer und Herbst 1968 wurde im Auftrag des Polizeikommandanten eine ausführliche Studie mit dem Titel «*Demonstrationen, Unruhen und polizeiliches Verhalten*» erarbeitet und im November vorgelegt. Darin werden bezüglich des Verhaltens der Beamten im Einsatz, deren Ausbildung sowie Einsatzmittel und Ausrüstung recht weitgehende Aussagen gemacht.[47] Der Tenor dieser Studie, aber auch die folgenden Ereignisse lassen vermuten, dass unmittelbar im Anschluss an die Unruhen – zumindest polizeiintern, aber wohl auch im Stadtrat – der Entscheid getroffen wurde, eine speziell ausgebildete und ausgerüstete Sondereinheit zu bilden, welche bei ähnlichen Anlässen wie im Juni zum Einsatz kommen sollte.[48]

## Bildung der «Bereitschaftspolizei»

Unmittelbar nach dem umstrittenen Ja des Gemeinderates zum Wasserwerfer-
kredit wurde das Projekt «Bereitschaftspolizei» in Angriff genommen.[49] Bereits
zu Beginn des Jahres 1969 erhielt der damalige Kommissär Heinz Steffen vom
Kommandanten der Zürcher Stadtpolizei den Auftrag, «so rasch als möglich eine
Sonderformation aufzustellen, die ausrüstungs- und ausbildungsmässig in der
Lage sein sollte, auch härteste OD-Einsätze zu überstehen». Am 11. März 1969
erliess auf «Initiative des Pol Kdos» der Stadtrat von Zürich mit Beschluss
Nr. 649 eine «Wegleitung über das Vorgehen der Stadtpolizei bei Demonstrationen».[50] Bereits am 3. Juni 1969 waren 117 Mann der sogenannten «Bereitschaftspolizei» vollständig ausgerüstet und ausgebildet einsatzbereit.[51] Dies war
sozusagen die Geburtsstunde des «modernen» polizeilichen Ordnungsdienstes
in Zürich.

Für die Aufstellung dieser Sondereinheit sprachen – aus heutiger Sicht – zumindest vier Gründe, welche allesamt viel mehr mit den Problemen innerhalb der
Polizeiorganisation als mit den Vorgängen auf der Strasse zu tun hatten. *Erstens*
wurde mit der «Bereitschaftspolizei» eine einzige Instanz geschaffen, welche
mit der Lösung der Probleme im Ordnungsdienst betraut wurde.[52] Durch diese
Zentralisierung konnten die Organisations- und Kommandostrukturen deutlich
vereinfacht und effizienter gemacht werden. *Zweitens* beinhaltete die Neubil-
dung einer Sondereinheit vielfältige Selektionsmöglichkeiten bezüglich der per-
sonellen Zusammensetzung, wodurch beispielsweise «vorbelastete» Polizisten
vom OD-Dienst «befreit» werden konnten.[53] *Drittens* wurden die aufgebotenen
Beamten nicht wie zuvor ad hoc einem Detachement zugeteilt, sondern kamen
nunmehr nach Alarmierung in festen Einheiten zum OD-Einsatz, womit der
«Teamgeist» verstärkt und Anonymitätsprobleme reduziert werden konnten.[54]
*Viertens* wurden diese Einheiten als Gef Z oder Gef Gr («Gefechtszug» bzw.
«Gefechtsgruppe») *«in einem straff militärischen Rahmen»* auf dem Armee-
Waffenplatz Kloten ausgebildet.[55] Wohl kaum unbeabsichtigt wurde hiermit ein
Mittel zur Messung und Durchsetzung der polizeiinternen Disziplin eingeführt,
womit wiederum Übergriffe wie im Sommer '68 künftig vermieden werden
sollten.[56]

Die Ziele, welche mit der Aufstellung der «Bereitschaftspolizei» verfolgt wurden, hat die Polizeiführung in den «Maximen für den Ordnungsdiensteinsatz»
deutlich formuliert. Punkt eins: «Nicht provozieren lassen», Punkt zwei: «Ver-
hältnismässigkeit des Einsatzes», Punkt drei: «keine Einzelaktionen».[57]

Ein grosses Problem bestand nun jedoch darin, dass mit diesen Zielsetzungen
den «Beamten an der Front» praktisch wiederum jene Restriktionen auferlegt wurden, welche vor dem Juni 1968 offenbar zu schwerwiegenden Spannungen im

Tab. 1: *Ausgaben für Ordnungsdienstausrüstung (Stapo Zürich) in Franken (nominal) zwischen 1968 und 1975*

| Jahr | Overall, Helm, Körper -schutz | Neuaus- rüstung PolAsp | Marsch- schuhe, Pullover | Schutz- maske | Strahl- rohr W70 | Tränen- gas- werfer TW73 | Wasser- werfer (Fahr- zeug) |
|------|------|------|------|------|------|------|------|
| 1968 | | | | | | | 294'000.– |
| 1969 | 36'000.– | | | | | | |
| 1970 | 84'000.– | | | | 16'000.– | | |
| 1971 | 30'000.– | | 30'000.– | | | | |
| 1972 | 30'000.– | | 30'000.– | 40'000.– | | | |
| 1973 | | | 30'000.– | 45'000.– | | | |
| 1974 | | | | | | 5555.50 | |
| 1975 | 30'000.– | 35'000.– | | | | 5555.50 | |

Quelle: Stadtpolizei Zürich, Technischer Dienst, Zusammenstellung vom 18. März 1997.

Korps geführt hatten. Es geht hier letztlich um die Frage der Koordination individuellen Verhaltens innerhalb einer Organisation und damit um eine Grundproblemstellung mit der sich vor allem die Ökonomen schon seit längerer Zeit befassen. Die sogenannte Institutionenökonomie geht beispielsweise davon aus, dass die Kosten einer vollständigen Beschränkung individuellen Verhaltens durch eine übergeordnete Instanz untragbar hoch sind.[58] Faktisch gibt es daher für den einzelnen immer Anreize, sich um Anordnungen der Vorgesetzten zu drücken. Dieses sogenannte «Schwarzfahrerproblem» wird noch verschärft, wenn dem einzelnen Alternativen ausserhalb der Organisation offenstehen.[59] Es darf in diesem Zusammenhang daher nicht übersehen werden, dass in einer Phase mit Vollbeschäftigung sowie wachsendem realem Bruttoinlandprodukt berufliche Alternativen für austrittswillige Polizeibeamte durchaus vorhanden waren.[60] Die Polizeiführung und auch der Stadtrat standen somit vor dem Problem, dass einerseits auch mit verbesserten Führungs- und Kommandostrukturen ähnliche Probleme wie etwa nach dem «Monsterkonzert»-Einsatz (d. h. Übergriffe von Korpsmitgliedern) nicht vollständig zu verhindern waren und andererseits die Wettbewerbsfähigkeit des Korps auf dem Arbeitsmarkt recht eingeschränkt war. Um ein opportunistisches Verhalten der einzelnen Beamten möglichst effizient zu begrenzen war es daher dringend notwendig, die Situation zumindest in zwei Punkten deutlich zu entschärfen.

Wie dies getan werden sollte, geht aus der bereits erwähnten polizeiinternen Studie «Demonstrationen, Unruhen und polizeiliches Verhalten» vom November 1968 hervor. *Erstens* musste der Schutz der Beamten im Einsatz verbessert werden.[61] Und *zweitens* sollten im Falle von Ausschreitungen die Fronten zwischen den Manifestanten und der Polizei möglichst entflechtet werden.[62] Der erste Punkt führte zwangsläufig zur Anschaffung «zweckmässiger» Schutzbekleidung und persönlicher Bewaffnung für die Bereitschaftspolizisten.

Der zweite Punkt führte zur Einführung des Distanzkonzeptes, d. h. zum Einsatz von Wasserwerfern und Tränengas sowie, ab 1978, von «Gummischrot». Damit waren die organisatorischen und infrastrukturellen Voraussetzungen für den «unfriedlichen Ordnungsdienst» geschaffen, wie sie – mit einigen Aktualisierungen – bis heute von der Stadtpolizei Zürich und den meisten Schweizer Polizeikorps genutzt werden.[63]

## Symptombekämpfung anstatt Lösungen

In den vorausgegangenen Abschnitten wurde versucht, die Bedingungen darzustellen, welche den Ablauf der 68er Ereignisse nachhaltig bestimmt haben, sowie einige daraus resultierende Konsequenzen für den polizeilichen Ordnungsdienst und damit auch für die Auseinandersetzungen der 70er und 80er Jahre zu skizzieren. Diese Ausschnittdarstellung fügt sich zumindest in einem zentralen Punkt recht nahtlos in unser heutiges, noch unvollkommenes Bild der gesellschaftlichen Strukturen und Prozesse jener Zeit ein. Breitgeteilte Dynamik bezüglich des Sozialen konnte sich offensichtlich nur da entfalten, wo sie auf Strukturerhaltung ausgerichtet war. Als sich in den ausgehenden 50er und 60er Jahren auch nichtintendierte Effekte des Wirtschaftsbooms in Richtung «Massenkonsumgesellschaft» (wie dargestellt), aber auch beispielsweise in ökologischer Hinsicht abzuzeichnen begannen, geriet die nachkriegstypische Wachstums- und Fortschrittsideologie immer mehr unter Druck. Handlungswirksam waren diese lebensweltverändernden Nebenfolgen eines sich immer mehr akzentuierenden Wirtschaftsbooms offensichtlich primär für jene Individuen, welche sich in den 50er und 60er Jahren in verschiedenen Gruppierungen und neuen Bewegungen zusammenfanden. Noch standen jedoch die breitgeteilten konservativen gesellschaftlichen Leitbilder jener Zeit einer fundamentalen Erneuerung der gesellschaftlichen Strukturen vehement entgegen, so dass sich einige dieser Gruppen ab Mitte der 60er Jahre immer mehr zu Trägern einer unkonventionellen politischen Aktivierung entwickelten.

Das Polizeikorps wurde anlässlich verschiedener Ordnungsdiensteinsätze im Vorfeld der eigentlichen 68er Unruhen zunehmend mit solchen unkonventionellen

Aktions- und Artikulationsformen der neuen Bewegungen konfrontiert und geriet damit immer mehr in einen Konflikt, auf den es nicht hinreichend vorbereitet war. Man hatte sich in den langen Jahren relativer Ruhe nur allzusehr daran gewöhnt, die bestehenden Gesetze und Vorschriften problemlos und buchstabengetreu durchsetzen zu können. Nun sah man sich auf einmal Manifestanten gegenüber, die sich nicht mehr an die «Spielregeln» hielten. Unsicherheit über die kommenden Entwicklungen machte sich innerhalb des Korps breit und wurde noch zusätzlich unterfüttert durch die Berichte von den Unruhen in Frankreich und Deutschland.

Die noch bis zum 1. Mai 1968 von der Polizeiführung praktizierte Strategie der relativen Zurückhaltung stiess nun offensichtlich an ihre Grenzen. Grenzen, welche einerseits durch die öffentliche Meinungsbildung zu den Vorgängen gezogen wurden, andererseits aber auch darin bestanden, dass zumindest einzelne Polizeibeamte an der «Front» immer mehr Mühe bekundeten, sich an die befohlenen Aufträge zu halten. Die Situation geriet im Anschluss an das «Monsterkonzert» vollständig ausser Kontrolle, als eine ganze Reihe von Polizeibeamten – aus relativ geringem Anlass – zahlreiche Konzertbesucher verprügelten. Dass gerade eine Konzertveranstaltung im Hallenstadion sozusagen das Forum für diese Ausschreitungen bildete, erklärt sich nicht zuletzt aus den Erfahrungen mit den Rolling Stones im Vorjahr. Die Wirkung war jedoch – wie dargestellt – in verschiedener Hinsicht fatal. Die Auseinandersetzungen vor dem «Globus»-Provisorium und am Bellevue können daher als schon zwangsläufige Konsequenz des «Monsterkonzert»-Debakels angesehen werden.

Für die Polizeiführung stellte sich damit ein zweifaches Problem. Erstens mussten Mittel und Wege gefunden werden, dass sich die strassenschlachtähnlichen Ereignisse vom Juni 1968 nicht wiederholen konnten, und zweitens sollten allfällige Übergriffe von eigenen Beamten künftig möglichst vermieden werden. Insbesondere der zweite Punkt – das kann als Resultat der Analysen im vorausgegangenen Abschnitt betrachtet werden – vermochte die Richtung der damaligen Entscheidungsprozesse recht weitgehend mitzubestimmen. Eine Erfolgsbewertung der damals getroffenen Massnahmen ergibt aus heutiger Sicht betrachtet zumindest ein zwiespältiges Bild. Die «Bereitschaftspolizei» konnte sich zwar (zumindest aus polizeilicher Sicht) während der Demonstrationen in den frühen 70er Jahren verschiedentlich bewähren, und wir können nicht sagen, was damals geschehen wäre, wenn diese Formation nicht bestanden hätte. Gleichzeitig aber – das zeigen einige weitergehende Arbeiten zum Thema auf – waren mit der Aufstellung der «Bereitschaftspolizei» und ähnlicher Formationen in anderen Städten und Kantonen letztlich Instrumentarien geschaffen worden, mit deren Hilfe sich über einige Jahre hinweg die eklatantesten Phänomene eines sich abzeichnenden sozialen Wandels auf technokratische Weise bekämpfen liessen, ohne grundsätzliche Lösungen anstreben zu müssen.[64] Eine Entwicklung, deren Auswirkungen beispielsweise zu Beginn der 80er Jahre besonders deutlich erkennbar wurden.

## Anmerkungen

1  Zum Beispiel: Erich Gruner: *Politische Kräfte und Leitbilder der Schweiz im 20. Jahrhundert*, in: *Die Schweiz, Jahrbuch der Helvetischen Gesellschaft*, 1964, S. 215; Hans Peter Matter: *Die Schweiz seit 1945 aus der Sicht der jungen Generation*, in: Erich Gruner: *Die Schweiz seit 1945*, Bern 1971, S. 341 f.; Jakob Tanner: *Die Schweiz in den 1950er Jahren*, in: Jean-Daniel Blanc et al. (Hg.): *achtung: die 50er Jahre!*, Zürich 1994, S. 38–41; Hansjörg Siegenthaler: *Strukturen und Prozesse in der Schweizergeschichte der Nachkriegszeit*, in: Jean-Daniel Blanc et al. (Hg.): *achtung: die 50er Jahre!*, Zürich 1994, S. 11–16.

2  Jean-Daniel Blanc et al. (Hg.): *achtung: die 50er Jahre!*, Zürich 1994, S. 9.

3  Siegenthaler (wie Anm. 1), S. 16.

4  Zum Beispiel stiegen die Löhne der ArbeiterInnen zwischen 1949 und 1960 um nicht weniger als 40%, diejenigen der Angestellten um 38% an. Veränderung wichtiger ökonomischer Daten zwischen 1950 und 1970 (real): Arbeitslosenquote: $\Delta$ <0,5%, Volkseinkommen: +114,8%, Haushaltseinkommen/EinwohnerIn: +64,2%, Haushaltsendkonsum/EinwohnerIn: +51,4%. Quelle: Bundesamt für Statistik, *Langjährige Reihen der nationalen Buchhaltung*, 1994. Tanner (wie Anm. 1), S. 35.

5  Tanner (wie Anm. 1), S. 35.

6  Oliver Zimmer: *Die «Volksgemeinschaft»*, in: Kurt Imhof et al.: *Konkordanz und kalter Krieg*, Zürich 1996, S. 105.

7  Tanner (wie Anm. 1), S. 37.

8  Ebd.

9  Ebd., S. 40.

10  Hansjörg Siegenthaler: *Die Schweiz 1914–1984*, in: Wolfram Fischer et al. (Hg.): *Handbuch der europäischen Wirtschafts- und Sozialgeschichte*, Bd. 6, Stuttgart 1987, S. 508

11  Zimmer (wie Anm. 6), S. 105.

12  Dazu detailliert: Hansjörg Siegenthaler: *Soziale Bewegungen und gesellschaftliches Lernen im Industriezeitalter*, in: Martin Dahinden: *Neue soziale Bewegungen – und ihre gesellschaftlichen Wirkungen*, Zürich 1987, S. 260–261; Joachim Raschke: *Soziale Bewegungen*, Frankfurt 1988, S. 420–435

13  Zu den Kategorien und zum Sachverhalt siehe: Hanspeter Kriesi et al.: *Politische Aktivierung in der Schweiz 1945–1978*, Diessenhofen 1981, S. 421–457.

14  Kriesi (wie Anm. 13), S. 497–500.

15  Tanner (wie Anm. 1), S. 40.

16  Eine Übersicht, siehe: Neue Zürcher Zeitung: *Wehret den Anfängen*, Zürich 1968, S. 69 f.

17  So befürchtet die «Neue Zürcher Zeitung», dass «der Funke des Aufruhrs gegen die Gesellschaft», welcher nun auch vom Ausland auf die Schweiz übergesprungen sei, im «dürren Holz» der Gesellschaft einen Brand entfachen könne, und kommentiert weiter: «[...] als sei dort, wo man gewohnt war, Prosperität, chancenreiche Freiheit, wohlfunktionierenden ‹Pluralismus›, ausgleichende Ordnung zu sehen, nur noch morscher Zunder.» *Neue Zürcher Zeitung*, 19. 5. 1968.

18  Im Gegensatz zu der durch Quellen (d. h. Gemeinderatsprotokolle) sowie durch die Presseberichterstattung recht gut dokumentierten öffentlichen Kritik ist die korpsinterne Kritik am Vorgehen der Verantwortlichen mangels entsprechender Dokumente nur schwer darzustellen.

19  Zum Beispiel am 24. 8. 1967 anlässlich der Demonstration gegen den «Rausschmiss» des damaligen Detektivwachtmeisters Kurt Meier («Meier 19») aus dem Korps sowie am 1. Mai 1968, als die Polizisten mit Eiern beworfen und als «Nazi-Schweine» tituliert wurden. Zum Beispiel: *Neue Zürcher Zeitung*, 2. 5. 1968.

20  Die Stadtpolizei Zürich berichtet über den Sachhergang: «Im Anschluss an die 2. Veranstaltung erfolgte ein Angriff gegen die Polizei durch Beschuss mit Flaschen, Steinen, Latten und kleinen Dohlendeckeln und schwere Sachbeschädigungen.» Aus: Stadtpolizei Zürich, Polizeiinspektorat: *Demonstrationen, Unruhen und polizeiliches Verhalten,* Interner Bericht, «Nur für dienstlichen Gebrauch», Zürich 1968, S. 20.

21  *Neue Zürcher Zeitung*, 5. 6. 1968.

22  *National-Zeitung*, 20. 7. 1968.

23  *National-Zeitung*, 5. 8. 1968.

24  Polizeikommandant Bertschi zu den Ausschreitungen nach dem «Monsterkonzert» im Hallenstadion, zit. in: *Basler Nachrichten,* 6. 6. 1968.

25  Ein Augenzeugenbericht, siehe: *Die Weltwoche,* 27. 5. 1993.

26  Eine nicht zu unterschätzende Rolle hat dabei ein Flugblatt der Jungen Sektion der PdA gespielt, welches an beiden Konzertabenden verteilt wurde. Stadtpolizei Zürich (wie Anm. 20), S. 20.

27  *Neue Zürcher Zeitung*, 5. 6. 1968; *National-Zeitung,* 6. 6. 1968; *Tages Anzeiger,* 22. 6. 1968.

28  Am umstrittensten war die Forderung von Minelli, dass die einzelnen Polizisten Identifikationsnummern auf ihren Uniformen tragen sollten. *Tages-Anzeiger,* 22. 6. 1968. Auch: Gemeinderat Zürich, Sitzung vom 3. 7. 1968, Protokoll.

29  *Neue Zürcher Zeitung*, 1. 7. 1968.

30  Interview mit Kdt. Heinz Steffen vom 16. 10. 1996. In Zeitungsartikeln wird sogar berichtet, dass der Tenübefehl für diesen Abend aufgrund einer «demokratischen Abstimmung» unter den eingesetzten Beamten zustande kam. *Volksrecht,* 23. 7. 1968.

31  *Neue Zürcher Zeitung*, 1. 7. 1968

32  Heinz Steffen: *OD 68/75, Bericht über den Ordnungsdienst in den Jahren 1968 bis 1975,* (polizeiinterner Bericht), Zürich 1975, S. 1 f.

33  Siehe dazu beispielsweise *Neue Zürcher Zeitung,* 1. 7. 1968.

34  Während man auf die Ergebnisse der laufenden Untersuchungen sowie auf die Beantwortung der parlamentarischen Anfragen und Interpellationen durch die Exekutive warten musste, wehrte man sich insbesondere vehement gegen die «einseitige» und «tendenziöse» Berichterstattung durch die Presse. *Der Polizeibeamte,* Nr. 14, 25. 7. 1968, S. 209. Siehe auch: *Züri-Leu,* 4. 7. 1968.

35  Es gab insgesamt nicht weniger als drei verschiedene Untersuchungsinstanzen: Polizeiintern durch den Chef der Zürcher Kriminalpolizei, Dr. Walter Hubatka; die stadträtliche Administrativuntersuchung, Oberrichter Dr. Hans Gut (Vorsitz) und die parlamentarische (Gemeinderats-)Untersuchungskommission unter ihrem Präsidenten Erwin Schalcher, eine Einzelinitiative (Minelli) und diverse Erklärungen/Anfragen der Fraktionen im Gemeinderat, welche sich direkt oder indirekt auf das Vorgehen der Polizei am 30. Mai vor dem Hallenstadion bezogen.

36  *National-Zeitung,* 5. 8. 1968.

37  Ebd.

38  Ebd.

39  Zu grösseren Ausschreitungen kam es erst wieder zu Beginn der 70er Jahre. Zum Beispiel am 22. 2. 1971 sowie am 1. 5. 1971. *Tages Anzeiger,* 22. 2. 1971 sowie Steffen (wie Anm. 32), S. 7.

40  Dazu: *National-Zeitung,* 20. 7. 1968.

41  Siehe auch: *Neue Zürcher Zeitung,* 4. 7. 1968.

42  Gemeinderat: 11. 12. 1968, Kantonsrat: 4. 11. 1968 sowie die Veröffentlichung von Zeugenaussagen zu den Übergriffen der Polizei durch die Arbeitsgemeinschaft «Zürcher Manifest»: *Doku-*

*mentation I, Berichte und Aussagen von Augenzeugen über die Ausschreitungen vom 29./30. Juni 1968 in Zürich,* Zürich 1968.

43  Bericht der Untersuchungskommission Gut zu Handen des Stadtrates vom August 1970; siehe auch *Tages Anzeiger,* 17. 8. 1970. Insgesamt wurden im Nachfeld der Ereignisse der Polizeikommandant, drei Polizeioffiziere und weitere 30 Angehörige des Polizeikorps disziplinarisch und/oder strafrechtlich belangt. Zu den Übergriffen der Polizei siehe auch *Züri-Leu,* 4. 7. 1968.

44  *Züri-Leu,* 4. 7. 1968.

45  Zahlen der Personalabteilung der Stadtpolizei Zürich, Bestandesrapporte, div. Jahrgänge. Dazu auch *Neue Zürcher Nachrichten,* 20. 12. 1968.

46  Woher dieser Antrag kam, bleibt wegen der Sperrfrist für Sitzungsprotokolle des Stadtrats ungewiss. Das einstimmige Ergebnis deutet jedoch darauf hin, dass die Idee eines Truppeneinsatzes nicht von einem der Stadträte und auch nicht vom Polizeivorstand stammte. Vielmehr liegt die Vermutung nahe, dass hinter der Idee Persönlichkeiten aus der Politik, allenfalls aus den bürgerlichen Gemeinderatsfraktionen standen. *Neue Zürcher Zeitung,* 18. 7. 1968.

47  In der Studie wurden beispielsweise für Wasserwerfer bereits konkrete Einsatzkonzepte skizziert, und bezüglich der persönlichen Ausrüstung der Beamten wurden Detailangaben gemacht (z. B. verdecktes Tragen der Dienstwaffe), obwohl die entsprechende Einsatzbekleidung erst 1970 eingeführt wurde. Stadtpolizei Zürich (wie Anm. 20), S. 46–50.

48  Quellenmaterial, welches diese Vorgänge konkret belegen würde, war beispielsweise wegen der Sperrfrist für Sitzungsprotokolle des Stadtrates nicht zugänglich (Anm. d. A.).

49  Der vom Stadtrat dem Gemeinderat vorgelegte dringliche Nachtragskredit in der Höhe von Fr. 294'000.– für den Kauf von zwei bereits bestellten Fahrzeugen wurde von diesem in der Sitzung vom 13. 11. 1968 mit Zweidrittelsmehrheit abgelehnt, rund einen Monat später am 18. 12. 1968 jedoch mit 62 Jastimmen zu 53 Neinstimmen (bei 4 Enthaltungen) angenommen. Gemeinderat Zürich: Protokoll der 103. Sitzung vom 13. 11. 1968 sowie Protokoll der 114. Sitzung vom 18. 12. 1968.

50  Stadtpolizei Zürich (wie Anm. 32), S. 4 und Anhang I.

51  Erstmals zum Einsatz kam die neuaufgestellte «Bereitschaftspolizei» erst am 1. Mai 1971. Stadtpolizei Zürich (wie Anm. 32), S. 7.

52  Die «Bereitschaftspolizei» ist nicht mit ähnlichen Organisationen etwa in Deutschland vergleichbar, da sie nicht auf kasernierten Einheiten beruht, sondern lediglich die organisatorische Zusammenfassung von Beamten im normalen Dienstablauf darstellt.

53  Man sprach davon, dass den älteren Jahrgängen der Schock von 1968 noch in den Knochen stecke. Stadtpolizei Zürich (wie Anm. 32), S. 10.

54  Die drei Massnahmen erinnern an Lösungsstrategien zu klassischen Problemstellungen der «Agency-Theorie». Da der «Prinzipal» (Polizeikommando) die Handlungen seiner «Agenten» (Polizeibeamten) nicht vollständig und kostenfrei beobachten kann, bestehen für den Agenten Anreize zur «Drückebergerei» gegenüber den Anordnungen des Prinzipals. Siehe dazu: Kenneth J. Arrow: *The Economics of Agency,* in: John Pratt et al.: *Principals and Agents,* Boston 1985. Aber auch bez. «Team-Production»: Armen Alchian, Harold Demetz: *Production, Information Costs, and Economic Organisation,* in: *American Economic Review* 62, 1972, S. 777–795.

55  Stadtpolizei Zürich (wie Anm. 32), S. 6. 1969 wurde übrigens auch der «Psychologische Dienst der Stadtpolizei» gebildet.

56  Hier spielten offensichtlich «Durchsetzungskosten» eine Rolle, insofern als die Kosten einer vollständigen Durchsetzung von Anweisungen untragbar hoch sind. Militärische Kommandostrukturen, das belegt alleine schon ihre Beständigkeit über Jahrhunderte hinweg, haben sich offenbar als effiziente Verhaltensbeschränkungen gerade unter schwierigen Bedingungen immer wieder bewährt. Zum Begriff: Douglass C. North: *Theorie des institutionellen Wandels,* Tübingen 1988, S. 19.

57  Stadtpolizei Zürich (wie Anm. 32), S. 16.

58  North (wie Anm. 56), S. 45.

59  Marcur Olson: *The Logic of Collective Action*, Tübingen 1985, Einleitung

60  Durchschnittliches jährliches Wachstum des Bruttoinlandproduktes/Einwohner zwischen 1965 und 1970, +3,5% (wie Anm. 4). Das starre Lohnklassen- und Hierarchiestufensystem öffentlicher Haushalte verhinderte im übrigen eine rasche Anpassung der Beamtenbezüge etwa im Vergleich zur Privatwirtschaft, was zu einer zusätzlichen Verschärfung der Situation beitrug.

61  Der «Prinzipal» (Polizeiführung) wird versuchen, die Opportunitätskosten seiner «Agenten» (Korpsmitglieder) zu beschränken. North (wie Anm. 56), S. 23.

62  Neben den Opportunitätskosten der einzelnen Beamten kommen hier auch wieder Messungs- und Durchsetzungskosten zum Tragen. Distanz zwischen den «Fronten» verhindert bis zu einem gewissen Grad auch unverhältnismässiges Handeln von Polizeibeamten sowie Einzelaktionen und erleichtert die Führung der Einheiten.

63  1973 erreichte der Bestand an persönlicher Schutzausrüstung 600 Einheiten, welcher in den 80er Jahren auf 700 erhöht und jeweils sukzessive modernisiert wurde. Stadtpolizei Zürich: Technischer Dienst, Dokumentation «OD-Ausrüstung».

64  Zur Frage regionaler Unterschiede im polizeilichen Vorgehen und zur weiteren Entwicklung: Dominique Wiesler, Marco Tackenberg: *Protest Policing*, Nationalfondsstudie, Bern 1996; Dominique Wiesler et al.: *Etat, violence politique et interactions*, in: *Swiss Political Science Review* 2, 1996, S. 19–45. Dominique Wiesler, Hanspeter Kriesi: *Public Order, Protest Cycles and Political Process*, in: *EUI Working Paper RCS* 5, 1997.

# Die alte und die neue Frauenbewegung

May B. Broda, Elisabeth Joris und Regina Müller[1]

## Einleitung

Unter dem Titel «Die Frauenfrage in der Schweiz. Zur Bundesrevision am 12. Mai 1872» schlug die Bernerin Julie von May vor, dass Frauen Vereine bilden, um ihre Anliegen bekannt zu machen und durchzusetzen.[2] Dieser Vorschlag bildete den Auftakt zur organisierten Frauenbewegung auf eidgenössischer Ebene.

Die gängige Terminologie unterscheidet zwischen der alten Frauenbewegung, deren Anfänge auf die Gründung der verschiedenen Frauenverbände Ende des 19. und zu Beginn des 20. Jahrhunderts zurückgehen, und der neuen Frauenbewegung, die im Umfeld der neuen Linken Ende der 60er Jahre auftritt.[3] Die alte Frauenbewegung stellt sich bis heute als heterogenes Gebilde dar, obwohl es von Anfang an Bestrebungen gab, die öffentliche Artikulierung von frauenspezifischen Erfahrungen und Interessen an eine einzige grosse Frauenorganisation zu binden.[4] Im ersten Teil des Beitrages fragt Regina Müller nach den Zielvorstellungen und Handlungsweisen der alten Frauenbewegung sowie nach dem vorgelagerten ideologischen und politischen Kontext. Im zweiten Teil untersuchen May B. Broda und Elisabeth Joris am Beispiel der Frauenbefreiungsbewegung (FBB) in Zürich, was an der neuen Frauenbewegung neu war. Diese entwickelte theoretisch und politisch eine nicht zu unterschätzende Sprengkraft.[5] Die zeitliche Klammer unserer Untersuchung bilden die beiden Frauenkongresse von 1946 und 1975.

# Die «alte» Frauenbewegung 1946–1971

1946 präsentierte sich die schweizerische Frauenbewegung in harmonischer Geschlossenheit. Öffentlichkeitswirksam wurde ein grosser Frauenkongress organisiert; 67 Frauenverbände nahmen an ihm teil. Es sei wichtig, meinte die Kongressorganisatorin und vormalige Präsidentin des «Schweizerischen Verbandes für Frauenstimmrecht» (SVF), Annie Leuch-Reineck, dass die organisierten Frauen «eine Zusammenarbeit der verschiedenen Klassen und Gruppen anstrebten, dass [die Frauen] im Vertrauen miteinander [...] arbeiteten».[6] Überverbandliche Zusammenarbeit und gemeinsames Auftreten war es, was den Kongressorganisatorinnen als Zielhorizont zukünftiger Verbandsarbeit vorschwebte. Die programmatische Betonung des Willens zur Zusammenarbeit verweist darauf, dass diese keineswegs gängig war und deshalb als gefährdet empfunden wurde. Tatsächlich hatte es innerhalb der schweizerischen Frauenbewegung bis anhin nie eine dermassen breite Übereinstimmung in bezug auf konkrete frauenverbandliche Ziele gegeben. Im Gegenteil hatte sie sich bisher – auch was die thematische Ausrichtung betraf – als äusserst heterogenes und disparates Gebilde dargestellt.[7] Es war die kollektive Erfahrung des 2. Weltkriegs, die zu der am III. Schweizerischen Frauenkongress von 1946 so euphorisch hervorgehobenen Nivellierung der je verschiedenen verbandlichen Orientierungen geführt hatte. Die öffentlichen und politischen Partizipationsansprüche, die karitativen und pädagogischen Aktivitäten waren während des Krieges der gemeinsamen Selbstverpflichtung auf staatsbürgerliche Pflichterfüllung unterstellt worden. Die Parole hatte geheissen: Helfen. Mit diesem umfassenden und selbstlosen Einsatz waren die Frauenverbände nicht nur den Bedürfnissen des kriegswirtschaftlichen Apparates entgegengekommen, sondern auch den dezidierten frauenspezifischen Rollenerwartungen; diese standen im Zeichen retrospektiver Verklärung. Unter dem Eindruck von Krise und Krieg hatte sich die dualistische Geschlechteranthropologie des ausgehenden 19. Jahrhunderts auf mentaler und institutioneller Ebene neu verfestigt: Die frauenspezifische Ausformung der «Geistigen Landesverteidigung» zeigte sich in einer allgemeinen Beschwörung der Rolle der Frauen als aufopfernde Mütter und Hausfrauen. Dem zugrunde lag eine Stilisierung von Mutterschaft und Mütterlichkeit zu Metaphern von Heimat und sozialer Identität der Schweiz. Mit der Fortexistenz der «Geistigen Landesverteidigung» wurde auch der starre Geschlechterdualismus in die Nachkriegszeit übertragen: mit – wie sich zeigte – weitreichenden Folgen für die Stellung der Frauen gegenüber und innerhalb der politischen Öffentlichkeit.

## Zwei Partizipationsmodelle

Im September 1944 reichte der freisinnige Nationalrat Urs Dietschi eine Motion ein, worin er den Bundesrat zu einer Intensivierung des Einbezugs von Frauen in ausserparlamentarische Kommissionen aufforderte.[8] 1947 warb Dietschi im Parlament für die Nichtabschreibung der Motion und meinte hierbei, dass die Frauen durch ihre ausserparlamentarische Integration vor einer grundsätzlichen «Verpolitisierung»[9] bewahrt werden könnten. Zweifellos war diese Argumentation ein Reflex auf die zeitgenössische Debatte um die Forderung nach der grundsätzlichen politischen Teilhabe der Frauen. Diese Forderung war kurz zuvor wieder auf die politische Agenda gesetzt worden. Im Juni 1944 hatte der Präsident der SP, Hans Oprecht, ein Postulat eingereicht, welches den Bundesrat einlud, die Einführung des Stimm- und Wahlrechts für die Frauen zu prüfen. In der Tat erscheint die Motion Dietschi keineswegs bloss als ein Freundschaftsdienst an die organisierten Frauen, sondern als ein gezielter bürgerlicher Alternativvorschlag zu der von seiten der SP erneut erhobenen Frauenstimmrechtsforderung: Dafür spricht der Zeitpunkt des Einreichens und die sich fast ausschliesslich aus freisinnigen Nationalräten rekrutierende Trägerschaft der Motion.[10]

Ende der 40er Jahre wurden auf Bundesebene demnach zwei von verschiedenen politischen Koalitionen eingebrachte Modelle betreffend weiblicher politischer Partizipation diskutiert: das von der SP, der Partei der Arbeit und vom Landesring der Unabhängigen getragene Frauenstimmrecht und die von bürgerlicher Seite befürwortete Zuziehung von Frauen in ausserparlamentarische Kommissionen. Die Rezeption der beiden Modelle durch das politische System verlief äusserst unterschiedlich: Während die Motion Dietschi beim Bundesrat eine durchaus positive Resonanz fand, stand dieser der Stimmrechtsforderung ablehnend gegenüber. Zwar wurde das Postulat Oprecht vom Nationalrat überwiesen; während der nächsten Jahre geschah von behördlicher Seite jedoch nichts mehr. Erst die Vorstösse des katholisch-konservativen Nationalrates Peter von Roten[11] erzeugten 1950 wieder Handlungsbedarf. Der 1951 vorgelegte Bericht des Bundesrates blieb aber unverbindlich. Er verwies auf die Möglichkeit einer Teilrevision der Bundesverfassung, kam aber zum Schluss, dass ein behördliches Engagement in der Sache verfrüht sei. Das Parlament stellte sich mehrheitlich hinter den bundesrätlichen Bericht. Somit bestand für den Bundesrat keine Verpflichtung mehr, in der Sache aktiv zu werden.[12]

Während des gesamten schleppenden Politikprozesses kam es aber über die im SVF[13] zusammengeschlossene Stimmrechtsbewegung hinaus zu einer frauenorganisatorischen Mobilisierung. 38 Frauenorganisationen reichten eine gemeinsame Eingabe zur Unterstützung des Postulats Oprecht ein, und es bildete sich ein überverbandliches «Schweizerisches Aktionskomitee für das Frauenstimmrecht». Der «Schweizerische Katholische Frauenbund» (SKF) sprach sich in Abweichung von der Meinung eines Teils der Bischöfe und der führenden katholisch-konservativen Politiker für «Stimmfreigabe» aus.[14] Und 1947 formierte sich mit dem «Staatsbürgerlichen Verband katholischer Schweizerinnen» (STAKA) zudem ein explizit konfessionell geprägter Flügel der stimmrechtsbefürwortenden Frauenbewegung. Gleichzeitig aber waren die Frauen sehr auf Konformität bedacht: Als Peter von Roten den SVF aufforderte, öffentlich zu betonen, «dass die Zeit der Geduld nun zu Ende sei und dass man von seiten der Frauen mit anderen Massnahmen zu rechnen habe», bemerkte die Präsidentin des SVF Elisabeth Vischer-Alioth, es sei «sehr gefährlich, das zu sagen».[15] Statt dessen betrieb der SVF mittels Eingaben und Propagandaschriften ein kontinuierliches Lobbying. Er verwies auf die Grundsätze der demokratischen Staatsform und forderte bedingungslos die Gleichheit der Frauen im Staat: Ein demokratischer Staat, so seine Argumentation, werde damit erst seinen Ansprüchen gerecht.[16] Im Argumentationsschema, das die männlichen Stimmberechtigten überzeugen sollte, dominierte demnach die egalitäre Prämisse, wonach Frauen und Männer als gleichermassen selbständige und mitverantwortliche Persönlichkeiten gleichberechtigt an den politischen Rechten partizipieren sollten. Bemerkenswert ist diese Betonung moderner Gleichheitsvorstellung vor allem, weil sie quer zum vorherrschenden Diskurs über die Geschlechter stand.

## Der funktionale Beitrag der Frauen zur Nachkriegsmoderne

Die Weltwirtschaftskrise und der 2. Weltkrieg hatten die dualistische Geschlechteranthropologie zementiert. Nach dem Krieg erhielt sie unter dem Eindruck der raschen wirtschaftlichen Wachstumsschübe eine neue gesellschaftliche Relevanz: Im Zuge der Hochkonjunktur appellierte man verstärkt an das bürgerliche Leitbild der Familie als Schonraum und an die angeblich spezifisch weibliche Affinität fürs Humane. Im Jahrbuch der «Neuen Helvetischen Gesellschaft» wurde dies 1958 von einer Autorin in beispielhafter Weise zum Ausdruck gebracht: «Je mehr sich der Mann verliert an die kalte Abstraktion, den seelenlosen Mechanismus, die rücksichtslose Gewinn- oder Zerstörungssucht und die masslose Raserei seiner männlichen Welt, desto intensiver muss die Frau die Kräfte des Gemütes und der Seele pflegen und wirken lassen, um alles wieder auf ein menschliches Mass zurückzuführen.»[17] Einen Ausgleich zur «männlichen Welt» zu schaffen war, was man von den Frauen erwartete: Im Prozess wandelnder gesellschaftlicher und ökonomischer Rahmenbedingungen versprach die Verortung der Frauen im Bereich der zwischenmenschlichen, vor allem familialen Emotionalität eine Absorbierung von Konflikten, die auf diesen Wandel beziehbar waren. Der Sinn dieser weiblichen Rollennorm lag demnach darin, dass sie gewissermassen als Gegenentwurf zur wachstumsorientierten utilitaristischen Grundhaltung konzipiert war.

Diese Definierung weiblicher Identität entlang der Bedürfnisse einer technik- und profitorientierten, männlich definierten Arbeitswelt hatte existentielle Folgen für die politische Stellung der Frauen: Zeitgleich mit dem oben angesprochenen politischen Prozess des Paralysierens der Frauenstimmrechtsforderung verfestigte sich das von freisinniger Seite bevorzugte Modell der ausserparlamentarischen Integrierung von Frauen: Die 50er Jahre zeichnen sich durch eine auffallende Zunahme weiblicher Kommissionseinsitze aus.[18] Der Grund dieser ungleichen Behandlung von Stimmrecht einerseits und ausserparlamentarischem Beizug andrerseits ist klar: Im Gegensatz zum Frauenstimmrecht erlaubte es das ausserparlamentarische Beizugsverfahren, die Partizipation von Frauen auf Sachfragen zu beschränken, die inhaltlich mit dem traditionellen weiblichen Wirkungskreis korrespondierten. Die breite behördliche Zustimmung, welche die neokorporatistische Integrierung von Frauen fand, gründete demnach darin, dass sich in der Kommissionsmitarbeit die politische Teilhabe von Frauen mit dem differentialistischen Geschlechtermodell der Nachkriegszeit vereinen liess.

In den Diskussionen um die Motion Dietschi zeigte sich aber, dass mit dem Partizipationsmodell auch die Akzentuierung der weiblichen Mitarbeit unter dem Kriterium des staatlichen Nutzens in die Nachkriegszeit überführt wurde. Wie schon während des Krieges das staatliche Engagement der Frauen nicht als Möglichkeit der Interessenvertretung, sondern als weiblicher Beitrag zur Bewältigung der anstehenden Probleme verstanden wurde, so galt auch in der Nachkriegszeit die weibliche Partizipation nur unter dem Vorzeichen der allgemeinen Nützlichkeit als legitim. So stellte selbst Dietschi die Berechtigung einer politischen Repräsentation von «Fraueninteressen» explizit in Frage. Er stellte den zügigen Einbezug von Frauen als prophylaktische Massnahme dar gegen eine nach «Kampf und Auseinandersetzungen» erzwungene Einsitznahme von Delegierten, «die sich zum vornherein wirklich mehr als Vertreterinnen von Fraueninteressen und Frauenorganisationen fühlen, als dass sie schlicht mitarbeiten von ihrem Standpunkt aus». Diese Argumentation folgte der Logik des dualistischen Geschlechterdiskurses, der nicht nur eine Begrenzung, sondern auch eine spezifische Interpretation der staatlichen weiblichen Partizipation impliziert: Demgemäss präsentiert sich ein öffentliches Engagement von Frauen als ein aus Pflichtgefühl und Verantwortlichkeit geborener Dienst am Staat. Diese Denkfigur impliziert demnach eine Abgrenzung von einem von Gruppeninteressen geleiteten politischen Engagement und funktioniert statt dessen die weibliche Partizipation zu einem mit dem Ethos selbstloser Mütterlichkeit harmonisierten gesellschaftlichen Wirken um. Es war dies die Argumentationsweise, die 1946 auch am Schweizerischen Frauenkongress vorherrschte.

## Der III. Schweizerische Frauenkongress

Dem bereits erwähnten Kongress lag der Anspruch zugrunde, die kriegsbedingte Zusammenarbeit der verschiedenen Frauenorganisationen weiter auszubauen und in der Öffentlichkeit zu demonstrieren. Allerdings verstanden die Frauen diese Zusammenarbeit keineswegs nur als pragmatische Massnahme; vielmehr stellte sie in ihren Augen einen Ausdruck der nationalen Konsensfindung im Rahmen der «Geistigen Landesverteidigung» dar. So verwies der Kongress mit Nachdruck auf den Diskurs, von dem her die Zusammenarbeit verstanden wurde: Die zeitgenössische Leitvorstellung einer «Volksgemeinschaft» und die Geschlossenheit der Frauenbewegung verschmolzen hier gewissermassen zur Einheit: «Als Grundwelle geht dieses Gemeinschaftsgefühl durch den ganzen Kongress. [...] Aber nicht nur die Gemeinschaft der Frauen untereinander [...] wurde deutlich: sehr stark fühlbar war ihr Wissen um die Gemeinschaft des ganzen Schweizervolkes und seine dringenden Probleme in der heutigen Zeit.»[19]
Der Krieg hatte demnach nicht nur die organisatorische und personelle, er hatte auch die ideologische Nähe der Frauenverbände zur politischen Elite gestärkt und zu einer Identifizierung mit dem schweizerischen Staat und dem vorherrschenden Wertsystem geführt. Frauenspezifische Bestrebungen ordneten sich staatlichen und gesellschaftlichen Nützlichkeitsansprüchen, ordneten sich der Sorge um die Gemeinschaft unter: Die Frauenbewegung der Nachkriegszeit rechtfertigte ihre Existenz mit dem Hinweis auf den spezifischen Beitrag der Frauen für das vorfindliche soziale und politische Leben. Hatte der II. Kongress das Gewicht noch auf die Legitimität von frauenspezifischen Interessen gelegt, wurde nun die vaterländische Pflichterfüllung hervorgehoben. Um sich vom «II. Kongress für Frauen*interessen*» vom Jahre 1921 abzusetzen, benannte man den Kongress in «Schweizerischer Frauenkongress» um. Das Motto hiess nun: «Die Frau in verantwortlicher Arbeit im Schweizervolk». Die Penetranz, mit der dabei auf Haus und Häuslichkeit hingewiesen wurde, zeigt, wie stark die Verpflichtung der Frau auf die Sphäre der «Privatheit» verinnerlicht war. Gleichzeitig machte die Studiengruppe «Frauenpflichten und Frauenrechte im Staat» deutlich, dass mit «Arbeit im Schweizervolk» auch eine politische Partizipationsbereitschaft impliziert war. Geworben wurde freilich fast ausschliesslich für den Partizipationskanal, der den Frauenverbänden bereits offen stand und wel-

cher, wie der zwei Jahre zuvor unternommene Vorstoss von Dietschi gezeigt hatte, behördlicherseits auf eine breite Akzeptanz stiess: die Mitsprache im Rahmen des Systems der ausserparlamentarischen Interessenvermittlung. Dieser Fixierung auf die institutionalisierten Mitsprachemöglichkeiten entsprach die Tendenz zur negativen Stigmatisierung eines Aktionsrepertoires, das die konsensuale, von den Frauenverbänden mitgetragene Politik sprengte. So gehe es – betonte die offizielle Kongressdarstellung – dem Kongress nicht um «Kampf», sondern um «ein freudiges Zusammentreten».[20]

## Reorganisation der Frauenbewegung

Die umfassende Integrierung von Frauenverbänden in die Kriegswirtschaftsorganisationen und staatliche Vollzugsaufgaben hatte deren Vertrauen in den integrationistischen Weg gestärkt. Es gehe nun darum, erklärte die Nationalökonomin Denise Lecoultre 1946 in ihrer im Auftrag des SVF angefertigten Umfrage zur kommunalen und kantonalen Mitarbeit von Frauen, «de répondre immédiatement à l'appel où on a besoin de nous, de montre, que nous savons remplir nos devoirs, mettre [...] des femmes au service de la communauté».[21] Das Stimmrecht, so glaubten sie, würde den Frauen in Anerkennung ihrer Leistungsfähigkeit zuerkannt werden. Das Nahziel der politisch engagierten Frauenverbände war eine Ausweitung der ausserparlamentarischen Mitarbeit an Gesetzgebungsverfahren.

Diesem Ziel diente der neuerliche Versuch, die am III. Schweizerischen Frauenkongress von 1946 demonstrierte überverbandliche Geschlossenheit zur Schaffung eines nationalen Spitzenverbandes zu nutzen. Denn nach wie vor gingen die Strateginnen davon aus, dass verbandliche Geschlossenheit das machtpolitische Defizit gegenüber wirtschaftlich orientierten Spitzenverbänden kompensieren könne. 1949 gab sich deshalb der «Bund Schweizerischer Frauenorganisationen» (BSF) Statuten, die den Mitgliederverbänden bessere Mitwirkungsrechte bei politischen Stellungnahmen des Dachverbandes einräumten. Dies ermöglichte es bisher abseitsstehenden Organisationen wie dem SVF und den Sozialdemokratischen Frauengruppen, dem BSF beizutreten. Der Beitritt der Sozialdemokratinnen war die frauenorganisatorische Antwort auf die Integrierung der Linken in den bürgerlichen Staat. Die im «Schweizerischen Gemeinnützigen Frauenverein» (SGF) organisierten Frauen und die Frauen der beiden konfessionell orientierten Dachverbände – des SKF und des «Evangelischen Frauenbundes» – hielten dagegen an ihrer verbandlichen Selbständigkeit fest. Somit gab es Ende der 40er Jahre vier gesamtschweizerische Dachverbände. Daran änderte sich bis heute nichts.[22]

Nach der Reorganisation war der BSF der mitgliederstärkste Dachverband. 1949 hatte er etwa 200 Mitgliedervereine und 300'000 Mitglieder. Beides, die mitgliedermässige Stärke und die Heterogenität der Basis, erhöhte die Glaubwürdigkeit seines Anspruchs, Interessenagentur aller Frauen zu sein. Professionelle Verbandspolitik trug mit dazu bei, dass der BSF sich in den 50er Jahren zum Dachverband entwickelte, der am kontinuierlichsten ins politische System integriert wurde. Während der SGF und der SKF nur noch vereinzelt Einsitz erhielten, war der BSF in einer Anzahl von Kommissionen vertreten. Dem SGF war es letztlich kein Anliegen, sein ursprüngliches gemeinnütziges Betätigungsfeld auszuweiten. Auch 1960 bezeichnete er die «individuelle Hilfe, die still und freiwillig überall an Armen, Kranken, Alten und Kindern geleistet wird»,[23] als sein vordringlichstes Anliegen. Den Wandel von gemeinnütziger Tätigkeit zur politischen Interessenvertretung peilte er deshalb nur dort an, wo der Staat sich an die Verwaltung von Bereichen machte, die diese Ausrichtung unmittelbar betrafen.

## Rivalitäten

Der SKF dagegen verstand sich sehr wohl als Verband, der sich politisch umfassend integrieren wollte. Allerdings litt er daran, dass er sich, was seine verbandspolitische Ausrichtung betraf, aus behördlicher Sicht vom BSF schlecht abgrenzen liess. Denn das von ihm betonte unterscheidende Kriterium, die konfessionelle Orientierung, spielte bei der Bestellung von Kommissionen keine grosse Rolle. Hinzu kam eine geringe verbandliche Professionalität. Als homogener und ideologisch geschlossener Verband war er zu abhängig von der Kirche und den katholischen Verbands- und Parteiorganisationen, um sich demokratische Entscheidungsverfahren und eine selbständige Meinungsbildung leisten zu können. Zwar verfügte er seit seiner Gründung über verschiedene Kommissionen; in bezug aber auf ein politisches Engagement schuf er erst 1951 Strukturen, die mit dem BSF vergleichbar waren. Damals wurde mit der Gründung des «juristisch-sozialen Ausschusses» ein Gremium geschaffen, das eine verbandlich selbständige Willensbildung ermöglichte. Gleichzeitig vermochte er durch den Rückgriff auf sein politisches Umfeld die völlige Verdrängung durch den BSF wieder aufzufangen: Im März 1953 erhielt die Leitung des SKF durch eine persönliche Vorsprache beim katholischen Bundespräsidenten Philipp Etter die Gewähr für einen kontinuierlicheren Einbezug ins vorparlamentarische Entscheidungsverfahren. Offensichtlich lag dem Schritt die Motivation zugrunde, sich gegenüber der erfolgreicheren Integrationspolitik des BSF zu profilieren: Im Brief, welcher der Besprechung mit Etter vorausging, gab die Präsidentin Lina Beck-Meyenberger zu bedenken, dass der SKF «nicht (dem BSF) immer hintennach hinken» wolle, meinte aber gleichzeitig, dass das Gesuch «keine Konkurrenzierung, sondern ein edler Wettstreit bedeuten solle».[24]

In der Folge wurde der SKF tatsächlich wieder vermehrt zur Kommissionsmitarbeit beigezogen. Dies führte Ende der 50er Jahre zu einem BSF-Vorstoss, der erstmals eine – allerdings laue – überverbandliche Auseinandersetzung um die Frage der verschiedenen Interessenbereiche der Dachverbände auslöste. Im Sommer 1959 formulierte der BSF in einer Eingabe an den Vorsteher des EJPD, Friedrich T. Wahlen, ein Modell arbeitsteiliger Interessenvertretung. Der Vorstoss markierte damit das Ende der jahrelangen Bemühungen der im BSF integrierten Frauen um eine organisatorisch geeinte Frauenbewegung und zielte statt dessen auf eine klare Abgrenzbarkeit und Definierung der je verschiedenen verbandlichen Domänen. Der Verteilschlüssel, den der BSF hierbei vorschlug, zeigt allerdings deutlich, dass er sich selbst als Organ allgemeiner Fraueninteressen, die drei anderen Dachverbände hingegen als Repräsentanten von Partikularinteressen verstand: So sei es angebracht, dass jeweils «die Hälfte der Frauenvertreterinnen durch den Bund schweizerischer Frauenvereine gestellt» würde.[25] In der Tat hob der BSF stärker als alle anderen Verbände die Geschlechtszugehörigkeit als massgeblichen Faktor der politischen Identität der Frauen hervor. Als übergeordnete Zielorientierung gab er an, «die Stellung der Schweizer Frau in Beruf, Familie, Gemeinde und Staat heben» zu wollen.[26] Dies waren Bestrebungen, die so unspezifisch und umfassend waren, dass sie alle Frauen betrafen. Der BSF verstand sich deshalb als eigentlichen Vertreter von «Fraueninteressen». Der spezifische Bedeutungsinhalt dieses Begriffes zeigt sich in der Formulierung der Gesuche um ausserparlamentarische Einsitznahme: Hatten hier bis zum 2. Weltkrieg demokratietheoretische Argumente dominiert, so findet sich nun die Vorstellung, dass die politische Partizipation von Frauen aufgrund einer grundsätzlichen Interessendivergenz zwischen Frauen und Männern erforderlich sei: Weil – so führte der BSF Mitte der 40er Jahre in einem Schreiben an Bundesrat Walther Stampfli an – Frauen «eigene, besondere Interessen zu vertreten haben», sei ihre politische Repräsentation jeweils notwendig.[27] Die Redewendung «eigene, besondere Interessen» meinte dabei die mit dem traditionellen Wirkungsfeld der Frauen verknüpften Interessen und war also inhaltlich an die den Frauen zugeschriebene gesellschaftliche Domäne gebunden. In diesem Sinn findet sich der Ausdruck auch 1950 im BSF-Jahresbericht: Der Bericht erwähnt, dass gewisse Kommissionen aufgrund ihres fehlenden Bezugs zu «Fraueninteressen» aus der verbandsinternen Liste der für weibliche Einsitznahme attraktiven Kommissionen gestrichen wurden.[28] Die behördliche Praxis des selektiven, mit den tradierten Zuständigkeitsfeldern korrelierenden Beizugs der Frauen wurde demnach auch von seiten der Frauenverbände getragen. Gerade in dieser Selbstbeschränkung zeigte sich der Verlust des kämpferischen Impulses, der die Vorkriegsfrauenbewegung wenigstens teilweise ausgezeichnet hatte: Damit nahm der BSF der integrationistischen Politik jegliche Sprengkraft.

## Die Hochkonjunktur der «Mütterlichkeit» hält an: das Ende der 50er Jahre

Erklärtermassen war der unmittelbare Anlass des oben beschriebenen Versuchs, den ausserparlamentarischen Beizug der verschiedenen Frauenverbände zu regeln, das Abstimmungsresultat der ersten eidgenössischen Abstimmung über das Frauenstimmrecht. Im Februar 1959 war mit Zweidrittelsmehrheit die Möglichkeit der direktdemokratischen Partizipation der Frauen abgelehnt worden. Damit hatte das männliche Stimmvolk die offizielle Haltung des Bundesrates desavouiert. Der bundesrätliche Bericht hatte sich nämlich – u. a. mit dem Argument, dass die gegenwärtige politische Stellung der gesellschaftlichen Bedeutung der Frauen nicht mehr entspreche – für das Frauenstimmrecht ausgesprochen.[29] In der Tat wurden die Frauen – sie waren ja billige Arbeitskräfte – in der Hochkonjunktur der 50er Jahre umworben. Nachdem ihre Beteiligung an der ausserhäuslichen Arbeitswelt 1941 einen Tiefpunkt erreicht hatte, stieg bis Ende der 60er Jahre der Anteil der Frauen an den Erwerbstätigen wieder an.[30] Die bundesrätliche Argumentation, wonach die veränderten Lebensumstände eines Grossteils der Frauen deren politische Gleichstellung nach sich ziehen müsse, kollidierte allerdings mit der ungebrochenen Kontinuität konservativer Wertorientierung. Die strapazierte Metapher der Mütterlichkeit wurde auch von den Frauenverbänden bis weit in die 50er Jahre extrapoliert. Dies markierte die vom BSF und gegen hundert Frauenvereinen organisierte «Schweizerische Ausstellung für Frauenarbeit» – die SAFFA von 1958. Bereits im Motto wurde hier auf die Funktion der Häuslichkeit als gesellschaftliches Auffangnetz verwiesen: «Zu Hause muss beginnen, was leuchten soll im Vaterland.»[31] Und anders als bei der SAFFA von 1928 lag das Schwergewicht 1958 nicht mehr auf der ausserhäuslichen Erwerbsarbeit. Diese erhielt innerhalb des propagierten «Dreiphasenmodells» statt dessen den Charakter des hinter den reproduktiven Aufgaben Nachgeordneten. Dass Ende der 50er Jahre die dualistischen Wertmuster kaum in Frage gestellt wurden, zeigte sich zudem an der Gehässigkeit, mit der auch Teile der Frauenbewegung auf alternative Orientierungshorizonte reagierten. 1958 erschien Iris von Rotens Buch «Frauen im Laufgitter».[32] Was Herkunft und Ausbildung betraf, war Iris von Roten eine typische Vertreterin der führenden Frauen des SVF und des BSF: Sie war eine Tochter aus gehobenen gesellschaftlichen Kreisen und hatte eine überdurchschnittliche, akademische Bildung. Mit ihrer grundsätzlichen Patriarchatskritik, ihren radikalen egalitären Positionen und der Gewichtung der persönlichen und sexuellen Befreiung der Frauen sprengte die Juristin aber den Rahmen des Bisherigen und nahm zentrale Positionen der neuen Frauenbefreiungsbewegung (FBB) vorweg. Der BSF distanzierte sich öffentlich von dem Buch: «Die in diesem Werk vertretenen Ansichten stehen in krassem Widerspruch zu den ethischen Zielen der schweizerischen Frauenorganisationen, wie sie an der Ausstellung ‹SAFFA 1958› zum Ausdruck gebracht wurden.»[33] Eine ernsthafte, differenzierte Auseinandersetzung wurde dem Buch letztlich verweigert.

Der Anlass zur bundesrätlichen Wende in bezug auf das Frauenstimmrecht war denn auch keineswegs ein grundsätzlicher und öffentlich geführter Streit um geschlechtsspezifische Leitbilder. Vielmehr war die offizielle Haltung in erster Linie ein taktischer Reflex auf eine Kontroverse, die sich ab Mitte der 50er Jahre zwischen der politischen Elite und Teilen der Frauenbewegung entwickelt hatte: 1954 hatte der Bundesrat eine «Verordnung zur Verfassungsrevision über Zivilschutz» erlassen und darin eine allgemeine Dienstpflicht vorgesehen. Dies rief den Protest verschiedener Frauenverbände hervor. «Keine Schweizerfrau verschliesst sich der Notwendigkeit der wirtschaftlichen und militärischen Landesverteidigung», schrieb im April 1955 der SVF, aber es gehe nicht an, dass in einem Land, das sich zu demokratischen Grundsätzen bekenne, den Frauen Pflichten auferlegt werde durch ein Gesetz, das von Männern beschlossen wurde.[34] Dass die alte, von der Stimmrechtsbewegung immer wieder angeführte Argumentation, wonach das vorfindliche Ausmass der weiblichen Pflichten die politische Gleichstellung nach sich ziehen müsste, auf seiten des Bundesrates erstmals auf eine positive Resonanz stiess, lag an der unmittelbaren politischen Brisanz der Leistung, welche die Frauen potentiell verweigern konnten. Der bundesrätlichen Haltung fehlte aber der öffentliche Rückhalt. Letztlich dominierte nach wie vor ein mentales und politisches Klima, das für innovative Veränderungen nicht geeignet war. Einen Hinderungsgrund stellten nicht nur die geschlechtsspezifischen Leitbilder dar; auch der politische Diskurs des Kalten Krieges liess sich, wie die parlamentarischen Debatten zeigen, als Argument gegen die Frauenstimmrechtsforderung verwerten: «War die Forderung nach Frauenstimmrecht, die das Oltener Komitee im Landesgeneralstreik 1918 gestellt hatte, damals als ‹Moskauerei› abgetan worden, wurden nun Schlagworte wie ‹Gleichmacherei›, ‹Gleichschaltung›, ‹Vermassung›, ‹Nivellierung›, ja ‹Totalitarismus› ins Felde geführt.»[35]

## «Stimmrecht ist Menschenrecht»

Ende der 50er Jahre bewegte sich die Frauenbewegung in einer eklatanten
konzeptionellen Widersprüchlichkeit. Denn zeitgleich mit dem expliziten Rekurs auf den Privatbereich deklarierten die Frauenverbände die politische Gleichberechtigung wieder als zentrales Anliegen. Dies lag daran, dass die Botschaft
des Bundesrates von 1957 den – regierungsnahen und auf politische Ausgewo-
genheit bedachten – Frauenverbänden einen neuen Handlungsraum eröffnet hatte: Mit der bundesrätlichen Befürwortung des Frauenstimmrechts befand sich
die diesbezügliche Forderung erstmals in Übereinstimmung mit der Haltung der
Regierung. Die Frage der Aktivbürgerrechte vermochte deshalb zum erstenmal
kontinuierlich Frauenverbände verschiedener Orientierung zu mobilisieren. Auf
Initiative des BSF wurde die «Arbeitsgemeinschaft für die politischen Rechte
der Frauen» gegründet. Zahlreiche Verbände schlossen sich an. Auch der SKF –
er hatte sich gegen kirchliche Widerstände 1958 für das Stimmrecht ausgesprochen – trat der Arbeitsgemeinschaft bei. Gleichzeitig verzeichneten die Stimm-
rechtsorganisationen einen markanten Mitgliederzuwachs.
Der Frauenstimmrechtskampf verlagerte sich in die Kantone: Am Tag, an dem
das Frauenstimmrecht auf eidgenössischer Ebene abgelehnt wurde, stimmten
ihm die Waadtländer auf kantonaler Ebene zu. Kurz darauf wurde es in den
Kantonen Neuenburg und Genf eingeführt. 1966 folgte Basel-Stadt. Auf der
nationalen Plattform dagegen blieb, gemessen an der neuen mitgliedermässigen
Stärke, das politische Echo auf die Stimmrechtsbewegung vorerst gering. Einen
neuen Impuls erfuhr hier das Thema erst durch die vorsichtige Neuorientierung
der Schweizer Aussenpolitik im Sinne einer verstärkten Mitwirkung in multilateralen Organisationen. Die schweizerische Frauenbewegung bewegte sich seit
Beginn der 50er Jahre auf multilateralen Foren: Sie stand u. a. über den BSF in
kontinuierlicher Verbindung zur «Frauenrechtskommission» der UNO einerseits
und verschiedenen Ausschüssen des Europarates andererseits. Materiell fielen
hierbei vor allem die Länderberichte ins Gewicht, welche die schweizerischen
Verbände mit konkretem Argumentationsmaterial und Vergleichsstudien zur
internationalen Stellung der Frauen bedienten. Erst aber die integrationistische
Aussenpolitik liess die Menschenrechtskonventionen zu einem Bezugsrahmen
werden, der sich innenpolitisch verwerten liess. Das Frauenstimmrecht konnte
nun völkerrechtlich – als Menschenrecht – legitimiert und gegen die schweizerische Politik ausgespielt werden. Dies zeigte sich in den Debatten um die
Unterzeichnung der Europäischen Menschenrechtskonvention.[36] Die diesbezügliche bundesrätliche Politik führte bei Teilen der «alten» Frauenbewegung erstmals zu Artikulationsformen, die der Konfliktkultur der Frauenbefreiungsbewegung entlehnt waren: Während die grossen Dachverbände darauf bedacht waren,

ihre Respektabilität zu bewahren, griffen die Stimmrechtsvereine von Basel und Zürich zur Protestform einer öffentlichen Versammlung. Im März 1969 fand unter grossem Zulauf ein «Marsch nach Bern» statt. Im selben Jahr arbeitete der Bundesrat eine neue Vorlage über das Frauenstimm- und -wahlrecht aus.[37] Nach der Annahme des Frauenstimmrechts im Februar 1971 kehrten die Dachverbände zur Tagespolitik zurück. Die Integration in Kommissionen blieb ein äusserst zentrales Anliegen insbesondere des SKF und des BSF. Doch trotz der grossen verbandspolitischen Erfahrung blieb die Integration der Frauen letztlich diskontinuierlich und gegenüber den wirtschaftlich orientierten Spitzenverbänden marginal.[38] Die Hürden, die sich ihrer Zielsetzung – eine den grossen Verbänden der Wirtschaft analoge politische Mitarbeit – bis heute in den Weg stellen, liegen darin, dass die Frauenverbände keine Bereiche repräsentieren, in denen das Anrecht auf kontinuierliche Partizipation erworben wird. Da nämlich politische Entscheidungen in hohem Masse als wirtschaftliche Verteilungsfragen thematisiert werden, können diejenigen organisierten Interessen mit kontinuierlichem Beizug rechnen, die den ökonomischen Konflikt repräsentieren und die man deshalb als Konfliktpotentiale wahrnimmt. Aus dieser Konstellation erklärt sich die zunehmende Verschiebung des Aktivitätszentrums der integrationistischen Frauenpolitik von den Frauenverbänden hin zu den Parlamentarierinnen.

# Die Frauenbefreiungsbewegung 1968–1975

Unser Fokus ist auf die Jahre 1968, 1971 und 1975 als Schnittstellen sozialer und politischer Ereignisse und auf das Verhältnis der neuen Frauenbewegung zu Recht und Staat gerichtet.[39] Wir beschränken unsere Untersuchung weitgehend auf die FBB Zürich, doch können die Erkenntnisse mit wenigen Abstrichen auf die gesamte Bewegung übertragen werden. Diese war in ihren Anfängen ein urbanes Phänomen und stand überall in enger Verbindung mit der neuen Linken.

## Die Ausgangslage

In den 60er Jahren war die Schweiz das einzige demokratische Land in Europa, das die staatsbürgerliche und rechtliche Gleichstellung der Frauen nicht kannte.[40] Die internationale Diskussion um die Pille einerseits und um die «sexuelle

Revolution» anderseits führte auch in der Schweiz zu Auseinandersetzungen um die Bedeutung der Sexualität in der Beziehung zwischen Frau und Mann. Als Experten galten selbst für Frauen weiterhin Ärzte und Theologen. Über das Umfeld der Universitäten hinaus manifestierte sich aber bereits die Kritik an den herkömmlichen Autoritäten in der sich konstituierenden neuen Linken.

Die etablierten Parteien und Verbände und das politische System waren nicht willens, sich mit den Fragen nach der Stellung der Frauen in Recht, Wirtschaft und Familie zu beschäftigen. Die Frauen konnten aufgrund des fehlenden Frauenstimmrechts keinen direkten Druck ausüben. Ihr Einfluss war trotz der partizipativen Möglichkeiten zu gering, um einen möglichen Lernprozess auszulösen. Dazu brauchte es eine akute institutionelle Krise, der in der Öffentlichkeit eine starke Bedeutung beigemessen wurde. Ausgelöst wurde sie durch die Debatte um die Unterzeichnung der Europäischen Menschenrechtskonvention im Jahre 1968 – dem Jahr der Studenten- und Jugendunruhen in Europa, die in Zürich als «Globuskrawall» ein grosses Medienecho gefunden hatten.

## Kontinuität ...

Welche gemeinsamen Berührungspunkte hatten die alte und die neue Frauenbewegung? Am «Empörungsherd des fehlenden Frauenstimmrechts» (Claudia Honegger),[41] der zivilrechtlichen Missstände im Eherecht und der beabsichtigten Unterzeichnung der Europäischen Menschenrechtskonvention durch den Bundesrat unter Vorbehalt trafen sich alte und junge Frauenbewegte in den 60er Jahren.[42] Während die grossen Frauenverbände mit einer Eingabe an den Bundesrat den Verzicht auf die Unterzeichnung forderten, entschied sich der Frauenstimmrechtsverein Zürich – im Einklang mit dem Frauenstimmrechtsverein Basel – an einer Kundgebung im Börsensaal für eine öffentliche Protestform. Er rief auf den 1. März 1969 zum «Marsch nach Bern» auf. Vor dem Bundeshaus verliehen die zahlreich erschienenen Frauen mit Trillerpfeifen ihrem Missmut Ausdruck. Unter die altgedienten Frauenrechtskämpferinnen mischte sich die noch kleine Gruppe der jungen Frauen aus der neuen Zürcher Linken, die im November 1968 erstmals in Erscheinung getreten waren. Als ungebetene Gäste hatten sie die 75-Jahr-Feier des Zürcher Frauenstimmrechtsvereins im Schauspielhaus gestört: statt gefeiert, sollte diskutiert werden.[43] Die Empörung über die rechtliche Diskriminierung ist der eine Aspekt der Kontinuität zwischen alter und neuer Frauenbewegung.

Der andere Aspekt der Kontinuität ist in der Familiengeschichte, in den Biographien, aber auch im persönlichen Beziehungsgefüge einzelner Aktivistinnen zu suchen. In einem Flugblatt vom 1. Februar 1969 der «Frauenbefreiungs-

Bewegung» (FBB) – diesen Namen hatte sich die Gruppe der jungen Frauen kurz
zuvor zugelegt – heisst es: «Wofür bereits Grossmütter gekämpft haben, ist noch
nicht erreicht. Wir aber werden uns nicht abschieben lassen in die Isolation, in
den zugestandenen Toleranzbereich kleiner Kinder und wilder Tiere.» Es wurden Traditionslinien sichtbar, die bei einigen von genealogischen beziehungsweise Wahl-Grossmüttern ausgingen, die seit langem als Frauenstimmrecht-
lerinnen aktiv waren. Während sich die junge Generation gegen das damalige
Establishment und damit gegen die Eltern wandte, fanden einzelne Enkelinnen
und Grossmütter[44] im Kampf für die Sache der Frau eine Gemeinsamkeit, wenn
auch ihre Perspektiven verschieden waren.

Nach einigen Jahren pointierter Abgrenzung zwischen den traditionellen Organisationen und den Frauen der jungen Protestgeneration zeigten sich 1975 neue
Berührungspunkte. In der Frage der Abtreibung, dem Hauptthema der neuen
Frauenbewegung der 70er Jahre, kam es zu neuen Allianzen, als die FBB 1975
dem behördlich abgesegneten Frauenkongress «Die Schweiz und das Internationale Jahr der Frau» einen Antikongress entgegenstellte und damit eine Diskussion zum straflosen Schwangerschaftsabbruch erzwang. Die rechtlichen und
sozialen Argumente der alten straff organisierten formellen Frauenbewegung
trafen mit der Gesellschaftskritik der chaotisch-aktionistischen FBB zusammen.
Indem sich etablierte Politikerinnen für die Fristenlösung aussprachen, zeichne-
ten sich trotz der Gegensätze Gemeinsamkeiten ab.[45]

# ... oder Bruch?

Worin unterschied sich die neue Frauenbewegung von der alten? Es war weniger
eine Frage des Inhalts als der Art des Politisierens, basierend auf der medienwirksamen Aktion und der bewussten Regelverletzung. In der erwähnten Jubi-
läumsveranstaltung von 1968 bemächtigten sich die Frauen mitten während der
gediegenen Feier des Mikrofons, unterbrachen die Feier mit einer Rede, die in
der provokativen Feststellung gipfelte, dass durch die Erlangung des Frauenstimmrecht an der Unterordnung der Frauen in fast allen Lebensbereichen
nichts verändert werde.[46] An der Kundgebung des Frauenstimmrechtsvereins
vom 10. Dezember 1968 im Zürcher Börsensaal, am Tag der Menschenrechte,
doppelten sie mit einer Resolution nach: «Da uns keine politischen Möglichkeiten zur Verfügung stehen, werden wir keine Mittel scheuen, um zu verhindern, dass die Schweiz der Menschenrechtskonvention beitritt, bevor sie sich
durch eine *effektive* Gleichstellung von Männern + Frauen + der Aufhebung der
andern Vorbehalte dazu legitimiert hat. Das wird durch eine formale Stimm-
berechtigung allein noch nicht geleistet.»[47]

Mit ihrem Emanzipationsanspruch ging die neue, zweite Frauenbewegung über die politische Gleichstellung der Frau hinaus. Statt auf Partizipation wie ihre Vorläuferin zielte sie auf Polarisation. Sie bat nicht um Verständnis, sondern forderte ultimativ ein: «die Revision des Eherechtes (ZGB), auf dass die Unterdrückung nicht auch noch rechtlich verewigt werde»,[48] «gleichwertige Lern- und Ausbildungsmöglichkeiten, damit die Frau zur Selbständigkeit fähig werde», «gleichen Lohn für gleiche Arbeit» und «gleiche Aufstiegschancen».[49] Die Hausarbeit sollte entlöhnt werden. Die Einrichtung freier Kindergärten verfolgte einen doppelten Zweck: die antiautoritäre Erziehung und die erleichterte Berufstätigkeit der Mütter.[50]

Inhaltlich war die Politisierung der sogenannten Reproduktionsfrage das spezifisch Neue. Ausgehend von der wechselseitigen Verflechtung des Reproduktions- und Produktionsbereichs wurde die grundsätzliche Neubewertung von Arbeit zum Thema gemacht. Während die alte Frauenbewegung die privaten Geschlechterverhältnisse kaum in Frage stellte und die sexuellen Implikationen weitgehend tabuisierte, strebte die FBB eine Veränderung des bisherigen Verhältnisses der Geschlechter an. Die Frauen verweigerten sich als Sexobjekte, betonten ihr Recht auf die eigene, freie Sexualität und verlangten die Freigabe der Pille. Dazu gehörte eine «bessere sexuelle Aufklärung in den Schulen» und eine «Abtötung der verlogenen Moral».[51] Erst im nachhinein wurden in der Kampagne für einen straflosen Schwangerschaftsabbruch die politischen und sozialen Dimensionen der Körperlichkeit greifbar. Die körperbezogene Argumentation wurde zu einer zentralen Dimension feministischer Politik, welche längerfristig die Abgrenzung von den linken Gruppierungen implizierte.

Entsprechend der neuen Linken war auch das Ziel der FBB eine veränderte Verteilung der gesellschaftlichen Macht. Sie richtete sich explizit gegen das Establishment und die herkömmlichen Autoritäten. In der Theorie griff sie auf die Literatur der «Grossväter», z. B. auf August Bebels «Die Frau und der Sozialismus» (1879), zurück. Zur Lektüre und Diskussion der Arbeitsgruppen, in denen anfänglich auch Männer aus dem engeren persönlichen Umfeld mitmachten, gehörte die massgebende internationale Frauenliteratur, die von Simone de Beauvoir «Das andere Geschlecht» über Betty Friedan «Der Weiblichkeitswahn» bis Juliet Mitchell «Frauen: Die längste Revolution» reichte. Als einzige Schweizer Autorin war Iris von Roten mit «Frauen im Laufgitter» (1958) aufgelistet,[52] zu der sich bald Peter Bichsels «Des Schweizers Schweiz – Sitzen als Pflicht» gesellte. Auf allen Bücherlisten figurierte Wilhelm Reichs «Sexuelle Revolution».[53] Resonanz fand die von Peter Heintz, Professor für Soziologie, gehaltene Vorlesung «Der Wandel der Stellung der Frau in der Familie» im Wintersemester 1968/69. Im Unterschied zur alten Frauenbewegung zeichnete sich die FBB durch ein theoretisch fundiertes geschichtskritisches Bewusstsein aus. Die theoretische Begründung ihrer Forderung schlug sich in der Argumentation der internen Arbeitsgruppen nieder – einer Sprache, in welcher sich der Zeitgeist der studentischen Linken widerspiegelte.

Auf dem laufenden war die neue Bewegung auch über die Vorgänge der Frauenbefreiung in anderen Ländern: Die deutsche Übersetzung von «Women's Liberation Movement», der neuen amerikanischen Frauenbewegung, gab im Januar 1969 der losen Frauengruppe den Namen «Frauen-Befreiungs-Bewegung».[54] «Der Name suggeriert bewusst eine Verwandtschaft zu den kolonialen Befreiungsbewegungen, betont zugleich aber die persönliche Befreiung der Frau.»[55] Der Bezugsrahmen der neuen Bewegung war international ausgerichtet, während die alte Frauenbewegung, obwohl formal z. B. durch das International Women's Council (IWC) international vernetzt, zu diesem Zeitpunkt national orientiert blieb.

Auf straffe Organisation und Strukturen setzte die alte Frauenbewegung, die junge hingegen bevorzugte das Informelle. Die Frauenbefreiungsbewegung agierte aktionsbezogen, medienbewusst wie medienwirksam. Ihre Sponti-Auftritte und Happenings bezogen kulturelle, musikalische und gestalterische Elemente mit ein.[56] Die FBB, in der anfangs das Intellektuelle marginal und das Gestalterische dominant war, arbeitete kooperativ und konspirativ und trat in der Öffentlichkeit beständig als Gruppe auf.

## Autonomie

In der Emanzipation der Frauenbefreiungsbewegung sind zwei Phasen zu unterscheiden. In der ersten Phase orientierte sich die FBB an der neuen Linken, welche die Diskriminierung der Frau als «Nebenwiderspruch» des Kapitalismus behandelte,[57] was sich bestens mit dem Diskurs über freie Sexualität und der Forderung nach freier Verfügbarkeit der Pille vertrug. «Die erste grosse Sache» der Frauen war nach Lilo König, FBB-Gründungsmitglied, die Demonstration und Petition für die Freilassung der in den USA verhafteten Afroamerikanerin Angela Davis, wo sich die Themen Frauen, Rassismus und Klassenkampf überlagerten.[58] Aber erst in der Arbeit der Arbeitsgruppe Sexualität, die Pionierarbeit in Sachen Aufklärung leistete und mit dem Spruch «Ungeborenes Leben wird beschützt – Lebendes wird ausgenützt» am 1. Mai 1972 das Interesse der Medien auf sich zog, zeichnete sich die Loslösung von der Linken ab.[59] Eigenständigkeit wurde bereits zwei Monate zuvor mit der Eröffnung der Informationsstelle für Frauen (Infra) demonstriert, wo Frauen für Frauen kostenlos Beratung über Stipendien, berufliche Weiterbildung und Umschulung anboten sowie Adressen von ÄrztInnen, Kinderkrippen und antiautoritären Kindergärten usw. vermittelten. Den Begriff der Autonomie verwendete die FBB jedoch in dieser Anfangsphase nicht.

Die Verschiebung und Konzentration auf spezifische Frauenfragen läutete die zweite Phase ein. Sobald das Recht auf den eigenen Bauch eingeklagt wurde und die Abtreibungsfrage in den Vordergrund rückte, erfolgte die Abgrenzung von der männerbeherrschten neuen Linken, die sich in diverse politische Gruppen aufzuteilen begann.[60] Im Sommer 1973 formulierte die FBB die neue Zielsetzung: «Alle Frauen sind auf Grund ihres Geschlechts diskriminiert. Die Berechtigung einer Frauenbewegung liegt darin, die Diskriminierung, die in allen Gebieten sozial, wirtschaftlich und politisch vorhanden ist, zu erkennen und zu bekämpfen. Diese Aufgabe nimmt uns keine noch so linke gemischte oder gar reine Männergruppe ab.»[61]

Die Frauen reklamierten eigene Räume und eigene Organisationen. Die «Aktion Frauenzentrum» mündete über den politischen Weg einer Petition 1974 in der Eröffnung des ersten schweizerischen Frauenzentrums. Während der offiziellen Einweihungswoche trat die «homosexuelle Frauengruppe» (HFG) ins Scheinwerferlicht. Der Diskurs über Lesbianismus wurde aufgenommen und führte zu Spannungen, denn die frauenidentifizierte Sexualität bedeutete in einer Welt, die normativ von heterosexuellen und geschlechtshierarchischen Beziehungen geprägt war, das Ende der herrschenden Verhältnisse.[62] Unter dem Motto «Frauen gemeinsam sind stark!» demonstrierten eine wachsende Zahl meist jüngerer Frauen für die errungene Autonomie. Die gesamtgesellschaftliche Kritik am Patriarchat fing an zu greifen. Die FBB wurde feministisch, im deutschsprachigen Diskurs verstanden als Patriarchatskritik.

## Rechtsnihilismus?

Mit ihrer Patriarchatskritik verband die neue Frauenbewegung eine grundsätzliche Kritik an den Machtverhältnissen, die sich in Gesetzen und Paragraphen manifestieren würde. Ihre Haltung Rechtsreformen gegenüber blieb jedoch eine äusserst ambivalente. Wohl forderte sie das Frauenstimmrecht und die Neuformulierung des Eherechts, bestritt aber zugleich deren Wirksamkeit unabhängig von gesamtgesellschaftlichen Veränderungen. Sie prangerte das Recht als patriarchale Institution an und war daher bestrebt, insbesondere den Körper aus den rechtlichen Normen in die eigene Kompetenz zu überführen. Der Straftatbestand Schwangerschaftsabbruch stand dabei im Mittelpunkt der Diskussionen. Die inzwischen in verschiedenen Schweizer Städten verankerte FBB war massgeblich am Zustandekommen der 1971 lancierten Initiative für straflosen Schwangerschaftsabbruch beteiligt und wählte damit den Rechtsweg, um den weiblichen Körper der Strafrechtskodifizierung zu entziehen: «Kinder oder keine entscheiden wir alleine.»[63] 1975 lancierte sie ihren bereits erwähnten Gegenkongress zum Thema «Abtreibung» als provokative Alternative zum Kongress der Frauenverbände und konfrontierte damit die Frauen an der offiziellen Veranstaltung. Als sich in der Nationalratsdebatte über den Schwangerschaftsabbruch am 2. Oktober des gleichen Jahres die Ablehnung der Fristenlösung abzeichnete, störten FBB-Frauen mit Trillerpfeifen, Flugblättern und nassen Windeln die herrschenden politischen Machtverhältnisse: «Frauen – im Nationalrat stinkt's!»[64]

Mit dem Thema Abtreibung war die FBB in der Öffentlichkeit präsent und konnte Anhängerinnen mobilisieren, aber einen direkten politischen Erfolg hatte sie nicht. Sie stellte sich gegen den Rückzug der Initiative für einen straflosen Schwangerschaftsabbruch, sicherte aber nach heftigen internen Diskussionen ihre Unterstützung der Fristenlösungsinitiative zu, sofern «ihre Forderung nach der Übernahme der Kosten für eine Abtreibung durch die Krankenkassen in den Initiativtext aufgenommen werde».[65] Damit akzeptierte sie zugleich die rechtliche Regelung des Abbruchs. Die Fristenlösungsinitiative wurde 1977 an der Urne knapp verworfen.

Abgesehen von der Fristenlösung zeigten sich seit dem Frauenkongress von 1975 auf der Grundlage des Rechts weitere Möglichkeiten zu gemeinsamem Vorgehen, wobei die Haltung der alten Frauenbewegung weiterhin lavierte «zwischen Staats- und Parteitreue einerseits und dem Einsatz für Fraueninteressen andererseits».[66] Die Organisatorinnen des Kongresses rissen die Gleichstellungsinitiative und die Einsetzung einer eidgenössischen Kommission für Frauenfragen an. Die traditionellen Verbände unterstützten die Initiative jedoch wenig, Unterschriften sammelten mehrheitlich Frauen aus der neuen Frauenbewegung. Diese fanden später in der Frauenkommission eine institutionell abgesicherte Unterstützung für ihre Postulate, insbesondere im Bereich Gewalt, wo sie mit der Forderung nach strafrechtlicher Ahndung der Vergewaltigung in der Ehe die traditionelle patriarchale Herrschaft im Bereich der Privatheit empfindlich in Frage stellten. Auf den 1981 angenommenen Gleichstellungsartikel, der vom Bundesrat als Gegenvorschlag zur Initiative vorgelegt wurde, beriefen sich Frauen bei äusserst medienwirksamen Aktionen wie dem Frauenstreik von 1991. Der mit dem Frauenkongress von 1975 zögerlich einsetzende Prozess punktueller Zusammenarbeit auf der Grundlage des Rechts trug entscheidend zu einem längerfristigen gesamtgesellschaftlichen Umlernen und zur Verbreiterung neuer Deutungsmuster bei.

# Konklusion[67]

Das Attribut «neu» der Frauenbewegung seit den späten 60er Jahren weist nicht auf das Anliegen Gleichberechtigung der Frauenbewegung hin, sondern auf ihr Eingebettetsein in einen «Protestzyklus der vergangenen Jahrzehnte».[68] Es ist aber bezeichnend, dass der Umschlag von der alten zur neuen Frauenbewegung in der Schweiz gerade dann passierte, als die Schweiz 1968 die Europäische Menschenrechtskonvention u. a. mit dem Vorbehalt des fehlenden Frauenstimmrechts ratifizieren wollte. Ein Vorhaben, das die anhaltende staatsbürgerliche Diskriminierung der Schweizer Frauen auf den Punkt brachte. Dagegen protestierte gleichzeitig mit den traditionellen Frauenorganisationen die neue Frauenbewegung, wobei sie das Ereignis Frauenstimmrecht anders interpretierte und andere Formen des Protests entwickelte.

Die alte Frauenbewegung entstand innerhalb grundsätzlich anderer politischer Voraussetzungen und Rahmenbedingungen als die neue. Die Entstehung der grossen Dachverbände – des BSF, des SGF und des SKF – ist im Kontext des Ende des 19. Jahrhunderts einsetzenden Prozesses der allgemeinen Einbindung neuer Gruppen ins politische System zu sehen: Die Formation der weiblichen Dachverbände vollzog sich in bewusster Analogie zu den grossen Wirtschafts- und Berufsorganisationen. Wie diese waren die Frauenverbände straff organisiert und darum bemüht, eine möglichst grosse Mitgliederzahl hinter sich zu scharen.

Die kollektive Erfahrung des 2. Weltkriegs und seine innenpolitische Bewältigung verstärkte die grundsätzliche Loyalität der organisierten Frauen mit dem politischen System noch. Der Krieg führte zu einer völligen Identifikation mit dem Staat und dem vorherrschenden Wertesystem. Gemeinnützige, ausbildungspolitische, partizipative Forderungen ordneten sich dem Anspruch nach staatlicher Nützlichkeit unter. Die Frauenverbände definierten sich als zentrale Pfeiler der «Geistigen Landesverteidigung». Der Frauenkongress von 1946 zeigte, dass die Frauen diese Ausrichtung in die Nachkriegszeit transponierten: Das gemeinsame Ziel war die Sorge um die Gemeinschaft.

Gleichzeitig hatte der umfassende Beizug von Frauen in die kriegswirtschaftlichen Organisationen das Vertrauen der Frauenverbände in den integrationistischen Weg gestärkt. Das Stimmrecht, so glaubten sie, würde ihnen als Antwort auf die weibliche Leistungsfähigkeit gegeben. Die Politik der organisierten Frauen der Nachkriegszeit beschränkte sich deshalb auf das Bemühen, Einfluss zu erlangen mittels Mitsprache bei Vernehmlassungsverfahren und in Kommissionen. Dabei übernahmen sie aber weitgehend die behördliche Praxis, die dahin ging, Frauen nur dort partizipieren zu lassen, wo der Inhalt eines Gesetzgebungsprozesses unmittelbar mit dem traditionellen weiblichen Wirkungsfeld zusammenhing.

Diese Selbstbeschränkung korrespondierte mit dem von den Frauenverbänden mitgetragenen differentialistischen Geschlechtermodell der Nachkriegszeit. Tatsächlich appellierte man im Zuge eines raschen Wirtschaftswachstums verstärkt an das bürgerliche Leitbild der Familie als Schonraum und an die angeblich spezifisch weibliche Affinität fürs Humane. Die Nachkriegszeit erwies sich für die Frauen in diesem Sinn als Phase der «Nullmodernität»: In retrospektiver Verklärung – und eklatantem Widerspruch zur zunehmenden weiblichen Erwerbstätigkeit – hielt man auf mentaler Ebene an der traditionellen Verortung der Frauen in häuslicher «Privatheit» fest.

Die «Kompromissformel» von Fortschrittsglauben und Gemeinschaftsideologie erklärt das moderate Auftreten der Frauenorganisationen auf strategischpolitischer Ebene, und es erklärt die lange Verzögerung der Schweiz in Sachen staatsbürgerlicher Gleichheit auf mentaler Ebene. Denn die Gemeinschaftsideologie, wie sie in der «Geistigen Landesverteidigung» enthalten war und in den Nachkriegsjahren zum Ausdruck nationaler Einheit stilisiert wurde, verhielt sich zu den Gleichberechtigungsanliegen der Frauen in besonders «gefährlicher» Weise: In jedem Gemeinschaftsdiskurs repräsentierte die Frau das Gemeinschaftliche und mehr noch, sie war verantwortlich für den gemeinschaftlichen Zusammenhalt. In einem Gesellschaftsmodell, das die Vergesellschaftung in Öffentlichkeit und Wirtschaft mit einer Vergemeinschaftung in Heim und Familie durch die Frauen konstitutiv verknüpfte, erschien die Forderung nach einer egalitären Vergesellschaftung der Frau in Staat, Öffentlichkeit und Wirtschaft paradox. Dieses Modell rechtfertigte bei Parlamentariern und männlichem Stimmvolk die Ablehnung des Frauenstimmrechts. Wenn von einer «Fixierung einer liberalen Fortschrittsideologie auf eine gemeinschaftsideologische Grundlage» (G. Romano) gesprochen wird, muss deshalb immer die geschlechtliche Codierung dieser Konstellation berücksichtigt werden. Dass die Nachkriegsschweiz sich in einer «gewissermassen halbierten Modernität» (G. Romano) präsentierte, gilt so nur für die Männer, wie Caroline Arni formuliert.[69]

Das Verdienst der neuen, zweiten Frauenbewegung ist, dass sie konfrontativ das Partizipationsmodell der herkömmlichen Frauenverbände aufgebrochen hat. Sie artikulierte die Widersprüche der bürgerlichen Emanzipationsstrategien und die Brüche im vorherrschenden patriarchalen Gesellschaftsmodell. Den Forderungen der alten, ersten Frauenbewegung nach politischer Gleichberechtigung stellte sie vor allem die neuen Postulate nach körperlicher und sexueller Integrität und die Kritik an der geschlechtshierarchischen Arbeitsteilung entgegen. Sie heischte über die rechtliche Gleichstellung hinaus die soziale und attackierte damit die männlich geprägten Lebensformen in ihren Grundfesten. Die neue, zweite Frauenbewegung vertrat einerseits eine «Kolonialisierung der Lebenswelt»,[70] indem sie etwa Lohn für Hausarbeit forderte, «um andererseits durch die Monetarisierungsforderung hindurch den Widerstand» gegen die bürgerliche Geschlechterordnung zu organisieren, die auf der unentgeltlichen Arbeit der Frauen im privaten Bereich der Familie beruhte.[71] Gerade der geschlechtsspezifische Bezug der Frauen zum System der Lohnarbeit, das sie salärmässig diskriminierte und sich einseitig an der männlichen Normalbiographie orientierte, war ein Politisierungspotential der Frauenbewegung.

Ausgelöst hat die politische Mobilisierung der FBB der Zwang, sich mit unterschiedlichen und widersprüchlichen Mängeln, mit der ungenügenden Einlösung bestimmter Werte der Moderne, auseinanderzusetzen. Ihre Bewegung akzeptierte das Teilhabeversprechen der bürgerlich-männlichen Gesellschaft nicht, die 1971 den Schweizerinnen das Stimm- und Wahlrecht als überhaupt ersten Schritt zur rechtlichen Gleichheit zugestand.

Die neuen Frauen lehnten bewusst die klassischen Organisationsformen ab und stellten sich auch gegen die «etablierten politischen Kommunikationsstrukturen». Sie beharrten auf Autonomie und tolerierten nur eine minimale Institutionalisierung, wie die Einrichtung eigener Räume. Diese Unabhängigkeit ist keineswegs nur als Ausgrenzung der Männer zu verstehen, sondern sie war inhaltlich in der Abwendung von der männlichen Politik begründet, die bislang die Fraueninteressen systematisch negiert hatte. Die neuen Schweizerinnen stellten sich entschieden gegen jegliche Vergemeinschaftung. In der Abtreibungsfrage, die bis heute in der Schweiz ungelöst ist, gelang ihnen trotz staatlichem Reformdiskurs eine eigenständige Entwicklung. Im Zentrum ihrer Politik stand die Herstellung des sogenannten «öffentlichen Gutes» Kinder, wofür die Gesellschaft nach wie vor nur die Frauen verantwortlich macht. Motivierend für die Akteurinnen, die alle Schichten und nicht ausschliesslich die universitäre Elite vertraten,[72] waren die erreichbaren Alternativen, die Konfrontation mit unterschiedlichen Lebensmöglichkeiten und -entwürfen innerhalb der Frauenbewegung.

Mit den neuen sozialen Bewegungen hatte die neue zweite Frauenbewegung das Antiautoritäre und die neue politische Ausdrucksform des Happenings gemeinsam. Sie entstand im Umfeld der universitären StudentInnenbewegung und der neuen Linken, wovon sie sich bald im Zusammenhang mit der Reproduktionsfrage loslöste. Sie begann den Protest- und Widerstandszyklus eigenständig zu prägen. Sie war Teil des umfassenden kulturellen Wandels der bürgerlich-patriarchalen Gesellschaft, der auch in der Veränderung der alten, ersten Frauenbewegung und im punktuellen Zusammengehen mit dieser manifest wurde. Im Hinblick auf die Themen der neuen sozialen Bewegungen ging es der Frauenbewegung insgesamt um mehr als die Einlösung der Emanzipationsversprechen der bürgerlichen Revolution.

Ihre Anliegen drehten sich um eine Umwälzung der Verhältnisse im Bereich der bezahlten und der unbezahlten Arbeit, die für die gesamtgesellschaftlichen Modernisierungsstrategien von Bedeutung sind. Der Wiederaufschwung der Frauenbewegung Ende der 60er Jahre hing denn auch entscheidend mit Umstrukturierungsprozessen im familialen Bereich, insbesondere bezogen auf Schwangerschaft, Kinderzahl und Betreuungspflicht, sowie mit der Problematisierung des Geschlechterverhältnisses zusammen. Die von der Frauenbefreiungsbewegung initiierten Diskussionen führten zu neuen Deutungsmustern und Interpretationsregeln von nachhaltiger Wirkung. Diese prägen die sozialen Auseinandersetzungen bis heute.

## Anmerkungen

1 Der Doppelbeitrag wurde gemeinsam konzipiert. Regina Müller verfasste den Aufsatz zur «alten» Frauenbewegung, May B. Broda und Elisabeth Joris zeichnen für die Einleitung, das Kapitel zur Frauenbefreiungsbewegung und die Konklusion.

2 Beatrix Mesmer: *Pflichten erfüllen heisst Rechte begründen. Die frühe Frauenbewegung und der Staat*, in: *Schweizerische Zeitschrift für Geschichte* 3, 1996, S. 336.

3 Ute Gerhard: *Westdeutsche Frauenbewegung: Zwischen Autonomie und dem Recht auf Gleichheit*, in: *Feministische Studien* 2, 1992, S. 35–55.

4 Elisabeth Joris, Heidi Witzig: *Frauengeschichte(n). Dokumente aus zwei Jahrhunderten zur Situation der Frauen in der Schweiz*, Zürich 1986, S. 425 ff. Vgl. Elisabeth Joris: *Frauenbewegung*, in: Paul Hugger (Hg.): *Handbuch der schweizerischen Volkskultur*, Bd. 2, 1992, S. 953–970.

5 Antje Wiener: *Wider den theoretischen «Kessel». Ideen zur Sprengung der binären Logik in der Neue Soziale Bewegungen-Forschung*, in: *Forschungsjournal Neue soziale Bewegungen*, Heft 2, 1992, S. 34–43.

6 Protokoll der Initiativ-Versammlung, zit. nach Marie-Marceline Kurmann: *Die Reorganisation des BSF und der III. Schweizerische Frauenkongress von 1946*, Seminararbeit, Universität Bern 1989.

7 Vgl. Beatrix Mesmer: *Ausgeklammert – Eingeklammert. Frauen und Frauenorganisationen in der Schweiz des 19. Jahrhunderts*, Basel 1988. Vgl. auch: Mesmer (wie Anm. 2), S. 332–355.

8 Motion Dietschi, Gosteli-Archiv, Schachtel: Arbeit in Eidg. Komm. 3. Die Motion war kein unabhängig von den organisierten Frauen unternommener Vorstoss. Der Motion vorausgegangen war ein Briefwechsel mit der Präsidentin der Gesetzesstudienkommission des BSF, Margarita Schwarz-Gagg.

9 Auszug aus dem stenographischen Protokoll der Sitzung des Nationalrates vom 11. 6. 1947, zit. nach Regina Müller: *Die Einsitznahme von Frauenverbänden in ausserparlamentarische Expertenkommissionen 1900–1950*, Liz.arbeit, Bern 1996, S. 121.

10 21 der 23 Mitunterzeichner gehörten den Parteien des Freisinns an. Einzig die beiden demokratischen Nationalräte Andreas Gadient und Albert Maag unterzeichneten sowohl die Motion Dietschi wie auch das Postulat Oprecht. Weder die FDP noch die BGB befürworteten Ende der 40er Jahre offiziell das Frauenstimmrecht.

11 Bei Peter von Roten handelt es sich um den Ehemann Iris von Rotens, Autorin des Buches *Frauen im Laufgitter*.

12 Vgl. Beatrix Mesmer: *Frauenorganisationen und Frauenpolitik 1914–1971*, Vorlesungsmanuskript, Universität Bern, Wintersemester 1993/94.

13 Zum SVF vgl. Yvonne Voegeli: *Zwischen Hausrat und Rathaus. Auseinandersetzungen um die politische Gleichberechtigung der Frauen in der Schweiz 1945–1971*, Zürich 1997, S. 454 ff.

14  Vgl. Lotti Ruckstuhl: *Frauen sprengen Fesseln. Hindernislauf zum Frauenstimmrecht in der Schweiz*, Bonstetten 1986, S. 48 ff.

15  Briefe von Peter von Roten an Elisabeth Vischer-Alioth, 1950, zit. nach Voegeli (wie Anm. 13), S. 480.

16  SVF (Hg.): *Das Frauenstimmrecht in der Schweiz, Tatsachen und Auskünfte*, 1950, S. 5 ff.

17  Trudi Greiner: *Vom Zwiespalt der Frau von heute*, in: Neue Helvetische Gesellschaft (Hg.): *Die Schweiz*, Bern 1958, S. 36.

18  Vgl. dazu Müller (wie Anm. 9), Anhang.

19  *III. Schweizerischer Frauenkongress*, Zürich 20.–24. 9. 1946, Zürich 1946, Schlussbericht, S. 8 f.

20  Jeanne Eder-Schwyzer: *Vom Sinn und Zweck des Frauenkongresses 1946*, in: *III. Schweizerischer Frauenkongress* (wie Anm. 19), S. 7.

21  L'admission des femmes dans les commissions, 1946, zit. nach Müller (wie Anm. 9).

22  Vgl. Beatrix Mesmer: *Die Organisationsstruktur der schweizerischen Frauenbewegung bis zur Reorganisation von 1949*, in: *Passé pluriel. En hommage au Prof. Roland Ruffieux*, Freiburg 1991, S. 107–112, hier 111. Gleichzeitig ignorierte der BSF das Beitrittsgesuch der PdA-Frauengruppe. Vgl. Joris/Witzig (wie Anm. 4), S. 468.

23  *Der Schweizerische Gemeinnützige Frauenverein*, in: *Die evangelische Schweizerfrau*, hg. v. Evangelischen Frauenbund d. Schweiz, Mai 1960, S. 8.

24  Brief der Zentralpräsidentin Beck-Meyenberger an P. Etter, 21. 2. 1953, zit. nach Müller (wie Anm. 9), S. 120.

25  Eingabe des BSF an F. T. Wahlen, 10. 6. 1959, in: Gosteli-Archiv, Schachtel: Frauen in Parl. + Beh. eidg. Komm. Kant. + Komm. Beh. 2.

26  *Der Bund Schweizerischer Frauenvereine*, in: *Die evangelische Schweizerfrau* (wie Anm. 23), S. 7.

27  Eingabe des BSF an W. Stampfli, undatiert, zit. nach Müller (wie Anm. 9), S. 89.

28  *BSF-Jahresbericht 1950*, S. 53.

29  Botschaft des Bundesrates über die Einführung des Frauenstimm- und -wahlrechts in eidgenössischen Angelegenheiten, 22. 2. 1957, Bundesblatt 1957 I.

30  Regina Wecker: *Von der Langlebigkeit der «Sonderkategorie Frau» auf dem Arbeitsmarkt*, in: Marie-Louise Barben, Elisabeth Ryter: *Verflixt und zugenäht. Frauenberufsbildung – Frauenerwerbsarbeit 1888–1988*, Zürich 1988, S. 45 ff.

31  Zit. nach Yvonne Voegeli: *Man legte dar, erzählte, pries – und wich dem Kampfe aus. SAFFA 1928 – SAFFA 1958*, in: Barben/Ryter (wie Anm. 26), S. 129.

32  Dazu vgl. Mesmer (wie Anm. 12), S. 26.

33  Zit. nach Yvonne Köchli: *Eine Frau kommt zu früh. Das Leben der Iris von Roten*, Zürich 1992, S. 110.

34  Eingabe des SVF an den Bundesrat, 12. 4. 1955, in: Gosteli-Archiv (wie Anm. 25).

35  Voegeli (wie Anm. 13), S. 61.

36  Vgl. hierzu den Aufsatz von May B. Broda und Elisabeth Joris.

37  Zur Deutung dieses Umschwungs vgl. Brigitte Studer: *L'Etat c'est l'homme. Politique, citoyenneté et genre dans le débat autour du suffrage féminin après 1945*, in: *Schweizerische Zeitschrift für Geschichte* 3, 1996, S. 356–382.

38  Nach Raimund E. Germann waren zwischen 1970 und 1977 durchschnittlich 4,4% aller Sitze der von ihm untersuchten 200 Kommissionen von Frauen belegt. Raimund Germann: *Ausserparlamentarische Kommissionen. Die Milizverwaltung des Bundes*, Bern 1981, S. 81.

39  Wir stützen uns auf privates Archivmaterial von Frauenbefreiungsbewegten, auf Resolutionen, Protokolle und Flugblätter sowie auf Zeitungsartikel, welche u. a. ganze Interviews mit der FBB wiedergeben. Persönliche Gespräche mit Gründerinnen der FBB, insbesondere ein längeres Interview mit Claudia Honegger, ergänzen die Aktenlage. Wertvolle Bild- und Auszüge

enthält die Untersuchung von Judith Bucher und Barbara Schmucki: *FBB, Fotogeschichte der Frauenbefreiungsbewegung Zürich*, Zürich 1995; Dies.: *Die Fotografie als historische Quelle: Die Frauenbefreiungsbewegung (FBB) Zürich in Aktion*, Liz.arbeit, Zürich 1992.

40  Studer (wie Anm. 37), S. 361.

41  Gespräch mit Claudia Honegger, FBB-Aktivistin von 1968 bis Frühling 1970, Bern, 4. 6. 1997.

42  Die Vorbehalte bezogen sich auf das fehlende Frauenstimmrecht, auf Ungleichheiten bezüglich des Rechtes auf Unterricht, auf das Jesuitenverbot und das Verbot der Gründung neuer Klöster und Orden, auf gewisse kantonale Gesetze über Anstaltsversorgung ohne Gerichtsurteil sowie auf gewisse Ausnahmen vom Grundsatz der Öffentlichkeit. Vgl. Ruckstuhl (wie Anm. 14), S. 132 ff.

43  Joris/Witzig (wie Anm. 4), S. 473.

44  Im Falle von Claudia Honegger, die zu den Gründerinnen der FBB gehört, ist die Grossmutter mütterlicherseits eine alte Frauenrechtlerin und Quästorin des International Women's Council (IWC) in Zürich.

45  Joris/Witzig (wie Anm. 4), S. 476 f.

46  Ebd., S. 536 f.

47  Archiv Claudia Honegger: «*Resolution*, vorgelesen am 10. Dez. 1968», handschriftlich.

48  Archiv Honegger: Flugblatt der Frauenbefreiungs-Bewegung (FBB), 1. 2. 1969.

49  Walter Bretscher: Die NZ in der Dachkammer der Frauenrevolte, in: *National-Zeitung*, 5. 2. 1969.

50  Archiv Honegger: FBB Arbeitsgruppe Erziehung: *Warum antiautoritäre Kindergärten?*, o. D., hektographiert, 17 S.

51  Archiv Honegger: Flugblatt der Frauenbefreiungs-Bewegung (FBB), 1. 2. 1969.

52  Zu Iris von Roten und ihrem Ehemann Peter von Roten vgl. May Broda: *Wenn Männer für Frauen motzen, Eine Walliser Saga*, Dokumentarfilm SFR 1996; Dies.: *Itinera*, 1997.

53  Archiv Honegger: «Literaturangaben» und «Bücherliste», Wachsmatritze o. D.; handschriftliche Literaturliste mit Zitaten, vermutlich Sept. 1969.

54  Archiv Honegger: Resolution Jan. 1969; Bucher/Schmucki 1995 (wie Anm. 39), S. 20 und Anm. 4.

55  Gespräch mit Claudia Honegger, Bern, 4. 6. 1997.

56  Bucher/Schmucki 1995 (wie Anm. 39).

57  Vgl. Archiv Honegger, Paper der Arbeitsgruppe Ökonomie der Frauen-Befreiungsbewegung (Böschenstein, Ninck, Sieveking, Zubler), o. D., S. 1–23, hektographiert: «Man wird bei dem Versuch, dieses Problem zu lösen, aber auf jeden Fall davon ausgehen müssen, dass der Kampf für die Frauenemanzipation gerade dann eine elitäre Angelegenheit bleibt, wenn man ihn quer durch die verschiedenen Gesellschaftsschichten zu organisieren unternimmt, weil man nur die geschlechtsspezifische Diskriminierung im Auge hat und den Klassencharakter der Frauenunterdrückung nicht erkennt.»

58  Bucher/Schmucki 1995 (wie Anm. 39), S. 25 f.

59  Ebd., S. 30.

60  Joris (wie Anm. 4), S. 962.

61  Bucher/Schmucki 1995 (wie Anm. 39), S. 33: Frauenarchiv: Flugblatt, Bericht über das Frauenlager in Maloja, 7.–14. 7. 1973, o. D.

62  Elisabeth Joris: *Von der Frauenbefreiung zum Frauenpower. Frauenstimmrecht, Schwangerschaftsabbruch und Gleichstellung*, in: Eidg. Kommission für Frauenfragen (Hg.): *Viel erreicht – wenig verändert? Zur Situation der Frauen in der Schweiz*, Bern 1995, S. 63.

63  Bucher/Schmucki 1995 (wie Anm. 39), S. 50: Foto: «Demonstration zum internationalen Tag der Frau, 15. 3. 75».

64  Schwangerschaftsgruppe FBB Zürich, Flugblatt, Zur Windelaktion vom 2. 10. 1975.

65  Bucher/Schmucki 1995 (wie Anm. 39), S. 65.

66 Joris/Witzig (wie Anm. 4), S. 478.

67 Viele Anregungen für die Schlussfolgerungen verdanken wir Caroline Arni, Soziologin, Universität Bern.

68 Ursula Streckeisen: *Einbezug als Ausgrenzung: Frauenbewegung, Wissenschaft, Macht*, in: Martin Dahinden (Hg.): *Neue soziale Bewegungen – und ihre gesellschaftlichen Wirkungen*, Zürich 1987, S. 107.

69 Caroline Arni: *Die «alte» Frauenbewegung. Die Frauenorganisationen 1946–1975. Ein Überblick*, Referat, Workshop 60er Jahre, Luzern, 21. 6. 1997.

70 Jürgen Habermas: *Theorie des kommunikativen Handelns*, Bd. 2, Frankfurt 1981.

71 Silvia Kontos: *Modernisierung der Subsumtionspolitik. Die Frauenbewegung in den Theorien neuer sozialer Bewegungen*, in: *Feministische Studien* 2, 1986, S. 38.

72 Voegeli (wie Anm. 13), S. 652.

# «Kein blinder Widerstand gegen den Fortschritt, aber Widerstand gegen einen blinden Fortschritt!»

## Die Auseinandersetzungen um die zivile Nutzung der Atomenergie[1]

Patrick Kupper

Im Dezember 1965 wandte sich der Schweizerische Bund für Naturschutz (SBN), die grösste und wichtigste Naturschutzorganisation, mit einer Stellungnahme zur Energiepolitik an die Öffentlichkeit. Darin vertrat er die Meinung, «dass sich heute der Bau von neuen Wasserkraftwerken nicht mehr rechtfertigt. [...] Der Naturschutzrat warnt ebenso eindringlich vor den Gefahren der Luftverunreinigung durch thermische Kraftwerke und unterstützt die vom Bundesrat mehrfach zum Ausdruck gebrachte und vom SBN seit Jahren vertretene Auffassung, direkt den Schritt zur Gewinnung von Atomenergie zu tun [...].»[2]

Keine zehn Jahre später, im Sommer 1974, veröffentlichte derselbe Bund für Naturschutz ein «energiepolitisches Manifest», in dem es nun hiess: «[Es kann] nur eine Lösung geben: Weniger Energieverbrauch statt weitere Atomkraftwerke.»[3]

Innert weniger als einem Jahrzehnt hatte der SBN in der Energiepolitik eine Kehrtwendung vollzogen: vom Promotor der Atomenergie zu deren Gegner. Der SBN war nur einer der Akteure in einem sich erstaunlich schnell entwickelnden Prozess, der die Atomenergie im Laufe der 70er Jahre zu einem heissumstrittenen Politikum werden liess, nachdem sie noch Ende der 60er Jahre von einem allseitigen Konsens getragen worden war.

## Atomenergie und «1970er Diagnose»

Der angetönte dramatische Verlauf der Entwicklung wirft Fragen auf nach deren Hergang und Ursachen. Wie und warum entwickelte sich die vormals allseits akzeptierte Atomenergie binnen weniger Jahre zu einer der wichtigsten politischen Streitfragen? Was hatte sich in den Jahren um 1970 ereignet, das einen derart fundamentalen Wandel erklären könnte?

Augenfällig ist die ungefähre zeitliche Koinzidenz des Auftretens des Widerstandes gegen die Atomkraftwerke mit deren Bauprogramm. In der bisherigen Forschung dominiert denn auch die Interpretation, dass die Entstehung der antinuklearen Opposition eine Reaktion auf den Bau dieser Anlagen gewesen sei. Den Umstand, dass die Artikulation von Widerständen zeitlich der AKW-Bautätigkeit hinterherhinkte, hat der Soziologe Kriesi damit erklärt, dass sich diese nicht an den eigentlichen Atomanlagen, sondern an ihren Kühltürmen entzündet habe. Die Kühltürme hätten die Gefahren der Atomenergie visualisiert; erst diese Transformation ins sinnlich Wahrnehmbare habe die negativen Reaktionen hervorgerufen.[4]

Kriesis Erklärung ist in zweierlei Hinsicht unbefriedigend: Erstens widersprechen, wie noch zu belegen sein wird, die Quellen seiner Interpretation. Zweitens ist das theoretische Modell, das Kriesis Ausführungen implizit zugrunde liegt, fragwürdig: Das Modell schliesst vom Ereignis direkt auf die Reaktion und unterschlägt somit den Schritt der Informationsverarbeitung, der Interpretation der Ereignisse. Den folgenden Ausführungen liegt ein anderer Ansatz zugrunde, der versucht, die Entwicklungen im Atomenergiebereich im Kontext des gesellschaftlichen Wandels zu verstehen.

Ende der 60er Jahre geriet die schweizerische Gesellschaft, wie andere Industriegesellschaften auch, in eine Phase tiefgreifenden sozialen Wandels, die sich als fundamentale Orientierungskrise beschreiben liesse. Indikatoren für diese Entwicklung sind die Entstehung neuer sozialer Bewegungen und neuer Formen der politischen Artikulation ebenso wie die neuartige Problematisierung von Themen wie das Geschlechterverhältnis oder die Nord-Süd-Beziehungen.[5]

Für die Perzeption der Atomenergie war die «ökologische Wende» zu Beginn der 70er Jahre von ausserordentlicher Bedeutung. In den Jahrzehnten nach dem 2. Weltkrieg erlebte die Schweiz eine Phase beispielloser wirtschaftlicher Prosperität. Sie zeitigte nachhaltige Folgen für die Umwelt: Parallel zu den Wachstumsraten des Bruttosozialprodukts stiegen der Energieverbrauch, der Flächenbedarf der Siedlungen, das Abfallvolumen sowie die Schadstoffbelastung von Luft, Wasser und Boden. Der Umwelthistoriker Christian Pfister hat für diesen Prozess den Begriff des «1950er Syndroms» geprägt.[6] Analog könnte man die Thematisierung der Umweltzerstörung zu Beginn der 70er Jahre als «1970er Diagnose» bezeichnen. Hierbei sollte wiederum nicht der Fehler begangen werden, die «1970er Diagnose» als blosse Reaktion auf das «1950er Syndrom» zu interpretieren. Die seit den 50er Jahren markant wachsende Umweltzerstörung ist zwar eine unabdingbare Voraussetzung, aber keine hinreichende Erklärung. Die Diagnose eines Arztes hängt nicht alleine von der Krankheit des Patienten ab, sondern mindestens so stark vom Wissen und den Überzeugungen des Arztes, seinen Instrumenten der Analyse und seiner Fähigkeit, einzelne Indizien zu einem Krankheitsbild zusammenzufügen. Ebenso gründete die «1970er Diagnose» nicht nur auf Veränderungen des Zustands der Umwelt, sondern auch auf Bewegungen im gesellschaftlichen Bereich. Grundlegende Innovationen fanden in den 60er Jahren im Bereich der Wissenschaften statt; insbesondere die Siegeszüge der Ökologie und der Kybernetik beeinflussten die Analyse der Mensch-Umwelt-Beziehungen nachhaltig. Die Forscher kamen zu erschreckenden Ergebnissen, die sie in die Öffentlichkeit trugen. Höhepunkt dieser Publikationen war der 1972 im Auftrag des «Club of Rome» erschienene Bericht «Grenzen des Wachstums», der die apokalyptischen Zukunftsszenarien durch beeindruckende Computersimulationen untermauerte. Etwa gleichzeitig begann sich die Suche nach alternativen Wegen der Entwicklung im Leitbild der «sanften Gesellschaft» zu konkretisieren: einer dezentralen, in kleinen geschlossenen Kreisläufen organisierten Gesellschaft. Der wohl bekannteste Entwurf in diese Richtung war das 1973 erschiene Buch des deutschen Ökonomen E. F. Schumacher mit dem bis heute sprichwörtlich gebliebenen Titel «Small is Beautiful».[7] Eine wichtige Rolle bei der Ausgestaltung, Popularisierung und Politisierung der Umweltthematik spielten soziale Bewegungen. Nicht zuletzt die fortwährenden Sensibilisierungsanstrengungen alter und neugegründeter Umweltorganisationen dürften bewirkt haben, dass in Meinungsumfragen der 70er Jahre der Umweltschutz durchweg als dringlichstes Problem bezeichnet wurde.[8] Die folgenden Ausführungen sind chronologisch aufgebaut: Abschnitt 2 beleuchtet die Diskussion der 60er Jahre zur Atomenergie. In Abschnitt 3 wird thematisiert, wie und wieso der Konsens zur Atomenergie zerbrach. Abschnitt 4 beschäftigt sich dann mit dem Aufkommen einer grundsätzlichen Opposition, Abschnitt 5 mit ihrem Einfluss auf die öffentliche Meinung. In Abschnitt 6 wird versucht, den Erfolg der AKW-Gegnerschaft zu bewerten. Zum Schluss soll die Frage nach den Triebfedern des sozialen Wandels am Beispiel der Atomenergiekontroverse erörtert werden.

## Die Diskussion der 1960er Jahre über den «Schritt zur Atomenergie»

Bereits in den mittleren 60er Jahren fand eine intensive Debatte zur zivilen Nutzung der Atomenergie statt, in deren Kontext auch die eingangs zitierte Stellungnahme des SBN stand. Die damalige Diskussion drehte sich hauptsächlich um die Frage, *wann* die ersten Atomkraftwerke in der Schweiz gebaut werden würden; dass solche Anlagen dereinst die Elektrizitätsversorgung des Landes sichern würden, stand seit längerer Zeit ausser Zweifel. Seit dem Ende des 2. Weltkriegs zirkulierte die Rede vom «Atomzeitalter», die in Kürze den Anbruch eines modernen Goldenen Zeitalters versprach. Ebenfalls schon in den 50er Jahren wurden die rechtlichen Grundlagen gelegt: 1957 übertrug der Volkssouverän mit grosser Mehrheit die Gesetzgebung auf dem Gebiet der Atomenergie dem Bund. Zwei Jahre später verabschiedete das Parlament das «Bundesgesetz über die friedliche Verwendung der Atomenergie und den Strahlenschutz» (Atomgesetz), das u. a. ein zentralistisch organisiertes Bewilligungsverfahren für Atomanlagen einführte.[9]

Als schweizerische Elektrizitätsgesellschaften im Jahr 1964 überraschend den Bau von Atomkraftwerken ankündigten, stiessen sie auf keine ernstzunehmenden Widersprüche. Ganz im Gegenteil: Die Organisationen des Natur- und Heimatschutzes, *die* Opposition im Energiebereich, hatten diesen Schritt schon seit geraumer Zeit lautstark gefordert. Sie befürchteten, dass die letzten freien Gewässer der Schweiz der Stromproduktion zum Opfer fallen würden. Die anfangs der 60er Jahre von den Elektrizitätswerken favorisierte Alternative der konventionell-thermischen Kraftwerke, die Strom auf der Basis von Erdöl produzierten, verwarfen die Naturschutzvertreter aus Gründen der Luftverschmutzung. In der Atomenergie sahen sie hingegen die Möglichkeit, die bisher rivalisierenden Kräfte – technischer Fortschritt und wirtschaftliches Wachstum auf der einen Seite, Bewahrung der Natur auf der anderen – zu versöhnen.[10]

Die Natur- und Heimatschutzorganisationen standen mit ihrer Meinung nicht alleine: Der Bundesrat drängte seit Beginn der 60er Jahre auf einen baldigen Einstieg in die Atomenergienutzung. Und selbst die schweizerische Antiatombewegung, die in den 50er und 60er Jahren die atomare Aufrüstung bekämpfte, verkündete auf ihren Ostermärschen die Parole «Nieder mit den Atomwaffen – für die friedliche Verwendung der Atomenergie».[11]

Als die Nordostschweizerischen Kraftwerke (NOK) im Jahr 1965 auf der Aarehalbinsel Beznau mit dem Bau des ersten kommerziellen Atomreaktors in der Schweiz begannen, brach ein richtiggehendes Bau- und Planungsfieber aus. 1967 erfolgte der Spatenstich der Bernischen Kraftwerke (BKW) in Mühleberg, und noch vor Abschluss der Arbeiten am ersten Reaktor nahmen die NOK in Beznau einen zweiten Block in Angriff. Zudem wurde eine ganze Reihe weiterer AKW-Projekte angekündigt: Leibstadt (1964), Kaiseraugst, Verbois, Rüthi (alle 1966), Graben (1968), Gösgen, Rheinklingen (beide 1969) und Inwil (1971).

Die Hinwendung zur Atomenergie, die gleichzeitig zum Verzicht auf umstrittene hydraulische und konventionell-thermische Kraftwerkprojekte führte, läutete eine kurze Phase des «energiepolitischen Friedens» ein. Die Arbeiten in Beznau und Mühleberg schritten in aller Ruhe voran. Im Geschäftsbericht über das Jahr 1969 konnte der Bundesrat dann feststellen: «Mit der Inbetriebnahme des Kernkraftwerkes Beznau I der Nordostschweizerischen Kraftwerke AG hat auch in der Schweiz das Atomzeitalter begonnen.»[12] Zu diesem Zeitpunkt aber war die Eintracht bereits verflogen.

# Das Ende des Konsenses in der Atomenergiepolitik

Am 22. Mai 1969 verabschiedete der Grosse Rat des Kantons Basel-Stadt einstimmig (!) folgende Resolution: «Der Grosse Rat des Kantons Basel-Stadt gibt seiner Besorgnis darüber Ausdruck, dass im Einzugsgebiet des Hochrheins der Bau von Atomkraftwerken geplant ist, ohne dass dabei dem Schutz des lebensnotwendigen Wassers und der Luft sowie der Bewahrung vor der Gefährdung durch radioaktive Abfälle genügend Rechnung getragen wird. Er fordert den Regierungsrat auf, bei den Behörden des Bundes und der betroffenen Kantone vorstellig zu werden, damit keine Bewilligungen für den Bau und den Betrieb von Atomkraftwerken, welche öffentliche Gewässer als Kühlwasser verwenden oder welche geeignet sind, in irgendeiner Weise gesundheitsschädigend zu wirken, erteilt werden. Wenn dafür die gesetzlichen Grundlagen fehlen, so ist deren Schaffung zu verlangen. [...].»[13] Auslöser des Protestes war die Publikation der Resultate einer eidgenössischen Expertenkommission unter der Leitung des Direktors des Eidgenössischen Amtes für Gewässerschutz Fritz Baldinger, die vor einer zu starken Erwärmung der Gewässer durch die Kühlsysteme der Atomkraftwerke warnte. Die in den 60er Jahren projektierten Anlagen sahen nämlich vor, die Kraftwerke durch eine temporäre Entnahme erheblicher Wassermengen aus Flüssen oder Seen zu kühlen.[14]

Hingegen hatte der Unfall im Versuchsatomreaktor von Lucens (VD) im Januar desselben Jahres in der schweizerischen Öffentlichkeit nur bescheidenes Echo ausgelöst, obwohl das Schmelzen der Kernbrennstoffe die Anlage in eine (radioaktiv strahlende) Ruine verwandelt hatte – ein Unfall vergleichbar mit demjenigen im amerikanischen AKW Harrisburg, der 1979 weltweit für Schlagzeilen sorgte.[15] 1969 wurde dagegen die Interpretation der Schweizerischen Vereinigung für Atomenergie (SVA) nahezu vorbehaltlos akzeptiert, die festhielt: «[...] la sûreté des systèmes de sécurité ait précisément été confirmée par cet accident.»[16]

Lucens ist ein schönes Beispiel dafür, dass ein Faktum nicht per se wirkt, sondern erst dessen (kontextabhängige!) Interpretation über die öffentliche Wahrnehmung und die politische Wirkung entscheidet. Zur Erklärung der Entfesselung der AKW-Kontroverse müssen daher die konkreten Orte und Zeitpunkte sowie die Promotoren und ihre Motive unter die Lupe genommen werden. Dann zeigt sich, dass die tieferen Ursachen der Kontroverse in den 50er und 60er Jahren lagen: einerseits in den institutionellen Regelungen für den Atomenergiebereich und andererseits darin, dass man es in festem Glauben an Technik und Fortschritt unterlassen hatte, die in der Zeit durchaus erkennbaren und von einigen, allerdings marginalisierten, Leuten auch erkannten Probleme der zivilen Nutzung der Atomkraft zu erörtern.

Pièce de résistance war von Anfang an das AKW-Projekt in Kaiseraugst. Dort kollidierte die zentralistische Atomgesetzgebung mit dem föderativen Aufbau der Schweiz. Der Bericht «Baldinger» öffnete den Basler Politikern die Augen: Obwohl ihre Region am meisten unter den Nebenwirkungen des AKW-Baus leiden würde, war sie bei den Projektierungen völlig übergangen worden. Die fehlenden Mitsprachemöglichkeiten versuchten die Politiker nun durch politischen Druck zu kompensieren, und um ihren Forderungen nach Beteiligung am Entscheidungsprozess Nachdruck zu verleihen, brachten sie nicht nur die Kühlwasserfrage öffentlich zur Sprache, sondern wiesen auch auf andere Probleme hin (Strahlengefahr, radioaktiver Abfall etc.). Im Mai 1970 organisierte sich der Widerstand im Raum Basel dann auf regionaler Ebene im Nordwestschweizer Aktionskomitee gegen das Atomkraftwerk Kaiseraugst (NAK), das in den folgenden Jahren zum Sammelbecken der Opposition wurde.[17]

Neben der Problematik der Kühlwasserentnahme rückte 1970 die Diskussion der nuklearen Risiken immer mehr ins Zentrum. Insbesondere die Frage, ob das Austreten kleiner Dosen radioaktiver Strahlung während des normalen AKW-Betriebs gesundheitsschädigend sei, erhitzte die Gemüter. So forderten die Gegner des Kaiseraugster Projekts, den Bau von Atomkraftwerken in dichtbesiedelten Gebieten zu verbieten. Die wissenschaftlichen Argumentationen stammten hauptsächlich aus den USA. Der internationale Informationstransfer förderte als exogener Faktor den Widerstand, konnte aber nur dank der endogen geschaffenen Resonanz zur Entfaltung gelangen. So brach die öffentliche Debatte um die Atomkraftwerke in der Schweiz etwa gleichzeitig aus wie in den USA, aber ein Jahr früher als in der Bundesrepublik und in Frankreich.[18]

Die Befürworter der Atomenergie aus Privatwirtschaft und Bundesbehörden beschwichtigten und beteuerten die Ungefährlichkeit der Anlagen. 1970 blies die AKW-Allianz zu einer grossangelegten Propagandaoffensive, die ihre Wirkung auf die öffentliche Meinung, zumindest kurzfristig, nicht verfehlte.[19] Mit dem bundesrätlichen Verbot der Flusswasserkühlung im März 1971 und der dadurch erforderlichen Ausrüstung der Atomkraftwerke mit Kühltürmen tauchten jedoch neue Probleme auf. Ohne dass die alte Gegnerschaft ihren Widerstand aufgab, erwuchsen dem AKW-Bau neue Opponenten aus Natur- und Landschaftsschutzkreisen und der Tourismusbranche. Zudem gelang es der Opposition, die Verwirklichung der Projekte durch juristische Verfahren zu verzögern. Der «Kühlturmentscheid» des Bundesrates war also für die weitere Entwicklung wichtig, aber er war *kein* Wendepunkt; die Zäsur ist vielmehr in den Jahren 1972/73 anzusetzen, als sich die Interpretationsmuster bezüglich der Atomenergie grundlegend änderten.

## Grundsätzliche Opposition im Zeichen der ökologischen Kritik

Die Oppositionsbewegungen in den Jahren um 1970 richteten sich explizit *nicht* gegen den Bau von Atomkraftwerken generell, sondern übten nur punktuelle Kritik am zentralistischen Bewilligungsverfahren und an gewissen Umsetzungsformen (Flusserwärmung, Standorte in dichtbesiedelten Gebieten). Eine Gegnerschaft, welche die Atomtechnologie aus grundsätzlichen Überlegungen verwarf, bildete sich erst ab 1972/73 im Zeichen der ökologischen Kritik an der gesellschaftlichen Entwicklung. Anfang der 70er Jahre war unklar, welche Richtung der Umweltdiskurs einschlagen würde. Auch die Promotoren der Atomenergie argumentierten mit dem Umweltschutz. Sie propagierten den «sauberen» Atomstrom als Alternative zu den die Luft belastenden Brenn- und Treibstoffen. Heinz Baumberger von der Motor Columbus erklärte 1971 am Umweltsymposium der Hochschule St. Gallen: «Der Kampf gegen Atomkraftwerke gemahnt an die etwas groteske Situation, in der versucht wird, einem Kranken den Schnupfen auszutreiben, derweil er an Krebs leidet. [...] Man kann mit Fug und Recht behaupten, dass der Bau von Atomkraftwerken gerade aus ökologischen Gründen vordringlich ist. Dabei wäre es wünschenswert, wenn die Atomelektrizität vor allem auch einen Einbruch in das Gebiet der Heizungen und der Warmwasseraufbereitung von privaten Haushalten erzielen würde [...].»[20] Entscheidend für den Prozess der Meinungsbildung innerhalb von Umwelt- und Anti-AKW-Organisationen war dann aber ein Diskurs, der die Grenzen der Energieproduktion thematisierte, nach dem Sinn des wirtschaftlichen Wachstums fragte und die herkömmliche Fortschrittsphilosophie fundamental kritisierte. Wichtige Meinungsmacher waren Wissenschaftler. Eine hervorragende Rolle in der Atomenergiediskussion spielte ein interdisziplinäres Forschungsteam, das am «Nationalfondsprojekt Wachstum und Umwelt» (NAWU) arbeitete. Ihr öffentlichkeitswirksamster Exponent war der Physiker Theo Ginsburg. Die NAWU-Mitarbeiter waren 1976 auch massgeblich an der Gründung der Schweizerischen Energie-Stiftung (SES) beteiligt, die zu einer prägenden Kraft in der Atomenergiekontroverse wurde.[21]

Noch zu Beginn des Jahres 1973 herrschte in den Umweltorganisationen Unklarheit über die Frage, wie die Atomenergie zu bewerten sei. Darauf setzte aber ein rascher Prozess der Meinungsbildung ein.[22] Noch im selben Jahr stellten diese Organisationen als erste nationale Vereinigungen den AKW-Bau prinzipiell in Frage: Im April 1973 forderte die Schweizerische Gesellschaft für Umweltschutz (SGU), dass vor dem Bau weiterer Atomkraftwerke eine Gesamtenergiekonzeption ausgearbeitet werden müsse, im Juni 1973 verlangte der WWF dezidiert ein Moratorium.[23]

Wieso sich die Umweltorganisationen dem AKW-Bau widersetzten, erläuterte im Sommer 1974 das SBN-Manifest «Stop der Energieverschwendung». Das Manifest begründete die ablehnende Haltung mit drei Argumenten: Erstens sei die Mehrenergie aus den geplanten Atomkraftwerken ganz und gar unerwünscht, da ein auf höherem Energieinput basierendes Wirtschaftswachstum die Umwelt nur noch zusätzlich belaste. Zweitens werde das Uran, die Ressource der Atomkraftwerke, in absehbarer Zeit aufgebraucht sein; und drittens seien die Umweltbelastungen durch die radioaktiven Stoffe unverantwortbar. Gleichzeitig unterbreitete der SBN Vorschläge, das Energie- und Umweltproblem anders anzugehen: In erster Linie propagierte er nach dem Motto des Manifesttitels das Energiesparen. Zweitens sollen umweltschädigende Technologien soweit als möglich durch umweltschonende Technologien wie die Sonnen- oder die Windenergie substituiert werden. Drittens müsse längerfristig eine Gesellschaft angestrebt werden, die auf einem beschränkten Energieniveau leben könne. Diese Neuorientierung ermögliche eine ökologische Entwicklung bei gleichzeitiger Steigerung der «Lebensqualität».[24]

Ein Vergleich der Argumente des SBN-Manifests von 1974 mit den Argumenten, die dieselbe Organisation Mitte der 60er Jahre zur Unterstützung des AKW-Baus vortrug, ergibt, dass insbesondere vermeintliche Sachzwänge aufgelöst wurden: Wirtschaftswachstum und technischer Fortschritt, die noch die Ausführungen in den 60er Jahren prägten, wurden 1974 nicht mehr länger als urwüchsige, eigenständige Mächte verstanden, sondern als gesellschaftlich bestimmbare Grössen. Nun waren es ökologisch definierte Grenzen des Wachstums, die dem Atomenergiediskurs ihren Stempel aufdrückten. Zudem charakterisierten 1974 lange Zeithorizonte und globale Räume die Problemanalysen; im Gegensatz zum vorhergehenden Jahrzehnt, als um das nahe Schicksal der schweizerischen Flussläufe gekämpft wurde. Unter dem neuen Blickwinkel der 70er Jahre verwandelte sich das technische Problem «Atomkraftwerk» in ein ökologisches, ein wirtschaftliches und ein soziales Problem, kurz ein Problem, das die gesamte Gesellschaft betraf.

Dieser Perspektivenwandel lässt sich am Beispiel der Perzeption des Problems der radioaktiven Abfälle illustrieren. Die bundesrätliche Botschaft zum BV-Artikel 1957 wertete die Lösung des Abfallproblems als möglicherweise entscheidend für die künftige Anwendung der Atomenergie. Doch das zwei Jahre später verabschiedete Atomgesetz hatte dieses entscheidende Problem bereits wieder vergessen und sah dementsprechend keine Regelungen vor. Selbst in den frühen AKW-Kontroversen in den Jahren um 1970 spielte die Abfallfrage nur eine marginale Rolle. Dies änderte sich erst, als der Umweltdiskurs begann, die Atomenergiediskussion zu dominieren. In dessen Kontext gewann die Frage der Beseitigung der radioaktiven Abfälle ganz neue Dimensionen. Das SBN-Manifest z. B. stellte einen historischen Vergleich an: «Man stelle sich einmal vor, die alten Ägypter hätten sich einer Technologie verschrieben, deren gefährliche Abfallprodukte wir noch heute, also nach Tausenden von Jahren, unter Kontrolle halten müssten. Die Zerfallzeit radioaktiver Stoffe bemisst sich aber gar nach Zehntausenden von Jahren (Plutonium 24'000 Jahre). Können wir heute garantieren, dass in Zukunft jederzeit die erforderliche gesellschaftliche Stabilität bestehen wird, um radioaktive Stoffe unter Kontrolle zu halten?»[25]

Die Atomenergiepromotoren versprachen die technische Bewältigung der Probleme: In dieser Zeit verwandelten sie die «Lagerung» der radioaktiven Abfälle in eine «Endlagerung». Doch schon bald sahen sie sich mit der Frage konfrontiert, was denn da «endgelagert» werden solle, die Abfälle oder, angesichts der Zerfallzeiten radioaktiver Stoffe von Jahrtausenden, nicht eher die Diskussionen über diese Abfälle.[26]

## Die Besetzung von Kaiseraugst: die Anti-AKW-Bewegung erzielt Breitenwirkung

Mit der Definition der Atomkraftwerke nicht mehr so sehr als technisches, sondern in erster Linie als gesellschaftliches Problem ging die Aktivierung weiterer Personenkreise einher. Insbesondere Gruppierungen der alternativen Subkultur und der Neuen Linken nahmen sich der Thematik an. Zur bedeutendsten Organisation wurde die Ende 1973 gegründete Gewaltfreie Aktion Kaiseraugst (GAK), die am 1. April 1975 das Baugelände in Kaiseraugst besetzte und so den Beginn der Arbeiten am Atomkraftwerk verhinderte. Die Besetzung hatte Signalwirkung für Politik und Öffentlichkeit: Der starke Rückhalt, den die Besetzer und Besetzerinnen in der Region fanden, machte unwiderruflich klar, dass es sich bei der AKW-Opposition nicht um marginale Grüppchen von Idealistinnen und Chaoten handelte, sondern um eine von breiten Bevölkerungsschichten mitgetragene Bewegung.[27]

Im Juni desselben Jahres lancierte ein breit abgestütztes Komitee eine seit Monaten vorbereitete Initiative. Die «Eidgenössische Volksinitiative zur Wahrung der Volksrechte und der Sicherheit beim Bau und Betrieb von Atomanlagen» (Atomschutzinitiative) bezweckte eine Revision des Bewilligungsverfahrens für Atomanlagen im Sinne einer «Demokratie der Betroffenen». Einen indirekten Erfolg verbuchte die Initiative bereits vor der Abstimmung: Das Parlament revidierte 1978 das Atomgesetz von 1959. Neu ins Bewilligungsverfahren eingeführt wurden ein Bedarfs- und ein Entsorgungsnachweis sowie ein Einwendungsrecht, von dem jede Person Gebrauch machen konnte, und das die Opponenten der Projekte von Kaiseraugst und Graben in den 80er Jahren dann auch fleissig anwandten. Da linke Gruppierungen gegen die ihres Erachtens ungenügende Revision das Referendum ergriffen, fanden 1979 zwei Abstimmungen zur Atomenergie statt: Im Februar wurde die Atomschutzinitiative knapp verworfen; allerdings nur, wie eine Abstimmungsanalyse ergab, weil viele Stimmenden die Bedeutung von Ja und Nein verwechselt hatten. Im Juni stimmte das Volk der Atomgesetzrevision zu.[28]

Zwischen den beiden Abstimmungen hatte der schwere Unfall im AKW Harrisburg die Weltöffentlichkeit aufgeschreckt. Die Katastrophe von Tschernobyl im Jahre 1986 untergrub das Vertrauen in die Sicherheit der Atomanlagen weiter. 1990 hatte das Schweizervolk gleich über zwei Atomenergieinitiativen zu befinden. Während die Stimmenden den Ausstieg aus der Atomenergie ablehnten, bejahten sie ein zehnjähriges Moratorium für den Bau von Atomkraftwerken.

## Der Erfolg der Anti-AKW-Bewegung ...

Wie erfolgreich war die Anti-AKW-Bewegung? Ohne zu übertreiben kann gesagt werden, dass der Widerstand gegen die Atomkraftwerke geradezu überwältigende Resultate zeitigte:

1. Es gelang der Bewegung, im Rahmen eines aufwendigen Umdeutungs- und Politisierungsprozesses nicht nur die vormals unbestrittene Atomenergie binnen weniger Jahre in ein kontroverses Thema zu verwandeln, sondern zudem die Hälfte der Bevölkerung von ihren Argumenten zu überzeugen.

2. Es entstand eine breit abgestützte, gut vernetzte Opposition, zu der sowohl Einthemenbewegungen wie NAK/NWA, GAK oder SES zählten als auch die grössere Themenspektren abdeckenden Umweltorganisationen wie WWF, SBN oder SGU. Im politischen System etablierte Organisationen wie die politischen Parteien vermochten erst in den 80er Jahren Akzente zu setzen, als das Thema längst ein erstrangiges Politikum war.

3. Noch 1973 hielten Bund und Elektrizitätswirtschaft am Bau von mindestens zehn weiteren Atomkraftwerken fest. Gebaut wurden allerdings nur noch zwei: Gösgen und Leibstadt. Seit der Besetzung des Kaiseraugster Baugeländes 1975 wurden keine neuen Anlagen mehr in Angriff genommen. Verschiedene Projekte wurden offiziell zurückgezogen, andere im stillen begraben. Den Verzicht auf die geplanten AKW Kaiseraugst und Graben liessen sich deren Promotoren mit mehreren 100 Mio. Franken aus der Bundeskasse entschädigen.[29]

4. Die Anti-AKW-Bewegung feierte verschiedene Erfolge an der Urne, sowohl auf nationaler als auch auf kantonaler Ebene. Die institutionellen Regelungen zur Atomenergie wurden auf ihre Initiative oder ihren Druck hin mehrmals revidiert.

5. Energiesparen und die Entwicklung alternativer Technologien wurden rasch zu allgemein anerkannten Postulaten. Wie stark sie die Entwicklung der letzten Jahrzehnte konkret beeinflussten, müsste noch geklärt werden. Eine interessante Umkehrung vollzog sich bei der Etikettierung «fortschrittlich – rückständig»: Wurden die AKW-Kritiker zu Beginn der Kontroverse noch als Fortschrittsfeinde bezeichnet, gelten heute vielerorts diejenigen Kreise als rückständig, die weiterhin an der Atomenergie festhalten.

Wie ist der Erfolg der Anti-AKW-Bewegung zu bewerten? Für eine Bilanzierung ist es heute noch zu früh. Die Einschätzung der vergangenen Erfolge der Bewegung hängt weitgehend ab von der persönlichen Einstellung zur Atomenergie. Immerhin lässt sich sagen, dass dank der AKW-Opposition der schweizerischen Volkswirtschaft milliardenschwere Fehlinvestitionen aufgrund falscher Bedarfsprognosen erspart blieben. Wie sich die Atomenergie in Zukunft entwickeln wird, ist noch unklar. Die historische Entwicklung wie auch einige aktuelle Ereignisse[30] deuten darauf hin, dass die zivile Nutzung der Atomenergie als technikgeschichtliche Irrläuferin und kurzfristige Episode auf der Müllhalde der Geschichte landen wird; eine Episode allerdings, welche die Menschen auch in Jahrhunderten noch beschäftigen wird – so lange nämlich, wie die radioaktiven Abfälle ihre tödlichen Strahlen aussenden.

## ... und sozialer Wandel

Eine Wachstums- und Fortschrittsideologie dominierte die Vorstellungen der 50er und 60er Jahre. Diese Vorstellungen zerbrachen zu Beginn der 70er Jahre nicht in erster Linie an den Entwicklungen im materiellen Bereich, dem AKW-Bauprogramm, sondern wurden durch Innovationen auf ideologischer Ebene in Frage gestellt, insbesondere durch den Umweltdiskurs und seine Debatte um die Grenzen des Wachstums. Nicht so sehr das Problem (die Atomkraftwerke) wandelte sich, sondern vor allem das Problemverständnis – und dies fundamental: Die neue Sichtweise war geprägt durch die Sprengung bisheriger Horizonte in Raum und Zeit, durch eine Perspektive, die Entwicklungen nicht mehr an der Vergangenheit, sondern an einer wünschenswerten Zukunft mass, durch die Auflösung des vermeintlichen Wachstumszwangs und die schwere Erschütterung des Glaubens an die Allmacht der Wissenschaften und des technischen Fortschritts. Innerhalb neuformulierter Zukunftsentwürfe einer anderen, «sanften» Gesellschaft hatten die Atomkraftwerke keinen Platz, vielmehr passten sie zu den Leitbildern dieser Alternativkultur wie die Faust aufs Auge.

Die direktdemokratischen Instrumente und die föderalistischen Strukturen der Schweiz eröffneten den sozialen Bewegungen ein weites Betätigungsfeld. Die

AKW-Opposition erzielte in den letzten 25 Jahren grosse Erfolge, musste dafür allerdings auch beträchtliche Energien aufwenden, die dann andernorts vielleicht fehlten. Auf jeden Fall ist die Atomenergiedebatte nicht symptomatisch für die Entwicklung der Umweltpolitik. Diese geriet Mitte der 70er Jahre in eine Blockade, aus der sie sich bis heute nicht lösen konnte.[31]

## Anmerkungen

1 Der Aufsatz basiert auf meiner Lizenziatsarbeit an der Universität Zürich: Patrick Kupper: *Abschied von Wachstum und Fortschritt. Die Umweltbewegung und die zivile Nutzung der Atomenergie (1960–1975)*, Liz.arbeit, Zürich 1997. Das Titelzitat ist ein Leitspruch der Umweltbewegung der 70er Jahre.

2 *Stellungnahme des Naturschutzrates zur Energiepolitik vom 11. 12. 1965*, in: *Schweizer Naturschutz* 1, 1966, S. 14.

3 Schweizerischer Bund für Naturschutz (Hg.): *Stop der Energieverschwendung. Energiepolitisches Manifest des Bundes für Naturschutz*, Basel 1974, S. 1.

4 Kriesis Studie zur Anti-AKW-Bewegung gilt als das Standardwerk zu diesem Thema. Sie hat spätere Darstellungen merklich geprägt. Hanspeter Kriesi: *AKW-Gegner in der Schweiz. Eine Fallstudie zum Aufbau des Widerstands gegen das geplante AKW in Graben*, Diessenhofen 1982. Zur «Kühlturm-Argumentation» S. 5, 16, 23.

5 Theoretische Grundlagen: Hansjörg Siegenthaler: *Regelvertrauen, Prosperität und Krisen. Die Ungleichmässigkeit wirtschaftlicher und sozialer Entwicklung als Ergebnis individuellen Handelns und sozialen Lernens*, Tübingen 1993. Zum sozialen Wandel um 1970: Urs Altermatt: *Ausbruchversuche aus dem Korsett der Konkordanz*, in: Ders. et al.: *Rechte und linke Fundamentalopposition. Studien zur Schweizer Politik 1965–1990*, Basel 1994, S. 3–29; Hanspeter Kriesi et al. (Hg.): *Politische Aktivierung in der Schweiz 1945–1978*, Diessenhofen 1982.

6 Christian Pfister (Hg.): *Das 1950er Syndrom. Der Weg in die Konsumgesellschaft*, Bern 1995.

7 Dennis Meadows et al.: *The Limits to Growth*, New York 1972; Ernst Friedrich Schumacher: *Small is Beautiful. A Study of Economics as if People Mattered*, London 1973.

8 Eine detaillierte Darstellung der «ökologischen Wende» würde den Rahmen dieses Aufsatzes sprengen. Einige wichtige Titel zu diesem Thema: François Walter: *Bedrohliche Natur und bedrohte Natur. Umweltgeschichte der Schweiz seit 1800*, Zürich 1996; Johannes Max Zürcher: *Umweltschutz als Politikum*, Bern 1978; Susanne Niederer-Schmidli: *Umweltschutz – Schlagwort der siebziger Jahre*, Liz.arbeit, Basel 1991; Jörg Wanzek: *Komplexe Natur – Komplexe Welt. Zum Aufkommen des modernen Umweltbewusstseins in der Schweiz in den Jahren 1968–1972*, Liz.arbeit, Zürich 1996. (Aufsätze zu den unpublizierten Liz.arbeiten in: *etü, historikerInnen-zeitschrift* 2, 1992 u. 2, 1996.) Siehe auch die Beiträge von Dejung und Haefeli.

9 Heribert Rausch: *Schweizerisches Atomenergierecht*, Zürich 1980.

10 Kupper (wie Anm. 1). Zur Naturschutzbewegung allgemein: Damir Skenderovic: *Die schweizerische Umweltschutzbewegung in den 1950er und 1960er Jahren. Oppositionen und Aktionen*, Liz.arbeit, Freiburg 1992.

11 Markus Heiniger: *Die schweizerische Antiatombewegung 1958–1963. Eine Analyse der politischen Kultur*, Liz.arbeit, Zürich 1980.

12 Zit. nach: Bundesamt für Energiewirtschaft (Hg.): *Die schweizerische Energiewirtschaft 1930–1980*, Bern 1980, S. 44.

13 Zit. nach *LNN*, 3. 3. 1971. Die Resolution war nicht als Absage an die Atomenergie gedacht.

Der Radikale Bertschmann, der das Thema mit einer Interpellation angerissen hatte, bezeichnete diese ausdrücklich als «nötig und richtig».

14 Sozialarchiv, 92.3C, QS: *Atomkraftwerke und Gewässerschutz. Pressemitteilung des EDI und EVED*, Bern 7. 3. 1969.

15 Das atomenergiefreundliche «Webers Taschenlexikon» klassifiziert die Unfälle von Lucens und Harrisburg beide als «schwere Zwischenfälle». Rudolf Weber: *Kernenergie*, Webers Taschenlexikon, Bd. 1, Aarau ²1986, S. 228 f.

16 P. Feuz et al.: *L'opinion publique suisse face à l'énergie nucléaire, Schweiz Mai 1971*, in: Jean-Claude Favez, Ladislas Mysyrowicz (Hg.): *Le nucléaire en Suisse. Jalons pour une histoire difficile*, Annexe 4, Lausanne 1987, S. 25–37, Zitat 32.

17 Im Zeichen einer inhaltlichen Radikalisierung (der generellen Ablehnung des AKW-Baus) benannte sich das NAK 1974 in Nordwestschweizer Aktionskomitee gegen Atomkraftwerke (NWA) um.

18 Dieter Rucht: *Modernisierung und neue soziale Bewegungen. Deutschland, Frankreich und USA im Vergleich*, Frankfurt a. M. 1994, S. 405–473.

19 Vgl. Feuz (wie Anm. 16).

20 Heinz Baumberger: *Wirtschaftliche Probleme einer umweltkonformen Energieversorgung*, in: Martin Walterskirchen (Hg.): *Umweltschutz und Wirtschaftswachstum*, Frauenfeld 1972, S. 225–252, Zitat 242 f.

21 Hans Christoph Binswanger et al. (Hg.): *Der NAWU-Report. Wege aus der Wohlstandsfalle. Strategien gegen Arbeitslosigkeit und Umweltkrise*, Frankfurt a. M. 1978.

22 Kupper (wie Anm. 1).

23 *Stellungnahme der SGU zu Bau von Kernkraftwerken*, 5. 4. 1973, in: *Natur und Mensch 2*, 1973, S. 78. *WWF gegen den Bau von Atomkraftwerken*, in: *Panda 2*, 1973, S. 6 f.

24 SBN (wie Anm. 3).

25 Ebd., S. 13.

26 Marcos Buser: *Mythos «Gewähr». Geschichte der Endlagerung radioaktiver Abfälle in der Schweiz*, Zürich 1988; Rausch (wie Anm. 9), S. 3–16, 173–215.

27 Zur GAK und zur Kaiseraugster Besetzung: Michael Schroeren: *Zum Beispiel Kaiseraugst. Der gewaltfreie Widerstand gegen das Atomkraftwerk*, Zürich 1977; Stefan Füglister (Hg.): *Darum werden wir Kaiseraugst verhindern. Texte und Dokumente zum Widerstand gegen das geplante AKW*, Zürich 1984.

28 Kriesi (wie Anm. 4); Rausch (wie Anm. 9).

29 Der Bund zahlte 350 Mio. Fr. für Kaiseraugst und 227 Mio. Fr. für Graben. *Année politique*, 1994, S. 141; 1995, S. 161 f.

30 Aktuelle Hinweise sind z. B. die Schliessung US-amerikanischer Atomkraftwerke aus wirtschaftlichen Gründen, der Ausstieg Schwedens aus der Atomenergie oder die weiterhin ungelöste Frage der radioaktiven Abfälle.

31 Siehe den Beitrag von Haefeli in diesem Band.

# Der lange Weg zum Umweltschutzgesetz

## Die Antwort des politischen Systems auf das neue gesellschaftliche Leitbild «Umweltschutz»

Ueli Haefeli

## Einleitung

«Der schweizerische Umweltschutz ist durch ein politisches System geprägt, welches sich zwar hinsichtlich der Produktion und Verteilung von materiellem Reichtum als einigermassen erfolgreich erwiesen hat, dem jedoch das Sensorium und das Instrumentarium für eine wirkungsvolle Behebung von Umweltkrise und Katastrophengefahr weitgehend abgeht.»[1] Diese These Jakob Tanners, geschrieben unter dem Eindruck der Brandkatastrophe in einer Lagerhalle des Chemiekonzerns Sandoz (heute: Novartis) vom 1. November 1986 in Schweizerhalle bei Basel, steht im Mittelpunkt der folgenden Betrachtungen. Zum einen wird gezeigt, dass trotz beträchtlicher Anstrengungen im Umweltbereich (die allerdings grösstenteils erst in den 80er Jahren einsetzten) tatsächlich von einem Ausbleiben fundamentaler Lernprozesse (Siegenthaler) gesprochen werden kann, auf welche Tanner in seinem Artikel Bezug nimmt.[2] Daran anknüpfend wird zum andern nach den Konsequenzen der ungenügenden Bewältigung der Umweltthematik sowohl für das politische System der Schweiz als auch für die Debatte um theoretische Modelle des sozialen Wandels gefragt.

In einem ersten Teil wird die Entstehung des neuen gesellschaftlichen Leitbildes «Umweltschutz» dargestellt und dessen Bedeutung als zentrales Element der Krisenphase in den 60er/70er Jahren begründet. Im folgenden wird das Problemlösungspotential des politischen Systems am Beispiel des Umweltschutzes genauer untersucht. Daran anschliessend setzt sich der Beitrag mit der Tatsache auseinander, dass 1983 nach jahrelangen erfolglosen Bemühungen unerwartet rasch ein relativ griffiges Umweltschutzgesetz verabschiedet werden konnte. Dieser Prozess wird verstanden als das Resultat einer – durchaus auch bewusst eingesetzten – Vermischung von neuen und traditionellen Formen der politischen Einflussnahme: ausserparlamentarische Bürgerinitiativen, der gezielte Einsatz von Medienkampagnen sowie ein intensiver Rückgriff auf «Wissenschaft» ergänzten in einer Wahlkampfsituation das gängige politische

Instrumentarium in neuartiger Weise. Der Artikel stützt sich in erster Linie auf Analysen der Berichterstattung in den wichtigsten Schweizer Medien und der Debatten im eidgenössischen Parlament sowie auf Gespräche mit Mitgliedern der Verwaltung ab.[3]

## «Umweltschutz» als zentrales Element der Krise der 60er/70er Jahre

Bis in die frühen 60er Jahre blieb ökologisch motivierter Widerstand in der Schweiz episodisch und vermochte den Fortschritts- und Modernisierungskonsens nicht zu erschüttern.[4] Im Verlaufe der 60er Jahre setzte sich mit zunehmendem Problemdruck langsam die Einsicht durch, dass die damals als «Immissionen» zusammengefassten Bereiche «Gewässerschutz», «Luftreinhaltung» und «Lärmschutz» usw. als verschiedene Teile eines Ganzen verstanden werden konnten. Deshalb fielen die gegen Ende der 60er Jahre wissenschaftsseitig eingebrachten Begriffe «Ökologie» und «Umweltschutz» auf ein äusserst fruchtbares Feld und setzten sich innert kürzester Zeit durch.[5] Der 1965 in der Motion Binder geforderte Verfassungsartikel zum «Immissionsschutz» wurde am 6. Juni 1971 – zum «Umweltschutzartikel» umbenannt – vom Volk mit 93% Jastimmen überwältigend deutlich gutgeheissen. Offensichtlich war die Besorgnis um die als immer bedrohlicher empfundenen Veränderungen unserer materiellen Umwelt ein zentrales Element der gesellschaftlichen Destabilisierung gegen Ende der 60er Jahre. Dem politischen System gelang es zunächst, die Verunsicherung in der Bevölkerung auf der relativ unverbindlichen Verfassungsstufe sehr schnell aufzugreifen und umzusetzen.

In den folgenden Jahren machten in neuen sozialen Bewegungen, in welchen die Umweltbewegung eine zentrale Rolle spielte,[6] beträchtliche Teile der Bevölkerung durchaus fundamentale Lernprozesse mit und konnten dem Modernisierungskonzept mehr und mehr Modelle einer umweltverträglicheren Entwicklung entgegensetzen. Das politische System blieb in diesem Prozess dagegen sehr bald stecken. Die vom Eidgenössischen Departement des Innern (EDI) 1972 zur Ausarbeitung eines Vorentwurfes für ein Umweltschutzgesetz eingesetzte Expertenkommission unter dem Vorsitz von Nationalrat Schürmann unterbreitete schon 1973 ihren von ungewöhnlicher Reformdynamik gekennzeichneten Vorschlag, welcher vom Verursacherprinzip ausgehend konkrete Richtwerte für die Zulässigkeit von Immissionen und eine Bewilligungs-, Versicherungs- und Abgabepflicht von umweltbelastenden Anlagen enthielt.[7] In der Vernehmlassung stiess dieser Entwurf 1974 – die Wirtschaftslage hatte sich bekanntlich in der Zwischenzeit beträchtlich verschlechtert – mehrheitlich auf Ablehnung. Vor allem wurden seine Zielsetzung als zu ehrgeizig und die Folgekosten für die Wirtschaft als untragbar bezeichnet.[8] Lediglich die Umweltorganisationen begrüssten den Entwurf und drohten mit einer neuen Verfassungsinitiative, falls der Gesetzesentwurf in verwässerter Form überwiesen werde. Damit öffnete sich erstmals die Kluft zwischen institutionalisierter Politik und gesellschaftlichem Wertewandel in sozialen Bewegungen, welcher die Umweltpolitik der kommenden Jahre kennzeichnen sollte.[9]

## Stabilisierung ohne politische Bewältigung des Umweltproblems

Die Restabilisierung erfolgte in der Schweiz nach 1975 weitgehend ohne Einbezug des Leitbildes Umweltschutz. Im Gegenteil vermochte das politische System eine zunehmende Polarisierung der Gesellschaft entlang der Umweltproblematik nicht zu verhindern. Von seiten der nach wie vor stark fragmentierten und im Parlament kaum vertretenen Umweltbewegung wurde versucht, mit dem neubelebten Instrument der Volksinitiativen Druck auszuüben, wobei der Verkehrsbereich im Vordergrund stand: Die Initiativen «Demokratie im Nationalstrassenbau» und «Luftverschmutzung durch Motorfahrzeuge» («Albatros»-Initiative) wurden 1974 eingereicht, die Initiativen für «12 autofreie Sonntage» («Burgdorfer» Initiative) und «gegen den Strassenlärm» folgten ein Jahr darauf. Die Lärminitiative wurde 1979 zurückgezogen, die drei anderen Initiativen scheiterten zwischen 1977 und 1978 an der Urne. Dem Bundesrat gelang es, die von bürgerlicher Seite als zu radikal eingestuften Volksbegehren mit direkten oder indirekten Gegenvorschlägen abzuschmettern. So legte der Bundesrat schon 1974 dem Parlament einen Bericht vor, in welchem vorgesehen war, die weltweit strengsten US-amerikanischen Abgasnormen bis 1982 schrittweise auch in der Schweiz einzuführen. Dies hätte, bezogen auf den gefahrenen Kilometer, zu einer Reduktion der Kohlenmonoxid- und Kohlenwasserstoff-Emissionen um 90% geführt und auch die Blei- und Schwefeloxidemissionen stark vermindert. Auch wenn der Bundesrat dieses Versprechen nicht einhielt und damit das technologische Potential nicht ausschöpfte, erliess er doch immerhin unter dem weiterhin starken öffentlichen Druck die europaweit strengsten Abgasvorschriften.[10]

Im Energiebereich, wo umweltpolitische Erfolge in der Regel leichter zu holen sind, dominierte in den 70er Jahren die ebenfalls stark polarisierende Diskussion um Atomkraftwerke derart, dass ein genereller Diskurs um umweltpolitisch motivierte Energiesparmassnahmen nur ansatzweise aufkommen konnte.[11]

In bezug auf das Umweltschutzgesetz beschloss das EDI 1975, die gesamte

Materie neu bearbeiten zu lassen. Dabei wurde deutlich, dass sich die Chancen für die Verwirklichung eines umfassenden Umweltschutzes weiter verschlechtert hatten. 1976 legten die vom Eidgenössischen Amt für Umweltschutz (BUS, heute Bundesamt für Umwelt, Wald und Landschaft, BUWAL) eingesetzten Arbeitsgruppen Thesen zum neuen Umweltschutzgesetz vor, welche auf deutlich weniger Widerstand stiessen als der Vorentwurf der Expertenkommission Schürmann. Dennoch verzögerten sich die Arbeiten für einen zweiten Vorentwurf weiter, woran nach Ansicht der Behörden die juristische Komplexität der Materie schuld war. So konnte der Entwurf erst 1978 in die Vernehmlassung gegeben werden, welche ergab, dass auch dieser Vorschlag kaum mehrheitsfähig sein würde. Allerdings kam die Kritik diesmal grösstenteils von links: den Umweltschutzorganisationen und der SP, aber auch dem Landesring und teilweise sogar der SVP ging dieser Entwurf zuwenig weit. Bemängelt wurden insbesondere der Ermessensspielraum, welcher dem Bundesrat beim Erlass der Emissionsgrenzwerte eingeräumt wurde, sowie der Verzicht auf das Instrument der Lenkungsabgabe. Von seiten der Wirtschaft dagegen wurde vor allem die im Gesetz vorgesehene Umweltverträglichkeitsprüfung kritisiert.

1979 wurde dann ein erster Gesetzesentwurf veröffentlicht, der den Einwänden der Umweltschutzorganisationen in einigen Punkten Rechnung trug, ohne die Grundkonzeption des Vorentwurfs zu verändern. In der Öffentlichkeit wurde dieser Vorschlag im allgemeinen positiv aufgenommen, obwohl eingeräumt wurde, dass der Entwurf den durch die Verfassung vorgegebenen Rahmen nicht ausschöpfte. Durch die Debatten in den eidgenössischen Räten (welche teilweise vom Fernsehen direkt übertragen wurden) konnte bis 1983 zwar eine Annäherung, aber keine abschliessende Einigung zwischen den beiden Räten erreicht werden. Insbesondere versuchten Wirtschaftsvertreter, in letzter Minute die Umweltverträglichkeitsprüfung und die Verbandsbeschwerde aus dem Gesetzestext zu eliminieren sowie die ausdrückliche Erwähnung des Kriteriums der wirtschaftlichen Tragbarkeit einzubringen.

Damit war zwölf Jahre nach der triumphalen Abstimmung von 1971 ein Umweltschutzgesetz noch immer nicht in greifbare Nähe gerückt, während in der Öffentlichkeit Umweltschutz in diesen Jahren ein vordringliches Problem blieb. Eine ganze Reihe von Meinungsumfragen ergab, dass die Erhaltung einer lebenswerten Umwelt als wichtigstes Ziel der schweizerischen Politik bezeichnet wurde.[12]

Vor diesem Hintergrund einer politischen Pattsituation und einer besorgten, mit den Politikern zunehmend unzufriedenen Öffentlichkeit muss das enorme Echo der Waldsterbendiskussion ab Sommer 1983 gesehen werden.

# Das Waldsterben macht's möglich:
# das Umweltschutzgesetz von 1983

Das «Waldsterben» begann in der Schweiz am 1. September 1983, kurz vor der letzten Session des Parlamentes vor den Wahlen, mit einer Pressekonferenz des damaligen Vorstehers des EDI, Bundesrat Alphons Egli im Wald bei Zofingen.[13] Dies unter der Voraussetzung, dass unter Waldsterben ein kulturelles Konstrukt zur Erklärung teilweise neuartiger und grossflächiger Waldschäden in weiten Teilen Europas zu verstehen ist. In diesem Konstrukt wurden die Waldschäden als anthropogen (vor allem durch Luftverschmutzung) verursacht bezeichnet, bevor die Wissenschaft viel mehr als Indizien, die in diese Richtung deuteten, anbieten konnte. Die bereitwillige gesellschaftliche Annahme dieses Erklärungsansatzes zeigte die latente gesellschaftliche Verunsicherung angesichts der bisher nur als diffuse Bedrohung wahrgenommenen Umweltproblematik. Was schon seit längerer Zeit befürchtet worden war, bestätigte sich jetzt: Der Lebensstil, der durch materiellen Wohlstand in den letzten Jahrzehnten Realität geworden war, zerstörte auf Dauer seine eigenen Grundlagen. Das Entsetzen in der von den Medien mit Hiobsbotschaften überfluteten Öffentlichkeit war gross und entsprechend auch die Empörung über die Politikerinnen und Politiker, welche seit über einem Jahrzehnt in Sachen Umweltschutz auf der Stelle traten.

Dass die Diskussion um das Waldsterben in der Schweiz erst im Spätsommer 1983 lanciert wurde, ist sicher kein Zufall. Das Phänomen war in der internationalen Fachwelt seit Jahren wohlbekannt, denn grosse Waldschäden in der CSSR, in Skandinavien und in der BRD traten schon in den 70er Jahren auf, und auch in der Schweiz machten sich die Fachleute keine Illusionen über den Zustand des Waldes. Bereits in der Nummer vom 16. November 1981 lancierte zudem der «Spiegel» mit der Titelgeschichte «Der Wald stirbt» das Thema auch in einer breiten deutschsprachigen Öffentlichkeit endgültig, ohne damit im schweizerischen politischen System auf grosse Resonanz zu stossen. Dahinter steckte politisches Kalkül: Leitende Beamte im Bundesamt für Forstwesen und in der Forschungsanstalt für das forstliche Versuchswesen erkannten frühzeitig das Potential einer Diskussion um die Gesundheit des Waldes für die Überwindung politischer Blockaden im Umweltbereich und warteten auf einen günstigen Moment, in dem das Thema mit dem nötigen Effekt auf die politische Agenda gesetzt werden konnte.[14] Als die Witterungsverhältnisse im Frühjahr und Sommer 1983 zu einer enormen Zunahme des Borkenkäferbefalls und zu neuen Höchstwerten in den Schadenszahlen führten und gleichzeitig im Parlament kurz vor den Wahlen das Umweltschutzgesetz traktandiert war, wurde das Thema Waldsterben durch die Instrumentalisierung einer eigentlichen Medienkampagne lanciert. Dass der Gang in die Medien bewusst unternommen worden war, bestätigte Bundesrat Egli später im Parlament. Derartige Schritte seien nötig angesichts der Erfahrung, dass behördliche «Aufrufe ungehört verhallen, solange sich nicht die Medien dieses Themas annehmen. Dies ist der Grund gewesen, weshalb mein Departement am 1. September dieses Jahres eine breit angelegte Pressekonferenz organisiert hat und dazu auch Behördenvertreter und Parlamentarier eingeladen hat. Ich masse mir nicht an, zu behaupten, dass vor dieser Pressekonferenz das Waldsterben in der Öffentlichkeit nicht besprochen worden wäre, aber es steht fest, dass die grosse Welle der berechtigten Entrüstung und Besorgnis erst im Nachgang zu dieser Pressekonferenz über uns hereingebrochen ist. Auch wenn gelegentlich unverhältnismässige oder zumindest nach heutigem Stand des Wissens unbedachte Massnahmen gefordert werden, so muss ich doch an dieser Stelle den Medien dafür danken, dass sie uns in unserem Kampf gegen diese beängstigende Erscheinung unterstützt haben.»[15]

Die Kampagne verfehlte ihre Wirkung nicht. Wenige Wochen später wurde das Umweltschutzgesetz vom Parlament verabschiedet; der Ständerat konnte seinen vorher zähen Widerstand gegen die Verbandsbeschwerde angesichts der empört reagierenden Öffentlichkeit nicht aufrechterhalten, und auch die Umweltverträglichkeitsprüfung blieb im Gesetz. Gestützt auf dieses Gesetz erarbeitete die Verwaltung ungewöhnlich rasch eine Luftreinhalteverordnung, welche bereits anfangs 1985 in Kraft trat und den Grundsatz einer Rückführung der Luftqualität auf den Stand von 1950 oder 1960 (je nach Schadstoff) aufstellte. Im vom Parlament im Frühjahr 1986 verabschiedeten Luftreinhaltekonzept legte der Bundesrat fest, dass diese Qualitätsziele bis 1995 erreicht werden sollten. Auch in den anderen wichtigen Bereichen des Umweltschutzes traten noch in den 80er Jahren die Verordnungen zur Ausführung des Gesetzes in Kraft. Innert kurzer Zeit schuf das politische System damit im Rahmen durchaus regeltreuer Lernvorgänge einen Standard des Umweltschutzes, welcher der Schweiz im internationalen Vergleich auf Jahre hinaus einen absoluten Spitzenplatz eintrug.[16] Die Reaktorkatastrophe in Tschernobyl 1986 und der Brand in Schweizerhalle im gleichen Jahr sorgten dafür, dass der Druck auf die Politik über Jahre gross blieb.

## Zusammenfassung und Ausblick

Bilanzierend kann festgehalten werden, dass das politische System in den 70er Jahren keine adäquate Antwort auf die sich im Bewusstsein der Öffentlichkeit ständig verstärkenden Umweltprobleme geben konnte. Vielmehr wurde versucht, das Problem «auszusitzen», wozu etwa die Verschärfung einiger Emissionsstandards, welche der technologischen Entwicklung eher hinterherhinkten als vorauseilten, im Sinne einer symbolischen Politik beitragen sollte. Deshalb ist der eingangs zitierten These Tanners auch aus heutiger Sicht zuzustimmen, wenngleich sich die schweizerische Entwicklung in dieser Hinsicht nicht grundsätzlich von derjenigen in anderen Industrie- und Dienstleistungsgesellschaften unterscheidet.[17] Die Frage, weshalb die fundamentalen Lernprozesse politischer Systeme im Restabilisierungsprozess ausblieben, dürfte deshalb nicht ausschliesslich mit Rückgriff auf nationale Besonderheiten zu erklären sein.

Abweichend von der Entwicklung in den Nachbarländern zeigte sich das schweizerische politische System dann nach 1983 aber unter dem zunehmenden Druck der Öffentlichkeit innert überraschend kurzer Zeit in der Lage, ein tragfähiges Grundgerüst für eine grundsätzlich nachhaltige Umweltpolitik aufzubauen, ohne den bewährten Pfad regeltreuer Lernvorgänge verlassen zu müssen.[18] Dabei kann die Diskussion um das Waldsterben nicht als singuläres helvetisches Phänomen betrachtet werden. Holzberger betont vielmehr, dass die Debatte um den mythologisch aufgeladenen «deutschen» Wald um einiges emotionaler verlaufen sei als ihr schweizerisches Gegenstück.[19] Ebensowenig wie in der Schweiz fehlte in Deutschland eine breite Umweltbewegung als wichtige politische Kraft.[20] Schliesslich spielten auch direktdemokratische Elemente keine entscheidende Rolle bei der Formulierung schweizerischer Umweltpolitik. Vielmehr erklärt sich die schweizerische Entwicklung zuallererst durch das Handeln einiger zentraler Akteure in der Verwaltung und der verwaltungsnahen Forschung, welche das Potential der Umweltbewegung zielstrebig mit der Erklärungsmacht von Expertenwissen verknüpften und im «Treibhausklima» des Wahlkampfes die Medien bewusst für ihre Zwecke einspannten. Die Eigendynamik dieser Medienkampagne dürfte dann allerdings für alle Beteiligten überraschende Formen angenommen haben. Letztlich lässt sich dieses enorme Echo der Waldsterbendebatte in grossen Teilen der Gesellschaft nur verstehen als Reaktion auf die jahrelange hinausgezögerte Inangriffnahme des Problemfeldes «Umweltschutz» durch das politische System vor 1983. Insgesamt kann so die Umweltbewegung als notwendige, aber nicht hinreichende Bedingung für institutionellen Wandel bezeichnet werden.

In bezug auf die Theoriedebatte stellt sich angesichts des Fallbeispiels Umweltschutz deshalb die Frage, inwieweit die grosse transformatorische Kraft auch regeltreuer Lernvorgänge für die neueste Geschichte zu überdenken wäre.[21] Für die Krise der 60er und 70er Jahre ist weiter festzuhalten, dass deren Überwindung offensichtlich ohne fundamentale Lernprozesse im zentralen Bereich Umweltschutz gelang. Neues Wirtschaftswachstum wurde möglich, obwohl die Verständigung über Umweltschutz und Stellenwert der Atomenergie[22] weitgehend ausblieb. Es scheint also, dass fundamentale Lernprozesse nicht als zwingende Voraussetzung einer Krisenlösung zu betrachten sind. Oder kann die Umweltproblematik ganz einfach grundsätzlich nicht mit den dominierenden Thematiken früherer Krisen («soziale Frage», «Integration der Arbeiterschaft im Rahmen einer sozialen Marktwirtschaft») verglichen werden? Überfordert das Fehlen einer begrenzten, überproportional betroffenen gesellschaftlichen Akteurgruppe im Umweltbereich nicht nur unser politisches System, sondern macht es auch eine Erweiterung der theoretischen Vorstellungen über sozialen Wandel notwendig?[23]

## Anmerkungen

1 Jakob Tanner: *Die Chemiekatastrophe von «Schweizerhalle» und ihr Widerhall in der schweizerischen Umweltpolitik,* in: *Österreichische Zeitschrift für Politikwissenschaft* 17, 1988, S. 17–23, hier 21.

2 In Siegenthalers richtungsweisendem Modell sozialen Wandels wird Wirtschaftswachstum als Lernprozess verstanden. Dabei unterscheidet er zwischen regeltreuen Lernvorgängen und einem fundamentalen Lernen: «Es ist zu unterscheiden zwischen einem Lernvorgang, in dem ein Aktor nach verfügbaren und vertrauten Regeln der Selektion und Interpretation von Informationen seine Wissensbestände erweitert, und einer zweiten, ganz anderen Art von Lernen, die zu einer Änderung von Selektions- und Interpretationsregeln führt.» Fundamentales Lernen (eines Individuums, einer Organisation oder einer Gesellschaft) tritt nur in krisenhaften Phasen gegenüber regeltreuen Lernvorgängen in den Vordergrund. Vgl. dazu: Hansjörg Siegenthaler: *Regelvertrauen, Prosperität und Krisen. Die Ungleichmässigkeit wirtschaftlicher und sozialer Entwicklung als Ergebnis individuellen Handelns und sozialen Lernens,* Tübingen 1993 sowie zur hier besonders interessierenden Frage der neuen sozialen Bewegungen: Hansjörg Siegenthaler: *Soziale Bewegungen und gesellschaftliches Lernen im Industriezeitalter,* in: Martin Dahinden (Hg.): *Neue soziale Bewegungen und ihre gesellschaftlichen Wirkungen,* Zürich 1987, S. 251–264, hier vor allem 253.

3 Ueli Haefeli et al.: *Lufthygieneforschung im Spannungsfeld zwischen wissenschaftlicher Kontinuität und gesellschaftspolitischen Forderungen,* hg. v. Schweizerischer Wissenschaftsrat, Forschungspolitische Früherkennung B/40, Bern 1990.

4 Vgl. dazu Andreas Giger: *Umweltorganisation und Umweltpolitik,* in: *Schweizerisches Jahrbuch für Politische Wissenschaft* 21, 1981, S. 49–77; Damir Skenderovic: *Die Umweltschutzbewegung im Spannungsfeld der 50er Jahre,* in: Jean-Daniel Blanc, Christine Luchsinger (Hg.): *achtung die 50er Jahre! Annäherungen an eine widersprüchliche Zeit,* Zürich 1994, S. 119–146; François Walter: *Les Suisses et l'environment,* Carouge 1990; Tanner (wie Anm. 1), S. 23.

5 Jürg Wanzek: *Komplexe Natur – Komplexe Welt. Zum Aufkommen des modernen Umweltbewusstseins in der Schweiz in den Jahren 1968–1972,* Liz.arbeit, Zürich 1996.

6 Vgl. dazu die Beiträge in Martin Dahinden (Hg.): *Neue soziale Bewegungen und gesellschaftlichenWirkungen,* Zürich 1987.

7 *Année politique Suisse* 1973, S. 104 f.

8 *Année politique Suisse* 1974, S. 108 f.

9 Tanner (Anm. 1), S. 18.

10 Vgl. zur Entwicklung im Bereich Luftverschmutzung: Haefeli et al. (wie Anm. 3).

11 Zu den Auseinandersetzungen um die Atomkraft vgl. den Beitrag von Patrick Kupper in diesem Band.

12 Vgl. *Année politique Suisse* 1978, S. 112; 1980, S. 112; 1983, S. 127. Zu sprachregionalen Unterschieden im Umweltbewusstsein vgl. den Beitrag von Christof Dejung in diesem Band.

13 Vgl. zur Waldsterbendebatte auch: Werner Schärer, Willi Zimmermann: *Politische und recht-*

*liche Betrachtungen zum Thema Waldsterben in der Schweiz. Eine Standortbestimmung mit einem Überblick über Ursachen, gegenwärtigen Stand und Folgen des Waldsterbens,* Zürich 1984, S. 3 ff. Vgl. dazu: Peter Baumgartner: *Die Entwicklung der Waldschadensproblematik in den Medien während der letzten fünf Jahre,* in: *Schweizerische Zeitschrift für Forstwesen* 142, 1991, H. 1, S. 1–17; Willi Zimmermann: *Zur politischen Karriere des Themas Waldsterben,* in: *Schweizerische Zeitschrift für Forstwesen* 142, 1991, H. 1, S. 19–31; Rudi Holzberger: *Das sogenannte Waldsterben. Zur Karriere eines Klischees: Das Thema Wald im journalistischen Diskurs,* Bergatreute 1996.

14   Gespräch mit Fritz Hans Schwarzenbach, damals Vizedirektor der Forschungsanstalt für das forstliche Versuchswesen in Birmensdorf (heute: Forschungsanstalt für Wald, Schnee und Landschaft, WSL).

15   *Amtl. Bull. StR* 1983, S. 542.

16   Vgl. Haefeli et al. (wie Anm. 3), S. 71–75.

17   Dies gilt vor allem für Europa. Die Entwicklung der Umweltschutzpolitiken ging in Japan und den USA anfänglich schneller voran. Vgl. dazu: Shigeto Tsuru, Helmut Weidner: *Ein Modell für uns: Die Erfolge der japanischen Umweltschutzpolitik,* Köln 1985; Lutz Mez, Martin Jänicke (Hg.): *Sektorale Umweltpolitik. Analysen im Industrieländervergleich,* Berlin 1997.

18   Dass die Möglichkeiten dieses Gerüstes bis heute unausgeschöpft blieben, soll hier nicht bezweifelt werden, führt aber über die Thematik dieses Beitrages hinaus.

19   Holzberger 1996 (wie Anm. 13), S. 281.

20   Vgl. dazu: Roland Roth, Dieter Rucht (Hg.): *Neue soziale Bewegungen in der Bundesrepublik Deutschland,* Bonn 1991 oder Ruud Koopmans: *Democracy from Below. New Social Movements and the Political System in West Germany,* Boulder 1995.

21   Linder spricht in diesem Zusammenhang von einem «Tauwetter in der polarisierten Konkordanz» (Wolf Linder: *Vom Einfluss neuer Bewegungen auf die institutionalisierte Politik,* in: Martin Dahinden (Hg.): *Neue soziale Bewegungen und ihre gesellschaftlichen Wirkungen,* Zürich 1987, S. 7–24, hier 17. Jakob Tanner führt in diesem Zusammenhang den Begriff des Systemlernens ein, welcher «aus einer Interaktion, einer gegenseitigen Beeinflussung von sozialen Bewegungen und staatlichen Institutionen resultiert». Tanner (wie Anm. 1), S. 24.

22   Ebensowenig gelöst wurde ja bisher die Frage der Atomenergie. Vgl. dazu den Beitrag von Patrick Kupper in diesem Band.

23   Vgl. zur ersten Frage: Niklas Luhmann: *Ökologische Kommunikation. Kann die moderne Gesellschaft sich auf ökologische Gefährdungen einstellen?,* Opladen 1986. Zur zweiten Frage: Jakob Tanner, *Modernes Wirtschaftswachstum und kein Ende. Ein Wechselgespräch über Methodologie und Moral der Wirtschaftsgeschichte,* in: *traverse* 3, 1994, S. 212–223, hier 222.

# Der unterschiedliche Stellenwert von Umweltproblemen in der deutschen und in der französischen Schweiz

Christof Dejung

Mit Beginn der 70er Jahre wurde der Umweltschutz innert kürzester Frist zu einem politischen Topthema. Auf den folgenden Seiten soll untersucht werden, ob das Problem der Umweltbelastung in der deutschen und der französischen Schweiz unterschiedlich diskutiert wurde. Hierzu soll zuerst gezeigt werden, wie das Thema Umweltschutz nach 1970 eine grundsätzlich neue Bedeutung erhielt, und welche Rolle die Umweltbewegung für die Institutionalisierung des Umweltgedankens spielte. Ausserdem soll die These erläutert werden, wonach die Wahrnehmung von Umweltproblemen stark durch kulturelle Rahmenbedingungen geprägt wird (Abschnitt 1). Anschliessend möchte ich auf den unterschiedlichen Stellenwert des Themas Umweltschutz im politischen Diskurs in den beiden schweizerischen Landesteilen sowie auf die unterschiedliche Ausrichtung der Umweltbewegungen eingehen (Abschnitt 2). Durch einen Vergleich mit dem jeweils gleichsprachigen Nachbarland soll geprüft werden, ob es beim ökologischen Diskurs zwischen deutscher Schweiz und Deutschland bzw. zwischen französischer Schweiz und Frankreich Parallelen gibt, die auf einen Mentalitätsunterschied zwischen deutschem und französischem Sprachraum hinweisen könnten (Abschnitt 3). Zuletzt sollen verschiedene Ansätze vorgestellt werden, welche die Differenzen bei der Wahrnehmung von Umweltproblemen in den beiden Sprachräumen erklären könnten (Abschnitt 4).

## Das moderne Umweltbewusstsein

### Gestiegene Bedeutung des Umweltschutzes nach 1970

Nach dem 2. Weltkrieg setzte in der Schweiz eine Phase beispiellosen wirtschaftlichen Wachstums ein. Dies blieb nicht ohne Auswirkungen auf die Umwelt. Die Zersiedelung der Landschaft durch den Bau von Autobahnen, Kraftwerken und Skiliften oder die Emissionen von Raffinerien und Aluminiumfabriken weckten bereits in den 50er Jahren Kritik am Wachstumsprozess. Auf nationaler Ebene hatte vor allem die Opposition gegen Wasserkraftwerke dem Naturschutz zu einem hohen Stellenwert verholfen. Der ökologisch motivierte Widerstand blieb jedoch weitgehend punktuell. Eine grundsätzliche Kritik am Kurs der Industriegesellschaft fand nicht statt.

Das änderte sich zu Beginn der 1970er Jahre. Das allgemeine Umweltbewusstsein nahm schlagartig zu und erlangte in den westlichen Industrienationen bei einem Grossteil der Bevölkerung eine neue, grundsätzliche Dimension: Das Jahr 1970 wurde zum «Europäischen Naturschutzjahr» erklärt. 1971 wurde in der Schweiz in einer Volksabstimmung der Umweltschutzartikel mit einem überwältigenden Mehr von 92,7% angenommen. Bei verschiedenen Meinungsumfragen wurde die Umweltverschmutzung als eines der grössten Probleme der Gegenwart bezeichnet.[1]

Im Gegensatz zum bereits seit dem 19. Jahrhundert bestehenden Naturschutzgedanken, der eng gekoppelt war mit der Idee des Heimatschutzes und gemäss dem die Natur vor allem aus ästhetischen Gründen vor den negativen Einflüssen des industriellen Wachstums zu bewahren war, sollte gemäss dem neu entstandenen Umweltbewusstsein[2] die Natur auch im Interesse des Weiterbestehens der menschlichen Zivilisation geschützt werden, da man erkannt hatte, dass eine intakte Natur die notwendige Grundlage für das Überleben der Menschheit darstellt. Dieser Gedanke wurde zu Beginn der 70er Jahre innerhalb von äusserst kurzer Zeit zu einem allgemein anerkannten Grundsatz.[3] Als Folge davon wurde die Politik in den 70er und 80er Jahren wesentlich durch grüne Anliegen mitbestimmt. Verschiedene Volksinitiativen zu Umweltthemen wurden lanciert, Demonstrationen und Geländebesetzungen durchgeführt. Grüne Parteien wurden gegründet und vertraten die Umweltanliegen in den Parlamenten. Organisationen wie der «Verkehrsclub der Schweiz» oder die «Ärzte und Ärztinnen für Umweltschutz» sorgten für eine Institutionalisierung des Umweltschutzgedankens.

Wie aber war das neue Umweltbewusstsein entstanden? Das Aufkommen des Umweltbewusstseins als logische Folge der ständig wachsenden negativen Auswirkungen des industriellen Wachstums zu sehen, greift meiner Ansicht nach zu kurz, obwohl sich beispielsweise die $CO_2$-Emissionen zwischen 1950 und 1984 verzehnfacht oder die Stickoxidemissionen im gleichen Zeitraum um das 20fache zugenommen haben. Wenn nämlich das Umweltbewusstsein eine einfache Reaktion auf die negativen Wachstumsfolgen darstellen würde, so hätte es seit den 50er Jahren – parallel zu den steigenden Emissionen – kontinuierlich ansteigen müssen. Tatsächlich aber nahmen die Umweltschutzaktivitäten – Symposien, Demonstrationen, Zeitungsberichte – zu Beginn der 70er Jahre fast lawinenartig zu. Ein einfaches Problem-Reaktions-Handlungsmodell reicht zur

Erklärung des Phänomens offensichtlich nicht aus; es muss auch ein grundsätzlicher Wandel in der Interpretation der Folgen des industriellen Wachstums stattgefunden haben.

## Rolle der Umweltbewegung

Auf die Aktivitäten der Umweltbewegung kann das Aufkommen des Umweltbewusstseins nicht zurückgeführt werden. Dem widerspricht nämlich die Tatsache, dass die politischen Aktivitäten der Umweltbewegung erst ab 1971 stark anstiegen, während die Sensibilisierung der Öffentlichkeit für die Folgeprobleme des Wachstums bereits 1970 eingesetzt hatte.[4] Auch die umweltpolitischen Initiativen der Regierungen, wie z. B. das «Europäische Naturschutzjahr» 1970, stellten keine Reaktion auf die Aktivitäten der Umweltbewegungen dar.

Das Aufkommen des modernen Umweltbewusstseins scheint jedoch eng mit der Tatsache verknüpft zu sein, dass die Naturwissenschaft ab den 60er Jahren ihr Augenmerk auf die drohende Zerstörung der Biosphäre richtete und ihre Erkenntnisse an Symposien und in den Medien präsentierte. Dabei spielte die Anwendung von systemtheoretischen Ansätzen und von (ursprünglich in den technischen Disziplinen entwickelten) kybernetischen Regelkreismechanismen auf das Mensch-Umwelt-Verhältnis eine wichtige Rolle. Die Verwissenschaftlichung wurde in den folgenden Jahrzehnten zu einem wesentlichen Aspekt der Umweltdiskussion. Dass die naturwissenschaftlichen Erkenntnisse zu Beginn der 70er Jahre innerhalb derart kurzer Zeit eine so grosse Resonanz gefunden haben, hängt wohl damit zusammen, dass nach den Studentenprotesten der 60er Jahre in den westlichen Konsumgesellschaften eine grundsätzliche Bereitschaft zu Reformen bestand und somit auch die ökologische Wachstumskritik auf offene Ohren stiess.[5]

Die Umweltbewegung hat also nicht für das Entstehen des neuen Umweltbewusstseins gesorgt. Hingegen spielte sie bei der Etablierung des Umweltschutzgedankens im politischen Diskurs eine wichtige Rolle. Als es nämlich darum ging, konkrete Schritte zum Schutz der Umwelt auf gesetzgeberischer Ebene zu unternehmen, kam es schnell zu Uneinigkeiten. Die Komplexität der neuen Forderungen trat in schmerzlicher Weise ins Bewusstsein. Es wurde klar, dass zum Schutz der Umwelt finanzielle Einbussen und Verhaltensänderungen nötig sein würden. Die einhellige Euphorie zugunsten des Umweltschutzes schwand und wurde abgelöst durch die auch heute noch bekannten ökologischen Grabenkämpfe. Die Umweltbewegung sorgte in den Jahren nach 1973 – oft gegen den Widerstand der bestehenden wirtschaftlichen und politischen Eliten – dafür, dass das Thema nicht schon bald wieder von der Traktandenliste verschwand. Die Repräsentanten der Umweltbewegung wurden dadurch im Lauf der Zeit selbst zu einem Teil der politischen Elite.[6]

## Kulturelle Prägung der Wahrnehmung von Umweltproblemen

Die persönliche Betroffenheit durch Umweltbelastungen und deren subjektive Bewertung fallen oft nicht zusammen. So sind Lärmimmissionen das Umweltproblem, unter dem am meisten Menschen zu leiden haben. Dennoch gelten Umweltprobleme wie Wasser- und Luftverschmutzung, Industrie- und Atomabfälle als dringlichere Probleme. Dies zeigt, dass die persönliche Betroffenheit nicht unbedingt auslösende Bedingung dafür ist, ob etwas als Problem angesehen wird.

Ebensowenig scheint die objektiv bestimmbare Gefährlichkeit einer Sache einen Einfluss darauf zu haben, wie sehr wir uns vor dieser Sache fürchten. So werden Risikoquellen, die irreversible Schäden verursachen können, bedrohlicher eingeschätzt als Quellen von reversiblen Schadenswirkungen. Ebenso werden Risiken, die freiwillig eingegangen werden, als ungefährlicher taxiert als Risiken, die unfreiwillig auf sich genommen werden müssen. Und die Furcht vor neuartigen und unbekannten Risiken ist im allgemeinen höher als die Angst vor vertrauten und bekannten Gefahren.[7]

Risikowahrnehmung kann deshalb als soziales Konstrukt angesehen werden. Ob Risiken akzeptiert werden, ist Frage der Beurteilung, und liegt weniger in den Risiken selbst begründet. Die Angst vor bestimmten Risiken korrespondiert mit der Zugehörigkeit zu einem bestimmten kulturellen Milieu; gemeinsame Werte führen zu gemeinsamen Ängsten, aber auch dazu, dass man sich vor bestimmten Dingen nicht fürchtet. Geteiltes Vertrauen und geteilte Ängste sind Teil eines gesellschaftlichen Dialogs und sind somit eine kulturell geprägte Grösse.[8]

Hier soll deshalb erstens die These vertreten werden, dass Umweltbelastungen dann zu einem wichtigen politischen Thema werden können, wenn sie Bestandteil des Themenvorrats einer Kultur sind. Wenn diese These zutrifft, dann ist zweitens zu erwarten, dass ökologische Gefährdungen nicht nur zu unterschiedlichen historischen Zeitpunkten anders interpretiert wurden, sondern dass sie auch je nach Zugehörigkeit zu einem bestimmten Kulturraum anders eingeschätzt werden. Im nächsten Abschnitt soll deshalb der Frage nachgegangen werden, ob bei der Beurteilung von Umweltrisiken zwischen der deutschen und der französischen Schweiz Unterschiede existieren.

# Umweltschutz als politisches Thema in den beiden Landesteilen

## Umweltprobleme und Fortschrittskritik im öffentlichen Diskurs

1972 veröffentlichte die Schweizerische Kreditanstalt (SKA) unter dem Titel «Was bewegt den Schweizer?» eine Meinungsumfrage, in der Deutschschweizer und Westschweizer zu ihrer Einstellung gegenüber den zwölf wichtigsten Gegenwartsproblemen befragt worden waren.[9] Am meisten Sorgen bereitete den Schweizern damals gemäss dieser Umfrage der Zustand der Umwelt: Rund 80% der Befragten zählten den Umweltschutz zu den fünf dringlichsten Problemen des Landes. Diesen Spitzenplatz verdankte der Umweltschutz den Befragten aus der deutschen Schweiz: Über 85% der Deutschschweizer zählten ihn zu den fünf wichtigsten Gegenwartsproblemen. In der Westschweiz rangierte der Umweltschutz nur auf Platz vier, hinter drei Fragen sozialen Charakters: Altersvorsorge, Wohnungsbau und Rauschgiftbekämpfung. Diese Meinungsumfrage wurde in der Folge alle zwei Jahre durchgeführt und jeweils im SKA-Bulletin veröffentlicht. 1978 und 1980 rangierte dabei der Umweltschutz in beiden Landesteilen auf Platz eins.[10] In der Deutschschweiz blieb der Umweltschutz bis Ende der 80er Jahre das Problem Nummer eins, während die Bewohner der Romandie in der ersten Hälfte der 80er Jahre soziale Probleme als bedeutender gewichteten als den Umweltschutz. Erst 1986 – unter dem Eindruck der Reaktorkatastrophe von Tschernobyl – nahm die Sorge um die Umwelt auch in der Westschweiz wieder den Spitzenplatz ein.[11]

Die Dringlichkeit von Umweltschutzmassnahmen wurde also in den beiden Schweizer Landesteilen nicht gleich beurteilt. Hinzu kommt, dass die Bewohner der deutschen und der französischen Schweiz offenbar unter dem Begriff Umweltbelastung etwas anderes verstehen. Was gemeinhin unter dem Begriff «Umweltbelastung» subsumiert wird, ist nämlich eine sehr komplexe Grösse, die so vielfältige Bedrohungen wie Luft- und Wasserverschmutzung, atomare Strahlung, Zersiedelung der Landschaft, Bedrohung der Artenvielfalt, Lärm, Abfallbelastung oder Giftrückstände in Lebensmitteln beinhalten kann. In der Deutschschweiz wird z. B. das Problem der Luftverschmutzung ungleich häufiger thematisiert als in der französischen Schweiz. Dafür ist in der Romandie die Besorgnis um die Energieversorgung – vor allem im Zusammenhang mit der Diskussion um die Atomenergie – grösser als in der deutschen Schweiz.[12] Dies deckt sich mit den Resultaten der neun Volksabstimmungen zu Umweltschutzthemen zwischen 1972 und 1992, bei denen es zwischen den beiden Landesteilen zu massiven Meinungsverschiedenheiten gekommen ist: Die Romandie stimmte viermal zugunsten der «ökologischen» Variante – und zwar durchweg in energiepolitischen Belangen.[13] Dagegen schlug sie sich in den Fragen der Verkehrspolitik und des Bodenrechts auf die Seite der liberal argumentierenden Verfechter einer zurückhaltenden staatlichen Reglementierung.

Diese Resultate verweisen auf unterschiedliche Wertvorstellungen und auf eine unterschiedliche Interpretation von Umweltproblemen in der deutschen und der frankophonen Schweiz: In der Romandie werden ökologische Bedrohungen als Herausforderung und Anreiz zu Neuem verstanden und man bezieht ökologische Risiken als ökonomische Einbussen mit ins Kalkül ein. In der Deutschschweiz dagegen wird die Natur eher als Wert für sich gesehen. Es überwiegt eine misstrauische Haltung, bei der hinter jedem Eingriff eine potentielle Gefährdung der natürlichen Umwelt vermutet wird.

In den beiden Sprachkulturen existieren auch unterschiedliche Visionen, was als Fortschritt angesehen werden sollte: Die französische Schweiz setzt stärker auf die Weiterentwicklung moderner Technologien, auf Konkurrenz und auf Innovation und unterliegt damit stärker der Faszination des wissenschaftlich und technisch Machbaren. In der deutschen Schweiz dagegen wird Fortschritt auch als Kurswechsel gesehen; alternative Werte – besonders eine ökologische Haltung – werden betont, die Synthetisierung des modernen Lebens wird gefürchtet. Stärker als die Bewohner der Romandie zweifeln die Deutschschweizer an der Fortschreibung der modernen Zivilisation.[14]

## Unterschiedliche Ausrichtung der Umweltbewegungen

Obwohl laut allen Untersuchungen das Umweltbewusstsein in der französischen Schweiz geringer ist als in der deutschen Schweiz, spielte die Romandie bei der Gründung von grünen Parteien in der Schweiz eine Vorreiterrolle: Bereits in den frühen 70er Jahren etablierten sich in der Westschweiz die ersten Öko-Parteien erfolgreich auf der politischen Bühne: In Neuenburg wurde das «Mouvement populaire pour l'environnement» 1971 gegründet. Im Kanton Waadt schlossen sich Umweltbewegte 1973 zu einer Öko-Partei zusammen. Die Gründung von grünen Parteien in der Deutschschweiz erfolgte mit einiger Verzögerung: 1976 in Bern, 1978 in Zürich, 1979 in Basel.

Die politische Ausrichtung der Umweltparteien in der deutschen und der französischen Schweiz ist jedoch eine andere. In der Deutschschweiz bettet sich das ökologische Gedankengut in die Systemkritik der Alternativbewegung ein. Demgegenüber bleibt in der Romandie das Engagement für die Umwelt einer eher traditionellen Form des Politisierens verbunden. Die Westschweizer Grünen orientieren sich stärker an einem bürgerlich-konservativen Politikverständnis als die Grünen in der Deutschschweiz.[15] Während also die Umweltschützer in der Deutschschweiz eher die Ansicht vertreten, dass unsere heutigen Probleme das Resultat einer Naturentfremdung seien und dass es deshalb eine kultur-revolutionäre Umkehr der moralischen Grundlagen unserer Gesellschaft brau-che, sehen die Westschweizer Umweltschützer in diesen Problemen eher Grenzerfahrungen der zivilisatorischen Expansion. Kleine Kurskorrekturen scheinen ihnen zwar unumgänglich, aber eine radikale Veränderung der Gesellschaft erscheint ihnen nicht nötig.[16]

In der Deutschschweiz führte die Besorgnis um den Zustand der Umwelt zu einer stärkeren politischen Mobilisierung als in der Romandie. Während in den 70er und wohl auch in den 80er Jahren in der Westschweiz soziale Probleme Mobilisierungsfaktor Nummer eins waren, erfolgte in der Deutschschweiz eine Mobilisierung vor allem aufgrund von Umweltproblemen.[17] Die Oppositions-bewegungen in der Westschweiz orientierten sich offenbar stärker an den tra-ditionellen ökonomischen Verteilungsproblemen, während in der Deutsch-schweiz vor allem die Suche nach neuen gesellschaftlichen Werten im Vorder-grund stand.

Dies hängt wohl mit der Tatsache zusammen, dass die politischen Proteste in den beiden Landesteilen von unterschiedlichen Aktoren ausgelöst wurden. Während in der Romandie vor allem Parteien und Verbände federführend waren, waren in der deutschen Schweiz vor allem die neuen sozialen Bewegungen,[18] die sich ab Ende der 60er Jahre zu formieren begannen, Auslöser von politischen Protesten. Im Gegensatz zur traditionellen linken Bewegung, der Arbeiterbewegung, rich-ten diese neuen sozialen Bewegungen ihre Kritik nicht mehr nur auf die unglei-che Verteilung von gesellschaftlichen Gütern, sondern sie kritisieren grundsätz-lich die Vorraussetzungen und Grundlagen der Gesellschaft. Sie sind deshalb nicht mehr eindeutig in das Links-rechts-Schema einzuordnen. Auch wenn die verschiedenen Gruppierungen in sehr unterschiedlichen Bereichen aktiv sind, so ist das Engagement in den einzelnen Bewegungen bis zu einem gewissen Grad austauschbar. Das verweist auf ein zumindest teilweise zusammenhängendes Panorama von Wertorientierungen.[19]

In der Deutschschweiz sind die neuen sozialen Bewegungen ungleich aktiver als in der Westschweiz. So fanden zwischen 1975 und 1989 in der Deutschschweiz achtmal mehr Aktivierungsereignisse[20] statt, die von neuen sozialen Bewegun-gen initiiert wurden, als in der Romandie.[21]

Auch die Umweltbewegung – als eine der neuen sozialen Bewegungen – war in den 70er und 80er Jahren in der Deutschschweiz um einiges regsamer als in der Romandie. Der höhere Wohlstand in der Deutschschweiz reicht hierfür als Be-gründung nicht aus, auch wenn die Sensibilität für ökologische Fragen bei ein-kommensstärkeren Gruppen höher ist als bei einkommensschwächeren Schich-ten. Dieser Umstand erklärt aber nicht, warum die Sensibilität für Umweltprobleme in einer Stadt wie Genf, in der das Durchschnittseinkommen klar über dem schweizerischen Mittel liegt, tiefer ist als in allen Regionen der Deutschschweiz.[22] Auch mit einer unter Umständen unterschiedlich hohen Umweltbelastung können die oben angeführten Differenzen nicht erklärt werden. Offenbar spielen noch andere Faktoren eine Rolle und sind die Differenzen wesentlich tiefgreifender.

Es spricht einiges dafür, dass es zwischen dem deutschen und dem französischen Sprach- und Kulturraum einen Mentalitätsunterschied gibt. Umweltprobleme würden demnach im deutschen Sprachraum etwas anderes bedeuten als im frankophonen Raum, und zwar nicht nur innerhalb der Schweiz, sondern auch in Deutschland und Frankreich.

## Parallelen im Ausland: die Umweltbewegung in Deutschland und Frankreich

Bei der Bedeutung, die die neuen sozialen Bewegungen in der politischen Landschaft einnehmen, gibt es Parallelen zwischen den beiden grossen Schweizer Landesteilen und ihrem jeweiligen gleichsprachigen Nachbarland: Während in der BRD die neuen sozialen Bewegungen ein wichtiger Faktor in der Politik sind, ist ihre Bedeutung in Frankreich vergleichsweise marginal.[23] So lag der Anteil der neuen sozialen Bewegungen an allen Protestaktivitäten der Jahre 1975–1989 in Frankreich bei bloss etwa einem Drittel, während in Deutschland drei Viertel aller Protestaktivitäten von neuen sozialen Bewegungen ausgelöst wurden.[24]

Die französischen Umweltschützer konnten jedoch früher Erfolge feiern als ihre Gesinnungsgenossen in Deutschland. Es existiert auch hier eine Parallele zur Schweiz, wo ja die Umweltbewegung ihre ersten Erfolge ebenfalls im französischsprachigen Landesteil hatte – im Gegensatz zur Romandie war die französische Umweltbewegung aber eindeutig links ausgerichtet. In Frankreich konnte in den 70er Jahren besonders der Widerstand gegen Atomkraftwerke die Massen mobilisieren. Bei Kantonal- und Kommunalwahlen konnten die Umweltbewegungen 1976/77 spektakuläre Erfolge verbuchen. Als es aber 1977/78 zu einer wirtschaftlichen Krise kam und der Bewegung auf Dauer zudem die Erfolgserlebnisse fehlten, war der Boom der grünen Listen bereits wieder zu Ende. Bei den Kommunalwahlen 1983 erlitten sie teilweise schmerzliche Rückschläge.[25]

Im Gegensatz dazu schafften es in Deutschland die Umweltschützer, sich durch die Gründung der «Grünen» als stabiler Faktor in der bundesdeutschen Politik zu etablieren.[26] Das Thema Umweltschutz blieb in Deutschland bis in die 90er Jahre hinein ein Dauerbrenner. Bei den Aktivierungsereignissen zu Umweltthemen, die zwischen 1975 und 1989 in Deutschland stattfanden, wurden durchschnittlich über 10'000 Menschen mobilisiert; in Frankreich betrug im gleichen Zeitraum die durchschnittliche Zahl der Teilnehmer bei Umweltprotesten nur etwas über 1000.[27]

Dies kann nur z. T. auf die bessere wirtschaftliche Lage in Deutschland zurückgeführt werden. Der These, dass allein die wirtschaftliche Lage eines Landes oder einer Region das jeweilige Umweltbewusstsein bestimmt, widerspricht nämlich der Umstand, dass Umweltschutzthemen in der Deutschschweiz und in Deutschland in der ersten Hälfte der 80er Jahre einen massiven Aufschwung erhielten, also ausgerechnet in einer Periode, in der sich die wirtschaftliche Lage für viele Menschen verschlechterte, während in der Romandie und in Frankreich der ökonomische Einbruch dazu führte, dass Umweltschutzmassnahmen in der Problemwahrnehmung hinter soziale Fragen zurücktraten.[28]

Trotz verschiedener Parallelen in der Wahrnehmung von Umweltproblemen zwischen der deutschen Schweiz und Deutschland bzw. zwischen der Westschweiz und Frankreich gibt es auch Differenzen, die darauf hinweisen, dass sich in der Schweiz ein eigenständiger ökologischer Diskurs etabliert hat. So scheint es, dass in der Deutschschweiz und in der Romandie ökologische Probleme einen höheren Stellenwert haben als im jeweiligen Nachbarland. Dies relativiert die innerschweizerische Grabenproblematik ein wenig.[29]

## Mögliche Erklärungsansätze

Die Wurzeln der ökologischen Gesellschaftskritik werden im allgemeinen bei der Romantik des frühen 19. Jahrhunderts vermutet. Es wird darüber hinaus angenommen, dass die Romantik im deutschsprachigen Raum eine grössere Wirkung gezeigt hat als im französischsprachigen Raum. Deshalb wird die unterschiedliche Sensibilität für Umweltprobleme, die heute in den beiden Sprachräumen auszumachen ist, häufig auf die Romantik zurückgeführt.[30]

Die Romantik stellte eine Reaktion auf die gesellschaftlichen Veränderungen dar, die im Laufe der Industrialisierung aufgetreten waren. Sie wandte sich gegen alles Rationalistische und Materialistische und suchte Zuflucht in der Utopie, im Gefühlhaften sowie in der als unschuldig und rein empfundenen Natur. Die Romantik kann deshalb als Selbstkritik der neuzeitlichen Aufklärung verstanden werden.[31] Ein stärkeres Nachwirken solcher romantischer Denkmuster könnte die grössere Technikskepsis im deutschsprachigen Raum erklären: Während in Frankreich und in der französischen Schweiz Umweltprobleme vor allem als Herausforderungen gesehen werden, die man technisch zu lösen können glaubt, steht man in Deutschland und in der Deutschschweiz technischen Lösungen skeptischer gegenüber.[32]

Auch die Tatsache, dass im deutschsprachigen Raum ein besserer Nährboden für neue soziale Bewegungen existiert, könnte mit dem Einfluss der Romantik erklärt werden. Die Romantik zeichnete sich nämlich nicht nur durch ihre Natur-begeisterung aus, sondern auch durch eine Ablehnung der Art und Weise, wie in der modernen Gesellschaft politisiert wurde. Eines der markantesten Merkmale der modernen Politlandschaft war der Fundamentalkonflikt zwischen Rechts und Links, die Auseinandersetzung zwischen Liberalismus und Sozialismus. Im deut-schen Sprachraum hat der traditionelle Links-rechts-Konflikt seit Ende der 60er Jahre eher an Bedeutung verloren, während der Einfluss der neuen sozialen Bewegungen, die sich oft nur schwer ins Links-rechts-Schema einordnen lassen, im gleichen Zeitraum zunahm. Im französischen Sprachraum ist die Polarität zwischen Links und Rechts seit Ende der 60er Jahre stärker als im deutsch-sprachigen Raum, dafür ist die Bedeutung der neuen sozialen Bewegungen in Frankreich und in der Westschweiz eher marginal.[33] Es ist anzunehmen, dass die Schwäche der neuen sozialen Bewegungen im französischen Sprachraum auch einen Einfluss auf die politischen Themen hat, die in diesen Regionen thema-tisiert werden – oder eben nicht thematisiert werden. Das Fehlen von starken Umweltschutzbewegungen, die das Thema Umweltschutz auf der politischen Traktandenliste zu halten vermocht hätten, könnte mit ein Grund dafür sein, dass ab Mitte der 70er Jahre in Frankreich und in der Romandie die Bedeutung ökologischer Probleme abnahm.

Neben der These, dass der unterschiedliche Einfluss der Romantik für den unterschiedlichen Stellenwert von Umweltproblemen im deutschen und im fran-zösischen Sprachraum verantwortlich sei, existieren auch noch andere Erklä-rungsversuche.[34] Alle diese Thesen gehen von der seit Mitte der 70er Jahre fest-stellbaren Differenz bei der Wahrnehmung von ökologischen Problemen in den beiden Sprachräumen aus und suchen die Erklärung dafür in zurückliegenden Epochen. Unter Umständen unterliegt man aber einem Trugschluss, wenn man annimmt, dass die heute feststellbaren Unterschiede schon seit geraumer Zeit existieren. So spielten zu Beginn des 20. Jahrhunderts die Westschweiz und Frankreich gegenüber der Deutschschweiz und Deutschland eine Vorreiterrolle bei der Gründung von Heimatschutzorganisationen, die sich gegen die Verschan-delung der Landschaft durch Industrieemissionen, Städtewachstum und den aufkommenden Massentourismus zur Wehr setzten.[35] Und auch zu Beginn der 70er Jahre konnten die Umweltschutzbewegungen, wie in den vorangegangenen Abschnitten erläutert, in den frankophonen Gebieten früher Erfolge feiern als in den deutschsprachigen Regionen. Weitere Untersuchungen zu diesem Thema hätten deshalb in erster Linie die Frage zu klären, seit wann man im deutschen und im französischen Sprachraum von einer unterschiedlichen Naturwahrneh-mung sprechen kann, bzw. ob die These einer die Jahrzehnte und Jahrhunderte durchziehenden Differenz bei der Wahrnehmung von Natur und Umweltproblemen zwischen den beiden Sprachräumen überhaupt aufrechterhalten werden kann.[36]

# Schluss

Wie gezeigt wurde, besteht seit Beginn der 70er Jahre in der Deutschschweiz eine grössere Fortschrittsskepsis und eine grössere Angst vor einer ökologischen Katastrophe als in der französischen Schweiz. Eine ähnliche Differenz scheint zwischen den beiden Staaten Deutschland und Frankreich zu bestehen. Die Unterschiede in der Wahrnehmung von Umweltbelastungen im deutschen und im französischen Sprachraum können weder allein mit einem unterschiedlichen Grad von Umweltbelastungen noch mit Unterschieden in der wirtschaftlichen Lage erklärt werden. Man kann deshalb davon ausgehen, dass die unterschiedliche Sicht auf ökologische Probleme auf einem Mentalitätsunterschied zwischen den beiden Sprachräumen beruht.

## Anmerkungen

1  Damir Skenderovic: *Die Umweltschutzbewegung im Zeichen des Wertewandels*, in: Urs Altermatt et al.: *Rechte und linke Fundamentalopposition*, Studien zur Schweizer Politik 1965–1990, Basel 1994, S. 33–61.

2  Der Umweltschutzbegriff wird erst seit Beginn der 70er Jahre als dominierender Begriff zur Beschreibung des Mensch-Natur-Verhältnisses verwendet. Dieser sprachliche Wandel kann als Symptom für eine veränderte Sichtweise auf das Verhältnis zwischen Mensch und Natur gesehen werden: Beat Mahler: *Die Wende vom Natur- zum Umweltschutz in der Schweiz, in den Jahren 1970/71*, Seminararbeit, Universität Zürich 1995; vgl. auch Christian Pfister: *Landschaftsveränderungen und Identitätsverlust, Akzentverschiebungen in der Modernisierungskritik von der Jahrhundertwende bis um 1970*, in: *traverse* 2, 1997, S. 55 ff.

3  Ein Ansatz, um diesen Wandel zu begreifen, stellt Hansjörg Siegenthalers Theorie sozialen Wandels dar: Hansjörg Siegenthaler: *Vertrauen, Erwartungen und Kapitalbildung im Rhythmus von Strukturperioden wirtschaftlicher Entwicklung: Ein Beitrag zur theoriegeleiteten Konjunkturgeschichte*, in: G. Bombach et al. (Hg.): *Perspektiven der Konjunkturforschung*, Tübingen 1984, S. 121–136; Ders.: *Soziale Bewegungen und gesellschaftliches Lernen im Industriezeitalter*, in: *Neue soziale Bewegungen und ihre gesellschaftlichen Wirkungen*, hg. v. Martin Dahinden, Zürich 1987, S. 251–264.

4  Jörg Wanzek: *Komplexe Natur – Komplexe Welt, Zum Aufkommen des modernen Umweltbewusstseins in der Schweiz in den Jahren 1968–1972*, Liz.arbeit, Zürich 1996, S. 17–19.

5  Wanzek (wie Anm. 4): S. 31–54. Die positivistische Annahme, dass die Naturwissenschaft über Methoden verfügt, um die Vorgänge in der Natur so zu beschreiben, «wie sie wirklich sind», erwies sich jedoch spätestens dann als nicht mehr haltbar, als unterschiedliche naturwissenschaftliche Studien zum selben Sachverhalt zu verschiedenen Resultaten kamen. Ein Beispiel hierfür stellten die Schwierigkeiten der Naturwissenschaft bei der Erforschung des Waldster-

bens dar: Joachim Thomas: *Die «Neuartigen Waldschäden» und die «Klimakatastrophe». Eine Fallstudie über Struktur und Funktion der Umweltforschung,* Frankfurt a. M. 1992; Christof Dejung: *Wie man in den Wald ruft, tönt es zurück. Die unterschiedliche Wahrnehmung des Waldsterbens in der deutschen und in der französischen Schweiz,* Liz.arbeit, Zürich 1996.

6  Wanzek (wie Anm. 4), S. 15.

7  Hans-Joachim Fietkau: *Bedingungen ökologischen Handelns. Gesellschaftliche Aufgaben der Umweltpsychologie,* Weinheim 1984, S. 81 ff.; K. Aurand et al. (Hg.): *Umweltbelastungen und Ängste. Erkennen, Bewerten, Vermeiden,* Opladen 1993.

8  Mary Douglas, Aaron Wildavsky: *Risk and Culture. An Essay on the Selection of Technological and Environmental Dangers,* Berkeley 1983.

9  *SKA-Bulletin* 2, 1972.

10  *SKA-Bulletin* 10, 1978; 10, 1980; 10, 1982.

11  *SKA-Bulletin* 10, 1984; 10, 1986.

12  Lucienne Rey: *Umwelt im Spiegel der öffentlichen Meinung. Grenzlinien schweizerischer Uneinigkeit,* Zürich 1995.

13  Atominitiative 1979, Initiative für eine Zukunft ohne weitere AKWs 1984, Initiative für eine sichere, sparsame und umweltgerechte Energieversorgung 1984, Initiative für einen AKW-Ausstieg 1990.

14  Hans-Peter Meier-Dallach, Rolf Nef: *Europabilder und die Vision des Kleinstaats Schweiz, Befürchtungen und Wünsche der Schweizerinnen und Schweizer. Das EG-Europaprojekt und das Entscheidungsdilemma der Schweiz* (Nationales Forschungsprogramm 28 – Synthesebericht 12), Einsiedeln 1994, S. 5.

15  Laurent Rebeaud: *Die Grünen in der Schweiz,* Bern 1987; Rey (wie Anm. 12), S. 114 ff.

16  François Walter: *Les Suisses et l'environement. Une histoire du rapport à la nature du 18e siècle à nos jours,* Genf 1990, S. 275.

17  Hanspeter Kriesi et al.: *Politische Aktivierung in der Schweiz, 1945–1978,* Diessenhofen 1981, S. 137–143.

18  Zu den neuen sozialen Bewegungen werden Gruppierungen wie die Umweltbewegung, die neue Frauenbewegung, Dritte-Welt-Organisationen oder die Friedensbewegung gezählt.

19  Wolf Linder: *Einfluss neuer Bewegungen auf die institutionelle Politik,* in: *Neue soziale Bewegungen und ihre gesellschaftlichen Wirkungen,* hg. v. Martin Dahinden, Zürich 1987, S. 12 f.

20  Unter Aktivierungsereignissen werden politische Ereignisse verstanden, die ausserhalb der institutionalisierten Politik stattfinden, also z. B. Streiks, Demonstrationen, Petitionen oder Gewaltakte: Kriesi et al. (wie Anm. 17).

21  Im Verhältnis zur Einwohnerzahl der beiden Regionen ist dies eindeutig überproportional: In der Deutschschweiz wohnen 3,7mal soviel Menschen wie in der Romandie.
Interessant ist, dass die Behörden in den beiden Landesteilen unterschiedlich auf die Aktivitäten der neuen sozialen Bewegungen reagieren: Während die Behörden in der Deutschschweiz den neuen sozialen Bewegungen in erster Linie abweisend gegenüberstehen, zeigen sich die Behörden in der Westschweiz eher verhandlungsbereit: Marco Giugni: *Entre stratégie et opportunité, Les nouveaux mouvements sociaux en Suisse,* Zürich 1995, S. 335, 354. Es wäre denkbar, dass die politischen Institutionen im französischen Sprachraum flexibler waren und den sozialen Wandel schneller in institutionelle Veränderungen umsetzen konnten, wodurch eine kleinere Basis für Protestbewegungen existiert hätte als in Deutschland und der Deutschschweiz. Dies wäre ein alternativer Erklärungsansatz zur Vermutung, dass im deutschen Sprachraum mit Beginn der 70er Jahre eine stärkere Suche nach neuen gesellschaftlichen Werten stattfand und dies zur Formierung von neuen sozialen Bewegungen führte.

22  Emil Walter-Busch: *Wertewandel bei Bevölkerung und Unternehmen,* Vorstudie für das Nationale Forschungsprogramm «Stadt und Verkehr» (NFP 25), Zürich 1989, S. 61 f.

23  Giugni (wie Anm. 21), S. 335, 354.

24 Dieter Rucht: *Modernisierung und neue soziale Bewegungen. Deutschland, Frankreich und USA im Vergleich*, Frankfurt 1994, S. 183.

25 Claus Leggewie: *Propheten ohne Macht. Die neuen sozialen Bewegungen in Frankreich zwischen Resignation und Fremdbestimmung*, in: Karl-Werner Brand: *Neue soziale Bewegungen in Westeuropa und in den USA. Ein internationaler Vergleich*, Frankfurt a. M. 1985, S. 115–124; Rucht (wie Anm. 24), S. 248.

26 Roland Roth: *Neue soziale Bewegungen in der politischen Kultur der Bundesrepublik – eine vorläufige Skizze*, in: Karl-Werner Brand, *Neue soziale Bewegungen in Westeuropa und in den USA. Ein internationaler Vergleich*, Frankfurt a. M 1985, S. 54.

27 Rucht (wie Anm. 24), S. 275.

28 Ebd. Zur ökonomischen Situation in den drei Ländern Schweiz, Deutschland und Frankreich vgl. Wolfram Fischer: *Wirtschaft, Gesellschaft und Staat in Europa 1914–1980*, in: *Handbuch der europäischen Wirtschafts- und Sozialgeschichte vom ersten Weltkrieg bis zur Gegenwart*, hg. v. Wolfram Fischer, Stuttgart 1987, S. 1–221.

29 Rey (wie Anm. 12), S. 210. So wurde in den 80er Jahren das Waldsterben zwar in der deutschen Schweiz als wesentlich dramatischer angesehen als in der Romandie, aber im Gegensatz zu Frankreich, wo das Waldsterben überhaupt keine Resonanz erzeugte, war man in der Westschweiz dennoch sehr besorgt um den Zustand des Waldes: Lenelis Kruse: *Le Waldsterben. Zur Kulturspezifität der Wahrnehmung ökologischer Risiken*, Hagener Universitätsreden 12, 1989; Dejung (wie Anm. 5), S. 93 ff. Auch sind die Westschweizer viel kritischer gegenüber der friedlichen Nutzung der Kernenergie als die Menschen in Frankreich.

30 Kurt Imhof et al.: *Varianten der Entzauberung des Staates, Rechts- und Staatskritik im sozialen Wandel*, Siegen 1989, S. 23. Meines Wissens existiert jedoch keine Studie, die diese Vermutung empirisch zu stützen versucht.

31 Silvio Vietta: *Die literarische Frühromantik*, Göttingen 1983, S. 16 ff.; Jost Hermand: *Grüne Utopien in Deutschland. Zur Geschichte des ökologischen Bewusstseins*, Frankfurt a. M. 1991, S. 22–44.

32 Rey (wie Anm. 12), S. 195.

33 Rucht (wie Anm. 24), S. 28; Giugni (wie Anm. 21), S. 335, 354.

34 So wäre es denkbar, dass in vorwiegend protestantischen Gebieten (wie in den reformierten Kantone der Deutschschweiz, den protestantischen Gegenden Deutschlands oder in England und den USA) eine höhere Umweltsensibilität herrscht als in eher katholischen Regionen (Westschweiz, Frankreich, Italien, Spanien): Walter (wie Anm. 16), S. 268. Leider existieren keine Untersuchungen, die diesen Zusammenhang zwischen Konfession und Umweltsensibilität erklären würden. Ein weiterer Erklärungsansatz betrifft die verschiedenen philosophischen Denktraditionen in den beiden Kulturräumen. Oft wird das dialektische Denken, das argumentative Voranschreiten von der These über die Antithese zur Synthese, als charakteristische Denkfigur der deutschen Philosophie angeführt. Sollte das dialektische Denken tatsächlich typisch sein für die Art und Weise, wie im deutschen Sprachraum gedacht wird – wobei angenommen werden müsste, dass nicht nur unter Philosophen dialektische Denkfiguren verwendet werden, sondern auch dort, wo ganz gewöhnliche Leute über die Welt nachdenken –, so könnte dies die grössere Besorgnis vor Ökokatastrophen im deutschen Sprachraum erklären. Im deutschen Sprachraum würde demnach stärker ein Denken herrschen, wonach mit dem Grad der positiven Effekte der Modernisierung (Wohlstand) auch die negativen (Umweltverschmutzung) wachsen. Die Bereitschaft, in einem Fortschritt wie dem industriellen Wachstum nicht nur etwas Positives zu sehen, sondern gleichzeitig damit zu rechnen, dass jede positive Entwicklung (These) auch negative Aspekte (Antithese) mit sich bringt, dass also z. B. Atomkraftwerke nicht nur billige Elektrizität, sondern auch hochgiftigen radioaktiven Abfall produzieren, wäre demnach im deutschen Sprachraum grösser als im französischen Sprachraum, in dem der Rationalismus mit der cartesianischen Liebe zur Logik und zur Theorie die vorherrschende

intellektuelle Strömung ist; vgl. hierzu Dejung (wie Anm. 5), S. 47 ff. Schliesslich existiert noch die These, wonach die gedankliche Verknüpfung «Umweltproblem – Weltuntergang» im deutschen Sprachraum stärker als in anderen Regionen gemacht werde, da apokalyptische Ängste bereits in der germanischen Mythologie (z. B. in der Götterdämmerung) eine Rolle spielten und später im Mittelalter, zur Reformationszeit, in der Romantik und im Expressionismus wieder auftauchen: Klaus Vondung: *Die Apokalypse in Deutschland*, München 1988, S. 7 ff.

35 Pfister (wie Anm. 2), S. 54.

36 Ob es sich dabei also um eine «longue durée» im Sinne von Braudel handelt; vgl. hierzu Fernand Braudel: *Schriften zur Geschichte*, Bd. 1: *Gesellschaften und Zeitstrukturen*, Stuttgart 1992.

# Links oder rechts
# oder Gemeinschaft oder Gesellschaft?

## Zur Konfusion politischer Unterscheidungen öffentlicher Kommunikation

Gaetano Romano

Seit einiger Zeit nun schon – genauer: seit dem epochalen Zusammenbruch des Ost-West-Konflikts – wird über das allfällige Ende einer traditionsreichen Unterscheidung politischer Kommunikation debattiert: über das Ende der Unterscheidung rechter und linker Politik. Vielerlei Indizien werden zur Untermauerung dieser These angeführt: Die zunehmende Komplexität der modernen Gesellschaft habe letztere in Problemlagen hineingeführt, die nicht mehr anhand einer einfachen Unterscheidung sortiert werden können. Von *Risikogesellschaft* und selbstproduzierten Risiken ist die Rede: Tschernobyl ist nicht rechts, Tschernobyl ist nicht links, Tschernobyl ist eine Katastrophe. Als weiterer Beleg wird das Stichwort der *Bewegungsgesellschaft* gehandelt: «Neue soziale Bewegungen», die themenorientiert politisieren, bestimmte Problemlagen mit massenmedialer Unterstützung auf die Agenda der modernen Gesellschaft setzen und die sich dagegen sträuben, das Links-rechts-Schema als Massstab ihrer Kommunikation gelten zu lassen: die «Grünen», die «Frauenbewegung» und andere mehr. In eine ähnliche Richtung zielt das Argument der *Pluralisierung* der modernen Gesellschaft. Keine eindeutig unterscheidbaren sozialen Gruppen, keine eindeutigen sozialen Schichtungen mehr, statt dessen eine Vielzahl unüberschaubarer Kulturen und Subkulturen und entsprechend ein Ansteigen der Wechselwähler: Erlebnisgesellschaft, viele viele bunte Lebensstile – lasst hundert Blumen blüh'n. Aber auch die sogenannte *Personalisierung* des politischen Diskurses findet Erwähnung: die – unweigerlich durch die Medien – geförderte Tendenz, Unterschiede nicht an politischen Programmen, sondern an Personen des Polit-Business festzumachen und in der Arena massenmedial vermittelter Aufmerksamkeit entsprechend bildmächtig zu inszenieren. All diese Argumente gipfeln schliesslich zumeist in der – je nach politischem Gusto – mehr erleichtert oder mehr klagend vorgetragenen Beobachtung einer zunehmenden *Entideologisierung* der modernen Gesellschaft: Das Ende des Ost-West-Konflikts als Anfang einer Epoche an Ideologie verarmender politischer Kommunikation. All diese Beschreibungsversuche der auch schweizerischen Moderne mögen

mehr oder minder einleuchten. Der gemeinsame Nenner dieser Bemühungen ist
hingegen leicht auszumachen: Er liegt in der im politischen Betrieb aus evidenten Gründen selten thematisierten, längst schon vollzogenen *Überwindung des
Fundamentalkonfliktes* zwischen Liberalismus und Sozialismus – das Ende des
Ost-West-Konfliktes konnte lediglich den effektvollen Schlusspunkt hinter eine
Entwicklung setzen, die in den «westlichen» hochindustrialisierten Länder im
wesentlichen bereits seit den 1930er Jahren in Gang gesetzt worden war. Seither
hat sich die Auseinandersetzung zwischen Liberalismus und Sozialismus vom
denkbar hochideologisch gehaltenen Konflikt um unterschiedliche Gesellschafts-
systeme in etwa zur Debatte um Finanzierungsprobleme sozialstaatlicher Umver-
teilungsleistungen verwandelt. Und die Tatsache, dass die Börsen es nun schon
seit längerem aufgegeben haben, auf sozialdemokratische und sozialistische
Regierungsbeteiligungen oder gar -wechsel sonderlich aufgeregt zu reagieren,
demonstriert ziemlich plakativ die erfolgte Annäherung. Daraus nun allerdings
auf eine Entideologisierung der politischen Kommunikation schliessen zu wollen, erscheint reichlich verfrüht: die Entideologisierung des Politischen kann
eigentlich, als These, nur gerade jenen einleuchten, die, vielleicht nicht ohne
Nostalgie, an gar sehr klassischen Rechts-links-Polaritäten festhalten – unver-
besserliche Kalte Krieger, auf der Suche nach dem verlorenen Feind, und leicht
angestaubte Altbewegte, die den verwehten Spuren revolutionären Bewusstseins nachjagen.[1] Denn folgt man *dieser* Polarität, ist schnell einmal übersehen,
dass eine andere Ideologisierungsmöglichkeit politischer Diskurse deutlich zugelegt hat – ethnisches Denken, nationalistisches Denken, ausserhalb wie innerhalb der Schweiz.[2]
Nun ist die Empfindsamkeit in bezug auf den Ideologiegehalt öffentlicher Debatten wie jener zur Überfremdung, zum Asyl, zum Multikulturalismus, zu
Europa, zur Globalisierung, ja auch zum Raubgold seit den 90er Jahre durchaus
angestiegen. Doch die nach wie vor ungebrochene Dominanz des Rechts-links-
Schemas, sei es in der nostalgisch-polarisierenden, sei es in der sozialstaatlich
mehr oder weniger pazifizierten Variante, behindert die Sicht auf die Tatsache,
dass die Unterscheidung von Gemeinschaft/Gesellschaft sich nicht ohne weiteres jener von rechts/links subsumieren lässt, ja dass die beiden Unterschei-
dungsmöglichkeiten geradezu quer zueinander stehen. Das Rechts-links-Schema
erweist sich gewissermassen als «obstacle épistémologique» (Bachelard), als
fundamentales «Erkenntnishindernis» in bezug auf die angesprochenen Phänomene. Das hat nun allerdings Tradition: Die Konfusion der Unterscheidung von
Gemeinschaft/Gesellschaft[3] und rechts/links prägt weit mehr als nur die jüngere
Vergangenheit. Dazu ein kurzer Rückblick auf das schweizerische 20. Jahrhundert, um anschliessend an zwei öffentlich debattierten politischen Themen, beschränkt auf die Zeit seit den 60er Jahren, die These vom Rechts-links-Schema

als «obstacle épistémologique» ausführen zu können: die Überfremdungsdebatte und, allerdings lediglich ausleitend, die Multikulturalismusdebatte. Auf den ersten Blick mag die Zuordnung der beiden Debatten auf die beiden Seiten der Unterscheidung rechts/links nicht sonderlich schwierig scheinen. Es wird meine Aufgabe sein, zu zeigen, dass dies im Gegenteil sehr schwer fällt.

## Die Gemeinschaft der schweizerischen Gesellschaft

Die historische, aber auch die soziologische, Bearbeitung des schweizerischen 20. Jahrhunderts hat sich stark an Semantiken orientiert, die *Klassenkonflikte* gesteuert, die also am Bild einer *vertikal geschichteten* Gesellschaft angesetzt haben – ein Bild, das im Rechts-links-Gegensatz seine politikfähige Schematisierung erhält. Dies natürlich vor allem in der Tradition der Aufarbeitung der Landesstreikkrise und ihrer politischen Folgen, hin zum Übergang in eine sozialstaatlich pazifizierte Gesellschaft seit den 30er Jahren, über die alles vereinnahmende Fokussierung politischer Kommunikation auf das Rechts-links-Schema im Kalten Krieg, bis schliesslich zur Krise des sozialmarktwirtschaftlichen Modells seit den 60er Jahren. Die in *horizontal-segmentären* Kategorien sich artikulierende Konfliktivität (*Gemeinschaftsideologien* jedwelcher Provenienz) ist wenn nicht übersehen, so doch vorwiegend aus der Optik des Rechts-links-Gegensatzes[4] analysiert und auch öffentlich debattiert worden – mit dem Effekt einer grundsätzlichen Unterschätzung der Bedeutung gemeinschaftsideologischen Denkens in der jüngeren Schweizer Geschichte. So ist etwa der sprachregional begründete Ethnisierungsschub im Gefolge der Obersten-Affäre 1916 durchaus registriert worden. Aber die Aufmerksamkeit richtete sich auf Landesstreik und Klassenkampf – und dabei gibt es durchaus gute Gründe anzunehmen, dass der sozialpolitische Aufbruch des Jahres 1919 (der «galop social») nicht zuletzt an den unmittelbaren und mittelbaren Folgen der *Ethnisierungskrise* nach 1916 gescheitert ist.[5] Nicht unähnliches lässt sich von den 30er Jahren sagen. Auch hier konzentriert sich die Aufmerksamkeit auf die Integration der Arbeiterschaft und ihrer Organisationen in den Rahmen einer nun zunehmend sozial interpretierten Marktwirtschaft. Eher am Rande wurde beobachtet, dass die Überwindung des Fundamentalkonfliktes zwischen Liberalismus und Sozialismus in den 30er Jahren sich im Rahmen eines *nationalen, gemeinschaftsideologisch unterlegten* Konsenses («Geistige Landesverteidigung», «Sonderfall Schweiz») vollzog: die ehemals internationalistische Sozialdemokratie akzeptierte in dieser Zeit, nicht anders als der Liberalismus und der katholische Konservatismus zuvor, den *gemeinschaftsideologisch* begründeten Referenzrahmen des schweizerischen Nationalstaates.

Nimmt man diesen Perspektivenwechsel vor, vermag die Virulenz des gemeinschaftsideologischen Aufbruchs der 60er Jahre, der in Gestalt insbesondere der
Überfremdungsbewegung für die Zeitgenossen völlig unerwartet kam, weniger
zu überraschen.[6] Und es mag vielleicht auch nicht mehr gar so überraschend
klingen, dass die Aktivierung[7] des Überfremdungsdiskurses in den ausgehenden
50er und den frühen 60er Jahren keineswegs, wie ein etwas kurzes massenmedial
vermitteltes Gedächtnis will, den Überfremdungsparteien zugerechnet werden
könnte. Zwar werden die «Republikaner» und die «Nationale Aktion gegen die
Überfremdung von Volk und Heimat» den Überfremdungsdiskurs ab 1964 an
vorderster Front vorantragen[8] – aber sie bauen auf kommunikativen Vorleistungen auf, die nicht sie erbracht haben. Noch Ende 1962 liest man im «Republikaner»: «Ausgerechnet fixbesoldete, x-fach versicherte, satte Eidgenossen, die
jedem Risiko abhold sind, warnen pathetisch vor der Überfremdung, dieweil
sie selbst, ob ihrem materialistischen Lebensstil, zur grössten Gefahr für unsern
Weiterbestand geworden sind. Genügsame, fröhliche, kindlich gläubige Menschen, spanische, griechische und italienische Arbeitskräfte halten unsere Wirtschaft in Gang. Diese ‹Fremd›-Arbeiter sind dem Gedanken vom Rütli, der
Opferbereitschaft unserer Väter viel näher, als viele, die heute vor der Überfremdung warnen.»[9]
Wer also hat die kommunikativen Vorleistungen erbracht, die den ungeahnten
Aufschwung der Überfremdungsdebatten ab 1964 eingeleitet haben, wenn die
Überfremdungsparteien zwar sehr wohl als Verstärker, nicht aber als Initiatoren in Frage kommen? Die kommunikativen Vorleistungen, die schliesslich in
die Radikalisierung des Überfremdungsdiskurses hineinführen, sind bei den
*staatstragenden Parteien und ihren Medien* selber zu suchen – und zuallererst
bei der *Sozialdemokratie und den Gewerkschaften*.
Diese merkwürdige Nähe zwischen politischen Organisationen, die das Rechts-
links-Schema auf grösstmögliche Distanz verteilt, erklärt sich im Rückgriff
auf eine andere Unterscheidung, welche die Geschichte des schweizerischen
20. Jahrhunderts mindestens so sehr geprägt hat: die Differenz von Gesellschaft
und Gemeinschaft. Als ideologiefähige Unterscheidung bezeichnet sie mit ihrer
einen Seite «Gesellschaft», gebührend vereinfachend, einen Begriff des Sozialen, der seine wichtigsten Motive aus der klassischen liberalen Wirtschaftstheo-
rie bezieht. Gesellschaftliche Entwicklung wird als *sich selbst steuernder* Prozess
verstanden: sich selbst koordinierend über den Mechanismus der Preisbildung,
des Marktes. Dieses Modell vereint eine Reihe von Unempfindlichkeiten. Es ist
unempfindlich gegenüber den (moralisch codierten) *Absichten* der Beteiligten:
Es braucht keine Engel für einen funktionierenden Markt – Teufel tun's auch.
Die unsichtbare Hand des Marktes verwandelt auch die Untugend, den Egois-
mus, die «private vices», in «public benefits», in öffentlichen Wohlstand. Es ist

des weiteren unempfindlich gegenüber *Raum und Zeit* – es dekombiniert und rekombiniert beide nahezu beliebig: es ist also auch unempfindlich gegenüber der räumlich lokalisierten, historisch gewachsenen Kultur. Es ist schliesslich unempfindlich gegenüber den Gewohnheiten der *Tradition*: es ist auf Wandel, auf dauerndes Durchbrechen des Gewohnten und Gewachsenen, auf Innovation, auf Überwindung räumlicher und kultureller Grenzen – es ist, in der Verlängerung, auf Globalisierung angelegt.

Im Angesichte der Unempfindlichkeiten dieses Modell rekrutiert der Begriff der «Gemeinschaft» entsprechende Empfindlichkeiten: die *Erhaltung* der gewachsenen Tradition, der kulturellen «Gemeinschaft», einer räumlich überschaubaren, intentional kontrollierbaren Gemeinschaft, die im *persönlichen* Kontakt (und sei er nur imaginiert) ihrer Mitglieder festen Rückhalt findet. Diese Gegenvision der kulturellen «Gemeinschaft» vor Augen, konnte die liberale «Gesellschaft» nur als kalte, unkontrollierbare, erschreckende *Maschine* erscheinen, die alles niederwalzt und dauernd verändert, was die Zeit geschaffen (und auch geheiligt) hat: die gewachsene Kultur und ihren Raum.[10] Diese «Gemeinschaftsvision» der Moderne rekrutiert im Angesichte einer sich selbst steuernden «Maschinenwelt» entsprechenden politischen Kontrollbedarf – und die Zurechnung der Kontrollierbarkeit sozialen Wandels auf den Raum, im wesentlichen also: auf die Nation.[11]

Die parteienübergreifende, die Sozialdemokratie neu miteinbeziehende, Zurechnung der Kontrollierbarkeit einer entfesselten Maschinenwelt auf den Referenzrahmen der schweizerischen Nation und ihre Folgen – mit einem leichten Überschuss an Pathos formuliert – ist die Interpretationsanweisung, der ich nun bei der Beschreibung der ausgehenden 50er und 60er Jahre folgen will, mit einem kleinen abschliessenden Schlenker in die Gegenwart. Lässt man sich aber – sagen wir mal: probehalber – auf diese Interpretationsanweisung ein, verschiebt sich zunächst die Beschreibung der 30er Jahre. Nicht so sehr die umfassende Integration der Grossparteien von *rechts* über die *Mitte* nach *links* steht mehr im Vordergrund, die dann als schweizerische Konkordanzdemokratie in die Selbstbeschreibung des politischen Systems eingehen wird. Im Vordergrund steht vielmehr die etwas prosaischere Tatsache, dass auch die Sozialdemokratie die *gemeinschaftsideologische Voraussetzung* konkordanzdemokratischer Integration mehr oder weniger bald akzeptiert – «Geistige Landesverteidigung» und «schweizerischer Sonderfall». Im Windschatten gemeinschaftsideologischer Integration ergänzt die Sozialdemokratie den längst verfügbaren «bürgerlichen Interventionismus» (etwa in der Landwirtschaft) durch einen «sozialstaatlichen Interventionismus» – die Realisierung ihrer Programmatik zugleich den Steuerungsmöglichkeiten des *Nationalstaates* anvertrauend.[12] Das nationalstaatliche Steuerungsinstrumentarium wird damit zum Garant *sowohl* einer liberalen

Marktordnung *wie auch* der Kompensation der von «rechts» und «links» angemahnten negativen Folgeerscheinungen liberaler Modernisierung. Die in diesem
Modell dem Nationalstaat zugedachte Zentralität findet ihre angemessene Symbolisierung in der Semantik vom «schweizerischen Sonderfall». Und so erstaunt
wohl kaum mehr – dieser Interpretationsanweisung folgend –, dass die Krise der
60er Jahre sich genau an dieser Semantik entzünden wird: an einer radikalen
Infragestellung des «schweizerischen Sonderfalles» in der eskalierenden Ost-
West-Konfrontation und den europäischen Integrationsdebatten einerseits, an der
Überforderung der Steuerungsmöglichkeiten des Nationalstaates andererseits,
die sich in ausgedehnten Konjunktursteuerungsdebatten seit den ausgehenden
50er Jahren manifestieren wird. Auf beiden Linien werden sich, das Rechts-
links-Schema übergreifend, gemeinschaftsideologische Motive durchsetzen, die
in der Eskalation der Überfremdungsdebatten ab 1964 lediglich noch ihren un-
übersehbaren Ausdruck finden. Ich will diesen Übergang nun in grossen Zügen
nachzeichnen, indem ich mich dabei auf eine Analyse massenmedialer Quellen,
genauer: deutschschweizerischer Leitmedien, abstütze: der Berichterstattung der
freisinnig-liberalen «Neuen Zürcher Zeitung», der sozialdemokratischen «Tagwacht» (und auch von Gewerkschaftsmedien), des katholisch-konservativen
«Vaterlands» und des unabhängigen «Tages-Anzeigers».[13]

## Vom Sonderfall zur Überfremdung

Während die Semantik des Kalten Krieges in der Zeit nach dem 2. Weltkrieg die
Binnenintegration in den schweizerischen Loyalitätsverband mächtig vorantrei-
ben konnte (insbesondere die Integration der schweizerischen Sozialdemokratie
einerseits, den Ausschluss der PdA andererseits), wird der Kalte Krieg ab 1956
nun umgekehrt zur ernsthaften Herausforderung an die in den 30er Jahren neu
gewonnene Identität der schweizerischen Willensnation. Die Leitunterscheidung
der leitmedialen Identitätsdiskurse: die Schweiz als historisch-mythisch veran-
kerter, neutralitätspolitisch aufgeladener europäischer Sonderfall, als mythische
Willensnation, vom Schicksal auserkoren zur «Hüterin der Alpenpässe», gerät
unter den Druck einer immer mächtiger werdenden *Dualisierung der Welt in Ost
und West.* Die Rede von der Integration in den freien Westen im allgemeinen, der
Integration in Europa im besonderen, präsentiert der Schweiz des «Landi»-Gei-
stes, nach der Verschärfung des Kalten Krieges im Zusammenhang des Ungarn-
aufstandes, die Antithese: militärische, wirtschaftliche und politische Integration
als «Normalisierung» des «Sonderfalles Schweiz».
Auf diese neue Situation reagiert der leitmediale Diskurs zunächst nachgerade
*paradoxieresistent.* So wird zwar jeder Integrationsschritt Richtung Europa und

«freier Westen» begrüsst, jede nationalistische Regung (insbesondere Frankreichs: deutsch-französisches Verhältnis) als Schwächung der Abwehrkraft des Westens kritisch beurteilt – und dennoch fehlt jegliche Hinterfragung schweizerischen Abseitsstehens, ist die *Unhinterfragbarkeit,* welche die Sonderfallsemantik parteienübergreifend inzwischen erreicht hat, im nun immer deutlichere Konturen annehmenden europäischen Einigungsprozess mehr als offensichtlich. Der Paradoxiegehalt dieses «strange loop» (Hofstadter), dieser «seltsamen logischen Schleife», wird erst Ende der 50er, anfangs der 60er Jahre zum Thema. Die Verschärfung des Kalten Krieges zu Beginn der 60er Jahre einerseits, die Intensivierung der Integrationsdynamik und der Integrationsdebatten andererseits führen nun in eine ausgeprägte innenpolitische Polarisierung hinein. Auf der einen Seite findet sich der «Tages-Anzeiger», bereit, die Grundfesten der schweizerischen Sonderfallsemantik in Frage zu stellen. Auf der anderen Seite finden sich die «Tagwacht», das «Vaterland» und die «Neue Zürcher Zeitung», die unnachgiebig an ihr festhalten.[14] Die wachsenden «Integrationszumutungen» führen bei den Medien der «Zauberformelparteien» entsprechend keineswegs zur einer Relativierung des Sonderfalls, sondern zu einer eigentlichen *Apotheose* der Sonderfallsemantik: zu einem wachsenden «Abwehrgroll», der sich immer expliziter gemeinschaftsideologischer Argumente bedient. Nicht weiter erstaunlich nimmt nun etwa die «Neue Zürcher Zeitung», wenn auch nur vorübergehend (in den Jahren 1959–1961, auf dem ersten Höhepunkt der Integrationszumutung), die andere Seite einer gemeinschaftsideologisch forcierten Sonderfallsemantik auf: Im Kontext der Explizierung des Sonderfalles Schweiz, der Begründung der Unmöglichkeit einer Integration in die EWG wird die drohende *«Überfremdungsgefahr* schlechthin» zum Thema. Besonders innovativ verhält sich die «Neue Zürcher Zeitung» damit allerdings nicht: die Überfremdungssemantik tritt bereits ab 1957 in den sozialdemokratischen und insbesondere gewerkschaftlichen Diskurs ein. Und gerade an diesem Diskursstrang lässt sich zeigen, wofür die Sonderfallsemantik eben auch steht: Sie steht als Symbolisierung der die Rechts-links-Fronten vereinbarenden Zentralität, die dem Nationalstaat, bzw. seinem Steuerungsinstrumentarium, als Garant der Kompensation der von «rechts» und «links» angemahnten negativen Folgeerscheinungen liberaler Modernisierung zukommt. Und zugleich wird am sozialdemokratischen und gewerkschaftlichen Diskurs die Eigendynamik deutlich, welche die gemeinschaftsideologische Grundlage dieses Modells schliesslich entfaltet.

Die Strukturveränderungen des intensiven wirtschaftlichen Wachstumsprozesses der Nachkriegszeit unterziehen die Steuerungsinstrumente des schweizerischen Nationalstaates in der zweiten Hälfte der 50er Jahre einem ersten Härtetest – ablesbar an den sich intensivierenden Konjunktursteuerungsdebatten. Die Sozialdemokratie reagiert auf die Intensivierung des Konjunkturprozesses zunächst mit der Lancierung klassischer sozialdemokratischer Themen, allen voran das Teuerungsproblem – mit den «Anschlussthemen» Preiskontrolle, Mietzinskontrolle, Getreideordnung, Bodenspekulation, Agrarpreise, Löhne und Kreditverteuerung etc. Doch die Konjunktursteuerungsdebatte in der «Tagwacht» ist von Anfang an auch mit dem Problem der *Steuerung des Zuflusses ausländischer Arbeitskräfte* und auch mit dem Problem des «Ausverkaufs» des Schweizer Bodens an Ausländer verbunden.[15] Die Konzentration auf den nationalstaatlichen Regelungsrahmen führt zu einer zunächst technokratisch intendierten Handhabung der Unterscheidung von schweizerischen und ausländischen *Arbeitskräften* zur Steuerung eines «überhitzten» Konjunkturklimas. Bald aber beginnen sich die gemeinschaftsideologischen Implikationen dieses Diskurses zu verselbständigen – im Zuge der Intensivierung der Integrationsdebatten zu Beginn der 60er Jahre. Auch in der «Tagwacht» wird die Ablehnung der EWG-Integration unmittelbar mit der befürchteten weiteren Überfremdung der Schweiz begründet.[16] Unter diesem doppelten Druck der Konjunktursteuerungsdebatten einerseits, der Integrationsdebatten andererseits (gewissermassen innen/aussen codierend) akzentuiert sich nun eine immer stärker mit gemeinschaftsideologischen Argumenten operierende Rhetorik, die das Überfremdungsthema seiner technokratischen Aspekte entblösst und auf seine gemeinschaftsideologischen Gehalte konzentriert. Aber nicht nur die «Tagwacht», ganz besonders die schweizerische Gewerkschaftsbewegung hatte bereits früh schon die «Überfremdung» nicht mehr allein als konjunkturpolitische, sondern vielmehr kulturprotektionistische Problemstellung, also als *kulturelle* Bedrohung wahrgenommen: «Das Arbeitsverhältnis läuft Gefahr, durch eine zu grosse Anzahl ausländischer Arbeitskräfte seines schweizerischen Charakters entblösst zu werden.»[17] Und ein Jahr später, 1961: «Um die politische, kulturelle und sprachliche Eigenart der Schweiz zu erhalten und eine Überfremdung zu verhindern, ist der Zuzug ausländischer Arbeitskräfte einer Kontrolle zu unterstellen und der Aufnahmefähigkeit des Arbeitsmarktes anzupassen.»[18] Die Hemmschwelle hin zu immer deutlicher auch fremdenfeindlichen Äusserungen sinkt im polemischen Eifer zunehmend, und 1965 verbinden sich Behördenkritik und fremdenfeindliche Metaphorik zu einem recht eigenwilligen Konstrukt: «Was sind das eigentlich für Kantonsregierungen, die dem Mammon der Industrie zuliebe die eigene Bevölkerung durch Ausländer überwuchern lassen? [...] So kann es jedenfalls nicht weitergehen, sonst gibt es eines Tages eine Explosion.»[19] Die Explosion wird kommen, weiter vorangetragen durch die Überfremdungsbewegung, die in etwa ab 1964 das Thema, gemeinschaftsideologisch endgültig radikalisiert, beerben wird.

Es fällt schwer, diese Dynamik den Unterscheidungen zuzurechnen, die das Rechts-links-Schema anbietet. Dem Beobachter bleiben, will mir scheinen, einige «strange loops» erspart, wenn man statt dessen die Zentralität gemeinschaftsideologischer Integration in den 30er Jahren und ihre eigendynamische Entfaltung in den 60er Jahren betont. Diese «Interpretationsanweisung probehalber» hebt mithin den Brennpunkt hervor, in den die Rechts-links-Fronten, insbesondere die Überwindung des Fundamentalkonfliktes zwischen Liberalismus und Sozialismus, konvergieren: in den Referenzrahmen des schweizerischen Nationalstaates und seiner Steuerungsinstrumente. Genau dieser Referenzrahmen gerät nun aber seit den 60er Jahren zunehmend unter Druck: zunächst noch verdeckt durch die Neuauflage des Kalten Krieges in den späten 70er und den 80er Jahren, symbolisieren seit den ausgehenden 80er Jahren die Themen der europäischen Integration einerseits, der Globalisierung andererseits die Reflexion auf die zunehmende Verengung nationalstaatlicher Regelungsspielräume – begleitet von einer neuerlichen Verhärtung gemeinschaftsideologisch motivierter Reaktionen und einer entsprechenden Relativierung des Rechts-links-Schematismus.

# Schlussbemerkung – zwischen Gemeinschaft und Globalisierung

Viele Themen der 80er und 90er Jahre, darunter scheinbar so disparate wie der Multikulturalismusdiskurs, die Asyldebatten, die EWR-Frage, Umweltschutzfragen, Globalisierung etc. etc. lassen sich kaum sinnvoll auf einem Kontinuum von «rechts» nach «links» ordnen: sie mobilisieren, implizit oder explizit, gemeinschaftsideologische Argumente, in welcher Absicht und in welchen Kontexten auch immer. Die Umweltdebatte ist genauso sehr von «rechten» wie von «linken» Bewegungen eingebracht worden, auf dem gemeinsamen Nenner einer breiten «Materialismuskritik» an der modernen Gesellschaft. In den EWR-Debatten wurde erfolgreich an klassische Elemente der Sonderfallsemantik angeknüpft – aber der EWR scheiterte auch am Widerstand der «Grünen». Kulturdifferenz wird sowohl «rechts» wie auch «links» zum zentralen Thema. Zwar getrennt durch die Forderung aufgeklärter, alltagspraktisch realisierter Toleranz, verbindet die rechte Rede vom «Recht auf Kulturdifferenz» (und geographischer Segregation der Kulturen) mit dem linken «Multikulturalismusdiskurs» eine gemeinschaftsideologische Modellierung von Gesellschaft: in beiden Fällen wird die gemeinschaftsideologische Codierung von Individuen – dem Individuum vorangestellt.[20] Die Globalisierung schliesslich verengt die Spielräume nationalstaatlicher Steuerung in absoluter Indifferenz gegenüber den «rechten» wie «linken» Motiven: ob Kleingewerbe, Migration, Sozialstaat, Landwirtschaft, Umweltschutz – mit Auswirkungen auf die innenpolitischen Frontstellungen, die sich einer Rechts-links-Codierung schon seit längerem entzogen haben.

Es fällt schwer, hinter all diesen Themen einen gemeinsamen Nenner auszumachen – und das mag es plausibler erscheinen lassen, den Nenner in gemeinschaftsideologischen Motiven, wie auch immer ausgeführt, suchen zu wollen.
Und wie auch immer sich dabei das nächste Jahrtausend vorstellen mag: bei der
wissenschaftlichen Beschreibung des schweizerischen 20. Jahrhunderts wäre
ein Untergewichtung des Rechts-links-Schematismus zugunsten des Schemas
Gemeinschaft/Gesellschaft jedenfalls den Versuch wert – zumindest probehalber.

## Anmerkungen

1 Ganz abgesehen davon, dass der Ideologieverdacht auf jeden Fall Teil der politischen Kommunikation bleiben wird: denn die politischen Gegner denken immer ideologisch. Und wird
dem Gegner pragmatisches Denken zugebilligt, so ist damit ja auch nur gemeint – dass man
sich mehr oder weniger einig ist.

2 Der Zusammenhang zwischen diesem «Strukturwandel des politischen Systems» und dem
«Strukturwandel des massenmedialen Systems» wird hier beiseite gelassen. Vgl. dazu hingegen
G. Romano: *Die Überfremdungsbewegung als «Neue soziale Bewegung». Zur Kommerzialisierung,
Oralisierung und Personalisierung massenmedialer Kommunikation in den 60er Jahren*, in
diesem Band.

3 Wohlverstanden: die Unterscheidung Gemeinschaft/Gesellschaft ist hier als *ideologische* Unterscheidung gemeint, und nicht als *analytische* Kategorie in der Tradition von Tönnies.

4 ... und einer guten Portion modernisierungstheoretisch inspirierten Optimismus ...

5 Genauer: im Gefolge der Obersten-Affäre stellt sich eine ausgeprägte Fixierung des politischen
Diskurses auf die Konfliktpotentiale einer ethnisch aufladbaren Sprachenfrage ein. Und diese
Fixierung scheint mir eines der wichtigsten Motive zu sein, die den, im Jahre 1919 erfolgten, so
plötzlichen Abbruch des vom Linksfreisinn initiierten «galop social» erklären kann: der in
ethnischen und antietatistischen Kategorien vorgetragene Widerstand des welschen Liberalkonser-
vatismus gegen einen Ausbau sozialpolitischer Interventionsmöglichkeiten des Bundes (und
insbesondere deren Finanzierung) hat dem «Rechtsliberalismus» jenen entscheidenden Positions-
vorteil verschafft, der schliesslich zum Zusammenbruch des «galop social» führt.

6 Stellvertretend für die Überraschung der Zeitgenossen Bundesrat Schaffner 1965, anlässlich
der Ratifizierungsdebatte des «Italienerabkommens». Er stellt dabei dem «künftigen Historiker» eine ungemein interessante Aufgabe. Eine Aufgabe allerdings, deren Lösung, so Schaffner, «schwierig sein» wird: nämlich «zu erklären, warum dieses im Grunde genommen nicht
besonders bedeutsame fremdenpolizeiliche Abkommen bei seiner Bekanntgabe eine solche
Welle der Empörung und der Aufregung verursacht hat». Zit. aus H. R. Bachofner: *Verfassungstreue und Verfassungsbruch*, Zürich 1974, S. 309.

7 Es handelt sich natürlich genauer um eine *Re*-Aktivierung, denn der Überfremdungsdiskurs
gehört zu den politischen Leitsemantiken dieses Jahrhunderts.

8 Zur Erfolgsgeschichte der Überfremdungsbewegung der 60er Jahre vgl. ausführlicher: G. Romano:
*Die Überfremdungsbewegung als «Neue soziale Bewegung». Zur Kommerzialisierung, Oralisierung
und Personalisierung massenmedialer Kommunikation in den 60er Jahren*, in diesem Band.

9 *Republikaner*, 25. 10. 1962.

10 Was mit meint: ihre Natur. Es gehört zu den Identitätsproblemen grüner Bewegungen, dass sie
Konsens sowohl «rechts» wie auch «links» rekrutieren.

11 Um allfälligen Missverständnissen vorzubeugen: es ist von *ideologisierbaren Motiven* die Rede, und somit ist *nichts* ausgesagt über die faktischen Möglichkeiten der Steuerung komplexer Gesellschaften, die man skeptischer oder weniger skeptisch beurteilen mag.

12 Ein Weg, den natürlich auch andere Sozialdemokratien gegangen sind.

13 Ich verzichte hier auf eine detaillierte Ausführung der Analysemethodik und auch weitestgehend auf Literaturangaben. Details der Analyse sowie Literaturangaben finden sich in G. Romano: *Vom Sonderfall zur Überfremdung. Zur Erfolgsgeschichte gemeinschaftsideologischen Denkens im öffentlichen politischen Diskurs der späten fünfziger und der sechziger Jahre*, in: K. Imhof et al. (Hg.): *Vom Kalten Krieg zur Kulturrevolution. Analyse von Medienereignissen in der Schweiz der 50er und 60er Jahre*. Reihe *Krise und sozialer Wandel*, Bd. 3, Zürich 1997.

14 Die freisinnig-liberale «Neue Zürcher Zeitung», anders als die sozialdemokratische «Tagwacht» und das katholisch-konservative «Vaterland», reagiert aber auch mit Verunsicherung, ja streckenweise mit einer gewissen «Orientierungsarmut» – in dem Masse, wie der Kalte Krieg an zusätzlicher Intensität gewinnt (Mauerbau, Kubakrise).

15 1961 wendet sich die «Tagwacht» gegen die Kritik «gewisser bürgerlicher Kreise», die sich gegen den Gesetzeserlass zur Einführung der Genehmigungspflicht für Bodenverkäufe an Ausländer richte. Der Erlass sei als notwendiges Instrument gegen die Überfremdung zu betrachten *(Tagwacht*, 26. 4. 1961). Und gegen Ende des Jahres, den trotz Gesetzeserlass immer noch ungebrochenen Ausverkauf der Heimat beklagend, schreitet sie ohne Umschweife zur Emotionalisierung des Themas: der Schweizer Boden, der kürzlich in den Luganersee abgerutscht sei, habe dies wohl aus Scham über seinen Ausverkauf getan *(Tagwacht*, 29. 12. 1961). Nun markiert das Medienereignis «Ausverkauf der Heimat» im Jahre 1961 das erstmalige *selbständige, also nicht im Kontext der Konjunkturdebatten erfolgende*, Auftreten des Überfremdungsthemas in den analysierten Leitmedien. Doch auch in bezug auf das Problemfeld «ausländische Arbeitnehmer» löst die «Tagwacht» als erste die Überfremdungssemantik aus der Konjunktursteuerungsdebatte heraus.

16 So etwa *Tagwacht*, 18. 11. 1959.

17 *Gewerkschaftskorrespondenz* 11, 1960.

18 Schweizerischer Gewerkschaftsbund: *Das Arbeitsprogramm des Schweizerischen Gewerkschaftsbundes*, in: *Gewerkschaftliche Rundschau*, vol. 51, Nr. 3/4, 1961, S. 94 ff. Der Schweizerische Gewerkschaftsbund gelangt denn auch bereits am 13. 1. 1965 an den Bundespräsidenten Tschudi mit der Forderung einer schrittweisen Reduktion der Zahl der ausländischen Arbeitskräfte auf 500'000. Das ANAG, so die Forderung, sollte mit folgendem Zusatz zum Art. 1 ergänzt werden: «Zur Verhinderung einer Überfremdung darf der Bestand an erwerbstätigen Ausländern im Jahresdurchschnitt 500'000 nicht übersteigen.» Damit nahmen SGB und SPS im wesentlichen die Hauptforderung der dritten Überfremdungsinitiative, eingereicht von der «Nationalen Aktion» am 3. 11. 1972, vorweg. Im Vorfeld der eidgenössischen Wahlen kam es gar zwischen der politischen «Linken» und dem Initiativkomitee der ersten Überfremdungsinitiative zu einem instruktiven «Wettstreit darüber, wer die wirksamere und zugleich schmerzlosere Abbaupolitik vertrete» *(Année Politique Suisse*, 1967, S. 105). Vgl. zu den verschiedenen Überfremdungsinitiativen ausführlicher G. Romano: *Die Überfremdungsbewegung als «Neue soziale Bewegung». Zur Kommerzialisierung, Oralisierung und Personalisierung massenmedialer Kommunikation in den 60er Jahren*, in diesem Band.

19 *Tagwacht*, 20. 1. 1965.

20 Gewiss sind auch die Unterschiede unübersehbar – aber diese liegen mehr auf der Ebene der Absichten, nicht unbedingt der Folgen: denn was tun, wenn die ethnische Codierung von Individuen sich zwar im politischen Diskurs durchaus festsetzen kann, nicht aber Toleranz und antidiskriminatorische Massnahmen? Gute Absichten garantieren bekanntlich keine analogen Resultate – «the way to hell is paved with good intentions», das wusste schon Shakespeare.

# Résumés / Zusammenfassungen

## Georg Kreis: Le lancement de la révision totale de la constitution fédérale dans les années 1960

Pour savoir ce qui a motivé, dans les années 60, le projet d'une révision totale de la constitution fédérale, il est indispensable de jeter un coup d'œil sur ce qui a précédé – l'éclosion de nouvelles idées en 1942/43–1946 et leur disparition en 1959/60. Cette étude débouche sur trois constats inattendus, pour ne pas dire surprenants: 1) Le projet de révision totale vise dans l'ensemble des transformations moins profondes que certaines révisions partielles (en particulier le droit de suffrage accordé aux femmes); situé à un autre niveau, il ne se limite pas à un simple élargissement de réformes partielles. 2) Les partisans de la révision totale étaient – en toute logique – des représentants modérés de la droite bourgeoise qui cherchaient moins à changer la société qu'à promouvoir l'ordre et la stabilité de l'Etat. 3) Le mouvement de réforme émanait des élites qui, si elles réagissaient à une pression diffuse «d'en-bas», entendaient surtout stimuler la base, le peuple, à sortir de sa prétendue léthargie politique, afin de dépasser la situation de «malaise».

## Roger Sidler: «Pour la Suisse de demain: croire et créer». L'autoportrait de la Suisse à l'Expo 64

Lors de l'Expo 64 l'autoportrait de la Suisse a trouvé l'expression la plus précise dans la formule «Pour la Suisse de demain: Croire et Créer». Le retour aux valeurs fondamentales suisses est considéré comme condition à une maîtrise du changement social. La devise concrétisée dans «la voie Suisse» est basée sur la diagnose actuelle très répandue disant que la société Suisse s'engourdit dans l'immobilisme. Selon cette évaluation la population s'oppose aux défis suite à la croissance économique et s'adonne à une consommation superficielle. Les radicaux lausannois surveillant l'Expo la comprennent comme instrument popu-laire pédagogique avec le but de fortifier la confiance et l'espoir en égard au futur. Du point de vue conservateur du délégué du conseil fédéral une confession au «Sonderfall» de la Suisse s'impose. Ce dernier entrave les tentatives de la direction de l'Expo qui consistent en la formation d'un portrait actuel autocritique de la Suisse. Le style esthétique de l'exposition entre également en collision avec les exigences de la presse de la Suisse alémanique. Celle-ci compare l'Expo à la «Landi 39» à Zurich qui en mémoire reste couronnée de succès à outrance. Le malaise suisse alémanique à l'égard de l'Expo culmine dans le double refus des votants de l'Argovie concernant le payement de la contribution financière solidaire du canton à l'Expo. L'acceptation dans la population n'aug-mente que par les journées cantonales qui mettent au premier plan les coutumes et la folklore.

### Peter Moser: «Classe privilégiée» ou «fin de la paysannerie»? La politique agricole de la Confédération dans les années 50 et 60

La période de la Première Guerre mondiale a vu s'imposer une politique agricole basée sur l'organisation étatique de la production alimentaire au service d'une population industrielle croissante. Après la Seconde Guerre mondiale, ce secteur a été modernisé systématiquement dans le sens d'une industrialisation basée sur les exploitations familiales de moyenne grandeur (les exploitations trop petites étant officiellement appelées à disparaître). La politique agricole pratiquée en Suisse durant les années 50 et 60 a été très semblable à ce qui se faisait presque partout dans ce domaine en Europe occidentale – à savoir soumettre l'agriculture à la logique de la production industrielle, aux dépens des ressources naturelles. Cette politique encourageait presque exclusivement les chefs d'exploitation qui tiraient parti du progrès technique sans se préoccuper des cycles naturels frei-nant la croissance. Le prix élevé des produits agricoles en Suisse n'est pas le résultat d'une politique du cavalier seul, mais la conséquence logique d'un haut niveau général des prix et des salaires dans ce pays. Les paysans ont large-ment subi cette politique, que leurs représentants n'ont pas été à même d'infléchir. Ils ont beaucoup contribué à placer le secteur agricole sous la protection de l'Etat, sans empêcher cependant la concurrence sélective d'agir au sein de l'agriculture elle-même.

## Angelus Eisinger: Le rôle du fédéralisme et de la démocratie référendaire dans les débats relatifs au régime financier de la Confédération entre 1948 et 1970

Au moment où la Seconde Guerre mondiale prit fin, deux raisons semblaient rendre inévitable une révision complète des finances fédérales. L'une était que le régime des pleins pouvoirs institué durant la guerre échappait au contrôle démocratique, l'autre, que les articles constitutionnels de 1948 relatifs à l'économie exprimaient une conception nouvelle du rôle de l'Etat fédéral dans le processus économique. Mais les milieux bourgeois et fédéralistes aussi bien que l'économie privée opposèrent une résistance opiniâtre à la perception permanente d'impôts directs par le gouvernement central et firent ainsi échouer la révision, laissant en conséquence peu de marge de manoeuvre à la Confédération. Les quelques révisions apportées au cours des années 50 et 60 n'ont pas vraiment transformé cette constellation, même si les carences du régime existant face à la conjoncture et à la croissance sont devenues évidentes vers 1965. Cantonnés dans un fédéralisme traditionnel, les milieux conservateurs ont systématiquement bloqué par des menaces de référendum la refonte complète du régime des finances fédérales que réclamaient avec insistance l'administration et les économistes. Il a ainsi fallu s'en tenir à des modifications mineures jusque dans les années 70.

## Franz Horváth: A l'ombre de la politique scientifique. L'éclosion des intérêts corporatistes et fédéralistes sous le signe de «l'urgence»

Pendant la première moitié des années 60, la promotion de la science et des hautes écoles est devenue un des points centraux de la politique intérieure de la Suisse. Le nombre des étudiants augmentait fortement. Alors, les cantons universitaires ont réalisé qu'ils ne pouvaient plus faire face aux frais que ce développement entraînait. L'article qui suit montre comment les cantons universitaires ont maîtrisé leur réticence contre les influences de la Confédération dans le domaine de la science. Premièrement, il y avait une énorme pression d'agir et de décider du fait des différences idéologiques concernant la direction de la promotion. Parallèlement, les fédéralistes et les défenseurs de l'autonomie universitaire voulaient garantir le financement de la croissance, parce qu'eux aussi profitaient de l'expansion des hautes écoles. Les solutions trouvées en fin de compte ont été très satisfaisantes pour eux et il n'avaient plus de raisons de refuser l'engagement de la Confédération dans ce secteur. Une grande partie de la planification et du pouvoir exécutif était mise entre les mains des représentants des universités et des cantons.

## Peter Hug: Entraves à l'éclosion. La politique étrangère de la Suisse dans les années 60

Durant la «longue décennie» des années 60 allant de 1957/58 à 1971/72, la politique étrangère suisse a subi des bouleversements jalonnés de phénomènes conflictuels qui ont suscité de vifs débats sur son avenir dans les médias, au Parlement et au sein des milieux scientifiques, et donné lieu à une inquiétude croissante sur l'image de la Suisse à l'étranger. Cela procédait, selon la thèse présentée ici, d'une crise du bilatéralisme qui prévalait depuis les années 30, et de la troisième voie empruntée après la guerre dans la politique commerciale ainsi que dans les structures de décision et la représentation en matière de politique étrangère. Prenant de l'ampleur à partir de 1958, le multilatéralisme a peu marqué l'opinion publique et se voyait critiquer par les associations économiques qui n'avaient dès lors plus la possibilité d'intervenir elles-mêmes sur le «front des négociations». Comme le commerce avec l'Europe orientale, l'Asie, l'Afrique et l'Amérique latine plafonnait au-dessous des attentes, il resta un champ d'action de la politique extérieure – du fait également que les solutions prévues par la politique européenne n'avançaient pas. Un nouveau consensus de politique étrangère vit le jour au moment où les mouvements progressistes purent être associés à une aide au développement moralisée, au début des années 70.

## René Holenstein: «Il y va aussi de l'âme de notre peuple». Aide au développement et consensus national

L'aide au développement est devenue au cours des années 60 une tâche gouvernementale de politique étrangère, reconnue en tant que telle aussi bien par les élites politiques que par la majorité de la population suisse. L'auteur de la présente étude considère que la coopération suisse doit une bonne part de son succès au fait qu'elle s'appuyait sur des modèles et des principes fondamentaux de l'après-guerre. Les aspects évoqués plus particulièrement ici sont la lutte contre la pauvreté, l'égalité universelle, la modernisation, la politique sociale de l'Etat, la solidarité et la neutralité. Le consensus social sur l'aide au développement s'est brisé vers la fin des années 60. Le mouvement de réforme apparu à cette époque défendait une nouvelle conception de la solidarité et critiquait le «Sonderfall» helvétique, l'idée que notre pays faisait cavalier seul dans le monde. L'approche caritative qui avait longtemps prévalu céda la place, dans nombre d'organisations de développement, à des préoccupations de justice et de solidarité.

## Franziska Meister et Barbara Welter: Le Tiers-Monde nous concerne tous! L'évolution de la politique suisse du développement à travers l'exemple de la «Kommission für Entwicklungsfragen» de l'Université de Zurich

Le nouveau regard sur le monde suscité par les mouvements apparus au cours de la seconde moitié des années 60 a fait évoluer l'opinion publique aussi bien que les instances officielles, leur donnant une conscience plus aiguë et différente des problèmes de développement. Il s'agit d'examiner ici les causes de ce changement de perspective entre 1961 et 1976 environ, en prenant l'exemple de la première Schweizerische studentische Kommission für Entwicklungsfragen (KfE – Commission estudiantine suisse pour les questions de développement), dont l'origine remonte à l'aide anticommuniste à la Hongrie et qui est restée politiquement active de 1961 à aujourd'hui dans le domaine du développement. La présente étude porte sur l'aspect idéologique en relation avec les expériences tirées des projets et du travail de relations publiques, ainsi que sur l'évolution de la mission que se donnait cette organisation. Par ailleurs, la question est posée de savoir comment, et dans quelle mesure, cette petite commission a pu faire valoir son point de vue dans le débat public sur le tiers-monde, et contribuer ainsi à faire évoluer la politique suisse de développement.

## Gaetano Romano: Le mouvement xénophobe – «nouveau mouvement social». Commercialisation, oralisation et personnalisation de la communication de masse dans les années 60

Le mouvement xénophobe a été l'un des mouvements sociaux les plus dynamiques des années 60: sans remporter de succès décisif au niveau des urnes, il est parvenu à imposer un changement de cap dans la politique du Conseil fédéral à l'égard des étrangers. Typiquement traditionaliste d'apparence, il fait figure de pôle contraire aux «nouveaux mouvements sociaux» dont les thèmes – en particulier «écologie» – correspondent mieux à une image de progrès et d'avenir. Mais cette opposition entre «anciens» et «nouveaux» mouvements sociaux n'aide guère à comprendre la dynamique du bouleversement social survenu dans les années 60.

Les mouvements de cette décennie doivent en partie leur caractère spécifique, «nouveau», à une évolution profonde du système médiatique qui a transformé la dynamique sociale au-delà des catégories «ancien» et «nouveau». La présente étude examine d'abord «l'histoire triomphante» du mouvement xénophobe pour pouvoir ensuite expliciter – sous la forme de trois thèses succinctes – la relation qui existe entre le changement structurel du système médiatique et le triomphe de la communication xénophobe.

## Mark Eisenegger: Anciennes et nouvelles influences exercées par les mouvements sociaux. L'exemple du conflit jurassien

L'agitation des années 60 et l'exemple du conflit jurassien donnent ici l'occasion d'étudier comment le pouvoir innovant des mouvements sociaux a évolué dans le temps. On constate premièrement que les grands conflits sociaux du 19e et du début du 20e siècles – notamment l'antagonisme de classes «aveugle» qui caractérisait l'entre-deux-guerres – ont empêché les idéologies ethnocentristes et particularistes d'atteindre un niveau de diffusion important avant la Seconde Guerre mondiale. *Deuxièmement*, le changement de société qui s'instaure au début des années 60 – et se traduit notamment par une évolution des médias vers un système axé sur des critères économiques – confère une résonance médiatique durable aux actions à priori scandaleuses de «désobéissance civile», créant ainsi des conditions dans l'ensemble favorables à la mobilisation de ces acteurs. Et l'on observe *troisièmement* que la marge de manoeuvre créée par une sérieuse perte de repères tend à rendre les élites politiques plus agissantes. Dans le cas du conflit jurassien, l'incertitude relative au statut du «Sonderfall» suisse en Europe et dans le monde – combinée à la reformulation linguistique et ethnique de l'idéologie séparatiste (crainte d'une «guerre des langues») – conduisit l'establishment politique à conférer au problème une dimension nationale, ce qui ouvrit globalement la voie à la solution séparatiste (canton du Jura).

## Christian Ruch: Communiquer à travers les conflits. Le séparatisme jurassien et la Suisse des années 60

La question jurassienne s'est posée à partir de 1947, mais il a fallu attendre les années 60 pour qu'elle draine l'attention du pays entier. Cela tient d'une part au fait que les séparatistes, portés par les médias, irritaient l'opinion publique suisse par des actions spectaculaires qui avait pour effet de perturber ses relations avec elle-même et avec l'extérieur. On constate d'autre part qu'il y avait déjà des sujets d'irritation (notamment liés à la politique étrangère) auxquels le message conflictuel des séparatistes pouvait s'associer assez aisément. Le chahut des Rangiers et les actions séparatistes à l'occasion du 150e anniversaire du Congrès de Vienne illustrent la manière dont les séparatistes ont su indigner le pays et déstabiliser l'opinion au moins suffisamment pour que non seulement la question jurassienne ne soit plus ignorée, mais que l'on se mette à la recherche d'une solution. Le message conflictuel des séparatistes s'est avéré extrêmement efficace à la fois contre la tradition de concordance, et à cause de celle-ci.

## Urs Zweifel: Service d'ordre policier pendant les «révoltes '68»

Il y a exactement 30 ans, au début de l'été 1968, des jeunes et la police se sont combatus lors des manifestations tumultueuses de Zurich. Le texte élucide les circonstances concrètes qui menèrent à ces excès et quelles solutions ont été considérées. Cette étude historique se concentre, d'une part, sur le déroulement chronologique des événements, d'autre part, sur l'analyse des échanges entre les actions des manifestants et du procédé de la police. A ce propos, ce texte se réfère aux structures et processus socio-économiques de cette époque, mais aussi aux problèmes d'organisation au sein du corps de police zurichois, qui a contribué à l'escalade des événements. Comme résultat de la révolte des années 68, la mise sur pied de la police mobile («Bereitschaftspolizei») est décrite en détail. Ce détachement spécial est considéré, de nos jours encore, comme un effectif standard, parmi la plupart des corps de police suisses.

## May B. Broda, Elisabeth Joris und Regina Müller: L'ancien mouvement féministe, et le nouveau

L'ancien mouvement féministe, dont les débuts remontent à différents groupements fondés à la fin du 19e et au début du 20e siècles, est resté jusqu'à nos jours une constellation hétérogène en dépit des efforts entrepris pour centraliser dans une seule organisation la fonction de porte-parole des intérêts féminins. Les associations féministes de l'après-guerre se sont d'abord contentées d'une influence politique limitée aux procédures de consultation et à des commissions; elles croyaient que le droit de suffrage viendrait récompenser les prestations féminines. Le mouvement féministe issu de la nouvelle gauche à la fin des années 60 mit en question de façon provocante ce modèle de participation. A la revendication de l'égalité politique il opposait les nouveaux postulats de l'intégrité physique et sexuelle, ainsi que l'abolition de la hiérarchie des sexes en matière de répartition du travail. Il réclamait l'égalité sociale et non plus seulement juridique, attaquant ainsi les fondements de la prédominance masculine.

## Patrick Kupper: «Pas de résistance aveugle au progrès, mais résistance à un progrès aveugle!» Les démêlés relatifs à l'exploitation civile de l'énergie nucléaire

L'exploitation civile de l'énergie nucléaire jouissait d'un consensus général en Suisse jusqu'à la fin des années 60. Puis son évolution prit en quelques années une tournure surprenante – elle devint un des plus brûlants sujets d'affrontements politiques, bien avant les accidents de Harrisburg et Tchernobyl. La présente étude montre que la controverse ne fut pas symétrique à la construction des centrales nucléaires ou consécutive à la décision d'édifier des tours de refroidissement, mais qu'elle procédait d'une forte influence du débat écologique qui s'était instauré au début des années 70. En d'autres termes ce n'est pas le problème – les centrales nucléaires – qui a évolué, mais le regard porté sur celui-ci.

## Ueli Haefeli: La longue marche vers la loi sur la protection de l'environnement. La réponse du système politique au nouveau canon social «protection de l'environnement»

Il s'agit d'examiner la capacité d'agir du système politique, en prenant l'exemple du débat écologique qui a été au centre de la crise des années 60 et 70.
Bien que l'article constitutionnel sur la protection de l'environnement ait été adopté à une très large majorité lors de la votation de 1971, la politique environnementale suisse a conservé un caractère très symbolique jusqu'en 1983 – année où les choses ont brusquement changé avec la vive polémique suscité par le dépérissement des forêts. La loi sur la protection de l'environnement et les ordonnances qui en découlaient ont alors placé la Suisse, pour quelque temps, à l'avant-garde de l'Europe dans ce domaine. Cela ne s'explique ni par la valeur spéciale que les Suisses accorderaient à leurs forêts, ni par une force exceptionnelle des mouvements écologistes ou de particularités inhérentes à notre démocratie directe. L'impulsion a été donnée par des acteurs de l'administration et de la recherche liée à celle-ci, qui ont su associer le potentiel écologiste et l'impact des explications scientifiques pour gagner les médias à leur cause dans «l'ambiance de serre» qui régnait lors de cette votation.

On peut se demander si l'absence d'une catégorie sociale tout particulièrement affectée par les atteintes à l'environnement ne place pas notre classe politique devant une tâche insoluble, mais également si cela ne nécessiterait pas un élargissement des conceptions théoriques sur l'évolution de la société.

## Christof Dejung: L'écart entre Suisse alémanique et romande dans l'importance accordée aux problèmes environnementaux

La Suisse alémanique manifeste une plus grande sensibilité aux problèmes écologiques que la Suisse romande. Et l'on observe entre l'Allemagne et la France un phénomène analogue, qui ne s'explique pas uniquement par des différences touchant à la dégradation de l'environnement ou à la situation économique. Deux hypothèses s'offrent à l'esprit: on peut imaginer d'une part qu'il existe entre régions germanophones et francophones des différences dans l'attitude adoptée à l'égard du milieu naturel, ainsi que dans l'évaluation du progrès technique. Tandis que dans la seconde hypothèse, il y aurait un lien entre la médiocre importance accordée à la cause écologique et la faiblesse générale des nouveaux mouvements sociaux dans l'espace francophone. Alors que la prise de conscience environnementale des années 70 découle avant tout d'une nouvelle perception des problèmes par les milieux scientifiques, les mouvements écologistes ont beaucoup contribué de leur côté à en faire un thème obligé du discours politique. Cependant, les nouveaux mouvements sociaux ont eu bien moins d'impact en Suisse romande et en France que dans les régions germanophones d'Europe – aussi bien en ce qui concerne le mouvement écologiste que d'autres préoccupations collectives. Cette sensibilité moins développée des régions de langue française envers l'environnement pourrait s'expliquer par l'absence d'organisation écologiste assez forte pour imposer durablement ce thème dans le débat politique.

## Gaetano Romano: Gauche et droite ou communauté et société? La confusion d'entités politiques distinctes par la communication de masse

Société à risques, société mobile, pluralisme de la société moderne, «désidéologisation» de la communication politique: toutes ces notions vont dans la même direction; elles reflètent de manière plus ou moins explicite la fin d'une distinction traditionnelle entre gauche et droite politique. En fait, le dépassement du conflit fondamental entre libéralisme et social-démocratie (notamment) remonte aux années 30, et a manifestement relativisé depuis lors le schéma gauche-droite – mais sans que la communication politique ne perde pour autant sa coloration idéologique. Cette relativisation fait par contre ressortir une autre différence – entre communauté et société – qui a tout autant marqué l'histoire du 20e siècle en Suisse. L'analyse présentée ici examine sous cet angle la dynamique de la communication politique depuis les années 60.

## Bücher zum Thema aus dem Chronos Verlag

Ursula Akmann-Bodenmann: Die schweizerischen Sozial-
attachés. Ein Beitrag zur Geschichte des diplomatischen
Dienstes nach dem Zweiten Weltkrieg.
ISBN 3-905278-98-7

Walther L. Bernecker, Thomas Fischer (Hg.): Unheimliche
Geschäfte. Schweizer Rüstungsexporte nach Lateinamerika
im 20. Jahrhundert. ISBN 3-905278-78-2

Angelus Eisinger: «Die dynamische Kraft des Fortschritts».
Gewerkschaftliche Politik zwischen Friedensabkommen,
sozioökonomischem Wandel und technischem Fortschritt.
Der Schweizerische Metall- und Uhrenarbeiterverband
(SMUV) 1952–1985. ISBN 3-905312-15-8

Hansueli Herrmann: Bauern im Wandel. Agrarischer Struk-
turwandel, bäuerliches Verhalten und bewusstseinsmässige
Verarbeitung am Beispiel einer Agglomerationsgemeinde
(Küsnacht ZH) 1945–1980. ISBN 3-905278-52-9

René Holenstein: Was kümmert uns die Dritte Welt. Zur
Geschichte der internationalen Solidarität in der Schweiz.
ISBN 3-905312-42-5

Georg Kammann: Mit Autobahnen die Städte retten?
Städtebauliche Ideen der Expressstrassen-Planung in
der Schweiz 1954–1964. ISBN 3-905278-59-6

Daniela Rosmus: Die Schweiz als Bühne. Staatsbesuche und
politische Kultur 1848–1990. ISBN 3-905311-47-X

Chronos Verlag
Münstergasse 9
CH-8001 Zürich
Tel. (01) 265 43 43 • Fax (01) 265 43 44